2023

Realschule

Original-Prüfungsaufgaben

Hessen

Mathematik · Deutsch · Englisch

LÖSUNGEN

STARK

19. ergänzte Auflage
www.stark-verlag.de

Inhalt

Mathematik

Sobald die Original-Prüfungsaufgaben 2022 zur Veröffentlichung freigegeben sind, kannst du die Lösungen als PDF auf der Plattform MyStark herunterladen.

Deutsch

Sobald die Original-Prüfungsaufgaben 2022 zur Veröffentlichung freigegeben sind, kannst du die Lösungen als PDF auf der Plattform MyStark herunterladen.

Englisch

Sobald die Original-Prüfungsaufgaben 2022 zur Veröffentlichung freigegeben sind, kannst du die Lösungen als PDF auf der Plattform MyStark herunterladen.

Autorinnen:
Mathematik: Simone Studebaker
Deutsch: Susanne Falk
Englisch: Tamara Roßdeutsch

Vorwort

Liebe Schülerin, lieber Schüler,

dieses Buch ist der Lösungsband zu dem Sammelband ***Original-Prüfungsaufgaben Hessen*** (Best.-Nr. C061S0). Es enthält ausführliche kommentierte Lösungen zu den Original-Prüfungsaufgaben der schriftlichen Realschulabschlussprüfungen ab 2018 in Mathematik, Deutsch und Englisch. Alle Lösungen wurden von kompetenten und erfahrenen Lehrerinnen verfasst.

Versuche stets, jede Aufgabe zunächst selbstständig zu lösen, und sieh nicht gleich in der Lösung nach. Solltest du nicht weiterkommen, helfen dir die grau markierten **Hinweise und Tipps** vor der jeweiligen Lösung, die dir die Vorgehensweise erläutern. Arbeite dann unbedingt selbstständig weiter. Am Schluss solltest du deine Lösung in jedem Fall mit der Lösung in diesem Buch vergleichen. Hast du eine Aufgabe nicht richtig gelöst, lohnt es sich, sie sich zu einem späteren Zeitpunkt nochmals vorzunehmen.

Arbeitest du alle Aufgaben auf diese Weise Schritt für Schritt durch, kann dir in der Prüfung keiner mehr etwas vormachen!

Mathematik

Aufgabe P 1

P 1a

Um die Zahl in der Mitte zu finden, musst du die beiden Zahlen addieren und die Summe halbieren. Achte dabei auf die Vorzeichen.
Alternativ kannst du auch die Zahlen am Zahlenstrahl darstellen und die Zahl in der Mitte ablesen.

Lösung: Zahl in der Mitte von –8 und 4:

$$\frac{-8+4}{2}=\frac{-4}{2}=\mathbf{-2}$$

Alternative Lösung durch Darstellen am Zahlenstrahl:

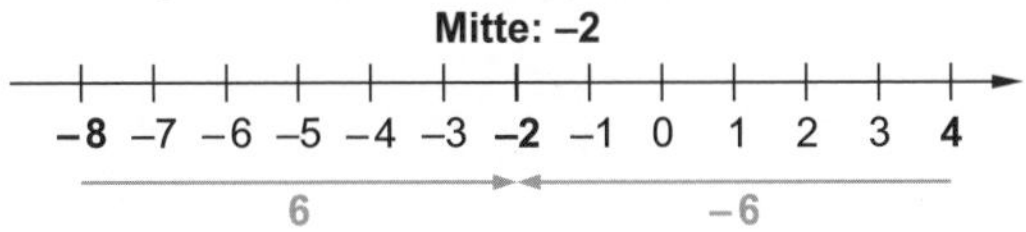

P 1b

Schreibe die Brüche als Dezimalbrüche und prüfe dann der Reihe nach, welche der Zahlen größer als –2,5 und kleiner als 0,5 sind. Die Zahlen lauten:

A -3 **B** $-\frac{3}{4}=-0{,}75$ **C** $\frac{4}{3}=1{,}\overline{3}$ **D** $-\frac{4}{3}=-1{,}\overline{3}$ **E** $\frac{3}{4}=0{,}75$ **F** 4

Lösung: Es gilt:

$$-2{,}5<-\frac{3}{4}=-0{,}75<0{,}5 \quad \Rightarrow \quad \textbf{Buchstabe B}$$

$$-2{,}5<-\frac{4}{3}=-1{,}\overline{3}<0{,}5 \quad \Rightarrow \quad \textbf{Buchstabe D}$$

P 1c 1

Setze $x=5$ in den Term $\sqrt{32x\cdot 2x}$ ein und berechne den Wert des Terms.

Lösung: Einsetzen von $x=5$ liefert:

$$\sqrt{32\cdot 5\cdot 2\cdot 5}=\sqrt{160\cdot 10}=\sqrt{1\,600}=\mathbf{40}$$

Alternative Lösung mithilfe des Kommutativgesetzes:

$$\sqrt{32\cdot 5\cdot 2\cdot 5}=\sqrt{32\cdot 2\cdot 5\cdot 5}=\sqrt{64\cdot 25}=\sqrt{64}\cdot\sqrt{25}=8\cdot 5=\mathbf{40}$$

P 1c 2

Wende das Kommutativgesetz an. Fasse dann die Zahlen und die Variablen x zusammen. Ziehe anschließend die Wurzel ($x\geq 0$).

Lösung: Es gilt:

$$\sqrt{32x\cdot 2x}=\sqrt{32\cdot x\cdot 2\cdot x}=\sqrt{32\cdot 2\cdot x\cdot x}=\sqrt{64\cdot x^2}=\sqrt{64}\cdot\sqrt{x^2}=\mathbf{8x}$$

P 1c 3

Setze den Term gleich 8. Du erhältst eine Gleichung mit der Unbekannten x. Löse die Gleichung mithilfe von Äquivalenzumformungen.
Hinweis: Leichter geht es, wenn du deinen vereinfachten Term gleich 8 setzt.

Lösung: Der Term soll den Wert 8 haben, d. h. $\sqrt{32x\cdot 2x}=8$. Es gilt:

$$\begin{aligned}\sqrt{32x\cdot 2x}&=8\\ \sqrt{64x^2}&=8\\ 8x&=8 \quad |:8\\ x&=1\end{aligned}$$

Der Term hat für x = 1 den Wert 8.

Aufgabe P 2

P 2a

Berechne zunächst den Preisnachlass in € mit dem Dreisatz oder der Lösungsformel. Bilde dann die Differenz aus altem Preis und Preisnachlass in €.
Alternativ kannst du den Preis des Fernsehers nach dem Preisnachlass auch direkt mit dem verminderten Grundwert berechnen.

Lösung: Preisnachlass in €:
Berechnung mit dem Dreisatz:

	Prozentsatz	Geldbetrag	
: 100	100 %	1 400 €	: 100
· 12	1 %	14 €	· 12
	12 %	168 €	

Alternative Berechnung mit der Lösungsformel:

geg.: Grundwert G = 1 400 €
Prozentsatz p % = 12 %

ges.: Prozentwert P

$$P = \frac{G \cdot p}{100}$$

$$P = \frac{1\,400\,€ \cdot 12}{100}$$

$$P = 168\,€$$

Preis nach dem Preisnachlass:
1 400 € − 168 € = **1 232 €**

Alternative Lösungsmöglichkeit mit dem verminderten Grundwert:

Da der ursprüngliche Preis (Grundwert) um 12 % gesenkt wurde, beträgt der neue Preis 100 % − 12 % = 88 % vom ursprünglichen Preis.

geg.: Grundwert G = 1 400 €
Prozentsatz p % = 12 %

ges.: verminderter Grundwert $G_{vermindert}$

$$G_{vermindert} = G \cdot \left(1 - \frac{p}{100}\right)$$

$$G_{vermindert} = 1\,400\,€ \cdot \left(1 - \frac{12}{100}\right)$$

$$G_{vermindert} = 1\,400\,€ \cdot 0{,}88$$

$$G_{vermindert} = \mathbf{1\,232\,€}$$

P 2b

Da der Preis um 15 % gesenkt wurde, beträgt er noch 100 % − 15 % = 85 %. Berechne zunächst den ursprünglichen Preis mit dem Dreisatz oder der Lösungsformel. Bilde dann die Differenz aus ursprünglichem und reduziertem Preis.

Lösung: ursprünglicher Preis:
Berechnung mit dem Dreisatz:

	Prozentsatz	Geldbetrag	
: 85	85 %	357 €	: 85
· 100	1 %	4,2 €	· 100
	100 %	420 €	

Alternative Berechnung mit der Lösungsformel:
geg.: Prozentwert P = 357 €
Prozentsatz p % = 85 %
ges.: Grundwert G

$$G = \frac{P \cdot 100}{p}$$

$$G = \frac{357\ € \cdot 100}{85}$$

$$G = 420\ €$$

Höhe der Preissenkung:
420 € − 357 € = **63 €**

Alternative Lösungsmöglichkeit:

Da der ursprüngliche Preis um 15 % gesenkt wurde, entspricht der neue Preis noch 100 % − 15 % = 85 %. Berechne die Preissenkung von 15 % in € mit dem Dreisatz.

Höhe der Preissenkung mit dem Dreisatz:

	Prozentsatz	Geldbetrag	
: 85	85 %	357 €	: 85
· 15	1 %	4,2 €	· 15
	15 %	**63 €**	

P 2c

Die Mehrwertsteuer beträgt 19 % des Preises ohne Mehrwertsteuer. Der Preis ohne Mehrwertsteuer ist also der Grundwert und der Preis mit Mehrwertsteuer entspricht 119 % des Preises ohne Mehrwertsteuer. Gesucht ist der Grundwert. Alternativ kannst du direkt mit dem vermehrten Grundwert rechnen.

Lösung: Berechnung des Preises ohne Mehrwertsteuer:
1 249,50 € : 1,19 = **1 050 €**

Alternative Berechnung mit dem Dreisatz:

	Prozentsatz	Geldbetrag	
: 119	119 %	1 249,50 €	: 119
· 100	1 %	10,5 €	· 100
	100 %	**1 050 €**	

Alternative Berechnung mit der Lösungsformel:

geg.: Prozentwert P = 1 249,50 €
Prozentsatz p % = 119 %

ges.: Grundwert G

$$G = \frac{P \cdot 100}{p}$$

$$G = \frac{1\,249{,}50\ € \cdot 100}{119}$$

$$\mathbf{G = 1\,050\ €}$$

Alternative Berechnung mit dem vermehrten Grundwert:

Da der Preis ohne Mehrwertsteuer (Grundwert) um 19 % erhöht wurde, beträgt der Preis mit Mehrwertsteuer 100 % + 19 % = 119 % vom Preis ohne Mehrwertsteuer.

geg.: vermehrter Grundwert $G_{vermehrt} = 1\,249{,}50\ €$
Prozentsatz p % = 19 %

ges.: Grundwert G

$$G_{vermehrt} = G \cdot \left(1 + \frac{p}{100}\right)$$

$$1\,249{,}50\ € = G \cdot \left(1 + \frac{19}{100}\right)$$

$$1\,249{,}50\ € = G \cdot 1{,}19 \qquad |:1{,}19$$

$$G = \mathbf{1\,050\ €}$$

Aufgabe P 3

P 3a

Berechne die durchschnittliche Geschwindigkeit mit dem Dreisatz oder mit der Formel $v = \frac{s}{t}$ (s: zurückgelegter Weg; t: dazu benötigte Zeit).

Lösung: Berechnung der Strecke, die Tom in 1 h = 60 min zurücklegen würde:
Mit dem Dreisatz:

	Zeit	Strecke	
: 20	20 min	1,6 km	: 20
· 60	1 min	0,08 km	· 60
	60 min	4,8 km	

Durchschnittliche Geschwindigkeit: $\mathbf{4{,}8\ \frac{km}{h}}$

Alternative Berechnung mit der Formel:

geg.: $s = 1{,}6\ \text{km}$

$t = 20\,\text{min} = \frac{20}{60}\,\text{h} = \frac{1}{3}\,\text{h}$

ges.: v

$$v = \frac{s}{t}$$

$$v = \frac{1{,}6\ \text{km}}{\frac{1}{3}\,\text{h}}$$

$$v = 1{,}6 \cdot 3\,\frac{\text{km}}{\text{h}}$$

$$\mathbf{v = 4{,}8\,\frac{km}{h}}$$

P 3b

Berechne die Fahrtdauer entweder mit dem Dreisatz oder mit der Formel $v = \frac{s}{t}$.

Lösung: Berechnung mit dem Dreisatz:

	Strecke	Zeit	
: 10	16 km	1 h = 60 min	: 10
	1,6 km	**6 min**	

Mit dem Fahrrad benötigt er 6 Minuten für seinen Schulweg.

Alternative Berechnung mit der Formel:

geg.: $v = 16\,\frac{\text{km}}{\text{h}};\ s = 1{,}6\ \text{km}$

ges.: t

$$v = \frac{s}{t}$$

$$16\,\frac{\text{km}}{\text{h}} = \frac{1{,}6\ \text{km}}{t} \qquad | \cdot t$$

$$t \cdot 16\,\frac{\text{km}}{\text{h}} = 1{,}6\ \text{km} \qquad | : 16\,\frac{\text{km}}{\text{h}}$$

$$t = 0{,}1\ \text{h}$$

$$t = \mathbf{6\ min}$$

Mit dem Fahrrad benötigt er 6 Minuten für seinen Schulweg.

P 3c

Interpretiere der Reihe nach die Begriffe aus der Geschichte grafisch:
langsames Gehen: kleine, positive Steigung, linearer Verlauf
halber Weg: y-Wert mittig zwischen seinem Zuhause und der Schule
Umkehren: negative Steigung, linearer Verlauf, bis der Graph die x-Achse erreicht
schnelles Radeln: positive Steigung, steiler als beim Gehen, Verlauf linear

Schließe damit die Diagramme aus, die nicht passen:
- Tom kehrt auf halbem Weg zur Schule um. $\Rightarrow$ Diagramme C und D falsch
- Tom ist zu Fuß langsamer als mit dem Fahrrad, somit muss der Graph zu Beginn flacher verlaufen als am Ende. $\Rightarrow$ Diagramm A falsch
- Da man zur gleichen Zeit nicht an verschiedenen Orten sein kann, wird jedem Zeitpunkt (x-Wert) genau ein Wert auf der y-Achse zugeordnet.
  $\Rightarrow$ Diagramme E und F falsch

Lösung: **Diagramm B**

Aufgabe P 4

P 4a

Fertige vor der Konstruktion eine Planfigur an und trage die gegebenen Größen ein.
Konstruktionsbeschreibung:
1. Zeichne die Strecke $\overline{AB} = c = 4$ cm (Eckpunkte beschriften).
2. Trage in B den Winkel $\beta = 44°$ an.
   (*Tipp:* Verlängere, wenn nötig, die Strecke $\overline{AB}$ mit einer Hilfslinie, damit du 44° auf dem Geodreieck leichter ablesen kannst.)
3. Zeichne einen Kreis um A mit Radius $r = b = 5{,}5$ cm.
4. Der Schnittpunkt des Kreises mit dem freien Schenkel von β ist der Punkt C.
5. Verbinde A und C.

Bemerkung: Da der gegebene Winkel der längeren Seite gegenüberliegt, ist das Dreieck nach dem Kongruenzsatz SsW eindeutig konstruierbar.

Lösung: Planfigur:

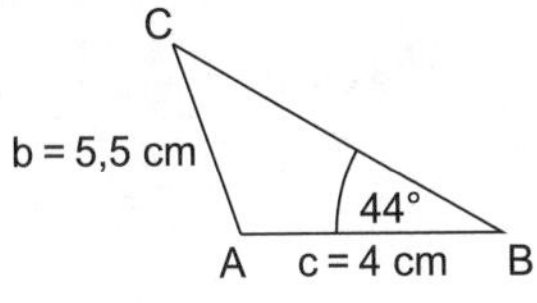

Konstruktion:

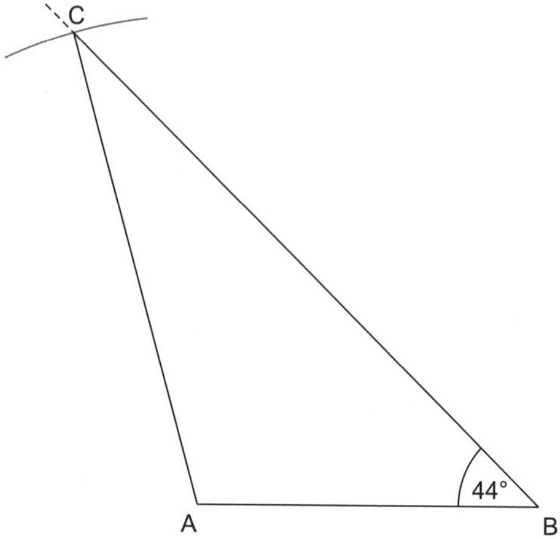

P 4b 1

Die Höhe [FH] teilt das Dreieck DEF in zwei rechtwinklige Teildreiecke. Die Innenwinkelsumme im Dreieck beträgt 180°. Berechne damit die Größe von ε.

Lösung: Berechnung von ε über die Innenwinkelsumme im rechtwinkligen Teildreieck DHF:

$\varepsilon = 180° - 42° - 90°$

$\varepsilon = 180° - 132°$

$\boldsymbol{\varepsilon = 48°}$

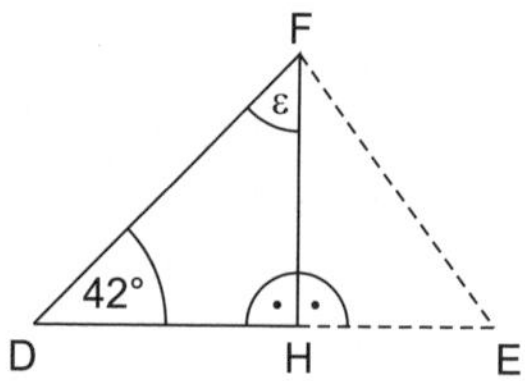

P 4b 2

Berechne zunächst die Höhe $h = \overline{FH}$ mit dem Satz des Pythagoras im rechtwinkligen Dreieck HEF. Dann kannst du den Flächeninhalt des Dreiecks DEF mithilfe der Formel $A = \frac{g \cdot h}{2}$ berechnen.

Lösung: Berechnung der Höhe h mit dem Satz des Pythagoras im rechtwinkligen Teildreieck HEF:

$$h^2 + (28\text{ cm})^2 = (53\text{ cm})^2 \quad |-(28\text{ cm})^2$$
$$h^2 = (53\text{ cm})^2 - (28\text{ cm})^2$$
$$h^2 = 2\,809\text{ cm}^2 - 784\text{ cm}^2$$
$$h^2 = 2\,025\text{ cm}^2 \quad |\sqrt{}$$
$$h = 45\text{ cm}$$

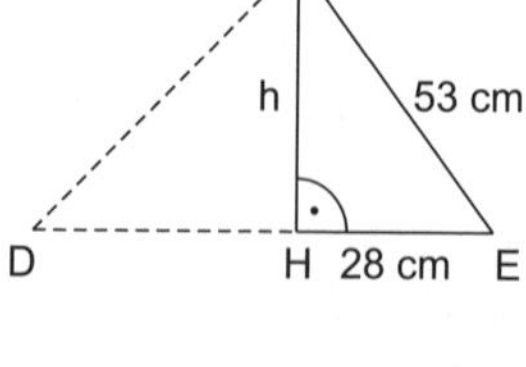

Berechnung des Flächeninhalts des Dreiecks DEF:

$$A = \frac{\overline{DE} \cdot h}{2} = \frac{78\text{ cm} \cdot 45\text{ cm}}{2} = \mathbf{1\,755\ cm^2}$$

Alternative Lösungsmöglichkeit:

Zerlege das Dreieck DEF in die zwei rechtwinkligen Teildreiecke DHF und HEF.
Berechne deren Flächeninhalte und addiere sie.

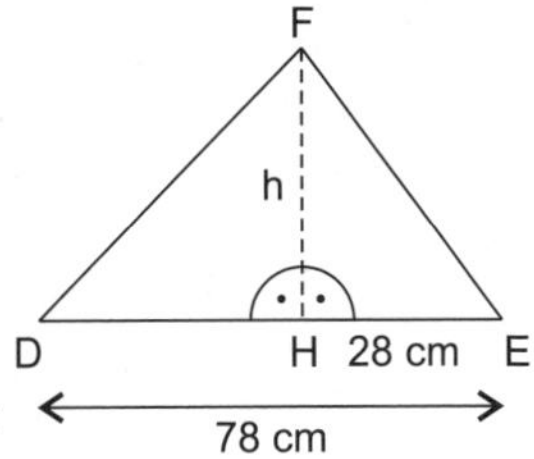

Berechnung der Höhe h:
Wie bei der ersten Lösung wird die Höhe h mit dem Satz des Pythagoras im rechtwinkligen Teildreieck HEF berechnet:
$h = 45$ cm

Berechnung des Flächeninhalts des Dreiecks DHF:

$$A_{DHF} = \frac{(\overline{DE} - \overline{HE}) \cdot h}{2} = \frac{(78\text{ cm} - 28\text{ cm}) \cdot 45\text{ cm}}{2} = 1125\text{ cm}^2$$

Berechnung des Flächeninhalts des Dreiecks HEF:

$$A_{HEF} = \frac{\overline{HE} \cdot h}{2} = \frac{28\text{ cm} \cdot 45\text{ cm}}{2} = 630\text{ cm}^2$$

Berechnung des Flächeninhalts des Dreiecks DEF:

$$A = A_{DHF} + A_{HEF} = 1125\text{ cm}^2 + 630\text{ cm}^2 = \mathbf{1\,755\ cm^2}$$

Aufgabe P 5

P 5a

Es gilt: Wahrscheinlichkeit eines Ereignisses = $\frac{\text{Anzahl der günstigen Ergebnisse}}{\text{Anzahl der möglichen Ergebnisse}}$
Bestimme die Anzahl der Würfelseiten mit Herz (günstige Ergebnisse) und die Anzahl aller Würfelseiten (mögliche Ergebnisse).

Lösung: Anzahl der Würfelseiten mit Herz: 3
Anzahl aller Würfelseiten: 8

Wahrscheinlichkeit, ein Herz zu würfeln:

$$P(\text{Herz}) = \mathbf{\frac{3}{8} = 0{,}375 = 37{,}5\ \%}$$

Die Wahrscheinlichkeit, ein Herz zu würfeln, beträgt 37,5 %.

P 5b

Da zweimal gewürfelt wird, handelt es sich um ein zweistufiges Zufallsexperiment. Die Wahrscheinlichkeit dafür, dass ein Symbol beim zweiten Wurf geworfen wird, ist unabhängig davon, welches Symbol beim ersten Wurf gefallen ist. Es handelt sich somit um einen Zufallsversuch *mit Zurücklegen*, d. h., die Wahrscheinlichkeiten sind bei jedem Wurf gleich.

P 5b 1

Berechne die Wahrscheinlichkeit, erst ein Kleeblatt und dann ein Kreuz zu würfeln, mithilfe der 1. Pfadregel. Es gibt 1 Seite mit Kleeblatt und 4 Seiten mit Kreuz.

Lösung: Wahrscheinlichkeit, beim 1. Wurf ein Kleeblatt zu würfeln: $\frac{1}{8}$

Wahrscheinlichkeit, beim 2. Wurf ein Kreuz zu würfeln: $\frac{4}{8}=\frac{1}{2}$

Wahrscheinlichkeit, ein Kleeblatt und ein Kreuz zu würfeln:

$$\text{P(Kleeblatt; Kreuz)} = \frac{1}{8}\cdot\frac{4}{8}=\frac{4}{64}=\mathbf{\frac{1}{16}=0{,}0625=6{,}25\ \%}$$

P 5b 2

Genau einmal ein Kleeblatt zu würfeln bedeutet, dass entweder beim 1. Wurf **oder** beim 2. Wurf ein Kleeblatt gewürfelt wird. Welches der übrigen Symbole beim anderen Wurf gewürfelt wird, ist egal. Es kann sowohl erst das Kleeblatt und dann eines der anderen Symbole (7 Würfelseiten) als auch erst eines der anderen Symbole und dann das Kleeblatt gewürfelt werden. Wende die 1. und 2. Pfadregel an.

Lösung: Wahrscheinlichkeit, beim 1. Wurf ein Kleeblatt zu würfeln: $\frac{1}{8}$

Wahrscheinlichkeit, beim 2. Wurf kein Kleeblatt zu würfeln: $\frac{7}{8}$

Wahrscheinlichkeit, beim 1. Wurf kein Kleeblatt zu würfeln: $\frac{7}{8}$

Wahrscheinlichkeit, beim 2. Wurf ein Kleeblatt zu würfeln: $\frac{1}{8}$

Wahrscheinlichkeit, genau einmal ein Kleeblatt zu würfeln (1. und 2. Pfadregel):

$$\text{P(genau ein Kleeblatt)} = \frac{1}{8}\cdot\frac{7}{8}+\frac{7}{8}\cdot\frac{1}{8}=\mathbf{\frac{7}{32}=0{,}21875=21{,}875\ \%}$$

P 5c

Lea hat dreimal hintereinander gewürfelt. Dabei handelt es sich um einen dreistufigen Zufallsversuch und jeder Wurf ist unabhängig vom vorherigen Wurf. Die Würfelseiten werden also nicht „verbraucht", sondern jedes Symbol kann bei jedem der drei Würfe fallen. Bedenke, dass „mit Sicherheit" bedeutet, dass etwas 100 %ig eintritt und Paul damit meint, dass es keine andere Möglichkeit gibt.

Lösung: **Paul hat nicht recht.**

Mögliche Begründung:
Es gibt insgesamt 3 verschiedene Symbole auf dem Würfel. Bei jedem der drei Würfe kann jedes der Symbole fallen. Somit kann Lea auch dreimal hintereinander Herz oder dreimal hintereinander Kleeblatt geworfen haben.

Aufgabe P 6

Den Abfall erhältst du, wenn du vom Flächeninhalt des quadratischen Stoffs den Flächeninhalt der kreisförmigen Tischdecke abziehst. Der Radius der Tischdecke setzt sich dabei aus dem halben Durchmesser des Tisches und dem Überhang zusammen. Berechne dann den prozentualen Anteil. Runde auf ganze Prozent.

Lösung: *geg.:* $r = \frac{90\text{ cm}}{2} + 20\text{ cm} = 65\text{ cm} = 0{,}65\text{ m}$

$a = 1{,}40\text{ m}$

ges.: A_{Abfall}

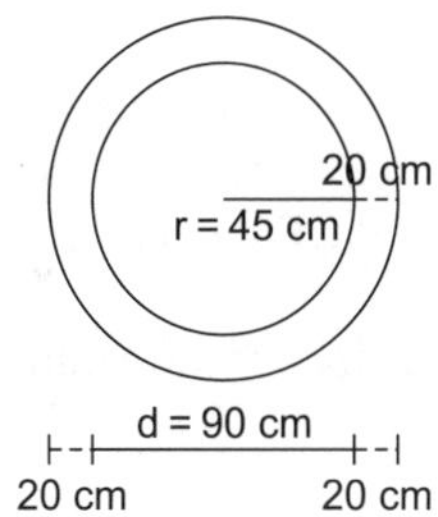

Flächeninhalt der kreisförmigen Tischdecke:

$A_{\text{Kreis}} = \pi \cdot r^2 = \pi \cdot (0{,}65\text{ m})^2 \approx 1{,}33\text{ m}^2$

Flächeninhalt des quadratischen Stoffs:

$A_{\text{Quadrat}} = a^2 = (1{,}40\text{ m})^2 = 1{,}96\text{ m}^2$

Flächeninhalt des Abfalls:

$A_{\text{Abfall}} = A_{\text{Quadrat}} - A_{\text{Kreis}} = 1{,}96\text{ m}^2 - 1{,}33\text{ m}^2 = 0{,}63\text{ m}^2$

prozentualer Anteil:

$\frac{A_{\text{Abfall}}}{A_{\text{Quadrat}}} = \frac{0{,}63\text{ m}^2}{1{,}96\text{ m}^2} = 0{,}321\ldots \approx \mathbf{32\ \%}$

Alternativ kannst du den prozentualen Anteil auch mit dem Dreisatz oder mit der Lösungsformel berechnen.

Aufgabe P 7

P 7a 1

Zähle die Streichhölzer der ersten drei Figuren und notiere die Ergebnisse in einer Tabelle. Mit jeder Figur kommen zwei Streichhölzer hinzu. Führe die Tabelle fort. Alternativ kannst du die 4. Figur zeichnen und die Anzahl der Streichhölzer zählen.

Lösung: Tabelle für die Anzahl der Streichhölzer:

Figur	1	2	3	4	…
Streichhölzer	3	5	7	**9**	…
	+2	+2	+2		

Für die 4. Figur benötigt man **9 Streichhölzer**.

Alternative Lösungsmöglichkeit durch Zeichnen der 4. Figur:

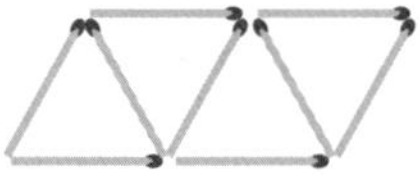

Für die 4. Figur benötigt man **9 Streichhölzer**.

P 7a 2

Löse die Aufgabe, indem du die Tabelle fortführst. Die Anzahl der Dreiecke, aus denen eine Figur besteht, entspricht der Nummer der Figur. Alternativ kannst du die Figurenfolge zeichnerisch fortführen, bis du 25 Streichhölzer verbraucht hast.

Lösung: fortgeführte Tabelle für die Anzahl der Streichhölzer:

Figur	4	5	6	7	8	9	10	11	**12**
Streichhölzer	9	11	13	15	17	19	21	23	25
	+2	+2	+2	+2	+2	+2	+2	+2	

Die Figur besteht aus **12 Dreiecken**.

Alternative Lösungsmöglichkeit durch Fortführen der Figurenfolge:

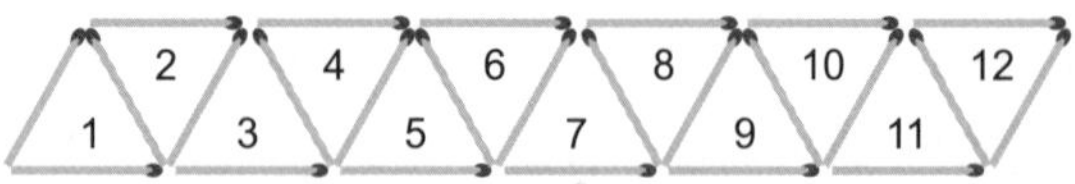

Die Figur besteht aus **12 Dreiecken**.

Alternative Lösungsmöglichkeit durch logische Überlegungen:

Das erste Dreieck besteht aus 3 Streichhölzern, es bleiben also $25-3=22$ Streichhölzer übrig. Da für jedes weitere Dreieck 2 Streichhölzer benötigt werden, können noch $22:2=11$ Dreiecke gelegt werden. Die Figur aus 25 Streichhölzern besteht also aus **12 Dreiecken**.

P 7a 3

Setze in die Terme die Nummer n einer Figur ein, von der du die Streichholzzahl kennst ($n=1$; 2; 3). Überprüfe, für welche Formel das Ergebnis stimmt. Alternativ kannst du die Formel selbst durch Überlegungen herleiten.

Lösung: Figur $n=1$ besteht aus 3 Streichhölzern. Einsetzen von $n=1$ liefert:

A $2n-1$:	**B** $2(n-1)$:	**C** $2n+1$:	**D** $2(n+1)$:
$2\cdot\mathbf{1}-1=1$	$2(\mathbf{1}-1)=0$	$2\cdot\mathbf{1}+1=\mathbf{3}$	$2(\mathbf{1}+1)=4$

Buchstabe C

Alternative Lösungsmöglichkeit durch Herleiten der Formel:

Für die Anzahl der Streichhölzer der n. Figur gilt:

$$\underbrace{2\cdot n}_{\text{mit jedem Dreieck kommen 2 Streichhölzer hinzu}} + \underbrace{1}_{\text{für das erste Dreieck wird 1 zusätzliches Streichholz benötigt}}$$

Buchstabe C

P 7b

Löse das Gleichungssystem mit dem Einsetzungs-, Gleichsetzungs- oder Additionsverfahren. Da eine Gleichung nach x aufgelöst ist, bietet sich das Einsetzungsverfahren an. Setze die so erhaltene Lösung für y in eine der Ausgangsgleichungen ein.

Lösung: Lösen des Gleichungssystems mit dem Einsetzungsverfahren:

I. $x = y+2{,}5$

II. $2x+3y=19$

Einsetzen von I. in II. liefert:

$$2\cdot(y+2{,}5)+3y=19$$
$$2y+5+3y=19 \quad |-5$$
$$5y=14 \quad |:5$$
$$y=2{,}8$$

Einsetzen von $y=2{,}8$ in I. liefert:
$x = 2{,}8+2{,}5 = 5{,}3$

$\mathbf{L=\{(5{,}3\,|\,2{,}8)\}}$

Aufgabe P 8

P 8a

Zähle alle Flächen, Ecken und Kanten. Denke dabei auch an die in der Skizze verdeckten Flächen, Ecken und Kanten.

Lösung: $f=\mathbf{6}$ (2 Seiten- und 4 Mantelflächen)

$e=\mathbf{8}$ (4 Ecken oben und 4 Ecken unten)

$k=\mathbf{12}$ (4 Kanten oben, 4 Kanten unten, 4 Kanten seitlich)

P 8b

Das Prisma liegt auf einer Seitenfläche und die Grundfläche ist ein Trapez. Berechne zunächst das Volumen des Prismas. Bestimme dann damit die Masse des Prismas (1 cm^3 Marmor wiegt 2,7 g). Runde das Ergebnis auf Kilogramm.

Lösung: *geg.:* Maße der trapezförmigen Grundfläche:
$a=40$ cm; $c=15$ cm; $h=20$ cm

Höhe des Prismas:
$h_{Prisma}=45$ cm

Marmor:
1 cm^3 wiegt 2,7 g $\Rightarrow$ $\rho = 2{,}7\,\frac{g}{cm^3}$

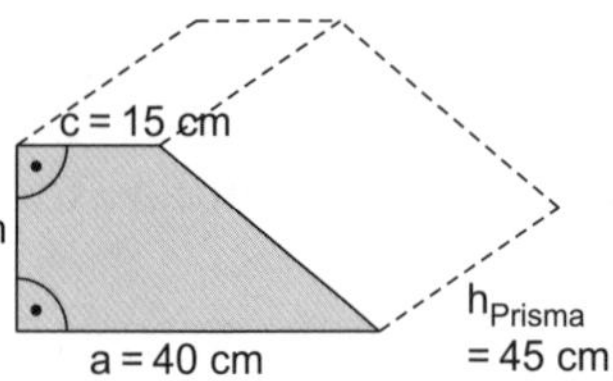

ges.: m in kg

Berechnung des Volumens des Prismas:
Trapezförmige Grundfläche des Prismas:

$$A_G=\frac{a+c}{2}\cdot h=\frac{40\text{ cm}+15\text{ cm}}{2}\cdot 20\text{ cm}=550\text{ cm}^2$$

Volumen des Prismas:

$$V_{Prisma}=A_G\cdot h_{Prisma}=550\text{ cm}^2\cdot 45\text{ cm}=24\,750\text{ cm}^3$$

Berechnung der Masse des Prismas:

$$m=\rho\cdot V_{Prisma}=2{,}7\,\frac{g}{cm^3}\cdot 24\,750\text{ cm}^3=66\,825\text{ g}=66{,}825\text{ kg}\approx\mathbf{67\text{ kg}}$$

Das Prisma hat eine Masse von etwa 67 kg.

Abschlussprüfung Mathematik Realschulen Hessen
Haupttermin 2018 – Wahlaufgaben

Aufgabe W 1

W 1a

Berechne $\overline{AC}$ mit den trigonometrischen Beziehungen im Dreieck ABC.

Lösung: Berechnung von $\overline{AC}$ mit dem Kosinus im rechtwinkligen Dreieck ABC:

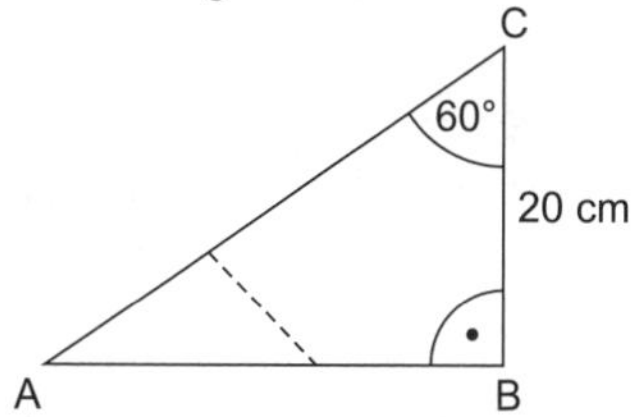

$$\cos\gamma = \frac{\text{Ankathete}}{\text{Hypotenuse}}$$

$$\cos\gamma = \frac{\overline{BC}}{\overline{AC}}$$

$$\cos 60° = \frac{20\text{ cm}}{\overline{AC}} \qquad |\cdot\overline{AC}$$

$$\overline{AC}\cdot\cos 60° = 20\text{ cm} \qquad |:\cos 60°$$

$$\overline{AC} = \frac{20\text{ cm}}{\cos 60°}$$

$$\mathbf{\overline{AC} = 40\text{ cm}}$$

W 1b

Berechne zunächst den Winkel DAE mit dem Satz über die Innenwinkelsumme im Dreieck ABC. Die Länge der Strecke $\overline{DE}$ kannst du dann mit dem Sinussatz im Dreieck ADE berechnen. Runde das Ergebnis auf Millimeter.

Lösung: Berechnung des Winkels α über die Innenwinkelsumme im Dreieck ABC:
$\alpha = 180° - 90° - 60 = 30°$

Berechnung der Länge der Strecke $\overline{DE}$ mit dem Sinussatz im Dreieck ADE:

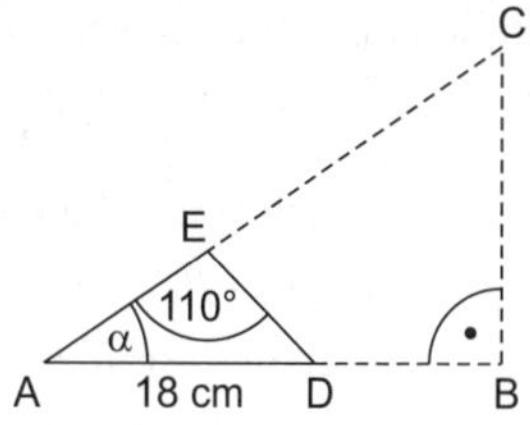

$$\frac{\overline{DE}}{\sin\alpha} = \frac{\overline{AD}}{\sin 110°}$$

$$\frac{\overline{DE}}{\sin 30°} = \frac{18\text{ cm}}{\sin 110°} \qquad |\cdot\sin 30°$$

$$\overline{DE} = \frac{18\text{ cm}\cdot\sin 30°}{\sin 110°}$$

$$\overline{DE} = 9{,}577\ldots\text{ cm}$$

$$\mathbf{\overline{DE} \approx 96\text{ mm}}$$

W 1c

Berechne zunächst die Länge der Strecke $\overline{AB}$ mit dem Satz des Pythagoras oder den trigonometrischen Beziehungen im rechtwinkligen Dreieck ABC. Dann kannst du den Flächeninhalt des Dreiecks mithilfe der Formel $A = \frac{g \cdot h}{2}$ berechnen.

Hinweis: Es wird nur die Berechnung von $\overline{AB}$ mit dem Satz des Pythagoras und dem Sinus ausgeführt. Die Berechnung mit dem Tangens oder dem Kosinus geht analog.

Lösung: Berechnung der Länge der Strecke $\overline{AB}$ mit dem Satz des Pythagoras:

$$\overline{AB}^2 + \overline{BC}^2 = \overline{CA}^2$$

$$\overline{AB}^2 + (20\text{ cm})^2 = (40\text{ cm})^2 \qquad |-(20\text{ cm})^2$$

$$\overline{AB}^2 = (40\text{ cm})^2 - (20\text{ cm})^2$$

$$\overline{AB}^2 = 1\,200\text{ cm}^2 \qquad |\sqrt{}$$

$$\overline{AB} \approx 34{,}64\text{ cm}$$

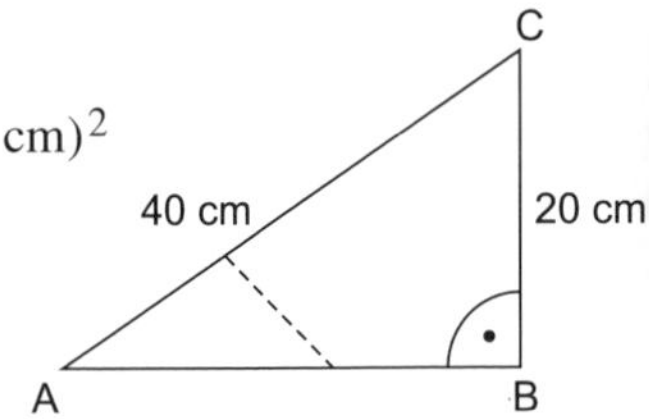

Alternative Berechnung von $\overline{AB}$ mit dem Sinus im Dreieck ABC:

$$\sin\gamma = \frac{\text{Gegenkathete}}{\text{Hypotenuse}}$$

$$\sin\gamma = \frac{\overline{AB}}{\overline{CA}}$$

$$\sin 60° = \frac{\overline{AB}}{40\text{ cm}} \qquad |\cdot 40\text{ cm}$$

$$\overline{AB} = 40\text{ cm} \cdot \sin 60°$$

$$\overline{AB} \approx 34{,}64\text{ cm}$$

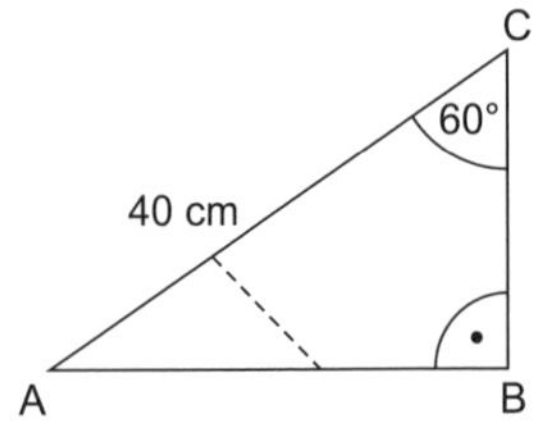

Berechnung des Flächeninhalts:

$$A_{ABC} = \frac{\overline{AB} \cdot \overline{BC}}{2} = \frac{34{,}64\text{ cm} \cdot 20\text{ cm}}{2} = 346{,}4\text{ cm}^2 \approx \mathbf{346\text{ cm}^2}$$

W 1d

Eine Strahlensatzfigur besteht aus zwei sich schneidenden Geraden, die von einem Parallelenpaar geschnitten werden. In der Figur schneiden sich $\overline{AB}$ und $\overline{AC}$ im Punkt A. Somit müssen $\overline{DE}$ und $\overline{BC}$ parallel sein. Überlege, was damit für δ gilt.

Lösung: Für den Winkel δ muss gelten: **δ = 90°**

Mögliche Begründung:

Damit der Strahlensatz anwendbar ist, müssen die Strecken $\overline{DE}$ und $\overline{BC}$ parallel sein. Da die Strecke $\overline{BC}$ senkrecht auf $\overline{AB}$ steht, muss auch die Strecke $\overline{DE}$ senkrecht auf $\overline{AB}$ stehen. Dies ist der Fall, wenn δ = 90° gilt.

Aufgabe W 2

W 2a 1

Im Schnittpunkt P mit der y-Achse gilt $x = 0$. Setze also $x = 0$ in die quadratische Funktion ein und berechne den zugehörigen y-Wert.
Beachte: Die 1. Koordinate eines Punkts ist sein x-Wert, die 2. Koordinate ist sein y-Wert.

Lösung: Einsetzen von $x = 0$ in die Funktionsgleichung $y = x^2 - 7x + 6$:

$$y = 0^2 - 7 \cdot 0 + 6 = 6$$

Koordinaten des Punkts P: $\mathbf{P(0\,|\,6)}$

W 2a 2

Gegeben ist eine quadratische Funktion in Normalform $y = x^2 + px + q$. Bringe die Funktionsgleichung mithilfe der quadratischen Ergänzung auf die Scheitelpunktform $y = (x - d)^2 + e$. Entnimm dann die Koordinaten des Scheitelpunkts $S(d\,|\,e)$.

Lösung: Mithilfe der quadratischen Ergänzung gilt:

$$y = x^2 - 7x + 6$$
$$y = x^2 - 2 \cdot 3{,}5x \mathbf{+ 3{,}5^2 - 3{,}5^2} + 6$$
$$y = (x - 3{,}5)^2 - 6{,}25$$

Damit lauten die Koordinaten des Scheitelpunkts: $\mathbf{S(3{,}5\,|\,-6{,}25)}$

Alternative Lösungsmöglichkeit:

Da die Parabel symmetrisch zur (senkrechten) Achse durch ihren Scheitelpunkt ist, liegt die x-Koordinate des Scheitelpunkts in der Mitte zwischen den Nullstellen. Entnimm die Nullstellen der Zeichnung und berechne damit die x-Koordinate des Scheitelpunkts. Setze dann den berechneten Wert in die Funktionsgleichung ein und bestimme so die y-Koordinate des Scheitelpunkts.

Nullstellen der Parabel:
$x_1 = 1$ und $x_2 = 6$

x-Koordinate des Scheitelpunkts:

$$x_S = \frac{x_1 + x_2}{2} = \frac{1+6}{2} = \frac{7}{2} = 3{,}5$$

Einsetzen von $x = 3{,}5$ in die Funktionsgleichung $y = x^2 - 7x + 6$:

$$y = 3{,}5^2 - 7 \cdot 3{,}5 + 6 = -6{,}25$$

Koordinaten des Scheitelpunkts S: $\mathbf{S(3{,}5\,|\,-6{,}25)}$

W 2a 3

Eine Spiegelung an der y-Achse bedeutet, dass die Parabel waagerecht verschoben wird. Form und Öffnung bleiben erhalten. Mathematisch bedeutet das, dass sich die Vorzeichen der x-Werte ändern. Ersetze also jedes „x“ in der Gleichung durch „–x“.

Lösung: Die Spiegelung der Funktion $y = x^2 - 7x + 6$ an der y-Achse bedeutet, dass statt „x“ nun „–x“ eingesetzt werden muss. Damit ergibt sich:

$y = (-x)^2 - 7 \cdot (-x) + 6$ *oder* $y = [(-x) - 3{,}5]^2 - 6{,}25$

$\mathbf{y = x^2 + 7x + 6}$ $\mathbf{y = (x + 3{,}5)^2 - 6{,}25}$

W 2b

Die Nullstellen einer Funktion sind die x-Werte, an denen der zugehörige y-Wert 0 ist. Setze also $y = 0$ in die Funktionsgleichung ein und berechne die Nullstellen mit der Lösungsformel.

Lösung: Bestimmung der Nullstellen mithilfe der Lösungsformel:

$y = x^2 - 3{,}9x + 3{,}5 \quad | \ y = 0$

$0 = x^2 - 3{,}9x + 3{,}5 \quad \Rightarrow \quad p = -3{,}9;\ q = 3{,}5$

Lösungsformel:

$$x_{1/2} = -\frac{p}{2} \pm \sqrt{\left(\frac{p}{2}\right)^2 - q}$$

$$x_{1/2} = -\frac{-3{,}9}{2} \pm \sqrt{\left(\frac{-3{,}9}{2}\right)^2 - 3{,}5}$$

$x_{1/2} = 1{,}95 \pm \sqrt{0{,}3025}$

$x_{1/2} = 1{,}95 \pm 0{,}55$

$x_1 = 1{,}95 + 0{,}55 = \mathbf{2{,}5}$

$x_2 = 1{,}95 - 0{,}55 = \mathbf{1{,}4}$

W 2c

Für die Gleichung der Parabel gilt:

- Da die Parabel nach unten geöffnet ist, ist der Faktor vor dem x^2 negativ.
- Da die Parabel nur eine Nullstelle hat, liegt der Scheitelpunkt der Parabel auf der x-Achse. Die Nullstelle ist somit zugleich die x-Koordinate des Scheitelpunkts. Der Scheitelpunkt lautet somit $S(-3\,|\,0)$.

Insgesamt gilt für die Scheitelpunktform der Parabel: $y = -[x - (-3)]^2 + 0$

Lösung: Funktionsgleichung: $\mathbf{y = -(x + 3)^2}$ *oder* $\mathbf{y = -0{,}5(x + 3)^2}$ *etc.*

Aufgabe W 3

W 3a

Laut Physikbuch kühlt der Tee in jeder Minute um 3 % ab. Berechne mit Lillys Werten die prozentualen Abkühlungen des Tees nach 1 Minute und nach 2 Minuten mit dem Dreisatz. Alternativ könntest du die Lösungsformel verwenden.

Lösung:

- Temperaturunterschied nach 1 Minute:
  $90,0\,°C - 87,3\,°C = 2,7\,°C$

  Prozentuale Abkühlung nach 1 Minute mit dem Dreisatz:

	Temperatur	Prozentsatz	
: 90	90 °C	100 %	: 90
· 2,7	1 °C	1,111… %	· 2,7
	2,7 °C	**3 %**	

- Temperaturunterschied nach 2 Minuten:
  $87,3\,°C - 84,7\,°C = 2,6\,°C$

  Prozentuale Abkühlung nach 2 Minuten mit dem Dreisatz:

	Temperatur	Prozentsatz	
: 87,3	87,3 °C	100 %	: 87,3
· 2,6	1 °C	1,145… %	· 2,6
	2,6 °C	**3 %**	

Die gemessenen Werte bestätigen somit die Information aus dem Physikbuch, dass die prozentuale Abkühlung 3 % beträgt.

Alternative Lösungsmöglichkeit:

Berechne den Temperaturunterschied nach 1 und nach 2 Minuten beim Abkühlen um 3 % mit dem Dreisatz oder alternativ mit der Lösungsformel. Vergleiche die berechneten Werte mit den Temperaturunterschieden bei Lillys Werten.

- Temperaturunterschied nach 1 Minute beim Abkühlen um 3 %:

	Prozentsatz	Temperatur	
: 100	100 %	90 °C	: 100
· 3	1 %	0,9 °C	· 3
	3 %	**2,7 °C**	

  Der Temperaturunterschied nach 1 Minute beträgt laut Physikbuch 2,7 °C und bei Lillys Messung $90,0\,°C - 87,3\,°C = 2,7\,°C$.

- Temperaturunterschied nach 2 Minuten beim Abkühlen um 3 %:

	Prozentsatz	Temperatur	
: 100	100 %	87,3 °C	: 100
· 3	1 %	0,873 °C	· 3
	3 %	**2,6 °C**	

Der Temperaturunterschied nach 2 Minuten beträgt laut Physikbuch 2,6 °C und bei Lillys Messung $87,3\ °C - 84,7\ °C = 2,6\ °C$.

Da der Tee laut Physikbuch in jeder Minute um 3 % abkühlt, beträgt seine Temperatur noch 97 % des vorherigen Werts. Damit ergeben sich folgende Alternativen:

- Überprüfe mit Lillys Werten, ob die Temperaturen nach 1 und nach 2 Minuten noch 97 % des vorherigen Werts betragen.
- Berechne die Temperaturen nach 1 und nach 2 Minuten beim Abkühlen auf 97 % und vergleiche dann jeweils mit Lillys Werten.

W 3b

Berechne den Temperaturunterschied nach 3 und nach 4 Minuten mit dem Dreisatz (oder mit der Lösungsformel). Runde auf zehntel Grad.

Lösung:

- Temperaturunterschied nach 3 Minuten beim Abkühlen um 3 %:

	Prozentsatz	Temperatur	
: 100	100 %	84,7 °C	: 100
· 3	1 %	0,847 °C	· 3
	3 %	2,5 °C	

Die Temperatur nach 3 Minuten beträgt $84,7\ °C - 2,5\ °C = 82,2\ °C$.

- Temperaturunterschied nach 4 Minuten beim Abkühlen um 3 %:

	Prozentsatz	Temperatur	
: 100	100 %	82,2 °C	: 100
· 3	1 %	0,822 °C	· 3
	3 %	2,5 °C	

Die Temperatur nach 4 Minuten beträgt $82,2\ °C - 2,5\ °C =$ **79,7 °C**.

Alternative Lösungsmöglichkeit:

- Temperatur nach 3 Minuten beim Abkühlen um 3 % (auf 97 %):

	Prozentsatz	Temperatur	
: 100	100 %	84,7 °C	: 100
· 97	1 %	0,847 °C	· 97
	97 %	82,2 °C	

- Temperatur nach 4 Minuten beim Abkühlen um 3 % (auf 97 %):

	Prozentsatz	Temperatur	
: 100	100 %	82,2 °C	: 100
· 97	1 %	0,822 °C	· 97
	97 %	**79,7 °C**	

W 3c

Es handelt sich um eine exponentielle Abnahme. Die Temperatur des Tees sinkt dabei mit jeder Minute um p % = 3 %. Berechne zunächst den Abnahmefaktor und stelle dann die allgemeine Funktionsgleichung der Form $y = c \cdot a^x$ auf.

Lösung: Abnahmefaktor:

$$a = 1 - \frac{p}{100} = 1 - \frac{3}{100} = 0{,}97$$

Aufstellen der Funktionsgleichung:

Abnahmefaktor: $a = 0{,}97$

Startwert: $c = 90{,}0\,°C$ (Ausgabetemperatur)

Anzahl der Minuten: x

Damit ergibt sich als allgemeiner Term:

$y = c \cdot a^x$

$\mathbf{y = 90{,}0\,°C \cdot 0{,}97^x}$

W 3d

Berechne die Temperatur des Tees mithilfe des Terms schrittweise, bis 65 °C erreicht sind, und gib die zugehörige Minutenzahl an.

Lösung:

Temperatur nach 5 Minuten: $y = 90{,}0\,°C \cdot 0{,}97^5 \approx 77\,°C$

Temperatur nach 6 Minuten: $y = 90{,}0\,°C \cdot 0{,}97^6 \approx 75\,°C$

Temperatur nach 7 Minuten: $y = 90{,}0\,°C \cdot 0{,}97^7 \approx 73\,°C$

Temperatur nach 8 Minuten: $y = 90{,}0\,°C \cdot 0{,}97^8 \approx 71\,°C$

Temperatur nach 9 Minuten: $y = 90{,}0\,°C \cdot 0{,}97^9 \approx 68\,°C$

Temperatur nach 10 Minuten: $y = 90{,}0\,°C \cdot 0{,}97^{10} \approx 66\,°C$

Temperatur nach 11 Minuten: $y = 90{,}0\,°C \cdot 0{,}97^{11} \approx 64\,°C$

Lilly muss mindestens **11 Minuten** warten, bis der Tee kälter als 65 °C ist.

W 3e

Bei dem Vorgang des Abkühlens handelt es sich um eine exponentielle Abnahme. Der zugehörige Graph schmiegt sich für größer werdende x-Werte immer mehr an die x-Achse an. Schließe damit die Graphen aus, die nicht passen:

- Die Graphen A, D und E gehören zu linearen Funktionen und sind somit falsch. Zudem steigt die Temperatur bei Graph A an.
- Graph C hat einen steigenden Verlauf und beschreibt somit keine Abnahme.
- Graph F gehört zu einer quadratischen Funktion und ist somit falsch. Zudem würde der Graph die x-Achse schneiden.

Lösung: **Graph B**

W 3f

Es handelt sich um eine exponentielle Abnahme mit dem Abnahmefaktor $a=0{,}97$. Die Ausgabetemperatur entspricht dem Startwert c. Setze $y = 60\,°C$ und $x=5$ in die Funktionsgleichung $y=c \cdot a^x$ ein und berechne c. Runde auf Grad Celsius.

Lösung:

Abnahmefaktor:	$a=0{,}97$
Temperatur nach 5 Minuten:	$y = 60\,°C$
Anzahl der Minuten:	$x=5$
Funktionsgleichung:	$y=c \cdot 0{,}97^x$

Setze $y=60\,°C$ und $x=5$ in den allgemeinen Term $y=c \cdot 0{,}97^x$ ein:

$$60\,°C = a \cdot 0{,}97^5 \quad |:0{,}97^5$$

$$a = \frac{60\,°C}{0{,}97^5}$$

$$\mathbf{a \approx 70\,°C}$$

Aufgabe W 4

W 4a

Der Rundkolben lässt sich als Kugel mit aufgesetztem Zylinder modellieren. Schätze mithilfe der Daumenlänge und -breite den Durchmesser der Kugel, den Durchmesser des Zylinders und die Füllhöhe des Zylinders ab. Berechne mit den geschätzten Maßen die Volumina von Kugel und Zylinder und addiere sie. Gib das Ergebnis in Milliliter an und achte auf das richtige Runden. Es gilt: $1\ cm^3 = 1\ m\ell$

Lösung:

geschätzte Daumenlänge:	7 cm
geschätzte Daumenbreite:	2 cm

geschätzter Kugeldurchmesser: $d_K = 9\text{ cm} \Rightarrow r_K = 4{,}5\text{ cm}$
(etwas mehr als die Daumenlänge)

Maße der zylinderförmigen Flüssigkeitssäule:

- geschätzter Zylinderdurchmesser: $d_Z = 4\text{ cm} \Rightarrow r_Z = 2\text{ cm}$
  (etwa das Doppelte der Daumenbreite)
- geschätzte Höhe der Flüssigkeitssäule: $h_Z = 4\text{ cm}$
  (etwa das Doppelte der Daumenbreite)

Volumen der Kugel:

$$V_{Kugel} = \frac{4}{3}\pi \cdot r_K{}^3 = \frac{4}{3}\pi \cdot (4{,}5\text{ cm})^3 \approx 382\text{ cm}^3$$

Volumen der Flüssigkeitssäule (Zylindervolumen):

$$V_{Zylinder} = \pi \cdot r_Z{}^2 \cdot h_Z = \pi \cdot (2\text{ cm})^2 \cdot 4\text{ cm} \approx 50\text{ cm}^3$$

Volumen der Flüssigkeit im Rundkolben:

$$V_{Flüssigkeit} = V_{Kugel} + V_{Zylinder} = 382\text{ cm}^3 + 50\text{ cm}^3 = 432\text{ cm}^3 \mathbf{= 432\ m\ell}$$

Die Schätzungen der Größen können variieren. Zugelassene Abschätzungen:
Kugel: $6\text{ cm} \le d_K \le 12\text{ cm}$ **Zylinder:** $2\text{ cm} \le d_Z \le 5\text{ cm}$ und $2\text{ cm} \le h_Z \le 5\text{ cm}$
Dein Ergebnis kann also von dem vorgerechneten Beispiel abweichen.

W 4b 1

Der Becher ist zylinderförmig. Berechne den Becherradius mithilfe des berechneten Flüssigkeitsvolumens und der Volumenformel für Zylinder.

Lösung: *geg.:* $h = 10\text{ cm};\ V_{Flüssigkeit} = 432\text{ cm}^3$

ges.: Radius r des Bechers

Berechnung des Becherradius:

$$V_{Flüssigkeit} = \pi \cdot r^2 \cdot h$$

$$432\text{ cm}^3 = \pi \cdot r^2 \cdot 10\text{ cm} \quad |:(\pi \cdot 10\text{ cm})$$

$$r^2 = \frac{432\text{ cm}^3}{\pi \cdot 10\text{ cm}} \quad |\cdot\sqrt{\ }$$

$$r = \sqrt{\frac{432\text{ cm}^3}{\pi \cdot 10\text{ cm}}}$$

$$\mathbf{r \approx 3{,}71\ cm}$$

Beachte, dass dein Ergebnis wieder vom vorgerechneten Beispiel abweichen kann.

W 4b 2

Die Verdopplung des Radius bedeutet, dass r zu 2r wird. Da die Flüssigkeit vollständig umgefüllt wird, sind die Volumina der Flüssigkeitssäulen in den Bechern gleich. Setze für die Berechnung der Höhe die Volumenformeln beider Zylinder gleich.

Lösung: *geg.:* $h = 10$ cm; $V' = V_{\text{Flüssigkeit}}$; $r' = 2 \cdot r$

ges.: Höhe h' der Flüssigkeit im neuen Becher

Allgemeine Berechnung der Höhe h':

$$V' = V_{\text{Flüssigkeit}}$$

$$\pi \cdot r'^2 \cdot h' = \pi \cdot r^2 \cdot h$$

$$\pi \cdot (2 \cdot r)^2 \cdot h' = \pi \cdot r^2 \cdot h \quad |:[\pi \cdot (2 \cdot r^2)]$$

$$h' = \frac{\pi \cdot r^2 \cdot h}{\pi \cdot (2 \cdot r)^2}$$

$$h' = \frac{r^2 \cdot h}{4 \cdot r^2}$$

$$h' = \frac{1}{4} h$$

Die Flüssigkeit steht in diesem Becher ein Viertel so hoch wie im anderen. Das sind $\frac{1}{4} \cdot 10 \text{ cm} = 2{,}5 \text{ cm}$.

Alternative Lösungsmöglichkeit:

Berechne die Höhe der Flüssigkeitssäule mithilfe der Volumenformel für Zylinder.

geg.: $r = 3{,}71$ cm; $r' = 2 \cdot r = 2 \cdot 3{,}71 \text{ cm} = 7{,}42$ cm; $V_{\text{Flüssigkeit}} = 432 \text{ cm}^3$

ges.: Höhe h' der Flüssigkeit im neuen Becher

Berechnung der Höhe h':

$$V_{\text{Flüssigkeit}} = \pi \cdot r'^2 \cdot h'$$

$$432 \text{ cm}^3 = \pi \cdot (7{,}42 \text{ cm})^2 \cdot h' \quad |:[\pi \cdot (7{,}42 \text{ cm})^2]$$

$$h' = \frac{432 \text{ cm}^3}{\pi \cdot (7{,}42 \text{ cm})^2}$$

$$\mathbf{h' \approx 2{,}5 \text{ cm}}$$

Die Flüssigkeit steht in diesem Becher 2,5 cm hoch.

Aufgabe W 5

W 5a

Berechne die Wahrscheinlichkeit dafür, dass Semi einen Stein mit einem B zieht, indem du die Anzahl der Steine mit B durch die Anzahl aller Steine dividierst.
B_3 2 bedeutet, dass dieser Stein zweimal unter den 100 Steinen vorkommt.

Lösung: Anzahl der Steine mit B: 2
Anzahl aller Steine: 100

Wahrscheinlichkeit dafür, dass Semi einen Stein mit einem B zieht:

$$P(B) = \frac{\mathbf{2}}{\mathbf{100}} = \frac{\mathbf{1}}{\mathbf{50}} = \mathbf{0{,}02 = 2\ \%}$$

Die Wahrscheinlichkeit beträgt 2 %.

W 5b

Überlege zunächst, welche Buchstaben den Wert 4 haben. Addiere die zugehörigen Anzahlen an Steinen. Dividiere dann diese Summe durch die Anzahl aller Steine.

Lösung: Buchstaben mit dem Wert 4: C; F; K; P
Anzahl der Steine mit dem Wert 4: $2+2+2+1=7$
Anzahl aller Steine: 100

Wahrscheinlichkeit dafür, einen Stein mit dem Wert 4 zu ziehen:

$$P(\text{Wert } 4) = \frac{\mathbf{7}}{\mathbf{100}} = \mathbf{0{,}07 = 7\ \%}$$

W 5c

Da Ines die Steine entnimmt, kannst du jeden Stein nur einmal verwenden. Suche die 5 Steine mit den größten Werten und addiere ihre Werte.

Lösung: Größte Werte: 10 (Q); 10 (Y); 8 (Ö); 8 (X); 6 (Ä, J, Ü oder V)

Größte erreichbare Summe:
$10+10+8+8+6=\mathbf{42}$

W 5d

Um den Namen INES legen zu können, benötigt Ines noch den Buchstaben I. Dieser kommt 6-mal im Spiel vor. Da Ines bereits drei Steine entnommen hat, enthält der Beutel nur noch 97 Steine. Berechne die Wahrscheinlichkeit, dass Ines ein I zieht, indem du die Anzahl der Steine mit I durch die Anzahl aller Steine (97) dividierst.

Lösung: Anzahl der Steine mit I: 6
Anzahl aller Steine: 97

Wahrscheinlichkeit dafür, dass Ines ihren Namen legen kann:

$$P(I) = \mathbf{\frac{6}{97} \approx 0{,}062 = 6{,}2\ \%}$$

W 5e

Da Semi zwei Steine zieht, handelt es sich um ein zweistufiges Zufallsexperiment *ohne Zurücklegen*, d. h., die Wahrscheinlichkeiten verändern sich bei jeder Ziehung. Berechne die Wahrscheinlichkeit mithilfe der 1. und 2. Pfadregel.
Beachte: Die Reihenfolge der gezogenen Buchstaben ist egal. Es kann sowohl erst das J und dann das A als auch erst das A und dann das J gezogen werden.

Lösung: Wahrscheinlichkeit, beim 1. Zug ein J zu ziehen: $\frac{1}{100}$

Wahrscheinlichkeit, beim 2. Zug ein A zu ziehen: $\frac{5}{99}$

Wahrscheinlichkeit, beim 1. Zug ein A zu ziehen: $\frac{5}{100}$

Wahrscheinlichkeit, beim 2. Zug ein J zu ziehen: $\frac{1}{99}$

Wahrscheinlichkeit, dass Semi ein J und ein A zieht (1. und 2. Pfadregel):

$$P(JA) = \frac{1}{100} \cdot \frac{5}{99} + \frac{5}{100} \cdot \frac{1}{99} = \mathbf{\frac{1}{990} \approx 0{,}0010 = 0{,}10\ \%}$$

W 5f

Überlege dir, um welche Buchstaben sich die Namen Ines und Semi unterscheiden. Je öfter ein Buchstabe vorkommt, desto größer ist die Wahrscheinlichkeit, dass er gezogen wird. Vergleiche für die Buchstaben, um die sich die Namen unterscheiden, die Anzahlen der Steine, auf denen sie vorkommen.

Lösung: **Ines** hat die größeren Gewinnchancen.

Begründung:
Die Namen INES und SEMI enthalten beide ein I, ein E und ein S. Die Wahrscheinlichkeiten dafür, dass diese Buchstaben gezogen werden, sind für beide Namen gleich. Um zu gewinnen, benötigt Ines zudem ein N und Semi ein M. Das N für Ines kommt auf 9 Steinen und das M für Semi auf 4 Steinen vor. Somit ist das N häufiger vertreten und damit ist die Wahrscheinlichkeit größer, dass ein N gezogen wird.

Abschlussprüfung Mathematik Realschulen Hessen
Haupttermin 2019 – Pflichtaufgaben

Aufgabe P 1

P 1a 1

Der Preis ist direkt proportional zur Masse der Orangen.

Lösung: Mit dem Dreisatz:

	Masse der Orangen	Preis	
: 3	3 kg	5,40 €	: 3
· 5	1 kg	1,80 €	· 5
	5 kg	**9 €**	

P 1a 2

Aus der vorherigen Teilaufgabe weißt du, dass 1 Kilogramm Orangen 1,80 € kostet. Verwende zur Lösung entweder den Dreisatz oder eine Divisionsaufgabe.

Lösung: Mit dem Dreisatz:

	Preis	Masse der Orangen	
: 1,80	1,80 €	1 kg	: 1,80
· 12,60	1 €	$\frac{5}{9}$ kg	· 12,60
	12,60 €	**7 kg**	

Für 12,60 € erhält man 7 Kilogramm Orangen.

Alternative Lösung mit einer Divisionsaufgabe:

$$1\,\text{kg} \mathrel{\hat{=}} 1{,}80\,€$$

$$\Rightarrow \quad 12{,}60\,€ : 1{,}80\,\frac{€}{\text{kg}} = \mathbf{7\,kg}$$

Für 12,60 € erhält man 7 Kilogramm Orangen.

P 1b

Der Bruchteil einer Größe ist das Produkt aus Anteil und dem Ganzen der Größe.

Lösung: Gesuchter Bruchteil:

$$\frac{2}{3} \cdot 1{,}2\,\ell = \frac{2{,}4}{3}\,\ell = \mathbf{0{,}8\,\ell}$$

$\frac{2}{3}$ des ausgepressten Saftes entsprechen 0,8 Litern.

Alternative Lösung mit dem Dreisatz:

Anteile Saft	Liter
$1 = \frac{3}{3}$	$1{,}2\,\ell$
$:3$ ↓	↓ $:3$
$\frac{1}{3}$	$0{,}4\,\ell$
$\cdot 2$ ↓	↓ $\cdot 2$
$\frac{2}{3}$	$\mathbf{0{,}8\,\ell}$

$\frac{2}{3}$ des ausgepressten Saftes entsprechen 0,8 Litern.

Aufgabe P 2

P 2a

Gesucht ist der Prozentsatz. Verwende zur Lösung entweder die Lösungsformel der Prozentrechnung oder den Dreisatz. Runde das Ergebnis auf ganze Prozent.

Lösung: Mit der Lösungsformel:

geg.: Grundwert $G = 830$
Prozentwert $P = 625$

ges.: Prozentsatz p %

$$p\,\% = \frac{P}{G} \cdot 100\,\%$$

$$p\,\% = \frac{625}{830} \cdot 100\,\%$$

$$\mathbf{p\,\% \approx 75\,\%}$$

Alternative Lösung mit dem Dreisatz:

Beachte, dass 100 % der Sitzplätze der Gesamtzahl aller Sitzplätze im ICE-4 von 830 entsprechen.

	Sitzplätze	Prozent	
$:830$	830	100 %	$:830$
$\cdot 625$	1	$\frac{100}{830}$ %	$\cdot 625$
	625	**75 %**	

P 2b

Gesucht ist der Prozentwert. Die Anzahl der Sitzplätze kann mit der Lösungsformel oder mit dem Dreisatz berechnet werden. Beachte, dass sich der angegebene Prozentsatz auf die Sitzplätze in der 2. Klasse und nicht auf alle Sitzplätze bezieht. Der Grundwert bzw. 100 % entspricht daher nur 625 Sitzplätzen.

Lösung: Mit der Lösungsformel:

geg.: Grundwert G = 625, Prozentsatz p % = 28 %
ges.: Prozentwert P

$$P = \frac{G \cdot p}{100}$$

$$P = \frac{625 \cdot 28}{100}$$

$$\mathbf{P = 175}$$

Alternative Lösung mit dem Dreisatz:

	Prozent	Sitzplätze	
$:100$	100 %	625	$:100$
$\cdot 28$	1 %	6,25	$\cdot 28$
	28 %	**175**	

P 2c

Der ICE-4 hat 18 % mehr Sitzplätze als das ältere Modell ICE-1. Die gesuchte Anzahl der Sitzplätze im ICE-1 ist also der Grundwert. Die Anzahl der Sitzplätze im ICE-4 entspricht 118 % der Sitzplätze im ICE-1. Du kannst die Lösung auch mit dem Dreisatz, der Lösungsformel oder dem vermehrten Grundwert berechnen. Runde abschließend dein Ergebnis sinnvoll.

Lösung: Berechnung der Anzahl der Sitzplätze im ICE-1:

$830 : 1{,}18 = 703{,}389\ldots \approx \mathbf{703}$

Im ICE-1 gibt es etwa 703 Sitzplätze.

Alternative Berechnung mit dem Dreisatz:

In diesem Fall entsprechen die 830 Sitzplätze nicht mehr 100 %, sondern 118 %, da die Sitzplätze in Beziehung zu den Sitzplätzen im ICE-1 zu setzen sind.

	Prozent	Sitzplätze	
$:118$	118 %	830	$:118$
$\cdot 100$	1 %	$\frac{830}{118}$	$\cdot 100$
	100 %	**703**	

Im ICE-1 gibt es etwa 703 Sitzplätze.

Alternative Lösung mit der Lösungsformel:

geg.: Prozentwert $P = 830$, Prozentsatz $p\,\% = 118\,\%$
ges.: Grundwert G

$$G = \frac{P \cdot 100}{p}$$

$$G = \frac{830 \cdot 100}{118}$$

$$\mathbf{G \approx 703}$$

Im ICE-1 gibt es etwa 703 Sitzplätze.

Alternative Lösung mit dem vermehrten Grundwert:

Da die Sitzplatzzahl im ICE-4 im Vergleich zum ICE-1 um 18 % erhöht wurde, errechnen sich die Sitzplätze im ICE-4 aus 100 % + 18 % = 118 % der Sitzplätze im ICE-1. Die Anzahl der Sitzplätze im ICE-4 ist der vermehrte Grundwert.

geg.: vermehrter Grundwert $G_{\text{vermehrt}} = 830$, Prozentsatz $p\,\% = 18\,\%$
ges.: Grundwert G

$$G_{\text{vermehrt}} = G \cdot \left(1 + \frac{p}{100}\right)$$

$$830 = G \cdot \left(1 + \frac{18}{100}\right)$$

$$830 = G \cdot 1{,}18 \qquad |:1{,}18$$

$$\mathbf{G \approx 703}$$

Im ICE-1 gibt es etwa 703 Sitzplätze.

Aufgabe P 3

P 3a 1

Setze $x = 3{,}5$ in den Term ein und berechne den Wert des Terms.

Lösung: Einsetzen von $x = 3{,}5$ liefert:

$(3{,}5)^3 = 3{,}5 \cdot 3{,}5 \cdot 3{,}5 = \mathbf{42{,}875}$

P 3a 2

Der Term soll den Wert 343 annehmen. Es soll also gelten: $x^3 = 343$. Du kannst die Kubikwurzel ziehen oder die Lösung durch systematisches Probieren finden.

Lösung: Ziehen der dritten Wurzel ergibt:

$$x^3 = 343 \qquad |\sqrt[3]{}$$

$$x = \sqrt[3]{343}$$

$$\mathbf{x = 7}$$

Für $x = 7$ nimmt der Term den Wert 343 an.

P 3a 3

Der Wert des Terms kann negativ sein, denn eine ungerade Potenz führt zu negativen Werten, sobald man eine negative Zahl potenziert.

Lösung: **Lukas hat nicht recht.**

Mögliche Begründung mithilfe eines Beispiels:
Einsetzen von $x = -2$ liefert den Termwert $(-2)^3 = (-2) \cdot (-2) \cdot (-2) = -8$.

P 3b

Die Gleichung $y - x = 5$ lässt sich zu $y = x + 5$ umformen. Somit gilt: $y > x$. Da y der Anzahl der Meerschweinchen entspricht und x der Anzahl der Hasen, gibt es 5 Meerschweinchen mehr als Hasen.

Lösung: **Buchstabe D**

P 3c

Du kannst das Gleichungssystem mit dem Einsetzungs-, Gleichsetzungs- oder Additionsverfahren lösen. Da in der I. Gleichung der Ausdruck „–3y" vorkommt und in der II. Gleichung „+3y", bietet sich das Additionsverfahren an.

Lösung: Mithilfe des Additionsverfahrens:

$$\begin{array}{lrl} \text{I.} & x-3y=-2 & \\ \text{II.} & 3x+3y=42 & \big|+ \\ \hline & 4x=40 & \big|:4 \\ & x=10 & \end{array}$$

$x=10$ in I einsetzen:

$$\begin{aligned} 10-3y &= -2 && \big|-10 \\ -3y &= -12 && \big|:(-3) \\ y &= 4 \end{aligned}$$

Lösungsmenge $\mathbf{L=\{(10\,|\,4)\}}$

Tipp: Mit einer Probe kannst du überprüfen, ob das Ergebnis korrekt ist. Setze dazu x und y in die Gleichungen ein.

Aufgabe P 4

P 4a

Die Nullstellen einer Funktion sind die x-Werte, an denen der zugehörige y-Wert 0 ist. Setze also $y=0$ in die Funktionsgleichung ein und löse nach x auf.

Lösung: Einsetzen von $y=0$ in die Funktionsgleichung $y=0{,}5x+4$:

$$\begin{aligned} 0 &= 0{,}5x+4 && \big|-4 \\ -4 &= 0{,}5x && \big|\cdot 2 \\ \mathbf{x} &\mathbf{= -8} \end{aligned}$$

Die Gerade g hat bei $x=-8$ eine Nullstelle.

P 4b

Um zu überprüfen, ob ein Punkt auf einer Geraden liegt, setzt man seine x- und y-Koordinate in die Funktionsgleichung der Geraden ein. Ein Punkt liegt nur dann auf der Geraden, wenn eine wahre Aussage entsteht.

Lösung: Einsetzen der Koordinaten von $P(12\,|\,10)$ in die Funktionsgleichung $y = 0{,}5x + 4$:

$10 = 0{,}5 \cdot 12 + 4$

$10 = 6 + 4$

$10 = 10$ (wahr)

Der Punkt $P(12\,|\,10)$ **liegt** auf der Geraden g.

P 4c

Parallele Geraden müssen die gleiche Steigung haben. Du musst also nur noch den y-Achsenabschnitt bestimmen. Setze dazu die Werte von Q in die Funktionsgleichung ein oder zeichne die parallele Gerade in das Koordinatensystem ein.

Lösung: Durch Einsetzen in die Geradengleichung:
Da die Steigung der gesuchten Geraden identisch sein muss, gilt zunächst:
$y = 0{,}5x + b$

Einsetzen der Koordinaten von $Q(2\,|\,2)$ in die Geradengleichung liefert:

$2 = 0{,}5 \cdot 2 + b$

$2 = 1 + b \quad |-1$

$b = 1$

Mit $b = 1$ ergibt sich die Funktionsgleichung: $\mathbf{y = 0{,}5x + 1}$

Alternative Lösungsmöglichkeit:

Lege ein Geodreieck an die Gerade g und verschiebe es, sodass du den Punkt $Q(2\,|\,2)$ triffst. Achte darauf, dass du parallel verschiebst. So kannst du die gesuchte parallele Gerade einzeichnen und den y-Achsenabschnitt 1 ablesen. Da die Steigung beider Geraden gleich ist, ergibt sich:

$\mathbf{y = 0{,}5x + 1}$

P 4d

Eine Spiegelung an der x-Achse bedeutet, dass sich das Vorzeichen aller y-Werte der Geraden umkehrt. Aus der ursprünglich steigenden Geraden wird nach Spiegelung an der x-Achse eine fallende Gerade. Folglich ändert sich auch das Vorzeichen der Steigung m. Aus dem Schnittpunkt $P(0\,|\,4)$ mit der y-Achse wird $P'(0\,|\,-4)$, daher ändert sich auch das Vorzeichen des y-Achsenabschnitts b.

Lösung: Mit $m = -0{,}5$ und $b = -4$ ergibt sich für die gespiegelte Gerade:
$\mathbf{y = -0{,}5x - 4}$

Aufgabe P 5

P 5a 1

Es gilt: Wahrscheinlichkeit eines Ereignisses $= \frac{\text{Anzahl der günstigen Ergebnisse}}{\text{Anzahl der möglichen Ergebnisse}}$.
Bestimme zunächst die Anzahl aller Seitenflächen (mögliche Ergebnisse) und die Anzahl aller „12en“ (günstige Ergebnisse).

Lösung: Anzahl aller Seitenflächen: 20
Anzahl „12“: 1

Wahrscheinlichkeit, eine „12“ zu würfeln:

$$P(12) = \frac{\text{Anzahl „12“}}{\text{Anzahl aller Seitenflächen}} = \mathbf{\frac{1}{20} = 0{,}05 = 5\ \%}$$

Die Zahl 12 wird mit einer Wahrscheinlichkeit von 5 % gewürfelt.

P 5a 2

Das Spiel ist nur dann fair, wenn die Gewinnchancen für Aurelia und Maurice gleich groß sind. Betrachte zuerst die Zahl der für Aurelia günstigen Ergebnisse, indem du nach Zahlen suchst, die durch 3 oder 5 teilbar sind. Wenn diese Zahl genau der Hälfte aller möglichen Ergebnisse entspricht, haben Aurelia und Maurice gleiche Gewinnchancen.

Lösung: Vielfache von 3 und somit durch 3 teilbare Zahlen auf dem Würfel:
$V_3 = \{3; 6; 9; 12; 15; 18\}$

Vielfache von 5 und somit durch 5 teilbare Zahlen auf dem Würfel:
$V_5 = \{5; 10; 15; 20\}$

Für die Menge der Zahlen auf dem Würfel, die durch 3 oder 5 teilbar sind (für Aurelia günstige Ergebnisse), ergibt sich also:
$M_{\text{teilbar durch 3 oder 5}} = \{3; 5; 6; 9; 10; 12; 15; 18; 20\}$

Beachte, dass du die Zahl 15, die sowohl durch 3 als auch 5 teilbar ist, nicht doppelt zählen darfst.

Anzahl der Zahlen, die durch 3 oder 5 teilbar sind: 9
Anzahl der Zahlen, die nicht durch 3 oder 5 teilbar sind: $20 - 9 = 11$

Die Spielregel ist unfair, da die Gewinnchancen für Aurelia und Maurice ungleich verteilt sind. Aurelia kann in 9 von 20 Fällen gewinnen, Maurice jedoch in 11 von 20 Fällen.

P 5b 1

Es handelt sich um ein zweistufiges Zufallsexperiment. Berechne die Wahrscheinlichkeit mithilfe eines Baumdiagramms und wende die 1. Pfadregel an.

Lösung: Betrachtung des relevanten Ausschnitts im Baumdiagramm (fett):

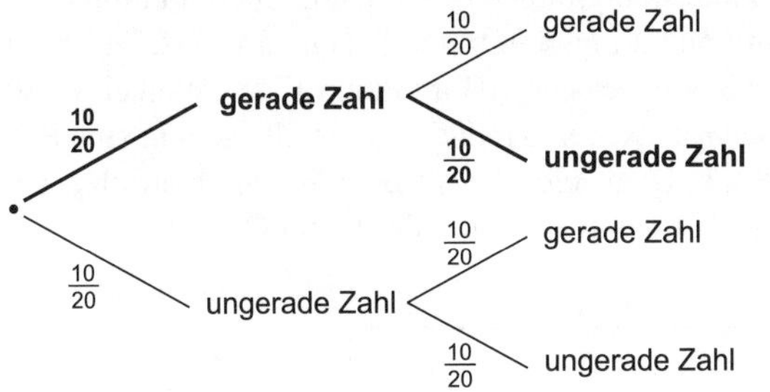

$$P(\text{gerade Zahl; ungerade Zahl}) = \frac{10}{20} \cdot \frac{10}{20} = \frac{100}{400} = \mathbf{\frac{1}{4} = 0{,}25 = 25\ \%}$$

Alternative Überlegung ohne Baumdiagramm: Es gibt jeweils 10 Möglichkeiten, eine gerade, und 10 Möglichkeiten, eine ungerade Zahl zu würfeln. Für jeden der beiden Fälle gibt es im zweiten Wurf wieder beide Möglichkeiten (gerade oder ungerade Zahl). Diese Überlegung führt zur gleichen Rechnung.

P 5b 2

Es handelt sich wieder um ein zweistufiges Zufallsexperiment. Eine zweistellige Zahl kann entweder beim ersten oder beim zweiten Wurf gewürfelt werden. Beachte: Wenn „bei genau einem der beiden Würfe" eine zweistellige Zahl gewürfelt werden soll, bedeutet das, dass der andere Wurf eine einstellige Zahl sein muss. Berechne die Wahrscheinlichkeit mithilfe der 1. und 2. Pfadregel.

Lösung: Es gibt zwei mögliche Fälle:
P(genau eine zweistellige Zahl) =
P(einstellig; zweistellig) + P(zweistellig; einstellig)

Anzahl der einstelligen Zahlen: 9
Anzahl der zweistelligen Zahlen: 11

$$\begin{aligned} P(\text{genau eine zweistellige Zahl}) &= \frac{9}{20} \cdot \frac{11}{20} + \frac{11}{20} \cdot \frac{9}{20} \\ &= \frac{99}{400} + \frac{99}{400} \\ &= \mathbf{\frac{99}{200} = 0{,}495 = 49{,}5\ \%} \end{aligned}$$

Aufgabe P 6

Detaillierte Konstruktionsbeschreibung:
❶ Zeichne die Strecke $\overline{AB}$ mit der Länge 6 cm.
❷ Trage mithilfe des Geodreiecks im Punkt A den Winkel $\alpha = 70°$ an.
❸ Nimm einen Zirkel und stelle Radius $r = 4$ cm ein. Stich im Punkt A ein und erzeuge einen Schnittpunkt mit dem freien Schenkel von α. Dieser Punkt ist D.
❹ Trage mithilfe des Geodreiecks an $\overline{AB}$ im Punkt B den Winkel $\beta = 80°$ an.
❺ Da beim Trapez die Grundseiten parallel sind, reicht es, nun eine Parallele zu $\overline{AB}$ durch den Punkt D zu zeichnen. Dabei wird automatisch ein Schnittpunkt mit dem Schenkel von β erzeugt – der Punkt C.

Lösung:

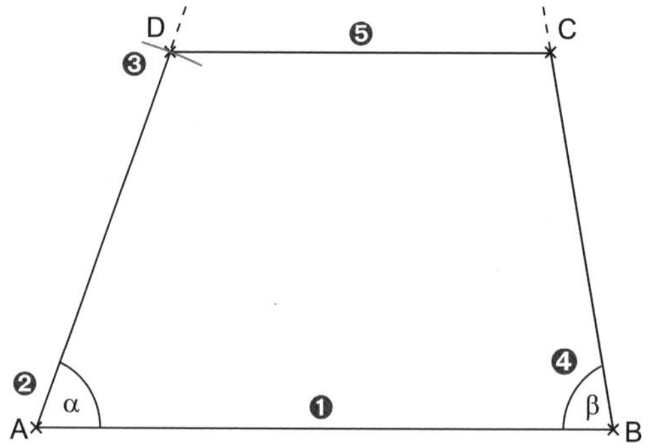

Aufgabe P 7

P 7a 1

Betrachte die Eigenschaften von Winkeln an parallelen Geraden.

Lösung: Winkel an parallelen Geraden:
α (Winkel bei A) und ε sind Stufenwinkel. $\Rightarrow$ $\alpha = \mathbf{55° = \varepsilon}$

δ und α sind Nachbar- oder E-Winkel, die sich zu 180° ergänzen:
$\delta = 180° - 55° = \mathbf{125°}$

Alternative Bestimmung von δ:
Die Winkelsumme in einem Viereck beträgt immer 360°. Da gegenüberliegende Winkel in einem Parallelogramm gleich groß sind, ergibt sich:

$360° = 2 \cdot 55° + 2 \cdot \delta$

$360° = 110° + 2 \cdot \delta \quad | -110°$

$250° = 2 \cdot \delta \quad | :2$

$\mathbf{125° = \delta}$

P 7a 2

Die Flächeninhaltsformel für ein Parallelogramm lautet $A_{Parallelogramm} = g \cdot h$.
Berechne die Höhe h durch Äquivalenzumformungen.

Lösung: $A_{Parallelogramm} = g \cdot h$

$$84\,cm^2 = 8\,cm \cdot h \quad |:8\,cm$$

$$\frac{84\,cm^2}{8\,cm} = h$$

$$\mathbf{h = 10{,}5\,cm}$$

P 7b

Aussage A ist falsch. Parallelogramme haben entweder keine Symmetrieachse oder mehr als eine (Raute, Rechteck, Quadrat).
Aussage B ist falsch. In jedem Viereck ist die Innenwinkelsumme 360°.
Aussage D stimmt nur für Rechtecke. *Gegenbeispiel:*

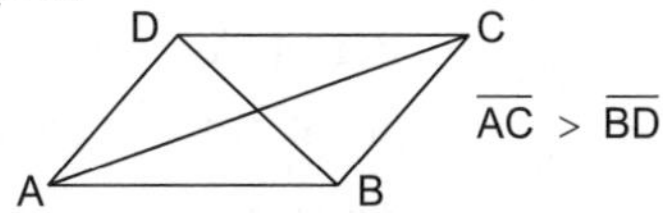

Lösung: **Buchstabe C**

Aufgabe P 8

P 8a

Die Grundfläche der Pyramide ist quadratisch. Es gibt daher in jeder Ecke einen rechten Winkel und die Diagonale lässt sich mit dem Satz des Pythagoras berechnen. Runde das Ergebnis auf Millimeter.

Lösung: *geg.:* a = 14 cm *ges.:* d

Anwendung des Satzes von Pythagoras ergibt:

$$d^2 = a^2 + a^2$$

$$d^2 = (14\,cm)^2 + (14\,cm)^2$$

$$d^2 = 392\,cm^2 \quad |\sqrt{}$$

$$d \approx 19{,}8\,cm$$

$$\mathbf{d = 198\,mm}$$

Die Diagonale ist ca. 198 mm lang.

P 8b

Bei den Seitenflächen handelt es sich jeweils um ein (gleichschenkliges) Dreieck mit Grundseite a und Höhe h_s. Verwende die Formel zur Berechnung des Flächeninhalts von Dreiecken $A = \frac{g \cdot h}{2}$ und setze die entsprechenden Größen ein.

Lösung: *geg.:* $a = 14\text{ cm},\ h_s = 25\text{ cm}$
ges.: A_{Seite}

$$A_{\text{Seite}} = \frac{a \cdot h_s}{2} = \frac{14\text{ cm} \cdot 25\text{ cm}}{2} = \mathbf{175\text{ cm}^2}$$

Der Flächeninhalt einer Seitenfläche beträgt 175 cm^2.

P 8c

Zur Berechnung des Volumens der Pyramide benötigt man die Grundfläche und die Körperhöhe h_k. h_k lässt sich mithilfe des Satzes von Pythagoras berechnen.

Lösung:

- Berechnung der quadratischen Grundfläche:
  $G = a \cdot a = a^2 = (14\text{ cm})^2 = 196\text{ cm}^2$
- Berechnung der Körperhöhe h_k mit dem Satz des Pythagoras:
  Da die Körperhöhe senkrecht auf der Grundfläche steht, ergibt sich:

$$h_k^2 + \left(\frac{a}{2}\right)^2 = h_s^2 \qquad \left| -\left(\frac{a}{2}\right)^2\right.$$

$$h_k^2 = h_s^2 - \left(\frac{a}{2}\right)^2$$

$$h_k^2 = (25\text{ cm})^2 - (7\text{ cm})^2$$

$$h_k^2 = 576\text{ cm}^2 \qquad |\sqrt{\ }$$

$$h_k = 24\text{ cm}$$

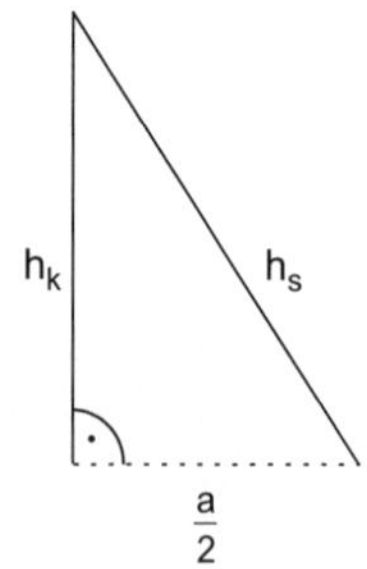

- Einsetzen von G und h_k in die Volumenformel für Pyramiden:

$$V_{\text{Pyr}} = \frac{1}{3} \cdot G \cdot h_k = \frac{1}{3} \cdot 196\text{ cm}^2 \cdot 24\text{ cm} = \mathbf{1\,568\text{ cm}^3}$$

Das Volumen der Pyramide beträgt 1 568 cm^3.

Aufgabe W 1

W 1a

Um r zu bestimmen, musst du eine von vielen Möglichkeiten finden, ihn mit der gegebenen Dreiecksseite $a = \overline{AB}$ ins Verhältnis zu setzen.
Das Dreieck ABM ist z. B. gleichschenklig und kann in zwei gleich große rechtwinklige Dreiecke zerlegt werden. In einem dieser Teildreiecke lässt sich dann mithilfe des Kosinus bzw. Sinus und der gegebenen Länge der Seite a der Radius bestimmen. Alternativ kannst du auch im Dreieck ABM mit dem Sinussatz rechnen. Diese Lösungsmöglichkeiten können analog auch in den zu ABM kongruenten Dreiecken MBC und AMC angewandt werden.
Beim gleichseitigen Dreieck sind Seitenhalbierende auch Winkelhalbierende.

Lösung: Mit dem Kosinus im rechtwinkligen Dreieck:

$$\cos 30° = \frac{\text{Ankathete}}{\text{Hypotenuse}}$$

$$\cos 30° = \frac{\frac{a}{2}}{r} \qquad |\cdot r$$

$$r \cdot \cos 30° = \frac{a}{2} \qquad |:\cos 30°$$

$$r = \frac{\frac{a}{2}}{\cos 30°}$$

$$r = \frac{\frac{7{,}3\text{ cm}}{2}}{\cos 30°}$$

$$r = 4{,}2146\ldots\text{ cm} \approx \mathbf{4{,}2\text{ cm}}$$

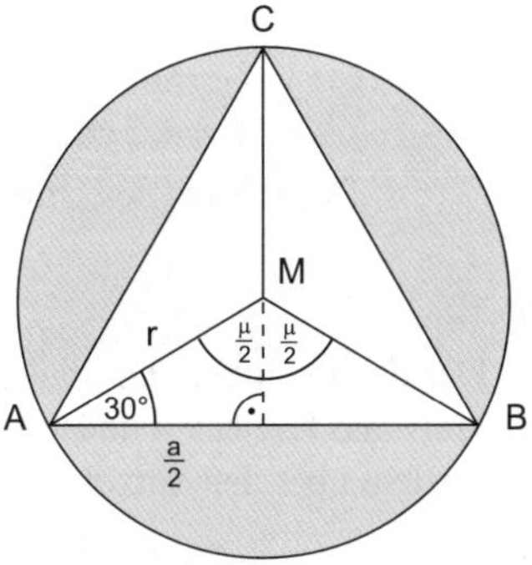

Der Radius des Umkreises beträgt ca. 4,2 cm.

Alternative Lösungsmöglichkeiten über den Winkel $\mu = \sphericalangle AMB$:

Berechnung des Winkels μ über die Innenwinkelsumme im Dreieck ABM:
$\mu = 180° - 2 \cdot 30° = 120°$

Alternative Berechnung von μ:
Da die Teildreiecke ABM, BCM und AMC kongruent sind, gilt:
$\mu = 360° : 3 = 120°$

Lösungsmöglichkeit mit dem Sinus im rechtwinkligen Dreieck:

$$\sin\frac{\mu}{2} = \frac{\text{Gegenkathete}}{\text{Hypotenuse}}$$

$$\sin 60° = \frac{\frac{a}{2}}{r} \qquad |\cdot r$$

$$r\cdot\sin 60° = \frac{a}{2} \qquad |:\sin 60°$$

$$r = \frac{\frac{a}{2}}{\sin 60°}$$

$$r = \frac{\frac{7{,}3\text{ cm}}{2}}{\sin 60°}$$

$$r = 4{,}2146\ldots\text{ cm} \approx \mathbf{4{,}2\text{ cm}}$$

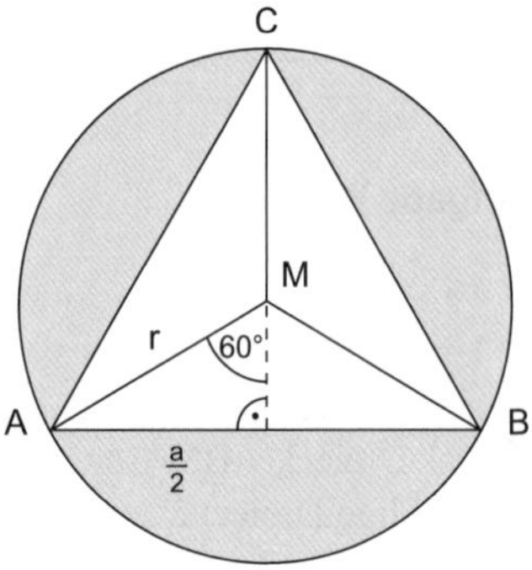

Alternative Berechnung mit dem Sinussatz im Dreieck ABM:

$$\frac{\overline{MB}}{\sin 30°} = \frac{\overline{AB}}{\sin\mu} \qquad |\overline{MB} = r;\ \mu = 120°$$

$$\frac{r}{\sin 30°} = \frac{7{,}3\text{ cm}}{\sin 120°} \qquad |\cdot\sin 30°$$

$$r = \frac{7{,}3\text{ cm}}{\sin 120°}\cdot\sin 30°$$

$$\mathbf{r \approx 4{,}2\text{ cm}}$$

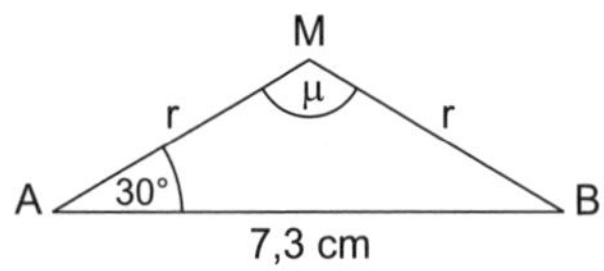

Der Radius des Umkreises beträgt ca. 4,2 cm.

W 1b

Der Flächeninhalt der grauen Fläche ist die Differenz der Flächeninhalte von Umkreis und Dreieck. Die Höhe des Dreiecks erhältst du mithilfe der Seitenhalbierenden, über den Satz des Pythagoras oder den Sinus im rechtwinkligen Dreieck.

Lösung: Berechnung des Flächeninhalts des Kreises mit der Formel:

$$A_{Kreis} = \pi\cdot r^2 = \pi\cdot(4{,}2\text{ cm})^2 = 55{,}417\ldots\text{ cm}^2 \approx 55{,}4\text{ cm}^2$$

Im gleichseitigen Dreieck fallen Höhen und Seitenhalbierende zusammen. Die Seitenhalbierenden schneiden sich im Punkt M und werden im Verhältnis 2:1 geteilt. Der längere Teil ist dabei durch den Radius r gegeben.

Berechnung der Höhe als Seitenhalbierende:

$$h = r + \frac{r}{2} = 4{,}2\text{ cm} + \frac{4{,}2\text{ cm}}{2} = 6{,}3\text{ cm}$$

Alternative Berechnung der Höhe h mithilfe des Sinus im rechtwinkligen Dreieck:

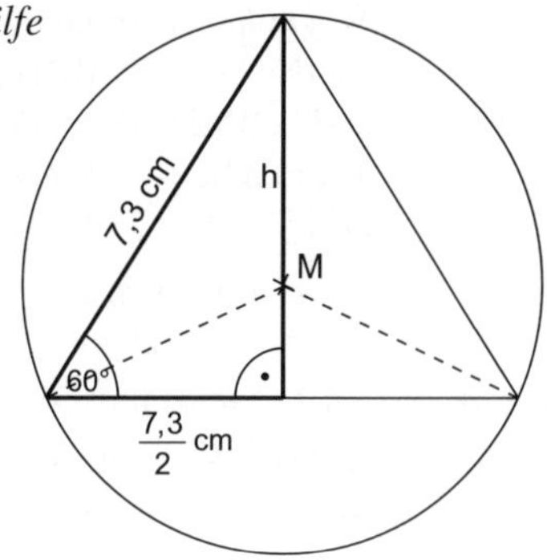

$$\sin = \frac{\text{Gegenkathete}}{\text{Hypotenuse}}$$

$$\sin 60° = \frac{h}{7{,}3\text{ cm}} \qquad \left| \cdot 7{,}3\text{ cm} \right.$$

$$h = \sin 60° \cdot 7{,}3\text{ cm}$$

$$h \approx 6{,}3\text{ cm}$$

Alternative Berechnung der Höhe h mithilfe des Satzes von Pythagoras:

$$h^2 + \left(\frac{7{,}3\text{ cm}}{2}\right)^2 = (7{,}3\text{ cm})^2 \qquad \left| -\left(\frac{7{,}3\text{ cm}}{2}\right)^2 \right.$$

$$h^2 = 53{,}29\text{ cm}^2 - 13{,}3225\text{ cm}^2$$

$$h^2 = 39{,}9675\text{ cm}^2 \qquad \left| \sqrt{} \right.$$

$$h \approx 6{,}3\text{ cm}$$

Berechnung des Flächeninhalts des Dreiecks:

$$A_{\text{Dreieck}} = \frac{1}{2} \cdot g \cdot h = \frac{1}{2} \cdot 7{,}3\text{ cm} \cdot 6{,}3\text{ cm} = 22{,}995\text{ cm}^2 \approx 23{,}0\text{ cm}^2$$

Berechnung des Flächeninhalts der grauen Fläche:

$$A_{\text{grau}} = A_{\text{Kreis}} - A_{\text{Dreieck}} = 55{,}4\text{ cm}^2 - 23{,}0\text{ cm}^2 = 32{,}4\text{ cm}^2 \boldsymbol{\approx 32\text{ cm}^2}$$

W 1c

Alle Strecken, die vom Mittelpunkt M auf die Kreislinie treffen, haben die gleiche Länge r. Überlege, welche zusätzliche Eigenschaft ein gleichschenkliges Dreieck haben muss, um auch gleichseitig zu sein.

Lösung: $\overline{MB} = \overline{MD} = r$

Für den Winkel $\sphericalangle BMD$ gilt:
$\sphericalangle BMD = 180° - \sphericalangle AMB = 180° - 120° = 60°$

Alternative Berechnung von $\sphericalangle BMD$:
$\overline{AD}$ unterteilt das gleichschenklige Dreieck MBC in zwei gleich große rechtwinklige Teildreiecke. Es gilt daher:
$\sphericalangle BMD = \sphericalangle BMC : 2 = 120° : 2 = 60°$

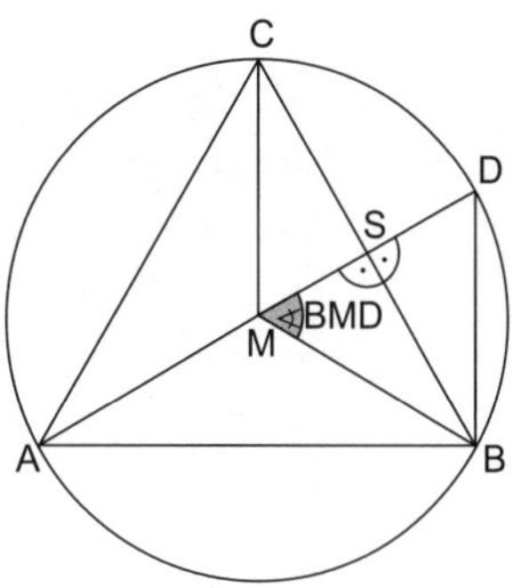

Mögliche Begründung:
Da das Dreieck MBD gleichschenklig ist ($\overline{MB}$ und $\overline{MD}$ sind gleich lang) und $\sphericalangle BMD$ 60° beträgt, sind aufgrund der Winkelsumme im Dreieck die anderen beiden Winkel gleich groß und damit ebenfalls 60° (da $(180° - 60°) : 2 = 60°$). MBD ist daher gleichseitig.

Alternative Begründung:
Da $\overline{AM} = \overline{MD} = r$ ist, folgt $\overline{MS} = \frac{r}{2}$ (da M Seitenhalbierende im Verhältnis 2 : 1 teilt) und $\overline{SD} = r - \frac{r}{2} = \frac{r}{2}$. Da außerdem $\sphericalangle MSB = 90°$ und $\sphericalangle BSD = 90°$ gilt, sind die Dreiecke MBS und SBD nach SWS (Seite–Winkel–Seite) kongruent und es gilt $\overline{MD} = \overline{MB} = \overline{DB}$.

Aufgabe W 2

W 2a 1

Setze die x-Koordinate des Punktes P(1 | _) in die Gleichung der quadratischen Funktion ein und berechne den Wert der zugehörigen y-Koordinate.

Lösung: Einsetzen von x = 1 liefert:

$$y = (x+1)^2 - 9 = (1+1)^2 - 9 = 4 - 9 = \mathbf{-5}$$

Die y-Koordinate lautet y = –5 und der Punkt P(1 | –5).

W 2a 2

Setze die y-Koordinate des Punktes R(_ | 27) in die Funktionsgleichung ein und berechne die möglichen Lösungen der quadratischen Gleichung. Beachte, dass eine Lösung ausscheidet, da R und Q verschiedene x-Koordinaten haben müssen.

Lösung: Einsetzen von y = 27 liefert:

$$\begin{aligned} y &= (x+1)^2 - 9 && \mid y = 27 \\ 27 &= (x+1)^2 - 9 && \mid +9 \\ 36 &= (x+1)^2 && \mid \sqrt{} \\ \pm 6 &= x + 1 && \mid -1 \\ x_1 &= 6 - 1 = 5 \\ x_2 &= -6 - 1 = -7 \end{aligned}$$

Der Punkt Q(5 | 27) ist bereits gegeben, sodass sich für den gesuchten Punkt R die Koordinaten **R(–7 | 27)** ergeben.

Du kannst alternativ die Gleichung auch mithilfe der p-q-Formel lösen.

W 2b

Die in der Angabe gegebene Form der Funktionsgleichung nennt sich Scheitelpunktform, da der Scheitelpunkt aus der Gleichung ablesbar ist. Durch Auflösen des Binoms kann die Gleichung in die Normalform umgewandelt werden.

Lösung:

$$y = (x+1)^2 - 9 \quad \big| \text{ Auflösen des Binoms}$$
$$y = x^2 + 2x + 1^2 - 9$$
$$\mathbf{y = x^2 + 2x - 8}$$

Die Normalform lautet $y = x^2 + 2x - 8$.

W 2c

Die Nullstellen einer Funktion sind die x-Werte, an denen der zugehörige y-Wert 0 ist. Setze also $y = 0$ in die Funktionsgleichung ein. Du hast dabei die Wahl, ob du die Scheitelpunktform oder die Normalform mit der p-q-Formel verwendest. Beachte, dass explizit eine Berechnung verlangt ist.

Lösung: Berechnung mithilfe der Scheitelpunktform:

$$y = (x+1)^2 - 9 \quad \big| \, y = 0$$
$$0 = (x+1)^2 - 9 \quad \big| +9$$
$$9 = (x+1)^2 \quad \big| \sqrt{}$$
$$\pm 3 = x + 1 \quad \big| -1$$
$$x_1 = 3 - 1 = \mathbf{2}$$
$$x_2 = -3 - 1 = \mathbf{-4}$$

Die Nullstellen sind bei $x_1 = 2$ und bei $x_2 = -4$.

Alternative Bestimmung der Nullstellen mithilfe der p-q-Formel:

$$y = x^2 + 2x - 8 \quad \big| \, y = 0$$
$$0 = x^2 + 2x - 8$$

Mit Einsetzen von $p = 2$ und $q = -8$ in die p-q-Formel ergibt sich:

$$x_{1,2} = -\frac{p}{2} \pm \sqrt{\left(\frac{p}{2}\right)^2 - q}$$

$$x_{1,2} = -\frac{2}{2} \pm \sqrt{\left(\frac{2}{2}\right)^2 - (-8)}$$

$$x_{1,2} = -1 \pm \sqrt{1 + 8}$$

$$x_{1,2} = -1 \pm \sqrt{9}$$
$$x_1 = -1 + 3 = \mathbf{2}$$
$$x_2 = -1 - 3 = \mathbf{-4}$$

Hinweis zur Überprüfung: Da eine Parabel achsensymmetrisch zur Parallelen zur y-Achse durch den Scheitel ist, muss die x-Koordinate des Scheitelpunktes in der Mitte beider Nullstellen liegen. Aus der Scheitelpunktform und dem Graphen kannst du $x_s = -1$ ablesen, was gleich dem Mittelwert von x_1 und x_2 ist.
Alternative Probe mit dem Satz von Vieta: Die Nullstellen von $y = x^2 + 2x - 8$ müssen miteinander multipliziert –8 und summiert –2 ergeben.
Probe: $2 \cdot (-4) = -8$ (wahr) und $2 + (-4) = -2$ (wahr)

W 2d

Die ursprüngliche Funktionsgleichung lautet $y = (x+1)^2 - 9$. Die gespiegelte Parabel hat die Gleichung $y = -(x+1)^2 - 5$. Das Minuszeichen vor dem Binom weist darauf hin, dass die Parabel nach unten geöffnet ist. Die Spiegelung ist demnach parallel zur x-Achse.
$\Rightarrow$ Folglich scheiden die Buchstaben A und B als Lösung aus.
Der Scheitelpunkt der ursprünglichen Parabel lautet $S(-1\,|\,-9)$. Die gespiegelte Parabel hat den Scheitelpunkt $S(-1\,|\,-5)$. Da beide Scheitelpunkte von der Spiegelgeraden den identischen Abstand haben müssen, verläuft die Spiegelgerade durch den Punkt $P(-1\,|\,-7)$.

Lösung: **Buchstabe D**

Aufgabe W 3

W 3a 1

„Zu Beginn der Vermehrung“ entspricht laut Angabe dem Zeitpunkt $t = 0$.
Betrachte für Art A den unteren der beiden Graphen.

Lösung: Ablesen aus dem Diagramm ergibt:
Zu Beginn der Vermehrung ($t = 0$) sind **50** Bakterien der Art A vorhanden.

W 3a 2

Betrachte den oberen Graphen. Ermittle zunächst die Bakterienanzahl der Art B zu Beginn der Vermehrung und multipliziere diese mit 4. Das Ergebnis kannst du im Diagramm einem Zeitpunkt zuordnen.

Lösung: Ablesen aus dem Diagramm ergibt:
Für $t = 0$ sind 150 Bakterien der Art B vorhanden.
Vierfache Anzahl: $4 \cdot 150 = 600$
Ablesen des Zeitpunktes, an dem der Graph den Wert 600 hat: $\mathbf{t = 60}$

Die Anzahl der Bakterien der Art B hat sich nach 60 Minuten vervierfacht.

W 3a 3

Bei der Vermehrung beider Bakterienarten handelt es sich um exponentielles Wachstum. Zwei Stunden entsprechen 120 Minuten, daher musst du die Werte der beiden Graphen für den Zeitpunkt $t = 120$ bestimmen und vergleichen. Die Aufgabe kann mithilfe einer Tabelle oder direkten Ausrechnens gelöst werden. Nutze dabei die Tatsache, dass sich beim exponentiellen Wachstum eine Verdopplung immer nach einer festen Zeitspanne wiederholt.

Lösung:

	Bakterien Art A	Zeit in min	
	50	0	
$\cdot 2$	100	20	$+20$
$\cdot 2$	200	40	$+20$
$\cdot 2$	400	60	$+20$
$\cdot 2$	800	80	$+20$
$\cdot 2$	1 600	100	$+20$
$\cdot 2$	3 200	120	$+20$

Alle 20 Minuten verdoppelt sich die Anzahl der Bakterien der Art A.

	Bakterien Art B	Zeit in min	
	150	0	
$\cdot 2$	300	30	$+30$
$\cdot 2$	600	60	$+30$
$\cdot 2$	1 200	90	$+30$
$\cdot 2$	2 400	120	$+30$

Alle 30 Minuten verdoppelt sich die Anzahl der Bakterien der Art B.

Vergleich der Werte nach 120 Minuten: 3 200 (Art A) > 2 400 (Art B)

Zwei Stunden nach Beginn sind **mehr Bakterien der Art A** vorhanden.

Alternative Lösungsmöglichkeit:

Der Startwert der Bakterien der Art A ist 50 und Verdoppeln bedeutet den Wachstumsfaktor 2.

Anzahl der Verdopplungen der Bakterien in einer Stunde: 3, denn alle 20 Minuten findet eine Verdopplung statt. (60 min : 20 min = 3)

Anzahl der Bakterien der Art A
nach einer Stunde: $50 \cdot 2^3 = 400$
nach zwei Stunden: $50 \cdot 2^6 = 3\,200$

Der Startwert der Bakterien der Art B ist 150 und Verdoppeln bedeutet wieder den Wachstumsfaktor 2.

Anzahl der Verdopplungen der Bakterien in einer Stunde: 2, denn alle 30 Minuten findet eine Verdopplung statt. (60 min : 30 min = 2)

Anzahl der Bakterien der Art B
nach einer Stunde: $150 \cdot 2^2 = 600$
nach zwei Stunden: $150 \cdot 2^4 = 2\,400$

Alternative Berechnung für Art B:
Der Startwert der Bakterien der Art B ist 150. Nach einer Stunde ist es zu einer Vervierfachung gekommen (auf 600 Bakterien). Da die Bakterienanzahl exponentiell wächst, kommt es nach zwei Stunden zu einer weiteren Vervierfachung.

Anzahl der Bakterien der Art B
nach einer Stunde: $150 \cdot 4 = 600$
nach zwei Stunden: $600 \cdot 4 = 2\,400$

Nach zwei Stunden sind also **mehr Bakterien der Art A** als Bakterien der Art B vorhanden.

W 3a 4

Die zur Auswahl stehenden Terme unterscheiden sich nur durch den Zeitfaktor im Bruch im Exponenten, der die Geschwindigkeit der Zunahme angibt.
Folgende Überlegung führt zum richtigen Ergebnis:
Der Startwert der Bakterien der Art B ist 150. Der Wachstumsfaktor 2 entspricht einer Verdopplung, wenn im Exponenten eine 1 steht. Durch Ablesen aus dem Diagramm erfährst du, dass nach t = 30 min die doppelte Anzahl an Bakterien (300) vorhanden ist. Eine Verdopplung findet daher alle 30 min statt. Zu diesem Zeitpunkt steht genau dann eine 1 im Exponenten, wenn dort der Bruch $\frac{t}{30}$ steht.
Alternativ: Prüfe, für welchen Term das Einsetzen von t = 60 den Wert 600 liefert.

Lösung: **Buchstabe C** ist daher richtig.

W 3a 5

Verwende die allgemeine Form von Termen für exponentielles Wachstum und bestimme schrittweise die einzelnen Parameter. Fange mit dem Wachstumsfaktor an. Aus den vorherigen Aufgabenteilen weißt du, dass der Anfangswert der Bakterien 50 ist und sich die Anzahl der Bakterien alle 20 Minuten verdoppelt.

Lösung: Bestimmung des Wachstumsfaktors: Bei einer Verdopplung ist der Wachstumsfaktor 2.

Mit den bereits bekannten Werten ergibt sich der Term:

$$50 \cdot 2^{\frac{t}{20}}$$

Zeitfaktor (beinhaltet die Verdopplung alle 20 Minuten)

Anfangswert   Wachstumsfaktor

Andere Terme, die ebenfalls Lösungen sind:

Da sich die Anzahl der Bakterien der Art A nach 40 Minuten vervierfacht bzw. nach 60 Minuten verachtfacht, sind die Terme $50 \cdot 4^{\frac{t}{40}}$ und $50 \cdot 8^{\frac{t}{60}}$ ebenfalls mögliche Lösungen. Sie beschreiben alle die gleiche Funktion und können mithilfe der Rechenregeln für Potenzen ineinander umgewandelt werden.

W 3b 1

Für $t = 0$, den Zeitpunkt zu Beginn der Vermehrung, ergibt sich der Termwert $n_0 \cdot 3^{\frac{0}{60}} = n_0 \cdot 3^0 = n_0 \cdot 1 = n_0$.

Lösung: $n_0 \mathrel{\hat{=}}$ Anzahl der Bakterien zum Zeitpunkt $t = 0$.

W 3b 2

Verdreifachung bedeutet, dass $3 \cdot n_0$ Bakterien vorhanden sein sollen. Gesucht ist also die Zahl der Minuten t, sodass für den Term $n_0 \cdot 3^{\frac{t}{60}}$ gilt: $n_0 \cdot 3^{\frac{t}{60}} = 3 \cdot n_0$

Lösung: Gleichsetzen des Terms mit der dreifachen Anzahl zu Beginn liefert:

$$
\begin{aligned}
n_0 \cdot 3^{\frac{t}{60}} &= 3 \cdot n_0 && | : n_0 \\
3^{\frac{t}{60}} &= 3 && | \text{ Exponentenvergleich} \\
\Rightarrow \quad \frac{t}{60} &= 1 && | \cdot 60 \\
t &= 60
\end{aligned}
$$

Die Anzahl der Bakterien hat sich nach 60 Minuten verdreifacht.

Aufgabe W 4

W 4a

Das abgebildete Gebäude kann als Zusammensetzung von zwei Körpern gesehen werden. Der obere Teil lässt sich als Dreiecksprisma modellieren und der untere Teil stellt näherungsweise einen Quader dar. Schätze mithilfe des abgebildeten Mannes die Höhe, Breite und Länge des Quaders und die Maße des Dreiecksprismas. Berechne mit diesen Maßen die Volumina von Quader und Dreiecksprisma und vom gesamten Gebäude. Runde das Ergebnis auf ganze Kubikmeter.

Lösung: Geschätzte Größe des Mannes: ca. 1,80 m
Geschätzte Breite des Mannes: ca. 0,50 m

Mit diesen Maßen ergeben sich folgende Werte:

- Schätzung der Höhe:
  Höhe des Quaders $h_{Quader} \rightarrow$ ca. 2,70 m (ca. 1,5 $\times$ Größe des Mannes)
  Höhe des Dreiecks (der Grundfläche des Dreiecksprismas) $h_{Dreieck}$ $\rightarrow$ ca. 4,50 m (ca. 2,5 $\times$ Größe des Mannes)
  [Gesamthöhe $\rightarrow$ ca. 7,20 m (ca. 4 $\times$ Größe des Mannes)]
- Schätzung der Breite der Vorderansicht:
  Breite Vorderansicht b $\rightarrow$ ca. 4 m (ca. 8 $\times$ Breite des Mannes)
- Schätzung der Länge der Seitenansicht:
  pro Platte passt der Mann knapp 2-mal an die Platte (inkl. Holzbalken)
  Länge Seitenansicht $\ell \rightarrow$ ca. $13 \times (2 \times 0{,}5\ \text{m}) = 13$ m

Da davon ausgegangen werden kann, dass das Bild nicht verzerrt ist, kannst du Länge und Breite auch mithilfe der Größe des Mannes abschätzen und brauchst seine Breite daher nicht zwingend zur Lösung der Aufgabe.
Die Länge der Seitenansicht ℓ ist zugleich die Körperhöhe des Dreiecksprismas.

Mithilfe der Formel zur Berechnung des Volumens $V_{Quader} = \ell \cdot b \cdot h_{Quader}$ ergibt sich für den Quader:

$$V_{Quader} = 13\ \text{m} \cdot 4\ \text{m} \cdot 2{,}7\ \text{m} = 140{,}4\ \text{m}^3$$

Mithilfe der Formel zur Berechnung des Volumens eines Prismas $V_{Prisma} = G \cdot h_{Prisma} = G \cdot \ell$ ergibt sich mit $G = \frac{1}{2} \cdot b \cdot h_{Dreieck}$ für das Dreiecksprisma:

$$V_{Prisma} = \frac{1}{2} \cdot b \cdot h_{Dreieck} \cdot \ell = \frac{1}{2} \cdot 4\ \text{m} \cdot 4{,}5\ \text{m} \cdot 13\ \text{m} = 117\ \text{m}^3$$

Für das Volumen des gesamten Gebäudes ergibt sich:

$V = V_{Quader} + V_{Prisma} = 140{,}4\ m^3 + 117\ m^3 = 257{,}4\ m^3 \approx \mathbf{257\ m^3}$

Das Gebäude hat ein Volumen von ca. 257 m^3.

Die Schätzungen der Größen können variieren. Folgende Abschätzungen können als richtig gewertet werden:

$10\ m \le \ell \le 15\ m \qquad 3\ m \le b \le 5\ m \qquad 2\ m \le h_{Quader} \le 4\ m \qquad 3\ m \le h_{Prisma} \le 6\ m$

Die berechneten Einzelvolumina können daher eine Spanne von 60 bis 300 m^3 für den Quader bzw. 45 bis 225 m^3 für das Prisma haben. Dementsprechend können Gesamtvolumina von 105 m^3 bis 525 m^3 zulässig sein.

W 4b

Zur Berechnung der Kosten für das Acrylglas müssen die Flächeninhalte der seitlichen Außenflächen berechnet werden. Die untere Seitenfläche A_1 (des Quaders) sowie die Seitenfläche A_2 des Dachs (des Dreiecksprismas) können jeweils als Rechteck modelliert werden. Beide Seitenflächen kommen jeweils zweimal vor (vom Eingang aus gesehen jeweils rechts und links). Berechne dann die Gesamtfläche des Acrylglases und multipliziere mit dem Preis pro Quadratmeter. Da es sich um eine Modellierungsaufgabe mit Schätzwerten handelt, kann man darauf verzichten, die dünnen Holzbalken, die die einzelnen Acrylplatten verbinden, vom Flächeninhalt zu subtrahieren.

Lösung: Flächeninhalt A_1 einer Seitenfläche des Quaders:

geschätzte Maße: $\ell = 13\ m$, $h_{Quader} = 2{,}7\ m$

$A_1 = \ell \cdot h_{Quader} = 13\ m \cdot 2{,}7\ m = 35{,}1\ m^2$

Flächeninhalt A_2 einer Seitenfläche des Dreiecksprismas:

geschätzte Maße: $\ell = 13\ m$, $b = 4\ m$, $h_{Dreieck} = 4{,}5\ m$

Zur Berechnung der Höhe x der Seitenfläche des Dachs kann man schätzen oder den Satz des Pythagoras anwenden:

$$x^2 = \left(\frac{b}{2}\right)^2 + h_{Dreieck}^{\ 2}$$

$$x^2 = \left(\frac{4\ m}{2}\right)^2 + (4{,}5\ m)^2$$

$$x^2 = 4\ m^2 + 20{,}25\ m^2$$

$$x^2 = 24{,}25\ m^2 \qquad |\sqrt{\ }$$

$$x \approx 5\ m$$

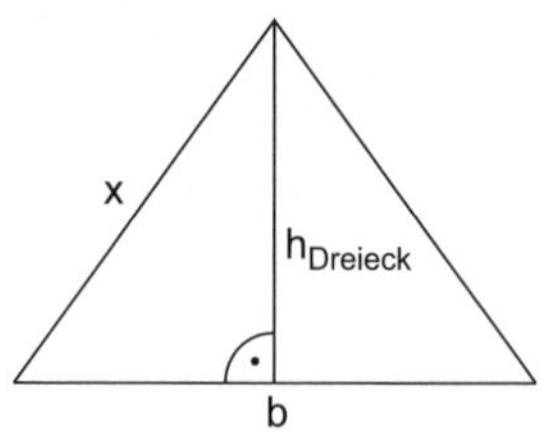

Berechnung der Seitenfläche des Dachs:

$A_2 = \ell \cdot x = 13\,\text{m} \cdot 5\,\text{m} = 65\,\text{m}^2$

Berechnung des gesamten Flächeninhalts:

$A_{ges} = 2 \cdot A_1 + 2 \cdot A_2 = 2 \cdot (A_1 + A_2) = 2 \cdot (35{,}1\,\text{m}^2 + 65\,\text{m}^2) = 200{,}2\,\text{m}^2$

Berechnung der Gesamtkosten für das Acrylglas:

$200{,}2\,\text{m}^2 \cdot 150\,\frac{€}{\text{m}^2} = \mathbf{30\,030\,€}$

Die Kosten für das Acrylglas belaufen sich auf ca. 30 030 Euro.

Die Ergebnisse können abhängig von den geschätzten Größen vom vorgerechneten Beispiel abweichen. Mit den zulässigen Schätzwerten aus Teilaufgabe a und $2{,}5\,\text{m} \le x \le 6\,\text{m}$ können Gesamtkosten von 13 500 € bis 45 000 € als richtig gewertet werden.

Aufgabe W 5

W 5a

Es gilt für die Wahrscheinlichkeit eines Ereignisses: $\frac{\text{Anzahl der günstigen Ergebnisse}}{\text{Anzahl der möglichen Ergebnisse}}$

Bestimme zunächst die Anzahl aller Felder und die Anzahl der Felder, in denen ein „W" vorkommt.

Lösung: Anzahl aller Felder: 3

Anzahl „W": 1

Wahrscheinlichkeit, dass der Buchstabe „W" angezeigt wird:

$P(\text{„W"}) = \frac{\text{Anzahl „W"}}{\text{Anzahl aller Felder}} = \mathbf{\frac{1}{3} = 0{,}\overline{3} \approx 33\,\%}$

Die Wahrscheinlichkeit, dass auf Scheibe 1 bei einmaligem Drehen ein „W" erscheint, liegt bei ca. 33 %.

W 5b

Es handelt sich um ein dreistufiges Zufallsexperiment. Berechne die Wahrscheinlichkeit für jede Scheibe, das Feld mit dem Buchstaben „O" zu treffen. Multipliziere dann nach der 1. Pfadregel die einzelnen Wahrscheinlichkeiten.

Lösung: Scheibe 1: Anzahl aller Felder: 3 Anzahl „O": 1

$$P_{S1}(„O“) = \frac{\text{Anzahl „O“}}{\text{Anzahl aller Felder}} = \frac{1}{3}$$

Scheibe 2: Anzahl aller Felder: 4 Anzahl „O": 1

$$P_{S2}(„O“) = \frac{\text{Anzahl „O“}}{\text{Anzahl aller Felder}} = \frac{1}{4}$$

Scheibe 3: Anzahl aller Felder: 5 Anzahl „O": 1

$$P_{S3}(„O“) = \frac{\text{Anzahl „O“}}{\text{Anzahl aller Felder}} = \frac{1}{5}$$

Für die Wahrscheinlichkeit, dass alle 3 Scheiben ein „O" zeigen, folgt:

$$P = P_{S1}(„O“) \cdot P_{S2}(„O“) \cdot P_{S3}(„O“) = \frac{1}{3} \cdot \frac{1}{4} \cdot \frac{1}{5} = \mathbf{\frac{1}{60} = 0{,}01\overline{6} \approx 1{,}7\ \%}$$

W 5c

Es handelt sich wieder um ein dreistufiges Zufallsexperiment, bei dem du die 1. Pfadregel anwenden musst. Überlege zunächst für jeden Buchstaben „W", „E" und „R" die Wahrscheinlichkeit, mit der er gedreht wird. Multipliziere diese Wahrscheinlichkeiten miteinander. Gehe ebenso für die Buchstaben „M", „A" und „I" vor.

Die geforderte Begründung kann in Worten oder mit einer Rechnung erfolgen.

Lösung: In Worten:

Die Wahrscheinlichkeit, dass eines der beiden Wörter angezeigt wird, ergibt sich aus dem Produkt der Einzelwahrscheinlichkeiten, auf jeder der drei Scheiben den entsprechenden Buchstaben zu erdrehen. Da alle Felder auf einer Scheibe gleich groß sind, sind sie auch gleich wahrscheinlich. Auf Scheibe 1 kommen die Buchstaben „M" und „W" nur einmal vor. Das Gleiche gilt für „I" und „R" auf Scheibe 3. Auf Scheibe 2 hingegen gibt es zwei günstige Ausgänge für „A", aber nur einen für „E". Damit ist auch die Wahrscheinlichkeit für „A" auf Scheibe 2 doppelt so groß wie für „E". Folglich ist auch die Gesamtwahrscheinlichkeit, „MAI" zu drehen, doppelt so groß wie für „WER".

Lösungsalternative mit rechnerischer Begründung:

Wahrscheinlichkeit, dass „WER“ angezeigt wird:

$$P_{S1}(\text{„W“}) = \frac{\text{Anzahl „W“}}{\text{Anzahl aller Felder}} = \frac{1}{3}$$

$$P_{S2}(\text{„E“}) = \frac{\text{Anzahl „E“}}{\text{Anzahl aller Felder}} = \frac{1}{4}$$

$$P_{S3}(\text{„R“}) = \frac{\text{Anzahl „R“}}{\text{Anzahl aller Felder}} = \frac{1}{5}$$

$$P(\text{„WER“}) = \frac{1}{3} \cdot \frac{1}{4} \cdot \frac{1}{5} = \frac{1}{60}$$

Wahrscheinlichkeit, dass „MAI“ angezeigt wird:

$$P_{S1}(\text{„M“}) = \frac{\text{Anzahl „M“}}{\text{Anzahl aller Felder}} = \frac{1}{3}$$

$$P_{S2}(\text{„A“}) = \frac{\text{Anzahl „A“}}{\text{Anzahl aller Felder}} = \frac{2}{4} = \frac{1}{2}$$

$$P_{S3}(\text{„I“}) = \frac{\text{Anzahl „I“}}{\text{Anzahl aller Felder}} = \frac{1}{5}$$

$$P(\text{„MAI“}) = \frac{1}{3} \cdot \frac{1}{2} \cdot \frac{1}{5} = \frac{1}{30} = \frac{2}{60} = 2 \cdot P(\text{„WER“})$$

Die Wahrscheinlichkeit, „MAI“ zu drehen, ist also doppelt so hoch wie die Wahrscheinlichkeit für „WER“.

W 5d

Es handelt sich um ein dreistufiges Zufallsexperiment. Überlege (z. B. mit einem Baumdiagramm), welche Ergebnisse möglich und welche für das gesuchte Ereignis günstig sind. Du kannst alle Buchstaben, die nicht A sind, zu einem Ergebnis $\overline{A}$ zusammenfassen. Wende die 1. Pfadregel an, um die Einzelwahrscheinlichkeiten zu bestimmen. Berechne dann die Gesamtwahrscheinlichkeit des Ereignisses „genau einmal A“ und vergleiche diese mit Yasins Behauptung.

Lösung: Festlegung: $A \mathrel{\hat{=}}$ Buchstabe A wird angezeigt

$\overline{A} \mathrel{\hat{=}}$ Buchstabe A wird nicht angezeigt

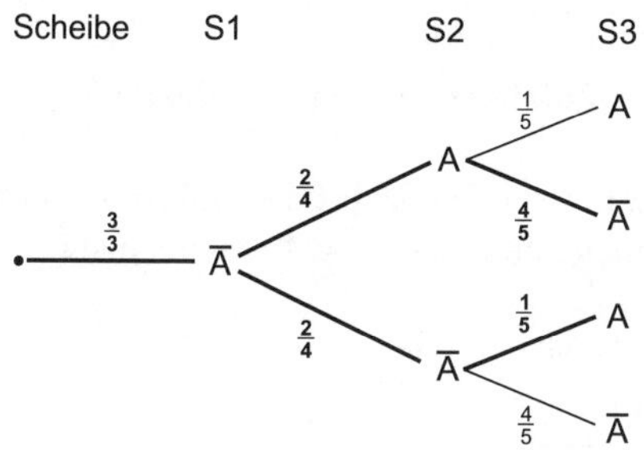

Bei folgenden Konstellationen wird genau einmal A angezeigt:

$P(\overline{A}A\overline{A}) \mathrel{\hat{=}}$ Scheibe 1: kein A, Scheibe 2: A, Scheibe 3: kein A

und

$P(\overline{A}\overline{A}A) \mathrel{\hat{=}}$ Scheibe 1: kein A, Scheibe 2: kein A, Scheibe 3: A

Berechnung von $P(\overline{A}A\overline{A})$:

$$P_{S1}(\overline{A}) = \frac{\text{Anzahl } \overline{A}}{\text{Anzahl aller Felder}} = \frac{3}{3} = 1$$

$$P_{S2}(A) = \frac{\text{Anzahl A}}{\text{Anzahl aller Felder}} = \frac{2}{4} = \frac{1}{2}$$

$$P_{S3}(\overline{A}) = \frac{\text{Anzahl } \overline{A}}{\text{Anzahl aller Felder}} = \frac{4}{5}$$

$$P(\overline{A}A\overline{A}) = P_{S1}(\overline{A}) \cdot P_{S2}(A) \cdot P_{S3}(\overline{A}) = 1 \cdot \frac{1}{2} \cdot \frac{4}{5} = \frac{2}{5} = 0{,}4 = 40\ \%$$

Berechnung von $P(\overline{A}\overline{A}A)$:

$$P_{S2}(\overline{A}) = \frac{\text{Anzahl } \overline{A}}{\text{Anzahl aller Felder}} = \frac{2}{4} = \frac{1}{2} \quad \textit{oder} \quad P_{S2}(\overline{A}) = 1 - P_{S2}(A) = \frac{1}{2}$$

$$P_{S3}(A) = \frac{\text{Anzahl A}}{\text{Anzahl aller Felder}} = \frac{1}{5} \quad \textit{oder} \quad P_{S3}(A) = 1 - P_{S3}(\overline{A}) = \frac{1}{5}$$

$$P(\overline{A}\overline{A}A) = P_{S1}(\overline{A}) \cdot P_{S2}(\overline{A}) \cdot P_{S3}(A) = 1 \cdot \frac{1}{2} \cdot \frac{1}{5} = \frac{1}{10} = 0{,}1 = 10\ \%$$

Da für das gesuchte Ereignis sowohl der Fall $P(\overline{A}A\overline{A})$ als auch der Fall $P(\overline{A}\overline{A}A)$ eintreten kann, musst du die Wahrscheinlichkeiten nach der 2. Pfadregel addieren.

$$P = P(\overline{A}A\overline{A} \text{ oder } \overline{A}\overline{A}A) = 40\ \% + 10\ \% = \mathbf{50\ \%}$$

Yasin hat recht. Die Wahrscheinlichkeit, dass nur genau ein „A" angezeigt wird, beträgt 50 %.

W 5e

Es handelt sich um ein vierstufiges Zufallsexperiment mit einer gewünschten Wahrscheinlichkeit von 2,5 %.
Um das Wort „MAMI“ zu bilden, musst du zunächst die Wahrscheinlichkeit berechnen, auf den drei vorhandenen Scheiben „MAM“ zu erzeugen.

Lösung: Wahrscheinlichkeit für „MAM“ auf den ersten drei Scheiben:

$$P_{S1}(\text{„M“}) = \frac{\text{Anzahl „M“}}{\text{Anzahl aller Felder}} = \frac{1}{3}$$

$$P_{S2}(\text{„A“}) = \frac{\text{Anzahl „A“}}{\text{Anzahl aller Felder}} = \frac{2}{4} = \frac{1}{2}$$

$$P_{S3}(\text{„M“}) = \frac{\text{Anzahl „M“}}{\text{Anzahl aller Felder}} = \frac{1}{5}$$

$$P(\text{„MAM“}) = \frac{1}{3} \cdot \frac{1}{2} \cdot \frac{1}{5} = \frac{1}{30}$$

Gesucht ist nun P(„I“). Nach der 1. Pfadregel gilt für P(„MAMI“):

$$P(\text{„MAMI“}) = P(\text{„MAM“}) \cdot P(\text{„I“})$$

$$2{,}5\,\% = \frac{1}{30} \cdot P(\text{„I“})$$

$$\frac{1}{40} = \frac{1}{30} \cdot P(\text{„I“}) \qquad | \cdot 30$$

$$\frac{30}{40} = P(\text{„I“}) \qquad | \text{kürzen}$$

$$P(\text{„I“}) = \frac{3}{4} = 75\,\%$$

Damit das Wort „MAMI“ mit einer Wahrscheinlichkeit von 2,5 % angezeigt wird, muss die Wahrscheinlichkeit für das „I“ bei $\frac{3}{4}$ bzw. 75 % liegen.

Mögliche Vorschläge für die 4. Scheibe:

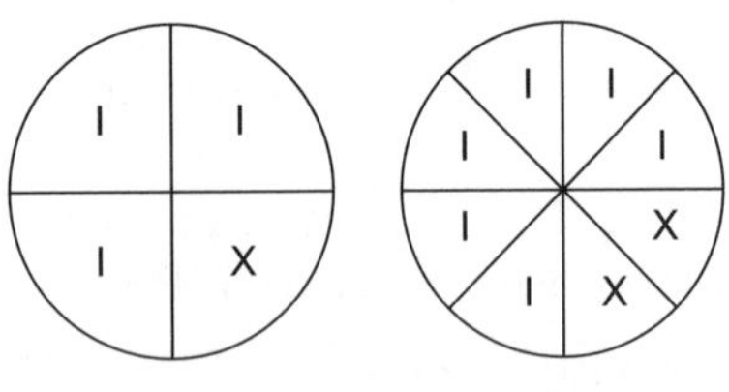

Auch kleinere Unterteilungen und andere Buchstaben als X sind möglich.
Wichtig ist, dass genau $\frac{3}{4}$ der Buchstaben auf Scheibe 4 ein I darstellen.

Abschlussprüfung Mathematik Realschulen Hessen
Haupttermin 2020 – Pflichtaufgaben

Aufgabe P 1

P 1a

Um die Zahl in der Mitte zu finden, musst du die beiden Zahlen addieren und die Summe halbieren. Achte dabei auf die Vorzeichen.
Alternativ kannst du auch die Zahlen auf der Zahlengeraden darstellen und die Zahl in der Mitte ablesen.

Lösung: Zahl in der Mitte von –4 und 2:

$$x = \frac{-4+2}{2} = \frac{-2}{2} = \mathbf{-1}$$

Alternative Lösung durch Darstellen auf der Zahlengeraden:

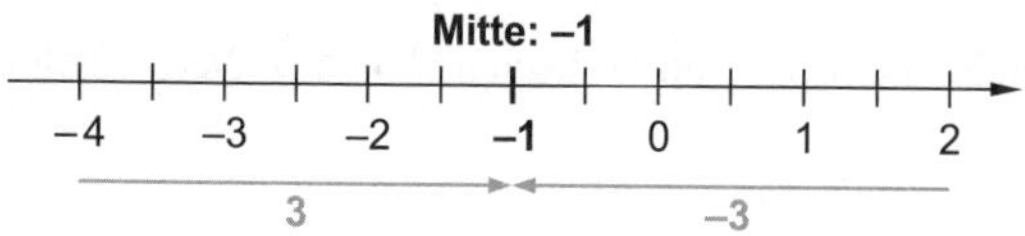

P 1b 1

Eine passende Zahl zur Lösung der Ungleichung ist auf jeden Fall die Zahl, die genau in der Mitte von 3,14 und 3,15 liegt.
Alternativ kannst du die Zahlen auf der Zahlengeraden darstellen und die dazwischenliegenden Zahlen als Lösungen dieser Ungleichung ablesen.

Lösung: Zahl in der Mitte von 3,14 und 3,15:

$$x = \frac{3{,}14+3{,}15}{2} = \frac{6{,}29}{2} = \mathbf{3{,}145}$$

Alternative Lösung durch Darstellen auf der Zahlengeraden:

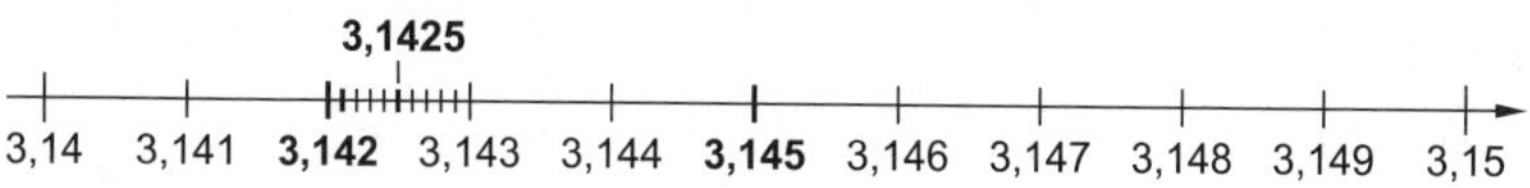

Alle Zahlen $x \neq 3{,}14$ und $x \neq 3{,}15$, die auf der Zahlengeraden zwischen den beiden Zahlen liegen, sind Lösungen für $3{,}14 < x < 3{,}15$:
z. B. $\mathbf{x = 3{,}142}$ *oder* $\mathbf{x = 3{,}145}$ *oder* $\mathbf{x = 3{,}1421}$ *oder* $\mathbf{x = 3{,}1425}$

P 1b2

Eine passende Zahl zur Lösung der Ungleichung ist wieder die, die in der Mitte von $\frac{1}{10}$ und $\frac{2}{5}$ liegt.
Alternativ kannst du die Brüche zunächst gleichnamig machen und dann einen dazwischenliegenden Zähler suchen.
Eine weitere Möglichkeit ist die Lösung der Ungleichung durch Ablesen auf der Zahlengeraden.

Lösung: Zahl in der Mitte von $\frac{1}{10}$ und $\frac{2}{5}$:

$$y = \frac{1}{2}\cdot\left(\frac{1}{10}+\frac{2}{5}\right) = \frac{1}{2}\cdot\left(\frac{1}{10}+\frac{4}{10}\right) = \frac{1}{2}\cdot\frac{1+4}{10} = \frac{1}{2}\cdot\frac{5}{10} = \frac{5}{20} = \mathbf{\frac{1}{4} = 0{,}25}$$

Alternative Lösung durch Gleichnamigmachen des Nenners:

$$\frac{2}{5} = \frac{4}{10} \quad \Rightarrow \quad \frac{1}{10} < y < \frac{4}{10}$$

$$\text{z. B.}\ \mathbf{y = \frac{2}{10} = 0{,}2} \quad \textit{oder} \quad \mathbf{y = \frac{3}{10} = 0{,}3}$$

Beachte: Suche für den Zähler eine Zahl zwischen 1 und 4 (Nenner bleibt gleich).

Alternative Lösung durch Darstellen am Zahlenstrahl:

Tipp: Wandle die Zahlen zuvor in Dezimalzahlen um, um sie einfacher am Zahlenstrahl darstellen zu können.

$$\frac{1}{10} = 0{,}1; \quad \frac{2}{5} = \frac{4}{10} = 0{,}4$$

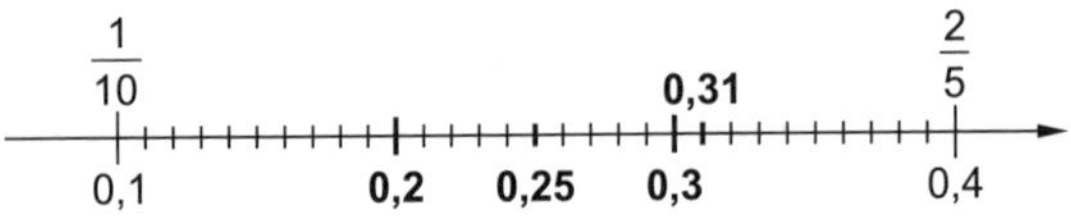

Mögliche Lösungen für $\frac{1}{10} < y < \frac{2}{5}$:

z. B. $\mathbf{y = 0{,}2}$ *oder* $\mathbf{y = 0{,}25}$ *oder* $\mathbf{y = 0{,}3}$ *oder* $\mathbf{y = 0{,}31}$

P 1c1

Beachte: 1 min = 60 s

Lösung: $1\frac{1}{4}\text{ min} = 1\frac{1}{4}\cdot 60\text{ s} = \frac{5}{4}\cdot\frac{60}{1}\text{ s} = \frac{300}{4}\text{ s} = \mathbf{75\ s}$

Alternative Lösung mit dem Dreisatz:

Zeit in Minuten	Zeit in Sekunden
1 min	60 s
$\frac{1}{4}$ min (: 4)	15 s (: 4)
$1\frac{1}{4}$ min (· 5)	**75 s** (· 5)

P 1c 2

Beachte: 1 ℓ = 1 000 mℓ

Lösung: $\frac{1}{8}\ell = \frac{1}{8} \cdot 1\,000\ m\ell = \mathbf{125\ m\ell}$

Alternative Lösung mit dem Dreisatz:

Volumen in Liter	Volumen in Milliliter
1 ℓ	1 000 mℓ
$\frac{1}{8}$ ℓ (: 8)	**125 mℓ** (: 8)

P 1c 3

Beachte: 1 kg = 1 000 g ⇒ 1 g = 0,001 kg

Lösung: $65\ g = 65 \cdot 0{,}001\ kg = \mathbf{0{,}065\ kg}$

Alternative Lösung mit dem Dreisatz:

Masse in Gramm	Masse in Kilogramm
1 000 g	1 kg
5 g (: 200)	$\frac{1}{200}$ kg (: 200)
65 g (· 13)	**0,065 kg** (· 13)

Aufgabe P 2

P 2a

Gegeben ist der Anteil des Zuckers am Gesamtgewicht des Joghurts als Bruch. Der Bruchteil einer Größe ist das Produkt aus Anteil und dem Ganzen der Größe. Alternativ kannst du den Bruch in Hundertstel umrechnen und ihn somit als Prozentwert darstellen. Durch Anwenden der Lösungsformel der Prozentrechnung erhältst du das Ergebnis.

Lösung: $400\text{ g}\cdot\frac{7}{50}=\frac{400\text{ g}\cdot 7}{50}=8\text{ g}\cdot 7=\mathbf{56\text{ g}}$

Der Joghurt enthält 56 g Zucker.

Alternative Berechnung mit der Lösungsformel:

$$\frac{7}{50}=\frac{14}{100}=14\,\%$$

geg.: Grundwert G = 400 g; Prozentsatz p % = 14 %

ges.: Prozentwert P

$$P=\frac{G\cdot p}{100}$$

$$P=\frac{4\cancel{00}\text{ g}\cdot 14}{1\cancel{00}}$$

$$\mathbf{P=56\text{ g}}$$

Der Joghurt enthält 56 g Zucker.

P 2b

Berechne zunächst mithilfe des Dreisatzes den Zuckergehalt des 500-g-Bechers. Durch Division deines Ergebnisses durch die Masse eines Zuckerwürfels erhältst du die gesuchte Anzahl der Zuckerstücke.

Lösung: Berechnung der Masse an Zucker im Joghurtbecher mit dem Dreisatz:

	Joghurt	Zuckergehalt	
·5 ↓	100 g	15 g	↓ ·5
	500 g	75 g	

Ein 500-g-Becher enthält 75 g Zucker.

Berechnung der Anzahl der Zuckerwürfel:
1 Zuckerwürfel $\triangleq$ 3 g
$75\,\text{g} : 3\,\text{g} = \mathbf{25}$

25 Stück Würfelzucker entsprechen der Masse an Zucker im 500-g-Becher Joghurt.

P 2c

Um den Zuckergehalt beider Joghurtsorten vergleichen zu können, kannst du den jeweiligen Prozentsatz an Zucker berechnen. Nutze dazu die Lösungsformel der Prozentrechnung oder die Bruchrechnung.
Alternativ kannst du mithilfe des Dreisatzes den Zuckeranteil direkt vergleichen.

Lösung: Berechnung mit der Lösungsformel:

geg.: Kirsch-Joghurt: Grundwert $G = 250$ g; Prozentwert $P = 30$ g
Erdbeer-Joghurt: Grundwert $G = 200$ g; Prozentwert $P = 28$ g
ges.: Prozentsatz p % für beide Sorten

Kirsch-Joghurt:

$$p\,\% = \frac{P \cdot 100\,\%}{G}$$

$$p\,\% = \frac{30\,\text{g} \cdot 100\,\%}{250\,\text{g}}$$

$$p\,\% = 12\,\%$$

Erdbeer-Joghurt:

$$p\,\% = \frac{P \cdot 100\,\%}{G}$$

$$p\,\% = \frac{28\,\text{g} \cdot 100\,\%}{200\,\text{g}}$$

$$p\,\% = 14\,\%$$

Der **Kirsch-Joghurt** hat einen geringeren Anteil an Zucker.

Alternative Lösung mithilfe der Bruchrechnung:

Kirsch-Joghurt: $\frac{30\,\text{g}}{250\,\text{g}} = \frac{6}{50} = \frac{12}{100} = 0{,}12 = 12\,\%$

Erdbeer-Joghurt: $\frac{28\,\text{g}}{200\,\text{g}} = \frac{7}{50} = \frac{14}{100} = 0{,}14 = 14\,\%$

Der **Kirsch-Joghurt** hat einen geringeren Anteil an Zucker.

Alternative Lösung mit dem Dreisatz:

	Kirsch-Joghurt	Zucker	
:5	250 g	30 g	:5
·4	50 g	6 g	·4
	200 g	24 g	

200 g Erdbeer-Joghurt enthalten 28 g Zucker. Der **Kirsch-Joghurt** hat also einen geringeren Zuckeranteil.

Oder analog für den Erdbeer-Joghurt:

	Erdbeer-Joghurt	Zucker	
:4	200 g	28 g	:4
·5	50 g	7 g	·5
	250 g	35 g	

250 g **Kirsch-Joghurt** enthalten nur 30 g Zucker und damit weniger als der Erdbeer-Joghurt.

Alternative Lösung:

Du kannst den Dreisatz auch nutzen, um zu berechnen, wie viel Gramm Zucker jeweils in 100 g Joghurt vorkommen.

	Kirsch-Joghurt	Zucker	
:5	250 g	30 g	:5
·2	50 g	6 g	·2
	100 g	12 g	

Auf 100 g Kirsch-Joghurt kommen 12 g Zucker.

	Erdbeer-Joghurt	Zucker	
:2	200 g	28 g	:2
	100 g	14 g	

Auf 100 g Erdbeer-Joghurt kommen 14 g Zucker.

Der **Kirsch-Joghurt** hat also einen geringeren Anteil an Zucker.

Aufgabe P 3

P 3a

Die Anzahl der Hybridautos im Jahr 2016 setzt sich aus der Anzahl der Autos im Jahr 2015 und deren Zuwachs um 21 % zusammen. Somit entspricht die Anzahl der Autos im Jahr 2016 genau 121 % der Anzahl der Autos im Jahr 2015.

Lösung: Berechnung der Anzahl der Autos 2016:

$$107\,700 \cdot 121\,\% = 107\,700 \cdot \frac{121}{100} = 107\,700 \cdot 1{,}21 = \mathbf{130\,317}$$

Im Jahr 2016 gab es 130 317 Hybridautos.

Alternative Berechnung mit dem Dreisatz:

	Prozentsatz	Autos	
: 100	100 %	107 700	: 100
· 121	1 %	1 077	· 121
	121 %	**130 317**	

Im Jahr 2016 gab es 130 317 Hybridautos.

Alternative Berechnung mit der Lösungsformel:

geg.: Grundwert G = 107 700; Prozentsatz p % = 121 %

ges.: Prozentwert P

$$P = \frac{G \cdot p}{100}$$

$$P = \frac{107\,700 \cdot 121}{100}$$

$$\mathbf{P = 130\,317}$$

Im Jahr 2016 gab es 130 317 Hybridautos.

Alternative Lösungsmöglichkeit:

Berechne zunächst die Anzahl der von 2015 bis 2016 neu hinzugekommenen Autos und addiere diesen Wert zum Wert von 2015.

Lösung: Berechnung mit dem Dreisatz:

	Prozentsatz	Autos	
: 100	100 %	107 700	: 100
· 21	1 %	1 077	· 21
	21 %	**22 617**	

Anzahl der Hybridautos im Jahr 2016:
$107\,700 + 22\,617 = \mathbf{130\,317}$

Im Jahr 2016 gab es 130 317 Hybridautos.

Alternative Berechnung der Anzahl der Autos mit der Lösungsformel:
geg.: Grundwert $G = 107\,700$; Prozentsatz $p\,\% = 21\,\%$
ges.: Prozentwert P

$$P = \frac{G \cdot p}{100}$$

$$P = \frac{107\,700 \cdot 21}{100}$$

$$P = 22\,617$$

Anzahl der Hybridautos im Jahr 2016:
$107\,700 + 22\,617 = \mathbf{130\,317}$

Im Jahr 2016 gab es 130 317 Hybridautos.

P 3b

Gesucht ist der Prozentsatz. Verwende zur Lösung entweder die Lösungsformel der Prozentrechnung, den Dreisatz oder den Wachstumsfaktor. Berechne bei der Verwendung der Prozentformel zunächst den Prozentwert. Dieser entspricht der Anzahl der Autos, die von 2015 bis 2017 hinzugekommen sind. Runde abschließend das Ergebnis auf ganze Prozent.

Lösung: Durch Berechnung mit der Lösungsformel:
Prozentwert $P = 165\,400 - 107\,700 = 57\,700$

geg.: Grundwert $G = 107\,700$; Prozentwert $P = 57\,700$
ges.: Prozentsatz $p\,\%$

$$p\,\% = \frac{P}{G} \cdot 100\,\%$$

$$p\,\% = \frac{57\,700}{107\,700} \cdot 100\,\%$$

$$p\,\% = 53{,}57\ldots\,\% \approx \mathbf{54\,\%}$$

Die Anzahl der Hybridautos ist um 54 % gestiegen.

Alternative Berechnung mit dem Dreisatz:

	Autos	Prozentsatz %	
	107 700	100 %	
: 107 700	1	$\frac{100\,\%}{107\,700}$	: 107 700
· 165 400	165 400	154 %	· 165 400

154 % bedeuten eine Steigerung um **54 %**, da 100 % dem Ausgangswert (der Anzahl der Hybridautos 2015) entsprechen.

Alternative Berechnung mit dem Wachstumsfaktor:

$$107\,700 \cdot x = 165\,400 \quad |:107\,700$$

$$x = \frac{165\,400}{107\,700}$$

$$x \approx 1{,}54$$

Es gilt: $\text{Wachstumsfaktor} = 1 + \frac{\text{Wachstumsrate in }\%}{100\,\%}$

Somit entspricht der Wachstumsfaktor von 1,54 einer Wachstumsrate von **54 %**.

Aufgabe P 4

P 4a

Es gilt: $\text{Wahrscheinlichkeit eines Ereignisses} = \frac{\text{Anzahl der günstigen Ergebnisse}}{\text{Anzahl der möglichen Ergebnisse}}$

Bestimme zunächst die Anzahl der Chips mit der Ziffer 2 (günstige Ergebnisse) und die Gesamtzahl der Chips (mögliche Ergebnisse).

Lösung: Anzahl der Chips mit der Ziffer 2: 10
Anzahl aller Chips im Beutel: 15

Wahrscheinlichkeit, einen Chip mit der Ziffer 2 zu ziehen:

$$P(\text{Ziffer } 2) = \frac{\text{Anzahl der Chips mit der Ziffer 2}}{\text{Anzahl aller Chips}} = \frac{10}{15} = \mathbf{\frac{2}{3} \approx 0{,}667 = 66{,}7\ \%}$$

Die Wahrscheinlichkeit, einen Chip mit der Ziffer 2 zu ziehen, beträgt 66,7 %.

P 4b 1

Da zweimal gezogen wird, handelt es sich um ein zweistufiges Zufallsexperiment. Nutze ein Baumdiagramm zur Veranschaulichung und wende die 1. Pfadregel an.
Beachte: Es geht um einen Zufallsversuch ohne Zurücklegen, d. h., die Anzahl der Chips und damit die Wahrscheinlichkeiten verändern sich bei jeder Ziehung.

Lösung: Mithilfe eines Baumdiagramms:

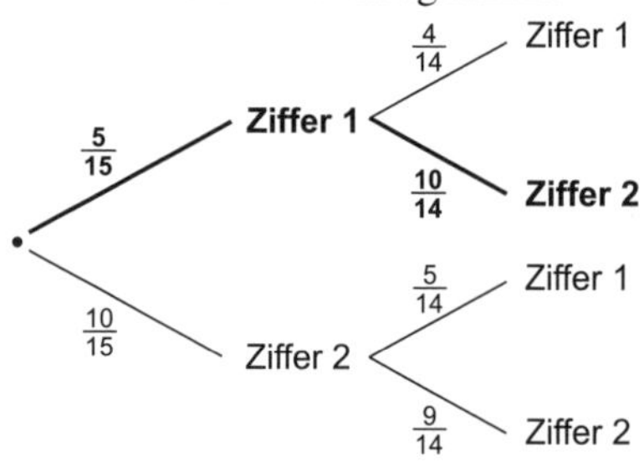

Wahrscheinlichkeit, beim 1. Ziehen eine „1“ zu ziehen: $\frac{5}{15}$

Wahrscheinlichkeit, beim 2. Ziehen eine „2“ zu ziehen: $\frac{10}{14}$

Wahrscheinlichkeit, eine „12“ zu ziehen (ohne Zurücklegen):

$$P(\text{„12“}) = \frac{5}{15} \cdot \frac{10}{14} = \frac{50}{210} = \mathbf{\frac{5}{21} \approx 0{,}238 = 23{,}8\ \%}$$

P 4b 2

Um zu berechnen, ob die Wahrscheinlichkeit, die Zahl „12“ zu ziehen, höher beim Ziehen mit oder beim Ziehen ohne Zurücklegen ist, kannst du beide Wahrscheinlichkeiten berechnen und vergleichen.
Alternativ kannst du eine Begründung formulieren.

Lösung: durch Berechnung:

P(„12") ohne Zurücklegen ≈ 23,8 % (vgl. Teilaufgabe P 4b 1)

P(„12") mit Zurücklegen:

$$P(\text{„12"}) = \frac{5}{15} \cdot \frac{10}{15} = \frac{50}{225} = \frac{2}{9} \approx 0{,}222 = 22{,}2\,\%$$

Die Wahrscheinlichkeit, eine „12" zu ziehen, ist beim **Ziehen mit Zurücklegen** kleiner.

Alternative Begründung in Worten:

Durch das Zurücklegen sind beim zweiten Zug mehr Chips enthalten. Die „1" wird zurückgelegt und somit besteht die Chance, sie wieder zu ziehen. Folglich wird die Wahrscheinlichkeit für das Ziehen der Ziffer 2 kleiner. Die Gesamtwahrscheinlichkeit, eine „12" zu ziehen, ist also beim **Ziehen mit Zurücklegen** kleiner.

Aufgabe P 5

P 5a 1

Die Nullstellen einer Funktion sind die x-Werte, an denen der zugehörige y-Wert 0 ist. Setze also y = 0 in die Funktionsgleichung ein und löse sie nach x auf.

Lösung: Einsetzen von y = 0 in die Funktionsgleichung $y = 0{,}5x + 3$:

$$0 = 0{,}5x + 3 \quad |-3$$

$$-3 = 0{,}5x \quad |:0{,}5$$

$$\mathbf{x = -6}$$

Die lineare Funktion $y = 0{,}5x + 3$ hat bei $x = -6$ eine Nullstelle.

P 5a 2

Um zu überprüfen, ob ein Punkt P auf einer Geraden liegt, setzt man seine x- und seine y-Koordinate in die Funktionsgleichung der Geraden ein. Ein Punkt liegt nur dann auf der Geraden, wenn eine wahre Aussage entsteht.

Lösung: Einsetzen der Koordinaten von P(–12,4 | –2,8) in die Funktionsgleichung:

$$y = 0{,}5 \cdot x + 3$$
$$-2{,}8 \stackrel{?}{=} 0{,}5 \cdot (-12{,}4) + 3$$
$$-2{,}8 \stackrel{?}{=} -6{,}2 + 3$$
$$-2{,}8 \neq -3{,}2 \qquad \text{(falsch)}$$

Der Punkt P(–12,4 | –2,8) **liegt nicht** auf der Geraden f.

P 5a 3

Den Schnittpunkt der Geraden f und g kannst du aus dem Koordinatensystem ablesen.

Lösung: Ablesen aus dem Koordinatensystem:

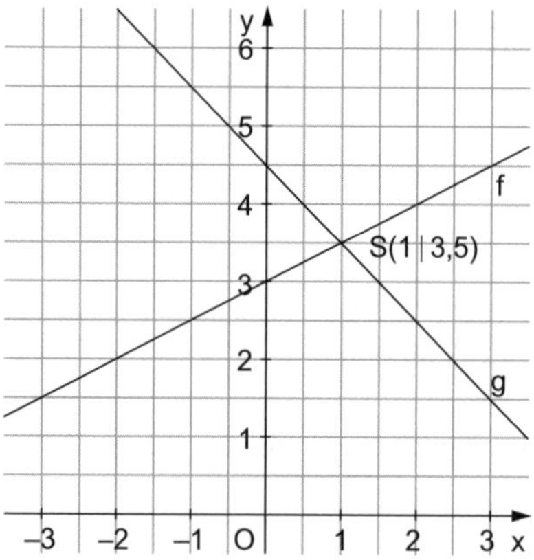

Beide Geraden schneiden sich im Punkt **S(1 | 3,5)**.

Alternative Berechnung durch Gleichsetzen der Funktionsterme:

Du kannst den Schnittpunkt zweier Funktionen berechnen, indem du die Funktionsterme gleichsetzt, in diesem Fall die von g und f, und die so entstehende Gleichung nach x auflöst. Die y-Koordinate des Schnittpunktes erhältst du durch Einsetzen von x in eine der beiden Funktionsgleichungen. Für diese (deutlich schwierigere) Möglichkeit benötigst du den Funktionsterm der Geraden g (vgl. nächste Teilaufgabe).

f: $y = 0{,}5x + 3$

g: $y = -x + 4{,}5$ (vgl. P 5a 4)

Gleichsetzen der Funktionsterme von f und g:

$$\begin{aligned} 0{,}5x + 3 &= -x + 4{,}5 \quad &&|+x-3 \\ 1{,}5x &= 1{,}5 &&|:1{,}5 \\ x &= 1 \end{aligned}$$

x einsetzen in eine der Funktionsgleichungen:

x einsetzen in f: $y = 0{,}5x + 3$ liefert:

$y = 0{,}5 \cdot 1 + 3$

$y = 0{,}5 + 3$

$y = 3{,}5$

$\Rightarrow$ **S(1 | 3,5)**

Somit ergibt sich der Punkt S(1 | 3,5) als Schnittpunkt der Geraden.

P 5a 4

Eine lineare Funktion wird durch die Funktionsgleichung $y = mx + b$ beschrieben. Dabei gibt m die Steigung der Geraden an und b ist der Achsenabschnitt auf der y-Achse. Bestimme die Steigung m mit einem Steigungsdreieck.

Lösung: $y = mx + b$

Bestimmung von m mit dem Steigungsdreieck:

$m = \frac{-1}{1} = -1$

Ablesen der Schnittstelle der Geraden mit der y-Achse:

$b = 4{,}5$

Zusammen ergibt sich:

$y = -1x + 4{,}5$

$\mathbf{y = -x + 4{,}5}$

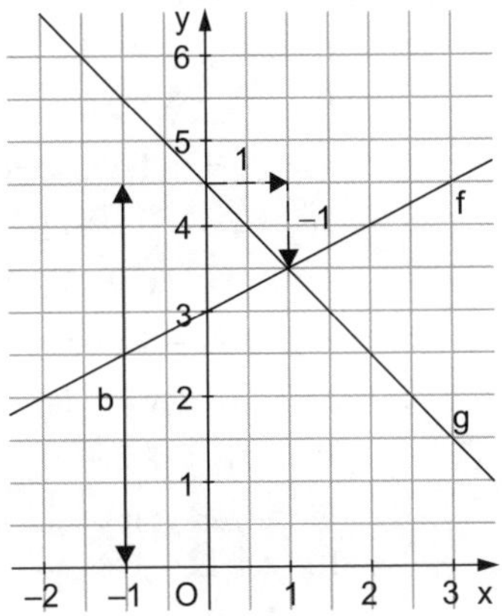

P 5b

Du kannst dir zur besseren Vorstellung eine Gerade und die an der x-Achse gespiegelte Gerade in ein Koordinatensystem zeichnen.
Eine Spiegelung an der x-Achse bedeutet, dass sich das Vorzeichen aller y-Werte der Geraden umkehrt. Folglich ändert sich auch das Vorzeichen der Steigung m.
Aus dem Schnittpunkt $P(0|b)$ mit der y-Achse wird $P'(0|-b)$. Der Betrag der Größen b und –b bleibt gleich.

Lösung: Aus $y = mx + b$ wird durch Spiegelung an der x-Achse $y = -mx - b$. Eine ursprünglich steigende Gerade fällt also, eine ursprünglich fallende Gerade hat jetzt eine positive Steigung. Der Schnittpunkt mit der y-Achse wechselt sein Vorzeichen.

Aufgabe P 6

P 6a

Du kannst das lineare Gleichungssystem mit dem Einsetzungs-, Gleichsetzungs- oder Additionsverfahren lösen. Da die 2. Gleichung bereits nach x umgestellt ist, bietet sich das Einsetzungsverfahren an.

Lösung: Mithilfe des Einsetzungsverfahrens:

I. $2x - 4y = -32$
II. $x = y - 4$

$x = y - 4$ in I. einsetzen:

$$\begin{aligned} 2(y-4) - 4y &= -32 && |\text{ausmultiplizieren} \\ 2y - 8 - 4y &= -32 && |\text{zusammenfassen} \\ -2y - 8 &= -32 && |+8 \\ -2y &= -24 && |:(-2) \\ y &= 12 \end{aligned}$$

Einsetzen von $y = 12$ in II.:

II. $x = 12 - 4$
$x = 8$

Lösungsmenge $\mathbf{L = \{(8|12)\}}$

Tipp: Mit einer Probe kannst du überprüfen, ob das Ergebnis korrekt ist. Setze dazu x und y in die Gleichungen ein.

P 6b

Die erste Gleichung des gesuchten Gleichungssystems beschreibt den ersten Einkauf und die zweite Gleichung den zweiten Einkauf.
Überlege dir zunächst für jeden Einkauf, wie viele Apfeltaschen und wie viele Brezeln gekauft wurden und welcher Betrag dafür ausgegeben wurde. Beachte die in der Aufgabenstellung vorgegebenen Variablenbezeichnungen:
a: Preis für eine Apfeltasche
b: Preis für eine Brezel

Lösung: Gleichungssystem:

I. $3a + 6b = 10{,}80$ €

II. $2a + 3b = 5{,}95$ €

P 6c

Gesucht ist eine Gleichung, die $x = 10$ und zugleich $y = 15$ als mögliche Lösung hat. Da es keine weiteren Bedingungen gibt, sind unzählige Lösungen möglich.

Lösung: Bedingung:
$x = 10$ und $y = 15$ als mögliche Lösung der Gleichung

Mögliche Gleichungen:	Probe:
z. B. $\mathbf{x + y = 25}$	$10 + 15 = 25$
oder $\mathbf{x + 5 = y}$	$10 + 5 = 15$
oder $\mathbf{2x - y = 5}$	$2 \cdot 10 - 15 = 5$
oder $\mathbf{15x = 10y}$ *etc.*	$15 \cdot 10 = 10 \cdot 15$

Aufgabe P 7

P 7a

Um den Flächeninhalt der grau gefärbten Fläche angeben zu können, musst du zunächst den Flächeninhalt des Kreises und den des Dreiecks berechnen. Vom Flächeninhalt des Kreises subtrahierst du dann den Flächeninhalt des Dreiecks. Der Radius r des Kreises ergibt sich aus dem Durchmesser $d = \overline{AB} = 32$ cm. M ist der Mittelpunkt des Kreises und hat zu allen Punkten, die auf dem Kreisrand liegen, den Abstand $r = \frac{32}{2}$ cm $= 16$ cm. Somit ist auch die Strecke $\overline{MC}$, die der Höhe des Dreiecks entspricht, 16 cm lang.

Lösung: Berechnung des Flächeninhalts des Kreises:

$A_{Kreis} = \pi \cdot r^2 = \pi \cdot (16\,\text{cm})^2 \approx 804{,}2477\,\text{cm}^2$

Berechnung des Flächeninhalts des Dreiecks:

$A_{Dreieck} = \frac{g \cdot h}{2} = \frac{32\,\text{cm} \cdot 16\,\text{cm}}{2} = 256\,\text{cm}^2$

Berechnung des Flächeninhalts der grau gefärbten Fläche:

$A_{graue\ Fläche} = A_{Kreis} - A_{Dreieck} = 804{,}2477\,\text{cm}^2 - 256\,\text{cm}^2 \approx \mathbf{548\,cm^2}$

Der Flächeninhalt der grau gefärbten Fläche beträgt etwa 548 cm^2.

P 7b

- Um die Länge der Strecke $\overline{AC}$ berechnen zu können, musst du das Dreieck ABC in zwei rechtwinklige Dreiecke zerlegen, indem du die Strecke $\overline{CM}$ einzeichnest.
- Betrachte das Dreieck AMC, das im Punkt M einen rechten Winkel hat.
- Die Längen der Katheten $\overline{AM} = 16\,\text{cm}$ und $\overline{MC} = 16\,\text{cm}$ sind bekannt, sodass du den Satz von Pythagoras anwenden kannst.
- Alternativ kannst du den Satz des Thales und die Gleichschenkligkeit des Dreiecks ABC nutzen oder mithilfe der trigonometrischen Funktionen die Länge der Strecke $\overline{AC}$ berechnen.

Lösung: Über das Hilfsdreieck AMC:

Mit dem Satz von Pythagoras ergibt sich:

$$\overline{AM}^2 + \overline{MC}^2 = \overline{AC}^2$$

$$(16\,\text{cm})^2 + (16\,\text{cm})^2 = \overline{AC}^2$$

$$\overline{AC}^2 = 512\,\text{cm}^2 \quad |\sqrt{}$$

$$\overline{AC} \approx 22{,}627\,\text{cm}$$

$$\mathbf{\overline{AC} \approx 226\,mm}$$

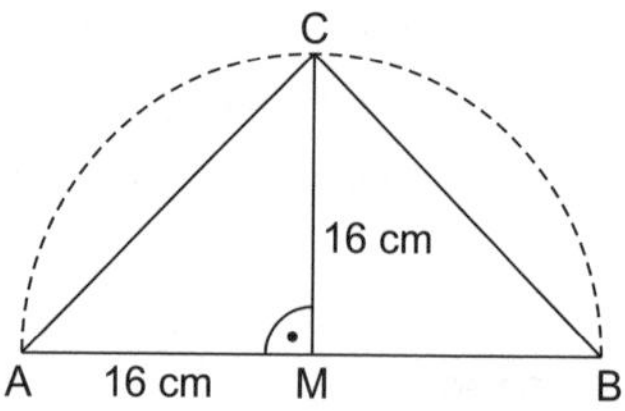

Alternative Lösung mit dem Satz des Thales im gleichschenkligen Dreieck ABC:

- Der Satz des Thales besagt: Ein Dreieck ist am Punkt C rechtwinklig, wenn seine Basis $\overline{AB}$ den Durchmesser eines Kreises bildet, auf dem C liegt. Dadurch weißt du, dass $\gamma = 90°$ sein muss.
- Zudem handelt es sich um ein gleichschenkliges Dreieck, sodass $\overline{AC} = \overline{BC}$ ist.
- In diesem Fall kannst du den Satz von Pythagoras anwenden.

Mit $\overline{AC} = \overline{BC}$ folgt:

$$\overline{AC}^2 + \overline{BC}^2 = (32\text{ cm})^2$$

$$\overline{AC}^2 + \overline{BC}^2 = 1\,024\text{ cm}^2$$

$$2 \cdot \overline{AC}^2 = 1\,024\text{ cm}^2 \quad |:2$$

$$\overline{AC}^2 = 512\text{ cm}^2 \quad |\sqrt{}$$

$$\mathbf{\overline{AC} \approx 226\text{ mm}}$$

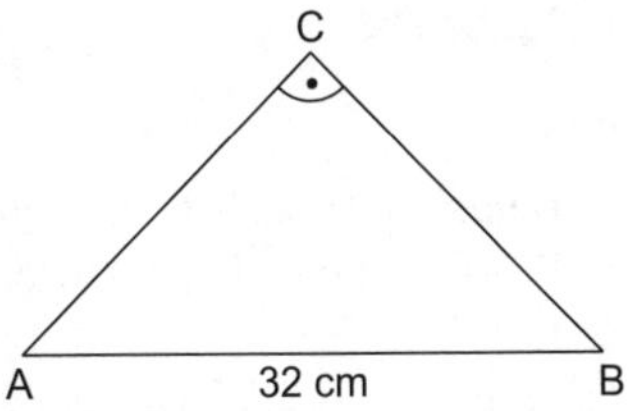

Alternative Lösung mithilfe der trigonometrischen Funktionen:

In einem rechtwinkligen Dreieck gilt:

$$\text{Sinus eines Winkels} = \frac{\text{Gegenkathete}}{\text{Hypotenuse}}$$

Da nach dem Satz des Thales $\gamma = 90°$ ist und es sich um ein gleichschenkliges Dreieck handelt, gilt nach dem Innenwinkelsummensatz:

$$\alpha = \beta = \frac{180° - 90°}{2} = 45°$$

$$\sin 45° = \frac{\overline{AC}}{\overline{AB}}$$

$$\sin 45° = \frac{\overline{AC}}{32\text{ cm}} \quad |\cdot 32\text{ cm}$$

$$\overline{AC} = \sin 45° \cdot 32\text{ cm}$$

$$\overline{AC} \approx 22{,}63\text{ cm} \approx \mathbf{226\text{ mm}}$$

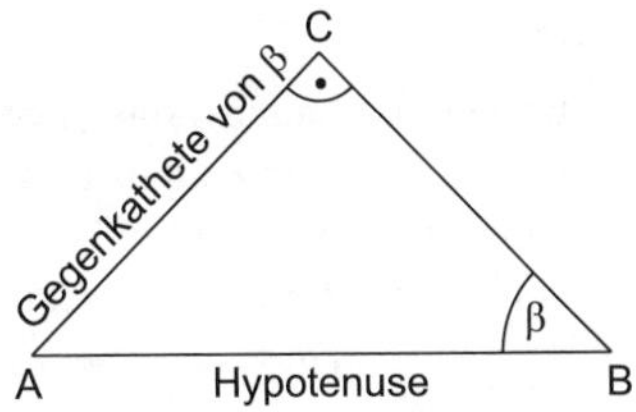

P 7c

Da der Punkt C auf dem Halbkreis über $\overline{AB}$ liegt, gilt der Satz des Thales. Dieser besagt: Wenn der Punkt C eines Dreiecks auf einem Halbkreis über der Strecke $\overline{AB}$ liegt, hat das Dreieck im Punkt C einen rechten Winkel.
Da das Dreieck ABC gleichschenklig ist, sind die Winkel α und β gleich groß.

Lösung: Über den Satz des Thales folgt:

$\gamma = 90°$

Durch die Gleichschenkligkeit des Dreiecks und nach dem Innenwinkelsummensatz ergibt sich:

$$\alpha = \frac{180° - 90°}{2} = \mathbf{45°}$$

Aufgabe P 8

P 8a

Berechne zunächst das Volumen eines Würfels. Bestimme dann die Masse eines Würfels ($1\,cm^3$ Kupfer wiegt 8,96 g).

Lösung: *geg.:* Würfelseite $a = 1{,}5\,cm$

Kupfer: $1\,cm^3$ wiegt 8,96 g $\Rightarrow \rho = 8{,}96\,\frac{g}{cm^3}$

ges.: m

Berechnung des Volumens eines Würfels:

$$V_{Würfel} = a^3 = (1{,}5\,cm)^3 = 3{,}375\,cm^3$$

Bestimmung der Masse eines Würfels:

$$m = \rho \cdot V_{Würfel} = 8{,}96\,\frac{g}{cm^3} \cdot 3{,}375\,cm^3 = \mathbf{30{,}24\,g}$$

Ein Würfel hat eine Masse von 30,24 g.

P 8b

Berechne zunächst das Gesamtvolumen aller sechs eingeschmolzenen Würfel. Dieses Volumen entspricht dem Volumen der Kugel. Durch Einsetzen der bekannten Größen in die Formel zur Volumenberechnung einer Kugel kannst du den Radius berechnen. Achte auch auf das korrekte Runden auf Millimeter.

Lösung: Volumen der Kugel:

$$V_{Kugel} = V_{alle\ Würfel} = 6 \cdot V_{Würfel} = 6 \cdot 3{,}375\,cm^3 = 20{,}25\,cm^3$$

Berechnung des Radius:

$$V_{Kugel} = \frac{4}{3} \cdot \pi \cdot r^3$$

$$20{,}25\,cm^3 = \frac{4}{3} \cdot \pi \cdot r^3$$

$$20{,}25\,cm^3 \approx 4{,}189 \cdot r^3 \quad |:4{,}189$$

$$4{,}834\,cm^3 \approx r^3 \quad |\sqrt[3]{\ }$$

$$1{,}69\,cm \approx r$$

$$\mathbf{r \approx 17\,mm}$$

Der Radius der Kugel beträgt ca. 17 mm.

Abschlussprüfung Mathematik Realschulen Hessen
Haupttermin 2020 – Wahlaufgaben

Aufgabe W 1

W 1a 1

In einem gleichschenkligen Dreieck sind die Winkel, die den beiden gleich langen Schenkeln gegenüberliegen, gleich groß. Bestimme den Winkel γ über den Innenwinkelsummensatz im Dreieck ABC.

Lösung: Mit dem Innenwinkelsummensatz im Dreieck ABC gilt:

$\gamma = 180° - 2 \cdot 70° = \mathbf{40°}$

Der Winkel γ beträgt 40°.

W 1a 2

In einem gleichschenkligen Dreieck ist die Höhe h zur Basis zugleich eine Mittelsenkrechte.

Tipp: Verschiebe die Höhe h in das Dreieck, sodass sie die Strecke $\overline{AB}$ teilt und durch C verläuft. Ihr Fußpunkt M halbiert dann die Seite $\overline{AB}$. Mithilfe der trigonometrischen Funktionen kannst du die Höhe h berechnen.

Lösung: $\overline{AM} = \frac{\overline{AB}}{2} = \frac{18{,}7\text{ cm}}{2} = 9{,}35\text{ cm}$

$\tan\alpha = \frac{\text{Gegenkathete}}{\text{Ankathete}}$

$\tan 70° = \frac{h}{9{,}35\text{ cm}} \quad |\cdot 9{,}35\text{ cm}$

$h = \tan 70° \cdot 9{,}35\text{ cm}$

$\mathbf{h \approx 25{,}7\text{ cm} = 257\text{ mm}}$

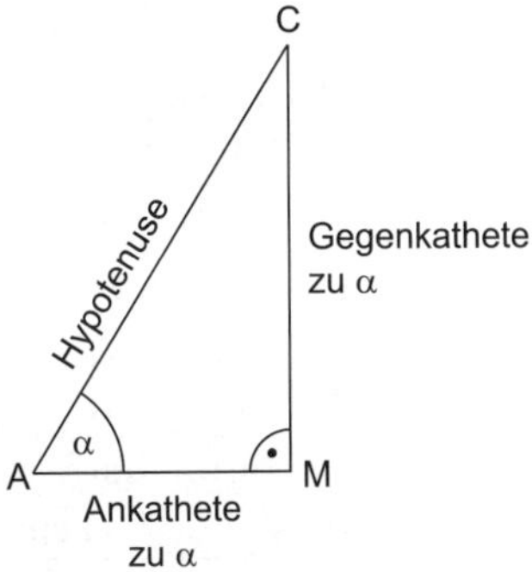

W 1b

Zur Berechnung der Strecke x musst du das allgemeine Dreieck ABD und das rechtwinklige Dreieck BCD betrachten.

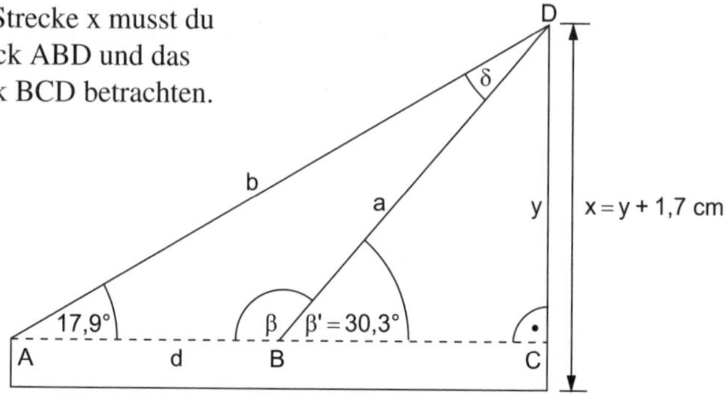

Den Überstand von 1,7 cm, der in der Strecke x enthalten ist, kannst du im letzten Schritt addieren, sodass du zur Berechnung der Strecke y zunächst die trigonometrischen Beziehungen im rechtwinkligen Dreieck BCD ausnutzen kannst.
Zur Berechnung von y wird die Länge von a benötigt, die du durch Anwendung des Sinussatzes im Dreieck ΔABD ermitteln kannst. Ermittle zunächst die fehlenden Winkel.
Achte beim Endergebnis auf das Runden auf Millimeter.

Lösung: Berechnung der fehlenden Winkel:

Berechnung von β über den Nebenwinkel β':
$\beta = 180° - \beta' = 180° - 30{,}3° = 149{,}7°$

Berechnung von δ über den Innenwinkelsummensatz im Dreieck:
$\delta = 180° - \beta - 17{,}9° = 180° - 149{,}7° - 17{,}9° = 12{,}4°$

Berechnung der Strecke $\overline{BD} = a$ mit dem Sinussatz im Dreieck ABD:

geg.: $\alpha = 17{,}9°;\quad \beta = 149{,}7°;\quad \delta = 12{,}4°;\quad d = 11\text{ cm}$
ges.: a

$$\frac{a}{\sin\alpha} = \frac{d}{\sin\delta}$$

$$\frac{a}{\sin 17{,}9°} = \frac{11\text{ cm}}{\sin 12{,}4°} \qquad |\cdot \sin 17{,}9°$$

$$a = \frac{11\text{ cm}\cdot\sin 17{,}9°}{\sin 12{,}4°}$$

$$a \approx 15{,}74\text{ cm}$$

Berechnung der Strecke $\overline{CD} = y$ mit dem Sinus im rechtwinkligen Dreieck BCD:

geg.: $a = 15{,}74$ cm ($\hat{=}$ Hypotenuse); $\beta' = 30{,}3°$
ges.: y

$$\sin\beta' = \frac{\text{Gegenkathete}}{\text{Hypotenuse}}$$

$$\sin 30{,}3° = \frac{y}{15{,}74\text{ cm}} \qquad |\cdot 15{,}74\text{ cm}$$

$$\sin 30{,}3° \cdot 15{,}74\text{ cm} = y$$

$$7{,}94\text{ cm} \approx y$$

Berechnung der Länge von x durch Addition des Überstandes:
$x = y + 1{,}7\text{ cm} = 7{,}94\text{ cm} + 1{,}7\text{ cm} = 9{,}64\text{ cm} \approx \mathbf{9{,}6\text{ cm} = 96\text{ mm}}$

Aufgabe W 2

W 2a 1

- Setze $x = 12$ in die Funktionsgleichung ein, um den Flächeninhalt zu berechnen.
- Achte darauf, dass du das Ergebnis in der geforderten Einheit (cm^2) angibst.

Lösung: Mit $x = 12$ ergibt sich:
$A = 4 \cdot x^2 + 560 \cdot x = 4 \cdot 12^2 + 560 \cdot 12 = \mathbf{7\,296\,[cm^2]}$

W 2a 2

- Mit x^2 wird der Flächeninhalt eines Quadrats an einer Ecke berechnet ($A = x \cdot x = x^2$). Es gibt vier Quadrate an den Ecken der Tischplatte.

Lösung: Die Ahornfläche lässt sich in vier Rechtecke und ein Quadrat in jeder Ecke zerlegen. Die Seitenlänge eines Quadrats wird dabei mit x bezeichnet. Da alle vier Quadrate gleich groß sind, gilt: $A = 4 \cdot x \cdot x = 4 \cdot x^2$

W 2a 3

- Die Fläche aus Nussholz entspricht dem grauen Rechteck in der Abbildung.
- Die Gleichung für die Fläche aus Ahornholz ist mit $A = 4 \cdot x^2 + 560 \cdot x$ gegeben.
- Setze $x = 28{,}5$ in diese Gleichung ein und vergleiche beide Flächeninhalte.

Lösung: Flächeninhaltsformel Rechteck:

$A = a \cdot b$

Daraus folgt:

$A_{Nussholz} = a \cdot b = 160\ cm \cdot 120\ cm = 19\,200\ cm^2$

Flächeninhalt Umrandung:

$A_{Ahornholz} = 4 \cdot x^2 + 560\ cm \cdot x$

Mit $x = 28{,}5$ cm folgt:

$A_{Ahornholz} = 4 \cdot (28{,}5\ cm)^2 + 560\ cm \cdot 28{,}5\ cm = 19\,209\ cm^2$

Die Flächeninhalte unterscheiden sich lediglich um 9 cm^2 und sind daher annähernd gleich groß.

W 2b

Um die Länge x für den Tisch zu erhalten, musst du den gegebenen Wert $A_{Gesamtfläche} = 32\,000\ cm^2$ in die quadratische Gleichung einsetzen und diese nach x auflösen.

Die x-Werte einer quadratischen Gleichung berechnest du mithilfe der p-q-Formel: $x_{1/2} = -\frac{p}{2} \pm \sqrt{\left(\frac{p}{2}\right)^2 - q}$

Beachte, dass die quadratische Gleichung zum Anwenden der p-q-Formel in der Normalform $(0 = x^2 + px + q)$ stehen muss.

Lösung: Berechnung der Länge x mithilfe der p-q-Formel:

$$A_{Gesamtfläche} = 4 \cdot x^2 + 560 \cdot x + 19\,200$$

$$32\,000 = 4 \cdot x^2 + 560 \cdot x + 19\,200 \qquad |-32\,000$$

$$0 = 4 \cdot x^2 + 560 \cdot x - 12\,800 \qquad |:4$$

$$0 = x^2 + 140 \cdot x - 3\,200$$

$$x_{1/2} = -\frac{140}{2} \pm \sqrt{\left(\frac{140}{2}\right)^2 - (-3\,200)}$$

$$x_{1/2} = -70 \pm \sqrt{8\,100}$$

$$x_{1/2} = -70 \pm 90$$

$$x_1 = 20\ [cm]$$

$$x_2 = -160\ [cm]$$

Da die Seitenlänge nicht negativ sein kann, entfällt Lösung x_2 und ein Tisch mit einer Gesamtfläche von 32 000 cm^2 hat die Länge $x = 20$ cm.

W 2c

Du kannst die Lösung durch Herleiten, startend bei der ursprünglichen Funktionsgleichung $A = 4 \cdot x^2 + 560 \cdot x$, ermitteln. Überlege dir dazu, woher die Zahl „560“ in dieser Gleichung kommt.
Alternativ kannst du den Flächeninhalt der Umrandung für den zweiten Tisch mithilfe von Quadraten und Rechtecken berechnen.

Lösung: Durch Herleitung:

$A = 4 \cdot x^2 + 560 \cdot x$

Die Zahl 560 in der Funktionsgleichung lässt sich aus dem Umfang des ursprünglichen Rechtecks herleiten:

$$"560"\ \text{cm} = 160\ \text{cm} + 120\ \text{cm} + 160\ \text{cm} + 120\ \text{cm}$$
$$= 2 \cdot 160\ \text{cm} + 2 \cdot 120\ \text{cm}$$
$$= 560\ \text{cm}$$

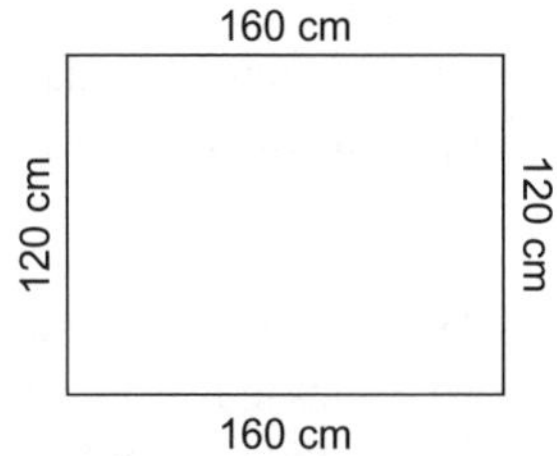

Da die neue Fläche quadratisch sein soll mit einer Seitenlänge von 160 cm, ändert sich die Gleichung wie folgt:

$$U_{neu} = 160\ \text{cm} + 160\ \text{cm} + 160\ \text{cm} + 160\ \text{cm}$$
$$= 640\ \text{cm}$$

$A = 4 \cdot x^2 + 4 \cdot 160 \cdot x$

$A = 4 \cdot x^2 + 640 \cdot x$

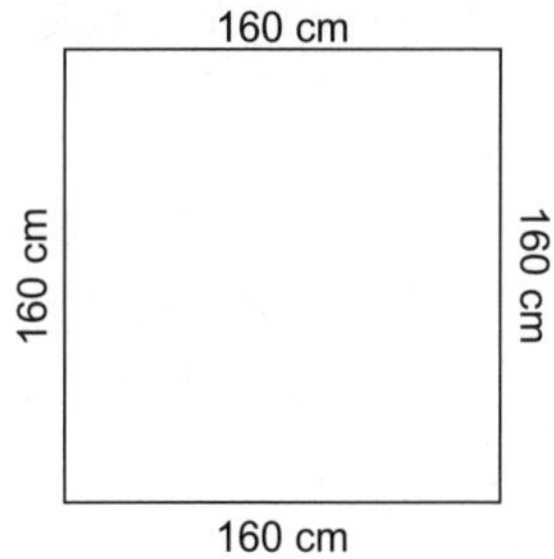

Alternative Lösung durch Betrachtung der Teilstücke:

Umrandung:

$4 \cdot$ x  $\Rightarrow 4 \cdot x^2$

$4 \cdot$ x 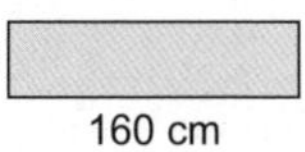 $\Rightarrow 4 \cdot 160 \cdot x = 640 \cdot x$

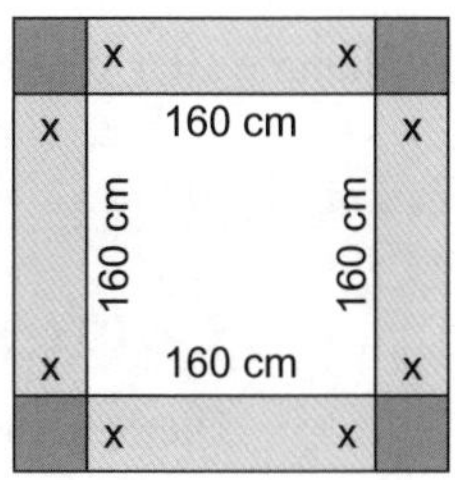

Daraus ergibt sich die neue Flächeninhaltsformel für die Umrandung:

$A = 4 \cdot x^2 + 640 \cdot x$

Aufgabe W 3

W 3a 1

Als Spannweite R bezeichnet man die Differenz aus dem größten und dem kleinsten gemessenen Wert ($R = \text{Maximum} - \text{Minimum}$).

Lösung: $R = 221 - 102 = \mathbf{119}$

Die Spannweite beträgt 119.

W 3a 2

In einer Rangliste werden die Werte nach ihrer Größe sortiert. Ob aufsteigend oder absteigend ist dabei irrelevant.
Zur Berechnung bzw. Bestimmung des Zentralwertes $\tilde{x}$ – auch Median genannt – musst du zunächst eine Rangliste erstellen. Der Zentralwert steht bei einer ungeraden Anzahl an Werten genau in der Mitte. Bei einer geraden Anzahl ist er der Mittelwert der beiden mittleren Werte.
Da insgesamt sechs Werte vorliegen, liegt der Zentralwert genau zwischen dem dritten und vierten Wert der Rangliste. Zur Berechnung addiert man diese beiden Werte und halbiert die Summe.

Lösung: Rangliste:

102 152 164 186 207 221

Zentralwert $\tilde{x}$ (Median):

$$\tilde{x} = \frac{164 + 186}{2} = \mathbf{175}$$

W 3a 3

Zur Berechnung des arithmetischen Mittels (Durchschnitts) $\overline{x}$ bildest du die Summe aller Werte und dividierst diese durch die Anzahl aller Werte.

Lösung: $$\underbrace{102 + 152 + 164 + 186 + 207 + 221}_{6\ \text{Werte}} = 1\,032$$

$$\overline{x} = 1\,032 : 6 = \mathbf{172}$$

Die Seite wurde im Durchschnitt 172-mal pro Tag aufgerufen.

W 3a 4

Den Durchschnitt von 200 Aufrufen pro Tag rechnest du zunächst durch Multiplikation auf 7 Wochentage hoch.
Von diesem Wert subtrahierst du alle Aufrufe der vorausgegangenen 6 Tage. Die Differenz ist die Anzahl der Aufrufe, die am Sonntag erreicht werden müssen, um auf den Durchschnitt von 200 Aufrufen pro Tag zu kommen.

Lösung: $7 \text{ Tage} \cdot 200 \frac{\text{Aufrufe}}{\text{Tag}} = 1\,400 \text{ Aufrufe}$

Aufrufe Montag bis Samstag:
$152 + 102 + 207 + 186 + 221 + 164 = 1\,032$

$$1\,400 \quad - \quad 1\,032 \quad = \quad \mathbf{368}$$
$$[200 \frac{\text{Aufrufe}}{\text{Tag}} \times 7 \text{ Tage}] - [\text{Aufrufe Mo} - \text{Sa}] = [\text{Aufrufe So}]$$

Am Sonntag müssen 368 Aufrufe getätigt werden, damit sich für die Woche ein Durchschnitt von 200 Seitenaufrufen pro Tag ergibt.

W 3b 1

Unter einem Boxplot versteht man eine Form der grafischen Darstellung von Häufigkeitsverteilungen. Die Box wird durch das obere und untere Quartil begrenzt, deren Werte ablesbar sind. Dabei entspricht die Box dem Bereich, in dem die mittleren 50 % der Daten liegen. Das untere Quartil begrenzt also die darunterliegenden 25 %, während das obere Quartil die darüberliegenden 25 % begrenzt.

Lösung: Ablesen der Werte aus dem Boxplot:

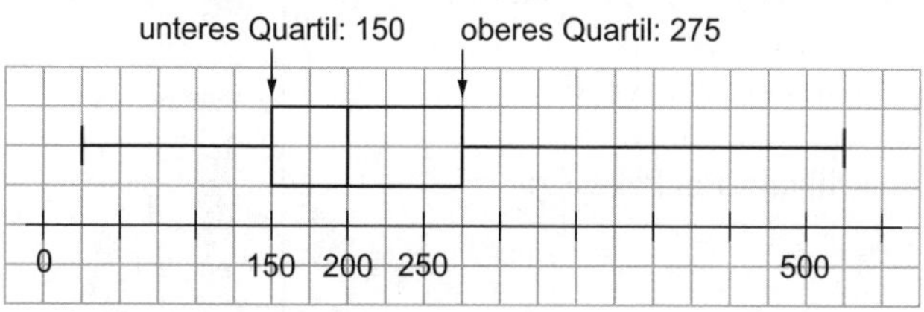

W 3b 2

Der Strich im Inneren der Box eines Boxplots gibt den Median an. 50 % aller Werte liegen jeweils über bzw. unter dem Median.

Lösung: **Tom hat nicht recht.**

Mögliche Begründung mithilfe des Medians:

Die Behauptung ist falsch, da der Median bei 200 und nicht bei 250 Aufrufen liegt.
Wenn an der Hälfte der Tage des Jahres die Homepage bereits häufiger als 250-mal aufgerufen worden wäre, müsste der Median entsprechend hoch ausfallen und bei mindestens 250 liegen. Er liegt aber nur bei 200.

Aufgabe W 4

W 4a 1

Zur Berechnung der Anzahl der Pakete, die man mit einem Klebeband verschließen kann, musst du die Länge des benötigten Klebebands für ein Paket berechnen.
Du kannst das Netz des Quaders zur Veranschaulichung skizzieren.
Dabei wird einmal um die Längsseite (senkrecht in der Skizze) und einmal um die Querseite (waagrecht) geklebt.
Dividiere die Länge des gesamten Klebebands (66 m) durch die benötigte Länge für ein Paket, um die Anzahl der verschließbaren Pakete zu erhalten.

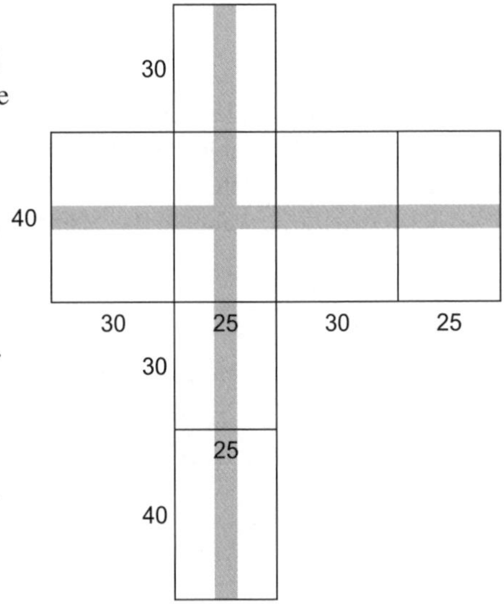

Lösung: Berechnung der benötigten Länge für ein Paket:

Längsseite:
$30\text{ cm} + 40\text{ cm} + 30\text{ cm} + 40\text{ cm} = 2 \cdot 30\text{ cm} + 2 \cdot 40\text{ cm} = 140\text{ cm}$

Querseite:
$30\text{ cm} + 25\text{ cm} + 30\text{ cm} + 25\text{ cm} = 2 \cdot 30\text{ cm} + 2 \cdot 25\text{ cm} = 110\text{ cm}$

Gesamt: $140\text{ cm} + 110\text{ cm} = 250\text{ cm}$

Berechnung der Anzahl der verschließbaren Pakete:
$66\text{ m} : 250\text{ cm} = 6\,600\text{ cm} : 250\text{ cm} = 26,4$

Es können mit 66 m Klebeband **höchstens 26** Pakete verschlossen werden.

W 4a 2

Um zu berechnen, ob die volle Klebebandrolle ausreicht, um 4 m^2 zu bekleben, musst du das Klebeband abrollen und den Flächeninhalt dieses langen Rechtecks berechnen.
Beachte die Einheiten: $100\text{ cm} \mathrel{\hat{=}} 1\text{ m} \Rightarrow 1\text{ cm} \mathrel{\hat{=}} 0,01\text{ m}$

Lösung: Berechnung des Flächeninhalts des ausgerollten Klebebands:
$66\text{ m} \cdot 5\text{ cm} = 66\text{ m} \cdot 0,05\text{ m} = 3,3\text{ m}^2 < 4\text{ m}^2$

Nein, eine volle Rolle Klebeband reicht **nicht** aus, um eine 4 m^2 große Fläche zu bekleben.

Alternative Lösung:
Berechnung der benötigten Länge des Klebebands:
$4\text{ m}^2 : 5\text{ cm} = 4\text{ m}^2 : 0,05\text{ m} = 80\text{ m} > 66\text{ m}$

Nein, eine volle Rolle Klebeband reicht **nicht** aus, um eine 4 m^2 große Fläche zu bekleben.

W 4b

Um die Länge des Klebebands zu berechnen, musst du zunächst wissen, wie viele Lagen die Rolle hat. Schätze bzw. lies dazu die Dicke des Klebebands (Kreisringes) ab und dividiere durch die Dicke einer Lage (0,04 mm).
Multiplizierst du nun den mittleren Umfang der Rolle mit der Anzahl der Lagen, so erhältst du die Länge des Klebebands.
Zur Berechnung des Umfangs kannst du entweder die mittlere Breite der Kleberolle als Radius ablesen oder sie alternativ berechnen, indem du den Innen- und den Außenradius addierst und die Summe anschließend halbierst.

Lösung: Berechnung der Anzahl der Lagen:

Dicke des Kreisringes:
10 mm (abgelesen)

Mittlere Dicke des Kreisringes dividiert durch die Dicke einer Lage:
$10\text{ mm} : 0{,}04\text{ mm} = 250\,[\text{Lagen}]$

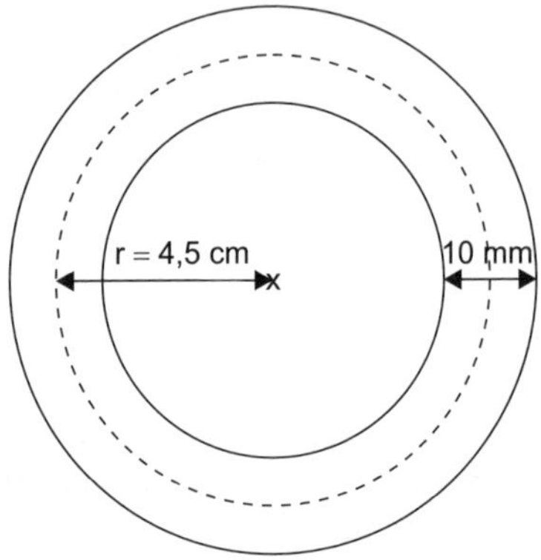

Berechnung des mittleren Umfangs der Rolle:
$r = 4{,}5\text{ cm}$ (abgelesen)

$U = 2 \cdot \pi \cdot r$
$U = 2 \cdot \pi \cdot 4{,}5\text{ cm} \approx 28{,}274\text{ cm}$

Berechnung der Länge des Klebebands:
$U \cdot 250 = 28{,}274\text{ cm} \cdot 250 = 7\,068{,}5\text{ cm} \approx \mathbf{71\text{ m}}$

Die Länge des Klebebands beträgt ca. 71 m.

Hinweis: Der Radius kann alternativ auch als Mittelwert des äußeren (50 mm) und des inneren (40 mm) Radius der Rolle bestimmt werden.

Aufgabe W 5

W 5a

Es gilt: Wahrscheinlichkeit eines Ereignisses $= \dfrac{\text{Anzahl der günstigen Ergebnisse}}{\text{Anzahl der möglichen Ergebnisse}}$

Berechne die Wahrscheinlichkeit dafür, dass eine Kugel mit dem Buchstaben „T“ herausfällt, indem du die Anzahl der Kugeln mit „T“ durch die Anzahl aller Kugeln dividierst.

Lösung: Anzahl der Kugeln mit „T“: 1
Anzahl aller Kugeln: 10

Wahrscheinlichkeit, dass eine Kugel mit „T“ herausfällt:

$$P(\text{„T“}) = \mathbf{\frac{1}{10} = 0{,}1 = 10\,\%}$$

W 5b

Berechne die Wahrscheinlichkeit dafür, dass eine Kugel herausfällt, auf der nicht „A“ steht, indem du die Anzahl der Kugeln ohne „A“ bestimmst und deren Anzahl durch die Anzahl aller Kugeln dividierst.

Lösung: Bestimmung der Anzahl der Kugeln ohne „A“:

$$\left.\begin{array}{ll} T & 1\times \\ O & 2\times \\ M & 3\times \end{array}\right\} \text{6 Kugeln ohne „A“}$$

Anzahl aller Kugeln: 10

Wahrscheinlichkeit, dass eine Kugel ohne „A“ herausfällt:

$$P(\text{kein „A“}) = \mathbf{\frac{6}{10} = 0{,}6 = 60\ \%}$$

W 5c

Es handelt sich um ein zweistufiges Zufallsexperiment ohne Zurücklegen. Die Anzahl der möglichen Ergebnisse und die Wahrscheinlichkeiten ändern sich daher mit jeder herausfallenden Kugel.
Überlege zuerst, welche Buchstaben ohne Zurücklegen zweimal herausfallen können. Berechne dann für jeden möglichen Buchstaben die Wahrscheinlichkeit, dass zwei Kugeln mit diesem Buchstaben herausfallen, mit der 1. Pfadregel.
Wende abschließend die 2. Pfadregel an, um die Gesamtwahrscheinlichkeit zu erhalten.

Lösung: Die Buchstaben „O“, „A“ und „M“ können – ohne zurückgelegt zu werden – zweimal hintereinander herausfallen:

Anzahl der Kugeln: O: 2× A: 4× M: 3×

Anwenden der 1. Pfadregel:

$$P(\text{„OO“}) = \frac{2}{10} \cdot \frac{1}{9}$$

$$P(\text{„AA“}) = \frac{4}{10} \cdot \frac{3}{9}$$

$$P(\text{„MM“}) = \frac{3}{10} \cdot \frac{2}{9}$$

Anwenden der 2. Pfadregel, um die Wahrscheinlichkeit des Eintretens mehrerer möglicher Ergebnisse zu berechnen:

$$P(\text{zwei gleiche Buchstaben}) = P(\text{„OO“}) + P(\text{„AA“}) + P(\text{„MM“})$$

$$= \frac{2}{10} \cdot \frac{1}{9} + \frac{4}{10} \cdot \frac{3}{9} + \frac{3}{10} \cdot \frac{2}{9} = \frac{20}{90}$$

$$= \mathbf{\frac{2}{9} = 0{,}\overline{2} \approx 22\ \%}$$

W 5d 1

Da die Lostrommel dreimal hintereinander betätigt wird, handelt es sich um ein dreistufiges Zufallsexperiment. Berechne die Wahrscheinlichkeit, dass die Buchstaben „T", „O", „M" genau in dieser Reihenfolge herausfallen, mithilfe der 1. Pfadregel.

Beachte: Es handelt sich um einen Zufallsversuch ohne Zurücklegen. Die Wahrscheinlichkeiten verändern sich bei jeder Betätigung der Lostrommel.

Lösung: Anzahl der Kugeln: T: 1× O: 2× M: 3×

Wahrscheinlichkeit, dass beim 1. Betätigen der Lostrommel ein „T" fällt:

$$P(„T“) = \frac{1}{10}$$

Wahrscheinlichkeit, dass beim 2. Betätigen der Lostrommel ein „O" fällt (nachdem das „T" gefallen ist):

$$P(„O“) = \frac{2}{9}$$

Wahrscheinlichkeit, dass beim 3. Betätigen der Lostrommel ein „M" fällt (nachdem das „T" und das „O" gefallen sind):

$$P(„M“) = \frac{3}{8}$$

Wahrscheinlichkeit, dass die Buchstaben „T", „O", „M" in der richtigen Reihenfolge fallen:

$$P(„TOM“) = \frac{1}{10} \cdot \frac{2}{9} \cdot \frac{3}{8} = \frac{6}{720} = \mathbf{\frac{1}{120} \approx 0{,}0083 = 0{,}83\ \%}$$

W 5d 2

Um zu begründen, warum die Wahrscheinlichkeit, dass die passenden Kugeln fallen, größer ist, wenn die Reihenfolge beliebig ist, kannst du alle Kombinationen mit den Buchstaben „T", „O" und „M" notieren, um deren Anzahl zu ermitteln.

Alternativ lässt sich die Wahrscheinlichkeit, beim dreimaligen Betätigen der Lostrommel ohne Zurücklegen den Namen „TOM" in beliebiger Reihenfolge legen zu können, berechnen.

Lösung: Durch Notieren der Kombinationsmöglichkeiten:

TOM TMO OMT OTM MOT MTO

Es gibt insgesamt 6 Möglichkeiten zum Legen des Namens „TOM“, wenn die Reihenfolge beliebig ist, aber nur eine, wenn die Reihenfolge vorgegeben ist. Also ist die Wahrscheinlichkeit, dass die passenden Kugeln herausfallen, bei beliebiger Reihenfolge größer.

Alternative Lösung durch Berechnung der Wahrscheinlichkeit:

$$\left.\begin{aligned}
P(\text{„TOM“}) &= \frac{1}{10}\cdot\frac{2}{9}\cdot\frac{3}{8}=\frac{1}{120}\\
P(\text{„TMO“}) &= \frac{1}{10}\cdot\frac{3}{9}\cdot\frac{2}{8}=\frac{1}{120}\\
P(\text{„MOT“}) &= \frac{3}{10}\cdot\frac{2}{9}\cdot\frac{1}{8}=\frac{1}{120}\\
P(\text{„MTO“}) &= \frac{3}{10}\cdot\frac{1}{9}\cdot\frac{2}{8}=\frac{1}{120}\\
P(\text{„OTM“}) &= \frac{2}{10}\cdot\frac{1}{9}\cdot\frac{3}{8}=\frac{1}{120}\\
P(\text{„OMT“}) &= \frac{2}{10}\cdot\frac{3}{9}\cdot\frac{1}{8}=\frac{1}{120}
\end{aligned}\right\}\ 6\cdot\frac{1}{120}$$

$$P(\text{„TOM“ in beliebiger Reihenfolge}) = 6\cdot\frac{1}{120}=\frac{6}{120}=\frac{1}{20}=0{,}05=5\,\%$$

Die Wahrscheinlichkeit, „TOM“ bei Nichtbeachten der Reihenfolge legen zu können, beträgt 5 % im Vergleich zu 0,83 % beim Beachten der Reihenfolge.

W 5e

Du kannst die Anzahl aller möglichen Kombinationen aus den vier Buchstaben „T“, „M“, „A“ und „O“ durch Überlegung systematisch aufschreiben. Alternativ kannst du die Anzahl der Kombinationen mithilfe der Kombinatorik bestimmen.

Lösung: Durch Aufschreiben der Kombinationen:

AOTM	OATM	TOAM	MATO
AOMT	OAMT	TOMA	MAOT
ATOM	OMTA	TAOM	MOTA
ATMO	OMAT	TAMO	MOAT
AMTO	OTMA	TMAO	MTOA
AMOT	OTAM	TMOA	MTAO

} **24** Kombinationen

Es können also 24 Kombinationen aus diesen vier Buchstaben gelegt werden.

Alternative Lösung mithilfe der Kombinatorik:

Betrachte die Anzahl aller möglichen Kombinationen aus $n = 4$ verschiedenen Elementen.
Für die erste Stelle gibt es $n = 4$ Möglichkeiten. Für die zweite Stelle nur noch $n - 1 = 3$, da ein Buchstabe bereits für die erste Stelle verbraucht wurde. Für die dritte Stelle sind es dementsprechend nur $n - 2 = 2$ Möglichkeiten und für die letzte Stelle bleibt nur noch 1 Möglichkeit übrig.
Multipliziere anschließend die Möglichkeiten für die einzelnen Stellen, da diese frei kombiniert werden können (berechne die Fakultät).

Zahl der Kombinationen aus vier Elementen:
$4 \cdot (4-1) \cdot (4-2) \cdot (4-3) = 4 \cdot 3 \cdot 2 \cdot 1 = \mathbf{24}$

Es können also 24 Kombinationen aus diesen vier Buchstaben gelegt werden.

Abschlussprüfung Mathematik Realschulen Hessen
Haupttermin 2021 – Pflichtaufgaben

Aufgabe P 1

P 1a

Wandle zunächst in eine gemeinsame Einheit um.
Beachte: 1 € = 100 ct

Lösung: Berechnung in Euro:
78 ct = 0,78 €
3,50 € + 0,78 € = **4,28 €**

Alternative Berechnung in Cent:
3,50 € = 350 ct
350 ct + 78 ct = **428 ct**

P 1b

Wandle wieder in eine gemeinsame Einheit (kg oder g) um.
Bei der Berechnung in Kilogramm kannst du mit Brüchen oder Dezimalbrüchen rechnen.
Beachte: 1 kg = 1 000 g

Lösung: Berechnung in Kilogramm mit Brüchen:

$$1\frac{1}{4}\text{ kg} - 750\text{ g} = \frac{5}{4}\text{ kg} - 0,75\text{ kg} = \frac{5}{4}\text{ kg} - \frac{3}{4}\text{ kg} = \frac{2}{4}\text{ kg} = \mathbf{\frac{1}{2}\ kg}$$

Alternative Berechnung in Kilogramm mit Dezimalbrüchen:

$$1\frac{1}{4}\text{ kg} - 750\text{ g} = 1,25\text{ kg} - 0,75\text{ kg} = \mathbf{0,5\ kg}$$

Alternative Berechnung in Gramm:

$$1\frac{1}{4}\text{ kg} - 750\text{ g} = 1,25\text{ kg} - 750\text{ g} = 1\,250\text{ g} - 750\text{ g} = \mathbf{500\ g}$$

P 1c

Du kannst entweder mit Stunden oder Minuten rechnen. Wandle entsprechend um.
Beachte: $1\text{ h} = 60\text{ min} \quad \Rightarrow \quad \frac{3}{4}\text{ h} = \frac{3}{4} \cdot 60\text{ min} = 45\text{ min}$

Lösung: Berechnung in Minuten:

$$\frac{3}{4}\text{ h} + 30\text{ min} = 45\text{ min} + 30\text{ min} = 75\text{ min} = 1\text{ h} + 15\text{ min} = 1\text{ h } 15\text{ min}$$

(gemischte Schreibweise)

Alternative Berechnung in Stunden:

$$\frac{3}{4}\text{ h} + 30\text{ min} = \frac{3}{4}\text{ h} + \frac{1}{2}\text{ h} = \frac{3}{4}\text{ h} + \frac{2}{4}\text{ h} = \frac{5}{4}\text{ h} = \mathbf{1\frac{1}{4}\text{ h}}$$

P 1d

Der Bruchteil einer Größe ist das Produkt aus Anteil und dem Ganzen der Größe.
Du kannst zunächst $\frac{1}{5}$ von 17 km berechnen und dann auf $\frac{3}{5}$ schließen.
Alternativ kannst du den Dreisatz oder die Lösungsformel anwenden.
Beachte: $\frac{3}{5} = \frac{6}{10} = \frac{60}{100} \mathrel{\hat{=}} 60\ \%$

Lösung: $17\text{ km} \cdot \frac{1}{5} = 17\text{ km} : 5 = 3{,}4\text{ km}$ *oder:* $17\text{ km} \cdot \frac{3}{5} = \frac{17\text{ km} \cdot 3}{5} = \mathbf{\frac{51}{5}\text{ km}}$

$3{,}4\text{ km} \cdot 3 = \mathbf{10{,}2\text{ km}}$

Alternative Lösung mit dem Dreisatz:

	Prozentsatz	Kilometer	
: 100	100 %	17 km	: 100
· 60	1 %	0,17 km	· 60
	60 %	**10,2 km**	

Alternative Lösung mit der Lösungsformel:

geg.: Grundwert G = 17 km; Prozentsatz p % = 60 %
ges.: Prozentwert P

$$P = \frac{G \cdot p}{100}$$

$$P = \frac{17\text{ km} \cdot 60}{100}$$

$$P = \mathbf{10{,}2\text{ km}}$$

Aufgabe P 2

P 2a

Multipliziere zunächst die Klammer aus. Ordne, indem du alle Glieder mit der Variablen x auf eine Seite und die Glieder ohne Variable auf die andere Seite bringst. Löse dann nach x auf.

Lösung:

$$
\begin{aligned}
6\cdot(x+5) &= 2x+18 \\
6x+30 &= 2x+18 \quad |-2x \\
6x-2x+30 &= 18 \\
4x+30 &= 18 \quad |-30 \\
4x &= -12 \quad |:4 \\
\mathbf{x} &= \mathbf{-3}
\end{aligned}
$$

Anhand einer Probe kannst du überprüfen, ob dein Ergebnis richtig ist. Setze dazu $x=-3$ in die Ausgangsgleichung ein.

$$
\begin{aligned}
6\cdot(-3+5) &= 2\cdot(-3)+18 \\
6\cdot 2 &= -6+18 \\
12 &= 12
\end{aligned}
$$

P 2b

Ordne zunächst die Gleichung, indem du die Glieder ohne x auf die rechte Seite bringst. Um die Quadratwurzel zu beseitigen, musst du die gesamte Gleichung quadrieren.

Lösung:

$$
\begin{aligned}
\sqrt{x}+0{,}4 &= 2{,}4 \quad |-0{,}4 \\
\sqrt{x} &= 2 \quad |\,^2 \\
x &= 2^2 \\
\mathbf{x} &= \mathbf{4}
\end{aligned}
$$

P 2c

Du kannst das lineare Gleichungssystem mit dem Einsetzungs-, Gleichsetzungs- oder Additionsverfahren lösen. Da in einer Gleichung das Glied „$-8y$“ und in der anderen Gleichung „$+8y$“ vorkommt, bietet sich hier das Additionsverfahren an. Setze dann die so erhaltene Lösung für x oder y in eine der beiden Gleichungen ein, um die andere Variable zu berechnen.

Lösung: Mithilfe des Additionsverfahrens:

$$\begin{array}{ll} \text{I.}\ \ 2x-8y=-89 & \\ \text{II.}\ \ 4x+8y=110 & \big|+ \\ \hline 6x=21 & \big|:6 \\ x=3{,}5 & \end{array}$$

Einsetzen von $x=3{,}5$ in I. (Einsetzen in II. ist ebenfalls möglich):

$$\begin{aligned} 2\cdot 3{,}5-8y&=-89 \\ 7-8y&=-89 \quad \big|-7 \\ -8y&=-96 \quad \big|:(-8) \\ y&=12 \end{aligned}$$

Lösungsmenge $\mathbf{L=\{(3{,}5\,|\,12)\}}$

Tipp: Mit einer Probe kannst du überprüfen, ob das Ergebnis korrekt ist. Setze dazu x und y in die Ausgangsgleichungen ein.

Alternative Lösungsmöglichkeit mit dem Gleichsetzungsverfahren:

$$\begin{array}{lll} \text{I.} & 2x-8y=-89 & \big|-2x \\ \text{II.} & 4x+8y=110 & \big|-4x \\ \hline \text{I.} & -8y=-89-2x & \big|\cdot(-1) \\ \text{II.} & 8y=110-4x & \\ \hline \text{I.} & 8y=89+2x & \\ \text{II.} & 8y=110-4x & \\ \hline \end{array}$$

Gleichsetzen von I. und II.:

$$\begin{aligned} 89+2x&=110-4x \quad \big|+4x \\ 89+6x&=110 \quad \big|-89 \\ 6x&=21 \quad \big|:6 \\ x&=3{,}5 \end{aligned}$$

Einsetzen von $x=3{,}5$ in I. (Einsetzen in II. ist ebenfalls möglich):

$$\begin{aligned} 2\cdot 3{,}5-8y&=-89 \\ 7-8y&=-89 \quad \big|-7 \\ -8y&=-96 \quad \big|:(-8) \\ y&=12 \end{aligned}$$

Lösungsmenge $\mathbf{L=\{(3{,}5\,|\,12)\}}$

P 2d

Ein lineares Gleichungssystem hat unendlich viele Lösungen, wenn die Geraden, die durch die Gleichungen beschrieben werden, identisch sind, also aufeinanderliegen. Zwei lineare Gleichungen beschreiben dieselbe Gerade, wenn sie Vielfache voneinander sind. Die gesuchte Gleichung ergibt sich also durch Multiplikation oder Division aus der Ursprungsgleichung.

Lösung: Alle Geraden, die identisch zur Geraden mit der Gleichung $y = 2x + 1$ sind, werden beschrieben durch Vielfache dieser Gleichung. Jede vielfache Gleichung von $y = 2x + 1$ stellt somit eine Lösung dar.

z. B.: I. $y = 2x + 1$ *oder:* I. $y = 2x + 1$

II. $\mathbf{3y = 6x + 3}$ II. $\mathbf{0{,}5y = x + 0{,}5}$

Aufgabe P 3

P 3a 1

Die Lösung erfolgt mit dem Dreisatz oder der Lösungsformel.

Lösung: Mit dem Dreisatz:

	Prozentsatz	Anzahl Jugendliche	
: 100	100 %	25	: 100
· 56	1 %	0,25	· 56
	56 %	**14**	

In der Klasse 10a gibt es 14 Mädchen.

Alternative Lösungsmöglichkeit mit der Lösungsformel:

geg.: Grundwert $G = 25$; Prozentsatz $p\,\% = 56\,\%$

ges.: Prozentwert P

$$P = \frac{G \cdot p}{100}$$

$$P = \frac{25 \cdot 56}{100}$$

$$\mathbf{P = 14}$$

In der Klasse 10a gibt es 14 Mädchen.

P 3a 2

Beachte, dass bei solchen Behauptungen immer der zugrunde liegende Grundwert eine entscheidende Rolle spielt. Damit dem doppelten Prozentsatz auch der doppelte Prozentwert entspricht, muss der Grundwert gleich sein.

Lösung: 56 % ist das Doppelte von 28 %. Damit dem doppelten Prozentsatz auch die doppelte Anzahl an Mädchen entspricht, müssen beide Klassen die gleiche Anzahl an Schülerinnen und Schülern haben.
Die Klasse 10a und die Klasse 10b müssen also die gleiche Anzahl an Schülerinnen und Schülern haben.
Nur bei gleichem Grundwert ist ein Vergleich der Prozentsätze sinnvoll.

P 3b

Die Lösung erfolgt mit dem Dreisatz oder der Lösungsformel.

Lösung: Mit dem Dreisatz:

	Prozentsatz	Anzahl Schülerinnen und Schüler	
: 5	5 %	25	: 5
· 100	1 %	5	· 100
	100 %	**500**	

Die Schule hat insgesamt 500 Schülerinnen und Schüler.

Alternative Lösungsmöglichkeit mit der Lösungsformel:

geg.: Prozentsatz p % = 5 %; Prozentwert P = 25
ges.: Grundwert G

$$G = \frac{P \cdot 100}{p}$$

$$G = \frac{25 \cdot 100}{5}$$

$$\mathbf{G = 500}$$

Die Schule hat insgesamt 500 Schülerinnen und Schüler.

P 3c 1

Die Lösung erfolgt mit dem Dreisatz oder der Lösungsformel.

Lösung: Mit dem Dreisatz:

	Anzahl Jugendliche	Prozentsatz	
$:25$	25	100 %	$:25$
$\cdot 4$	1	4 %	$\cdot 4$
	4	**16 %**	

16 % der Jugendlichen aus Klasse 10a haben zwei Geschwister.

Alternative Lösungsmöglichkeit mit der Lösungsformel:

geg.: Grundwert G = 25; Prozentwert P = 4
ges.: Prozentsatz p %

$$p\,\% = \frac{P}{G} \cdot 100\,\%$$

$$p\,\% = \frac{4}{25} \cdot 100\,\%$$

$$\mathbf{p\,\% = 16\,\%}$$

16 % der Jugendlichen aus Klasse 10a haben zwei Geschwister.

P 3c 2

Beachte, dass in einem Kreisdiagramm 100 % dem ganzen Kreis, also 360° entsprechen. Z. B. entsprechen 25 % einem Viertelkreis und es gilt:

$$25\,\% = \frac{25}{100} = \frac{1}{4} \quad \Rightarrow \quad \frac{1}{4} \cdot 360° = \frac{360°}{4} = 90°$$

Du brauchst den darzustellenden Anteil also nur mit 360° multiplizieren, um die entsprechende Winkelgröße zu erhalten.

Alternativ kannst du zur Berechnung der Winkelgröße zunächst mit dem Dreisatz oder der Lösungsformel den Prozentsatz ausrechnen.

Lösung: Berechnung der Winkelgröße für „null Geschwister" anteilig am Kreis:

7 von 25 Jugendlichen haben null Geschwister.

$$\frac{7}{25} \cdot 360° = 100{,}8°$$

Die gewählte Winkelgröße von 7° ist **nicht korrekt**, da dem darzustellenden Anteil von 7 Jugendlichen ein Winkel von 100,8° entspricht.

Alternative Lösung durch Berechnung des Prozentsatzes:

	Anzahl Jugendliche	Prozentsatz	
	25	100 %	
: 25	1	4 %	: 25
· 7	7	28 %	· 7

Oder mithilfe der Lösungsformel:

geg.: Grundwert G = 25; Prozentwert P = 7

ges.: Prozentsatz p %

$$p\,\% = \frac{P}{G} \cdot 100\,\%$$

$$p\,\% = \frac{7}{25} \cdot 100\,\%$$

$$p\,\% = 28\,\%$$

Umrechnung des Prozentsatzes in die Winkelgröße:

$$28\,\% = \frac{28}{100} \quad \Rightarrow \quad \frac{28}{100} \cdot 360° = 100{,}8°$$

Oder mit dem Dreisatz:

	Prozentsatz	Winkelgröße	
	100 %	360°	
: 100	1 %	3,6°	: 100
· 28	28 %	100,8°	· 28

Die gewählte Winkelgröße von 7° ist **nicht korrekt**, da dem darzustellenden Anteil von 7 Jugendlichen ein Winkel von 100,8° entspricht.

Aufgabe P 4

P 4a

Der Wert, der in einer Liste von Daten am häufigsten vorkommt, wird als Modalwert bezeichnet.

Lösung:

40	39	35	**37**	41	41	38	47	**37**	**37**

Modalwert: **37**

Die Zahl 37 kommt 3-mal und somit am häufigsten vor.

P 4b

In einer Rangliste werden die Werte nach ihrer Größe sortiert. Ob aufsteigend oder absteigend, ist dabei irrelevant.
Der Zentralwert (Median) $\tilde{x}$ steht bei einer ungeraden Anzahl an Werten genau in der Mitte der Rangliste. Bei einer geraden Anzahl ist er der Mittelwert der beiden mittleren Werte. Da hier insgesamt zehn Werte vorliegen, liegt der Zentralwert genau zwischen dem fünften und sechsten Wert der Rangliste. Zur Berechnung addiert man diese beiden Werte und halbiert die Summe.

Lösung: Rangliste:

35	37	37	37	**38**	**39**	40	41	41	47

Alternative Rangliste (absteigend):

47	41	41	40	**39**	**38**	37	37	37	35

Zentralwert (Median) $\tilde{x}$:

$$\tilde{x} = \frac{38+39}{2} = \mathbf{38{,}5}$$

P 4c

Zur Berechnung des arithmetischen Mittels (Durchschnitt) $\overline{x}$ bildest du die Summe aller Werte und dividierst anschließend durch die Anzahl aller Werte.

Lösung:

$$\underbrace{40+39+35+37+41+41+38+47+37+37}_{\text{10 Werte}} = 392$$

$$\overline{x} = \frac{392}{10} = \mathbf{39{,}2}$$

Aufgabe P 5

P 5a

Die Nullstellen einer Funktion sind die x-Werte, an denen der zugehörige y-Wert 0 ist. Setze also $y=0$ in die Funktionsgleichung ein und löse sie nach x auf.

Lösung: Einsetzen von y = 0 in die Funktionsgleichung $y = -0{,}5x + 2{,}5$:

$$0 = -0{,}5 \cdot x + 2{,}5 \quad |-2{,}5$$
$$-2{,}5 = -0{,}5 \cdot x \quad |:(-0{,}5)$$
$$\mathbf{x = 5}$$

Die lineare Funktion $y = -0{,}5x + 2{,}5$ hat bei $x = 5$ eine Nullstelle.

P 5b

Um zu überprüfen, ob ein Punkt P auf einer Geraden liegt, setzt man seine x- und seine y-Koordinate in die Funktionsgleichung der Geraden ein. Ein Punkt liegt nur dann auf der Geraden, wenn eine wahre Aussage entsteht.

Lösung: Einsetzen der Koordinaten von Q(79 | –36) in die Funktionsgleichung:

$$y = -0{,}5 \cdot x + 2{,}5$$
$$-36 \stackrel{?}{=} -0{,}5 \cdot 79 + 2{,}5$$
$$-36 \stackrel{?}{=} -39{,}5 + 2{,}5$$
$$-36 \neq -37 \qquad \text{(falsch)}$$

Der Punkt Q(79 | –36) **liegt nicht** auf der Geraden f.

P 5c

Es gibt drei mögliche Lagebeziehungen zwischen zwei Geraden:
- Sie können sich schneiden.
- Sie können parallel verlaufen.
- Sie können identisch sein.

Wenn die zwei Funktionsgleichungen eine unterschiedliche Steigung besitzen, schneiden sich die Geraden in einem Schnittpunkt.
Beachte: $y = m \cdot x + b$ mit Steigung m

Lösung: Betrachte die Steigungen der beiden Geraden f und g:

f: $y = -0{,}5x + 2{,}5$ mit Steigung $m_f = -0{,}5$
g: $y = 5x - 2{,}5$ mit Steigung $m_g = 5$

Da die Steigungen beider Geraden verschieden sind, schneiden sich die Geraden f und g.

Aufgabe P 6

- Das Viereck ABCD hat die Winkel $\alpha = 80°$ und $\beta = 100°$ vorgegeben. Addiert man die Winkel α und β, die an einer Vierecksseite liegen, so ergeben sich 180°.
- Zur Strecke $\overline{AB}$ ist außerdem eine Parallele $\overline{CD}$ zu zeichnen.
- An diesen beiden Eigenschaften kann man bereits erkennen, dass es sich bei dem zu konstruierenden Viereck um ein Parallelogramm handelt.
- Achte auf die korrekte Beschriftung.

Lösung:

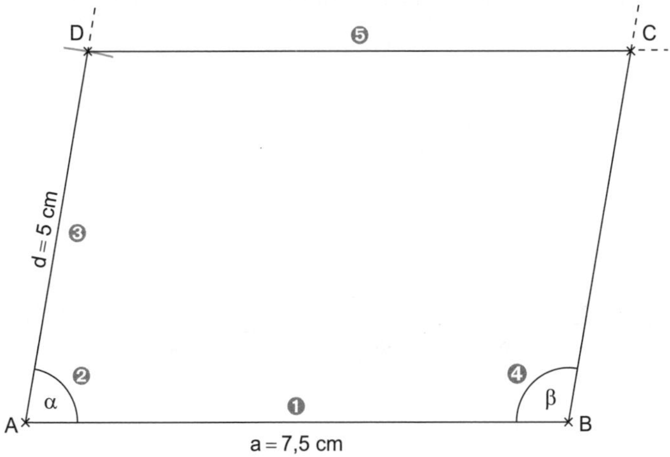

Aufgabe P 7

P 7a

- Jedes Viereck hat eine Innenwinkelsumme von 360°.
- Ziehe die bekannten Winkel von 360° ab, um die Größe von α zu erhalten.

Lösung: $\alpha = 360° - 90° - 90° - 133{,}6° = \mathbf{46{,}4°}$

P 7b

- Den Flächeninhalt eines Trapezes berechnet man mit der Formel $A = \frac{a+c}{2} \cdot h$.
- Die Seiten a und c liegen dabei parallel zueinander.

Lösung: $A_{Trapez} = \frac{67{,}0\text{ cm} + 17{,}0\text{ cm}}{2} \cdot 52{,}5\text{ cm} = \frac{84{,}0\text{ cm}}{2} \cdot 52{,}5\text{ cm} = \mathbf{2\,205\text{ cm}^2}$

P 7c

Den Umfang eines Vierecks berechnet man, indem man die Seitenlängen addiert: $U = a + b + c + d$

Zur Berechnung der fehlenden Seitenlänge d zeichnet man eine Parallele zu b durch den Punkt D ein, sodass ein rechtwinkliges Dreieck entsteht (vgl. Skizze). Durch Anwendung des Satzes von Pythagoras im neu entstandenen Dreieck kann man die Seitenlänge d als Hypotenuse berechnen.

Lösung: Mithilfe des Satzes von Pythagoras:

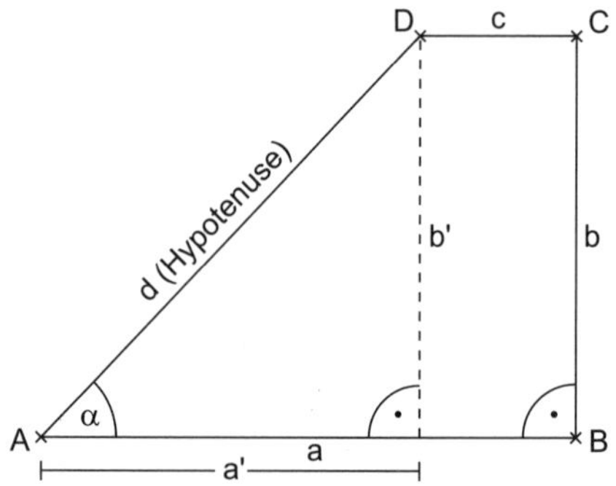

$b' = b = 52{,}5\text{ cm}$

$a' = a - c$
$a' = 67{,}0\text{ cm} - 17{,}0\text{ cm}$
$a' = 50{,}0\text{ cm}$

Berechnung der Seitenlänge d:

$$d^2 = (a')^2 + (b')^2$$
$$d^2 = (50{,}0\text{ cm})^2 + (52{,}5\text{ cm})^2$$
$$d^2 = 5\,256{,}25\text{ cm}^2 \qquad |\sqrt{}$$
$$d = 72{,}5\text{ cm}$$

Berechnung des Umfangs:

$$U = a + b + c + d = 67{,}0\text{ cm} + 52{,}5\text{ cm} + 17{,}0\text{ cm} + 72{,}5\text{ cm} = \mathbf{209\text{ cm}}$$

Alternative Berechnung der Seitenlänge d mithilfe des Sinus oder Kosinus:

Den Sinus eines Winkels erhält man, indem man die Gegenkathete des Winkels durch die Hypotenuse dividiert. Den Kosinus eines Winkels erhält man, indem man die Ankathete des Winkels durch die Hypotenuse dividiert. Es wird nur die Rechnung mit dem Sinus ausgeführt; die Rechnung mit dem Kosinus verläuft analog.

$$\sin\alpha = \frac{\text{Gegenkathete}}{\text{Hypotenuse}}$$

$$\sin\alpha = \frac{b'}{d} \qquad |\ \alpha = 46{,}4^\circ \text{ (siehe Teilaufgabe P 7a)}$$

$$\sin 46,4° = \frac{52,5\text{ cm}}{d} \qquad |\cdot d$$

$$\sin 46,4° \cdot d = 52,5\text{ cm} \qquad |: \sin 46,4°$$

$$d = \frac{52,5\text{ cm}}{\sin 46,4°}$$

$$d = 72,5\text{ cm}$$

Aufgabe P 8

P 8a

Die Anzahl der Flächen erhält man, indem man sich das Netz des Werkstücks vorstellt.
Körperkanten entstehen, wenn Begrenzungsflächen aufeinanderstoßen.
Kanten treffen sich in einer Ecke.

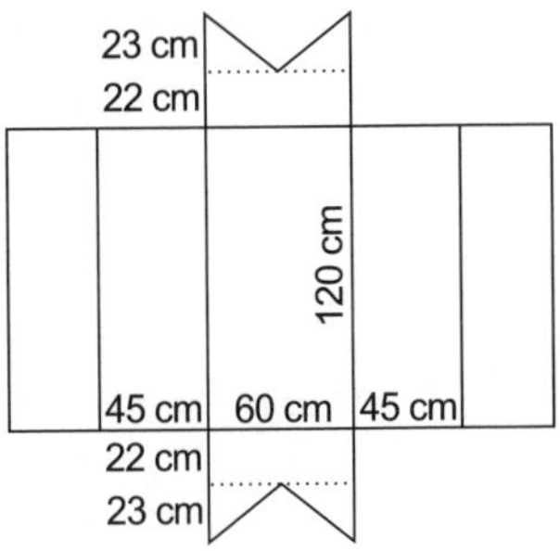

Lösung: Für das Werkstück ergibt sich:

Flächen: **f = 7** (siehe Netz-Skizze)

Ecken:
e = 10

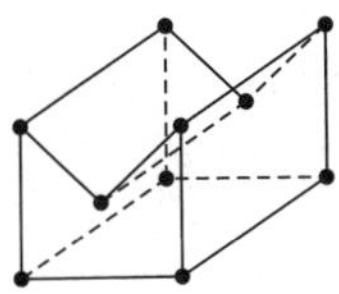

Kanten:
vorne und hinten jeweils 5 (s. Skizze),
plus 5 an den Seiten (Mantelfläche)
$\Rightarrow$ $5+5+5=15$, also **k = 15**

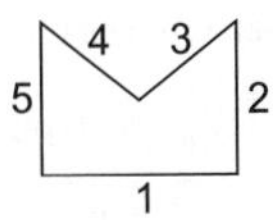

P 8b

Es gibt verschiedene Möglichkeiten, das Volumen des Werkstücks zu berechnen.
Man kann z. B. verwenden, wie das Werkstück entstanden ist (Quader, aus dem ein Dreiecksprisma herausgeschnitten wurde).
Um alternativ das Volumen des Werkstücks als zusammengesetzten Körper berechnen zu können, muss der Körper zunächst in Teilkörper zerlegt werden.

Lösung: Berechnung des Volumens V des Werkstücks:

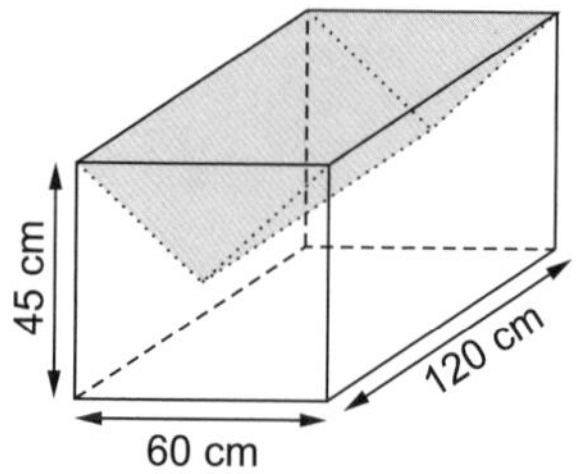

⊖

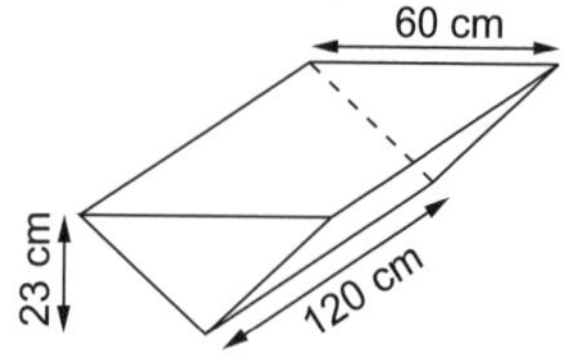

V_{Quader} – $V_{Dreiecksprisma}$

$V_{Quader} = a \cdot b \cdot c$

$V_{Quader} = 60\,cm \cdot 45\,cm \cdot 120\,cm$

$V_{Quader} = 324\,000\,cm^3$

$V_{\Delta\text{-}Prisma} = G \cdot h_K$

$V_{\Delta\text{-}Prisma} = \frac{1}{2} \cdot g \cdot h_g \cdot h_K$

$V_{\Delta\text{-}Prisma} = \frac{1}{2} \cdot 60\,cm \cdot 23\,cm \cdot 120\,cm$

$V_{\Delta\text{-}Prisma} = 82\,800\,cm^3$

$V = V_{Quader} - V_{\Delta\text{-}Prisma} = 324\,000\,cm^3 - 82\,800\,cm^3 = \mathbf{241\,200\,cm^3}$

Alternative Berechnung über die Aufteilung in zwei trapezförmige Prismen:

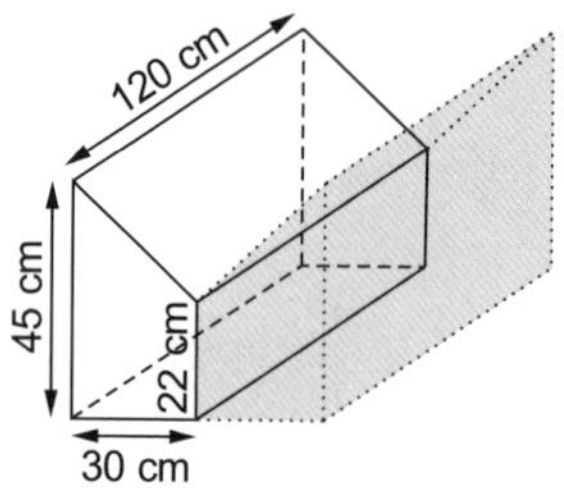

⊕

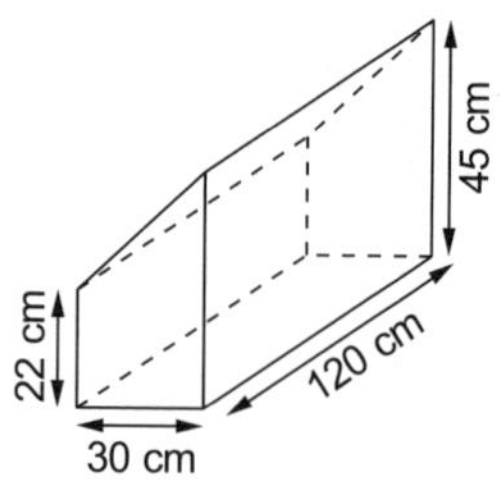

$V_{trapezförmiges\ Prisma}$ + $V_{trapezförmiges\ Prisma\ (gespiegelt)}$

$V = 2 \cdot V_{trapezförmiges\ Prisma}$

$V = 2 \cdot (G \cdot h_K)$

$V = 2 \cdot \left(\frac{a+c}{2} \cdot h \cdot h_K\right)$

$V = 2 \cdot \left(\frac{22\,cm + 45\,cm}{2} \cdot 30\,cm \cdot 120\,cm\right)$

$V = 2 \cdot 120\,600\,cm^3$

$V = \mathbf{241\,200\,cm^3}$

Alternative Berechnung über die Aufteilung in einen Quader und zwei Prismen:

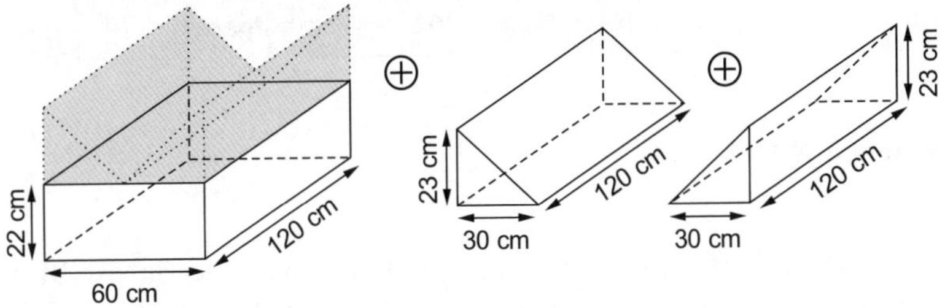

$$V_{\text{Quader}} \quad + \quad \underbrace{V_{\text{Dreiecksprisma}} + V_{\text{Dreiecksprisma}}}$$

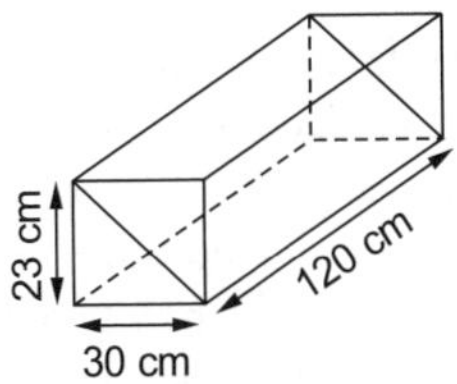

$$V_{\text{Quader}_{\text{groß}}} \quad + \quad V_{\text{Quader}_{\text{klein}}}$$

$V_{\text{Quader}_{\text{groß}}} = a \cdot b \cdot c$

$V_{\text{Quader}_{\text{groß}}} = 60\text{ cm} \cdot 22\text{ cm} \cdot 120\text{ cm}$

$V_{\text{Quader}_{\text{groß}}} = 158\,400\text{ cm}^3$

$2 \cdot V_{\text{Dreiecksprisma}} = 2 \cdot \left(\frac{1}{2} \cdot g \cdot h_g \cdot h_K\right)$

$= 2 \cdot \left(\frac{1}{2} \cdot 30\text{ cm} \cdot 23\text{ cm} \cdot 120\text{ cm}\right)$

$= 2 \cdot 41\,400\text{ cm}^3$

$= 82\,800\text{ cm}^3$

oder:

$V_{\text{Quader}_{\text{klein}}} = a \cdot b \cdot c$

$V_{\text{Quader}_{\text{klein}}} = 30\text{ cm} \cdot 23\text{ cm} \cdot 120\text{ cm}$

$V_{\text{Quader}_{\text{klein}}} = 82\,800\text{ cm}^3$

$V = V_{\text{Quader}_{\text{groß}}} + 2 \cdot V_{\text{Dreiecksprisma}}$ *oder:* $V = V_{\text{Quader}_{\text{groß}}} + V_{\text{Quader}_{\text{klein}}}$

$V = 158\,400\text{ cm}^3 + 82\,800\text{ cm}^3 = \mathbf{241\,200\text{ cm}^3}$

Aufgabe W 1

W 1a

Das Dreieck ABE ist rechtwinklig. Da M Mittelpunkt der Strecke $\overline{BE}$ ist, ist $\overline{BM}$ genau halb so lang wie die Strecke $\overline{BE}$. Berechne also zunächst die Länge der Strecke $\overline{BE}$ mithilfe der trigonometrischen Beziehungen im rechtwinkligen Dreieck ABE.
Du kannst dazu sowohl den Kosinus des Winkels β als Quotient aus Ankathete und Hypotenuse anwenden als auch den Sinus des Winkels ε, der sich aus dem Quotienten der Gegenkathete und der Hypotenuse berechnet.
Die Größe des Winkels ε erhältst du über den Innenwinkelsummensatz.
Alternativ kannst du die Länge der Strecke $\overline{BM}$ auch mithilfe der trigonometrischen Beziehungen im Dreieck M'BM berechnen; dafür halbierst du die Strecke $\overline{AB}$, sodass ein neues rechtwinkliges Dreieck entsteht (s. Skizze).
Achte beim Ergebnis auf das richtige Runden.

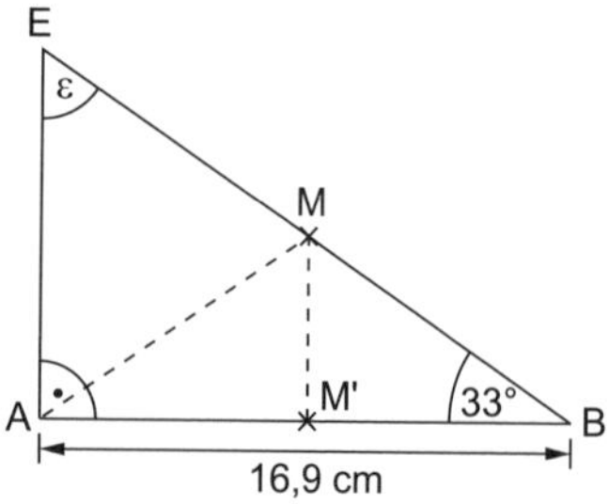

Lösung: Berechnung der Länge der Strecke $\overline{BE}$ mit dem Kosinus im Dreieck ABE:

$$\cos\beta = \frac{\text{Ankathete}}{\text{Hypotenuse}}$$

$$\cos 33° = \frac{16{,}9\text{ cm}}{\overline{BE}} \qquad \left|\cdot \overline{BE}\right.$$

$$\cos 33° \cdot \overline{BE} = 16{,}9\text{ cm} \qquad \left|: \cos 33°\right.$$

$$\overline{BE} = \frac{16{,}9\text{ cm}}{\cos 33°}$$

$$\overline{BE} \approx 20{,}15\text{ cm}$$

Berechnung der Länge der Strecke $\overline{BM}$:

$$\overline{BM} = \frac{\overline{BE}}{2} = \frac{20{,}15\text{ cm}}{2} \approx \mathbf{10{,}1\text{ cm}}$$

Alternative Lösungsmöglichkeit mit dem Sinus im Dreieck ABE:

Berechnung von ε über den Innenwinkelsummensatz im Dreieck:
$\varepsilon = 180° - 90° - 33° = 57°$

$$\sin \varepsilon = \frac{\text{Gegenkathete}}{\text{Hypotenuse}}$$

$$\sin 57° = \frac{16{,}9\text{ cm}}{\overline{BE}} \qquad |\cdot \overline{BE}$$

$$\sin 57° \cdot \overline{BE} = 16{,}9\text{ cm} \qquad |:\sin 57°$$

$$\overline{BE} = \frac{16{,}9\text{ cm}}{\sin 57°}$$

$$\overline{BE} \approx 20{,}15\text{ cm}$$

$$\Rightarrow \quad \overline{BM} = \frac{\overline{BE}}{2} = \frac{20{,}15\text{ cm}}{2} \approx \mathbf{10{,}1\text{ cm}}$$

Alternative Lösungsmöglichkeit über Berechnung am Dreieck M'BM (Kosinus):

$$\cos 33° = \frac{\frac{16{,}9\text{ cm}}{2}}{\overline{BM}} \qquad |\cdot \overline{BM}$$

$$\cos 33° \cdot \overline{BM} = 8{,}45\text{ cm} \qquad |:\cos 33°$$

$$\overline{BM} = \frac{8{,}45\text{ cm}}{\cos 33°}$$

$$\overline{BM} \approx \mathbf{10{,}1\text{ cm}}$$

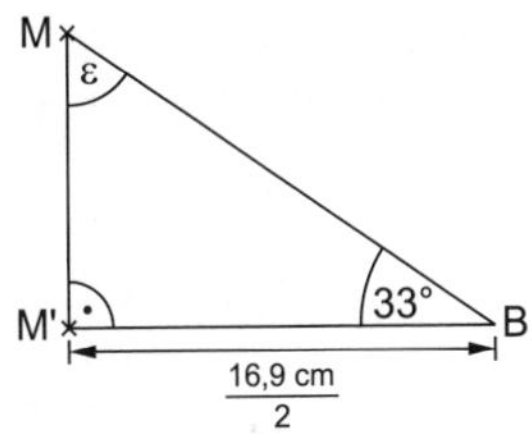

Hinweis: Die Berechnung mit dem Sinus im Dreieck M'BM erfolgt analog; dazu muss wie oben zunächst ε über den Innenwinkelsummensatz berechnet werden.

W 1b

Die Länge der Strecke $\overline{CE}$ kannst du durch Anwendung des Sinussatzes im beliebigen Dreieck AEC berechnen.
Dazu benötigst du die Größe des Winkels γ, die über den Innenwinkelsummensatz berechnet werden kann. Außerdem benötigst du die Länge der Strecke $\overline{AE}$. Diese kannst du mithilfe der trigonometrischen Beziehungen im rechtwinkligen Dreieck ABE berechnen (der Tangens eines Winkels ist der Quotient aus Gegenkathete und Ankathete). Alternativ kannst du den Satz des Pythagoras im rechtwinkligen Dreieck ABE anwenden.

Alternativ kannst du die Länge der Strecke $\overline{CE}$ als Differenz der Strecken $\overline{BC}$ und $\overline{BE}$ berechnen. Die Länge der Strecke $\overline{BC}$ erhältst du mithilfe des Sinussatzes im Dreieck ABC.
Achte beim Ergebnis auf das richtige Runden.

Lösung: Berechnung von γ über den Innenwinkelsummensatz im Dreieck ABC:
$\gamma = 180° - 90° - 30° - 33° = 27°$

Berechnung der Länge der Strecke $\overline{AE}$ mit dem Tangens im rechtwinkligen Dreieck ABE:

$$\tan\beta = \frac{\text{Gegenkathete}}{\text{Ankathete}}$$

$$\tan 33° = \frac{\overline{AE}}{16{,}9\text{ cm}} \qquad |\cdot 16{,}9\text{ cm}$$

$$\tan 33° \cdot 16{,}9\text{ cm} = \overline{AE}$$

$$\overline{AE} \approx 10{,}97\text{ cm}$$

Alternative Berechnung der Länge der Strecke $\overline{AE}$ über den Satz des Pythagoras:
Mit dem Satz des Pythagoras im rechtwinkligen Dreieck ABE gilt:

$$\overline{AB}^2 + \overline{AE}^2 = \overline{BE}^2 \qquad |\overline{BE} = 20{,}15\text{ cm (vgl. Teilaufgabe W 1a)}$$

$$(16{,}9\text{ cm})^2 + \overline{AE}^2 = (20{,}15\text{ cm})^2 \qquad |-(16{,}9\text{ cm})^2$$

$$\overline{AE}^2 \approx 406{,}02\text{ cm}^2 - 285{,}61\text{ cm}^2$$

$$\overline{AE}^2 = 120{,}41\text{ cm}^2 \qquad |\sqrt{}$$

$$\overline{AE} \approx 10{,}97\text{ cm}$$

Berechnung der Länge der Strecke $\overline{CE}$ mit dem Sinussatz im Dreieck AEC:

$$\frac{\overline{CE}}{\sin 30°} = \frac{\overline{AE}}{\sin\gamma}$$

$$\frac{\overline{CE}}{\sin 30°} = \frac{\overline{AE}}{\sin 27°} \qquad |\cdot \sin 30°$$

$$\overline{CE} = \frac{\overline{AE}\cdot\sin 30°}{\sin 27°}$$

$$\overline{CE} = \frac{10{,}97\text{ cm}\cdot\sin 30°}{\sin 27°}$$

$$\overline{CE} \approx \mathbf{12{,}1\text{ cm}}$$

Alternative Lösungsmöglichkeit über die Differenz der Strecken $\overline{CB}$ und $\overline{BE}$:

Berechnung der Länge der Strecke $\overline{CB}$ mit dem Sinussatz im Dreieck ABC:

$$\frac{\overline{CB}}{\sin(30°+90°)} = \frac{\overline{AB}}{\sin\gamma}$$

$$\frac{\overline{CB}}{\sin 120°} = \frac{16{,}9\ \text{cm}}{\sin 27°} \qquad \Big|\cdot \sin 120°$$

$$\overline{CB} = \frac{16{,}9\ \text{cm}\cdot\sin 120°}{\sin 27°}$$

$$\overline{CB} \approx 32{,}24\ \text{cm}$$

Differenz bilden:

$\overline{CE} = \overline{CB} - \overline{BE} = 32{,}24\ \text{cm} - 20{,}15\ \text{cm} \approx \mathbf{12{,}1\ cm}$

W 1c 1

- In einem gleichschenkligen Dreieck sind
- zwei Seiten (genannt Schenkel) gleich lang.
- Die dritte Seite nennt man Basis.
- Die Basiswinkel sind gleich groß.

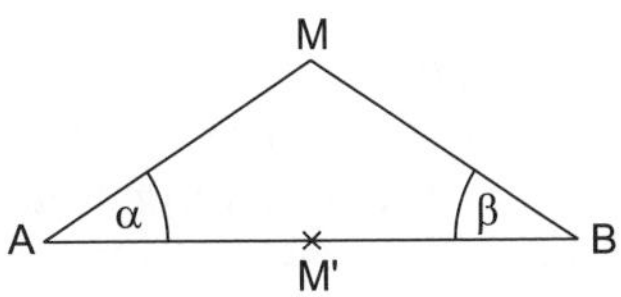

Lösung: Das gleichschenklige Dreieck mit der Basis $\overline{AB}$ hat zwei gleich lange Schenkel: Strecke $\overline{AM}$ und Strecke $\overline{BM}$ (vgl. Skizze)

Folglich sind auch die zugehörigen Basiswinkel gleich groß.

Aus $\beta = 33°$ folgt deshalb $\boldsymbol{\alpha = 33°}$.

W 1c 2

- Im gleichschenkligen Dreieck mit der Basis $\overline{AE}$ befinden sich die beiden gleich
- großen Basiswinkel in den Punkten A und E, also bei α und ε.
- Über die Innenwinkelsumme im Dreieck ABE und den gegebenen Winkel an der
- Spitze, die gegenüber der Basis liegt, lässt sich der gesuchte Winkel berechnen.

Lösung: Innenwinkelsumme im Dreieck ABE:

$$\alpha+\varepsilon+33° = 180° \qquad \Big| -33°$$

$$\alpha+\varepsilon = 147°$$

Aus $\alpha = \varepsilon$ folgt: $\alpha = \varepsilon = \frac{147°}{2} = \mathbf{73{,}5°}$

Aufgabe W 2

W 2a 1

Der Scheitelpunkt S(d | e) ist der tiefste bzw. höchste Punkt der Parabel, je nachdem, ob die Parabel nach oben oder unten geöffnet ist.
Mithilfe der Koordinaten des Scheitelpunktes S(d | e) einer verschobenen Normalparabel kann man deren Scheitelpunktform $y=(x-d)^2+e$ direkt angeben. Achte dabei auf die Vorzeichen der Koordinaten d und e!
Die vorliegende Normalparabel ist nach oben geöffnet und auf der x-Achse um 1,5 Einheiten nach links, auf der y-Achse um 9 Einheiten nach unten verschoben.

Lösung: Als Scheitelpunkt liest man aus der Zeichnung ab: **S(–1,5 | –9)**

Für den Scheitelpunkt S(–1,5 | –9) ergibt sich die Scheitelpunktform:

$$y=[x-(-1,5)]^2+(-9)$$

$$\mathbf{y=(x+1,5)^2-9}$$

Hinweis: Die Scheitelpunktform erhält man auch durch quadratische Ergänzung aus der gegebenen Normalform der Parabelgleichung. Laut Aufgabenstellung soll der Scheitelpunkt jedoch aus der Zeichnung abgelesen werden.

W 2a 2

Setze die x-Koordinate des Punktes P(–7 | y) in die Gleichung der Parabel ein und berechne den Wert der zugehörigen y-Koordinate.
Achte bei negativen Werten auf die Klammersetzung!

Lösung: Einsetzen von $x=-7$ in die Parabelgleichung $y=x^2+3x-6,75$ ergibt:

$$y=(-7)^2+3\cdot(-7)-6,75$$

$$y=49-21-6,75$$

$$\mathbf{y=21,25}$$

Die y-Koordinate des Punktes P(–7 | y) lautet $y=21,25$.

W 2a 3

Zur Bestimmung der fehlenden x-Koordinate kannst du die Symmetrieeigenschaften von Parabeln nutzen: Der Graph einer Parabel ist achsensymmetrisch.
Die Symmetrieachse verläuft parallel zur y-Achse durch den Scheitelpunkt.
Zu zwei verschiedenen Punkten, die die gleiche y-Koordinate besitzen, kann man mithilfe des Scheitelpunktes die x-Koordinaten bestimmen.
Alternativ setzt du die y-Koordinate der Punkte in die Parabelgleichung ein und berechnest den Wert der gesuchten x-Koordinate mithilfe der p-q-Formel.

Lösung: Mithilfe der Symmetrieeigenschaften von Parabeln:

Zwei Punkte mit gleichem y-Wert auf einer Parabel haben in x-Richtung den gleichen Abstand zum Scheitelpunkt.

Der Punkt A hat hier in x-Richtung den Abstand 2 vom Scheitelpunkt S: $0{,}5-(-1{,}5)=2$

Folglich hat der Punkt B in x-Richtung auch den Abstand 2 zum Punkt S:

$-1{,}5+2=0{,}5 \quad \Rightarrow \quad A(0{,}5\,|\,-5)$

$-1{,}5-2=-3{,}5 \quad \Rightarrow \quad B(\mathbf{-3{,}5}\,|\,-5)$

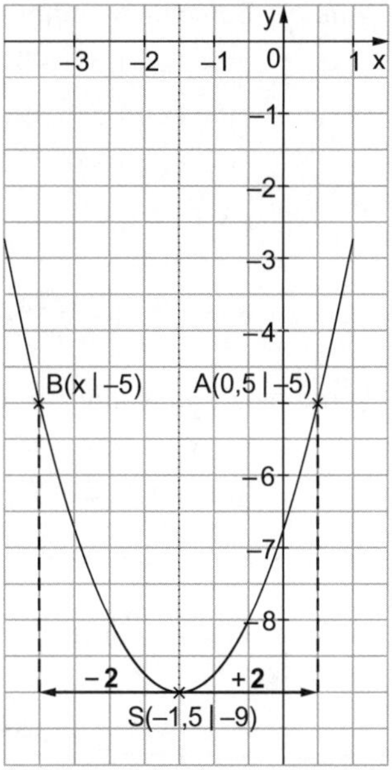

Alternative Lösung mithilfe der p-q-Formel:

Einsetzen von y = –5 in die Parabelgleichung:

$$y = x^2 + 3x - 6{,}75$$

$$-5 = x^2 + 3x - 6{,}75 \quad |+5$$

$$0 = x^2 + 3x - 1{,}75$$

Anwenden der p-q-Formel mit p = 3 und q = –1,75:

$$x_{1/2} = -\frac{p}{2} \pm \sqrt{\left(\frac{p}{2}\right)^2 - q}$$

$$x_{1/2} = -\frac{3}{2} \pm \sqrt{\left(\frac{3}{2}\right)^2 - (-1{,}75)}$$

$$x_{1/2} = -1{,}5 \pm \sqrt{4}$$

$$x_1 = -1{,}5 + 2 = 0{,}5$$

$$x_2 = -1{,}5 - 2 = -3{,}5$$

Die fehlende x-Koordinate lautet folglich x = –3,5, sodass sich der Punkt B(**–3,5** | –5) ergibt.

W 2a 4

Die Nullstellen einer Funktion sind die x-Werte, an denen der zugehörige y-Wert 0 ist. Setze also y = 0 in die Funktionsgleichung ein.

Lösung: Berechnung mithilfe der Scheitelpunktform:

$$y = (x+1,5)^2 - 9 \quad | \; y = 0$$
$$0 = (x+1,5)^2 - 9 \quad | +9$$
$$9 = (x+1,5)^2 \quad | \sqrt{}$$
$$\pm 3 = x + 1,5 \quad | -1,5$$
$$x_1 = 3 - 1,5 = \mathbf{1,5}$$
$$x_2 = -3 - 1,5 = \mathbf{-4,5}$$

Alternative Bestimmung der Nullstellen mithilfe der p-q-Formel:

$$y = x^2 + 3x - 6,75 \quad | \; y = 0$$
$$0 = x^2 + 3x - 6,75$$

Anwenden der p-q-Formel mit p = 3 und q = –6,75:

$$x_{1/2} = -\frac{p}{2} \pm \sqrt{\left(\frac{p}{2}\right)^2 - q}$$
$$x_{1/2} = -\frac{3}{2} \pm \sqrt{\left(\frac{3}{2}\right)^2 - (-6,75)}$$
$$x_{1/2} = -\frac{3}{2} \pm \sqrt{9}$$
$$x_{1/2} = -1,5 \pm 3$$
$$x_1 = -1,5 + 3 = \mathbf{1,5}$$
$$x_2 = -1,5 - 3 = \mathbf{-4,5}$$

Hinweis zur Überprüfung:
Die Nullstellen von $y = x^2 + 3x \mathbf{- 6,75}$ müssen miteinander multipliziert **–6,75** ergeben: $1,5 \cdot (-4,5) = -6,75$ (wahr)

W 2b 1

Die Anzahl der Nullstellen einer quadratischen Funktion hängt von der Lage der zugehörigen Parabel im Koordinatensystem ab.
Liegt der Scheitelpunkt oberhalb der x-Achse, also im I. oder II. Quadranten, und ist die Parabel nach oben geöffnet, so schneidet der Graph nicht die x-Achse.
Gleiches gilt für nach unten geöffnete Parabeln, deren Scheitelpunkt unterhalb der x-Achse, also im III. oder IV. Quadranten liegt.
Eine quadratische Funktion hat keine Nullstelle, wenn der Graph die x-Achse nicht schneidet.

Lösung: Die Funktionsgleichung $y = -(x+2)^2 - 3$ beschreibt eine nach unten geöffnete Parabel, was am „–“ vor der Klammer erkennbar ist.
Aus der Scheitelpunktform lässt sich der Scheitelpunkt $P(-2\,|\,-3)$ ablesen, also eine Verschiebung um 2 auf der x-Achse nach links und um 3 auf der y-Achse nach unten. Der Scheitelpunkt der nach unten geöffneten Parabel liegt im III. Quadranten und die Parabel schneidet die x-Achse nicht. Folglich hat die Funktion keine Nullstelle.

W 2b 2

Die Spiegelung an der x-Achse bedeutet, dass die Vorzeichen geändert werden müssen. Man multipliziert folglich den Funktionsterm mit „–1“.
Es ergibt sich eine nach oben geöffnete Parabel.
Überlege, wie sich das auf die Funktionsgleichung auswirkt.

Lösung: Bei der Spiegelung an der x-Achse erhält man die neue Funktionsgleichung durch Multiplikation mit „–1“ auf der rechten Seite.

Ausgangsgleichung: $y = -(x+2)^2 - 3$
neue Gleichung: $\mathbf{y = (x+2)^2 + 3}$

Aufgabe W 3

W 3a 1

Berechne das stündliche Wachstum der Bakterien mit dem Dreisatz. Beachte dabei, dass sich der Grundwert stündlich ändert.
Alternativ kannst du das prozentuale Wachstum durch die Bestimmung des Wachstumsfaktors berechnen.

Lösung: Mithilfe des Dreisatzes:

	Anzahl Bakterien	Prozentsatz	
: 200	200	100 %	: 200
	1	0,5 %	
· 300	300	150 %	· 300

Prozentuales Wachstum:
$150\,\% - \underbrace{100\,\%}_{\text{Ausgangswert}} = \underbrace{50\,\%}_{\text{Wachstum}}$

Die Anzahl der Bakterien nimmt stündlich um p % = **50 %** zu.

Alternative Lösungsmöglichkeit mithilfe der Bestimmung des Wachstumsfaktors:

$$\text{Wachstumsfaktor} = 1 + \frac{\text{Wachstumsrate}}{100}$$

$$a = 1 + \frac{p}{100}$$

Wachstum in der ersten Stunde:

$$200 \cdot a = 300$$

$$a = \frac{300}{200} = 1,5$$

$$a = 1,5 = 1 + \frac{p}{100} \quad |-1$$

$$0,5 = \frac{p}{100} \quad |\cdot 100$$

$50 = p$ ⇒ Wachstumsrate entspricht p % = **50 %**.

Hinweis: Zur Berechnung kannst du jeweils auch die Wertepaare (1 | 300) und (2 | 450) oder (2 | 450) und (3 | 675) verwenden.

W 3a 2

Es handelt sich um exponentielles Wachstum. Die Anzahl der Bakterien nimmt stündlich um p % = 50 % zu; der Wachstumsfaktor beträgt also 1,5. Berechne zunächst den Wert nach 4 Stunden und dann den Wert nach 5 Stunden.

Lösung: Anzahl nach 4 Stunden: $675 \cdot 1{,}5 = 1\,012{,}5$

Anzahl nach 5 Stunden: $1\,012{,}5 \cdot 1{,}5 = 1\,518{,}75$

Nach 5 Stunden sind **1 518 Bakterien** vorhanden.

Alternative Lösungsmöglichkeit mithilfe der allgemeinen Funktionsgleichung:

(Das Aufstellen der Funktionsgleichung erfolgt in Teilaufgabe W 3a 3.)

Für x = 5 Stunden folgt:

$y = 200 \cdot 1{,}5^5 = 1\,518{,}75$

Nach 5 Stunden sind **1 518 Bakterien** vorhanden.

Hinweis: Gerundet ergeben 1 518,75 Bakterien 1 519 Bakterien. Da aber 0,75 Bakterien keine ganze Bakterie sind, rundet man in diesem Fall auf 1 518 ab. Die Lösung 1 519 wird aber auch als richtig anerkannt.

W 3a 3

Es handelt sich um exponentielles Wachstum, wobei die Anzahl der Bakterien stündlich um p % = 50 % steigt. Stelle die allgemeine Funktionsgleichung der Form $y = c \cdot a^x$ mit dem Wachstumsfaktor a auf.

Lösung: Bestimmung des Wachstumsfaktors:

$$a = 1 + \frac{p}{100} = 1 + \frac{50}{100} = 1{,}5$$

Aufstellen der Funktionsgleichung:

Wachstumsfaktor:	$a = 1{,}5$
Anfangswert (für $x = 0$):	$c = 200$
Anzahl der Stunden:	x

$y = c \cdot a^x$

$\mathbf{y = 200 \cdot 1{,}5^x}$

W 3a 4

Berechne die Anzahl der Bakterien mit der Funktionsgleichung oder mit dem Dreisatz, bis erstmalig mehr als 10 000 Bakterien erreicht sind.

Lösung: Mithilfe der Funktionsgleichung:

$x = 5$: $y = 200 \cdot 1{,}5^5 = 1\,518{,}75$

$x = 6$: $y = 200 \cdot 1{,}5^6 \approx 2\,278{,}13$

$x = 7$: $y = 200 \cdot 1{,}5^7 \approx 3\,417{,}19$

$x = 8$: $y = 200 \cdot 1{,}5^8 \approx 5\,125{,}78$

$x = 9$: $y = 200 \cdot 1{,}5^9 \approx 7\,688{,}67$

$x = 10$: $y = 200 \cdot 1{,}5^{10} \approx 11\,533{,}0$

Nach 10 ganzen Stunden sind erstmalig mehr als 10 000 Bakterien vorhanden.

Alternative Lösungsmöglichkeit mit dem Dreisatz:

(Die Anzahl nach 5 Stunden ist bereits aus Teilaufgabe W 3a 2 bekannt.)

Anzahl nach 6 Stunden:

	Prozentsatz	Anzahl Bakterien	
	100 %	1 518,75	
: 100			: 100
	1 %	15,1875	
· 150			· 150
	150 %	2 278,13	

Anzahl nach 7 Stunden:

	Prozentsatz	Anzahl Bakterien	
: 100	100 %	2 278,13	: 100
· 150	1 %	22,7813	· 150
	150 %	3 417,19	

Anzahl nach 8 Stunden:

	Prozentsatz	Anzahl Bakterien	
: 100	100 %	3 417,19	: 100
· 150	1 %	34,1719	· 150
	150 %	5 125,78	

Anzahl nach 9 Stunden:

	Prozentsatz	Anzahl Bakterien	
: 100	100 %	5 125,78	: 100
· 150	1 %	51,2578	· 150
	150 %	7 688,67	

Anzahl nach 10 Stunden:

	Prozentsatz	Anzahl Bakterien	
: 100	100 %	7 688,67	: 100
· 150	1 %	76,8867	· 150
	150 %	11 533,0	

Nach **10 ganzen Stunden** sind erstmalig mehr als 10 000 Bakterien vorhanden.

Hinweis: Alternativ kannst du die Stundenzahl auch mithilfe der allgemeinen Funktionsgleichung $y = 200 \cdot 1{,}5^x$ berechnen, indem du $y = 10\,000$ einsetzt und durch Anwendung des Logarithmus nach x auflöst. Diese alternative Lösungsmöglichkeit wird hier nicht ausgeführt, da der Logarithmus nicht zwingend im Unterricht behandelt wird.

W 3a 5

Beim Wachstum der Anzahl der Bakterien handelt es sich um exponentielles Wachstum. Der zugehörige Graph beschreibt also eine Linkskurve und wird für große x-Werte immer steiler. Der Anfangswert entspricht dem Schnittpunkt des Graphen mit der y-Achse.

Lösung: Graph A: Lineares Wachstum $\Rightarrow$ falsch
Graph B: Anfangswert 0 $\Rightarrow$ falsch
Graph D: Graph beschreibt langsamer werdendes Wachstum. $\Rightarrow$ falsch

$\Rightarrow$ Graph **C** ist richtig.

W 3b 1

Bei linearem Wachstum kommt im gleichen Zeitraum die gleiche Menge hinzu, sodass eine konstante Änderungsrate gegeben ist.
Pro Stunde wird die gleiche Anzahl an Bakterien (in diesem Fall 60) addiert.

Lösung:

Uhrzeit	Anzahl Bakterien
9	60
10	120
11	180
12	240

(Uhrzeit jeweils +1, Anzahl jeweils +60)

Um 12 Uhr sind es bei linearem Wachstum **240 Bakterien**.

W 3b 2

Bei exponentiellem Wachstum vervielfacht sich der jeweilige Wert im gleichen Zeitraum um einen bestimmten Wachstumsfaktor.
Pro Stunde wird die Anzahl der Bakterien verdoppelt (Wachstumsfaktor 2).

Lösung:

Uhrzeit	Anzahl Bakterien
9	60
10	120
11	240
12	480

(Uhrzeit jeweils +1, Anzahl jeweils $\cdot 2$)

Um 12 Uhr sind es bei exponentiellem Wachstum **480 Bakterien**.

Aufgabe W 4

W 4a

Der Golfball hat die Form einer Kugel, die mit kreisförmigen Dellen versehen ist. Um zu überprüfen, ob auf den Golfball 380 Dellen passen, musst du zunächst die Oberfläche der Kugel und die Gesamtfläche der 380 Kreise berechnen. Ist die Oberfläche des Golfballs kleiner als die Gesamtfläche aller 380 Kreise, so ist die Behauptung falsch.
Beachte: Durch Runden der Zahlen kann es zu kleinen Abweichungen kommen.

Lösung: Golfball: $d_{Golfball} = 43 \text{ mm} \Rightarrow r_{Golfball} = d_{Golfball} : 2 = 21{,}5 \text{ mm}$

Delle: $d_{Delle} = 4{,}5 \text{ mm} \Rightarrow r_{Delle} = d_{Delle} : 2 = 2{,}25 \text{ mm}$

Berechnung Oberfläche des Golfballs (Kugel):

$O_{Golfball} = 4 \cdot \pi \cdot (r_{Golfball})^2$

$O_{Golfball} = 4 \cdot \pi \cdot (21{,}5 \text{ mm})^2 \approx 5\,808{,}8 \text{ mm}^2$

Berechnung Gesamtfläche der Dellen (Kreise):

$A_{Delle} = \pi \cdot (r_{Delle})^2$

$A_{Delle} = \pi \cdot (2{,}25 \text{ mm})^2 \approx 15{,}904 \text{ mm}^2$

$A_{alle\ Dellen} = 380 \cdot A_{Delle}$

$A_{alle\ Dellen} = 380 \cdot 15{,}904 \text{ mm}^2 = 6\,043{,}52 \text{ mm}^2$

Vergleich der Oberfläche des Golfballs mit der Gesamtfläche der Dellen:

$5\,808{,}8 \text{ mm}^2 < 6\,043{,}52 \text{ mm}^2$

$\Rightarrow$ Die Oberfläche des Golfballs reicht für 380 Dellen nicht aus.
Die Behauptung ist somit **falsch**.

W 4b 1

Schätze zunächst den Durchmesser des überdimensionalen Golfballs. Orientiere dich dabei an der Größe der beiden Männer. Berechne anschließend das Volumen der Marmorkugel. Die Masse berechnest du dann mit der Formel:
Masse = Volumen · Dichte $(m = V \cdot \rho)$
Beachte: Das Ergebnis soll in ganzen Kilogramm angegeben werden.

Lösung: Geschätzte Größen der Männer:
kleiner Mann: ca. 1,80 m ≙ ca. 3 cm im Bild
großer Mann: ca. 2,00 m ≙ ca. 3,7 cm im Bild

Berechnung des Maßstabs anhand des kleineren Mannes:
(Wie vielen cm entspricht 1 cm auf dem Bild in der Realität?)

	Bild	Realität	
: 3 ↓	3 cm	180 cm	↓ : 3
	1 cm	60 cm	

$\Rightarrow$ 1 cm : 60 cm (1 cm im Bild entspricht 60 cm in der Realität.)

Durchmesser des Marmor-Golfballs im Bild: ca. 2 cm

	Bild	Realität		
· 2 ↓	1 cm	60 cm	↓ · 2	(Maßstab)
	2 cm	120 cm		

$\Rightarrow$ Marmor-Golfball: $d = 120\text{ cm}$ und $r = 60\text{ cm}$

Alternative Berechnung mit dem Streckfaktor:

kleiner Mann: ca. 1,80 m $\hat{=}$ ca. 3 cm im Bild

$$3\text{ cm} \cdot k = 180\text{ cm} \quad |:3\text{ cm}$$
$$k = 60$$

$\Rightarrow$ Streckfaktor $k = 60$

Durchmesser des Marmor-Golfballs im Bild: ca. 2 cm

$$2\text{ cm} \cdot k = 2\text{ cm} \cdot 60 = 120\text{ cm}$$

Hinweis: Den Berechnungen wurde hier die Schätzgröße des kleineren Mannes zugrunde gelegt. Ebenso hätte der große Mann als Bezugsgröße dienen können.

Berechnung des Volumens des Marmor-Golfballs:

$$V_{Kugel} = \frac{4}{3} \cdot \pi \cdot r^3$$

$$V_{Kugel} = \frac{4}{3} \cdot \pi \cdot (60\text{ cm})^3 \approx 904\,778{,}68\text{ cm}^3$$

Berechnung der Masse mit der Formel $m = V \cdot \rho$:

$$\rho = 2{,}8\ \frac{\text{g}}{\text{cm}^3}$$

$$m = 904\,778{,}68\text{ cm}^3 \cdot 2{,}8\ \frac{\text{g}}{\text{cm}^3} \approx 2\,533\,380{,}3\text{ g} \approx 2\,533{,}38\text{ kg} \approx \mathbf{2\,533\text{ kg}}$$

Die Marmorkugel wiegt ca. 2 533 kg.

Beachte: Als geschätzter Wert für den Durchmesser der Marmorkugel wird jede Angabe zwischen 80 cm und 150 cm akzeptiert. Für das Gewicht der Marmorkugel sind damit Ergebnisse von ca. 751 kg bis ca. 4 948 kg zulässig.

W 4b 2

Ein Golfball hat einen Durchmesser von 43 mm. Die Schätzwerte aus der vorherigen Teilaufgabe haben ergeben, dass der Marmor-Golfball in der Realität einen Durchmesser von ca. 1,20 m = 120 cm hat.
Ermittle zunächst den Maßstab, mit dem der Golfball vergrößert wurde, und wende diesen dann auf die Größe eines 1,80 m großen Golfspielers an.

Lösung: Durchmesser kleiner Golfball = 43 mm = 4,3 cm
Durchmesser Marmor-Golfball = 120 cm

Berechnung des Maßstabs mit dem Streckfaktor:

$$4{,}3\text{ cm}\cdot x = 120\text{ cm} \quad |:4{,}3\text{ cm}$$
$$x \approx 27{,}9 \approx 28$$

Alternative Berechnung des Maßstabs über den Dreisatz:

kleiner Golfball	Marmor-Golfball
:4,3 (4,3 cm	120 cm) :4,3
1 cm	27,9 cm ≈ 28 cm

⇒ Maßstab 1 : 28

Der Durchmesser des Marmor-Golfballs ist ca. 28-mal größer als der des echten (kleinen) Golfballs.

Anwendung des Maßstabs 1 : 28 auf den Golfspieler:

$180\text{ cm}\cdot 28 = 5\,040\text{ cm} = \mathbf{50{,}40\text{ m}}$

Der 1,80 m große Golfspieler hätte bei einer Vergrößerung mit dem Maßstab 1 : 28 eine Größe von ca. 50,4 m.

Beachte: Als geschätzter Wert für den Durchmesser der Marmorkugel wird jede Angabe zwischen 80 cm und 150 cm akzeptiert. D. h., dass für den Durchmesser der Marmorkugel im Vergleich zum kleinen Golfball das 18- bis 35-Fache als richtig anerkannt wird. Für die Größe des Golfspielers sind entsprechend Ergebnisse von 32 m bis 63 m mit sinnvoller Begründung richtig.
Deine Ergebnisse können also vom gerechneten Beispiel abweichen, falls du andere Ausgangswerte gewählt hast.

Aufgabe W 5

W 5a 1

Es gilt: Wahrscheinlichkeit eines Ereignisses $= \frac{\text{Anzahl der günstigen Ergebnisse}}{\text{Anzahl der möglichen Ergebnisse}}$

Bestimme die Anzahl der Felder mit einem Eisgutschein ($\hat{=}$ Eistüte) und teile diese durch die Anzahl aller Felder.

Lösung: Anzahl aller Felder: 10
Anzahl der Felder mit Eistüte: 4

Wahrscheinlichkeit, ein Feld mit Eistüte zu treffen:

P() $= \frac{\text{Anzahl der Felder mit Eistüte}}{\text{Anzahl aller Felder}} = \frac{4}{10} = \mathbf{\frac{2}{5} = 0{,}4 = 40\ \%}$

Bei einmaligem Drehen gewinnt man einen Eisgutschein mit einer Wahrscheinlichkeit von 40 %.

W 5a 2

Da dreimal gedreht wird, handelt es sich um ein dreistufiges Zufallsexperiment. Die Wahrscheinlichkeit, dass ein bestimmtes Feld beim zweiten bzw. dritten Drehen getroffen wird, ist jeweils unabhängig davon, welches Feld beim Drehen zuvor getroffen wurde. Es handelt sich somit um ein Zufallsexperiment *mit Zurücklegen*, d. h., die Wahrscheinlichkeiten sind bei jedem Drehen gleich.
Antonia gewinnt keinen Eisgutschein, wenn sie bei allen drei Drehungen eine Niete (also keine Eistüte) trifft. Berechne zunächst die Wahrscheinlichkeit, beim ersten Drehen eine Niete zu treffen, und dann mit der 1. Pfadregel die Wahrscheinlichkeit für drei Nieten nacheinander.

Lösung: Wahrscheinlichkeit, beim ersten Drehen eine Niete zu treffen:

$$P(N) = \frac{\text{Anzahl der Felder mit Niete}}{\text{Anzahl aller Felder}} = \frac{6}{10}$$

Wahrscheinlichkeit, bei dreimaligem Drehen nur Nieten zu treffen:

$$P(N\,N\,N) = \frac{6}{10} \cdot \frac{6}{10} \cdot \frac{6}{10} = \frac{216}{1000} = \mathbf{\frac{27}{125} = 0{,}216 = 21{,}6\ \%}$$

Antonia gewinnt bei dreimaligem Drehen mit einer Wahrscheinlichkeit von 21,6 % keinen Eisgutschein.

W 5a 3

Da zweimal gedreht wird, handelt es sich um ein zweistufiges Zufallsexperiment. Die Wahrscheinlichkeiten sind bei jedem Drehen gleich (s. Hinweis zu W 5a 2). Die Aussage, dass Gino mindestens einen Eisgutschein gewinnt, impliziert, dass er auch zwei Eisgutscheine erdrehen kann. Wende die 1. und 2. Pfadregel an. *Beachte:* Die Reihenfolge, ob zunächst der Eisgutschein und dann die Niete oder erst die Niete und dann der Eisgutschein erdreht wird, ist von Bedeutung, da beide Fälle betrachtet werden müssen.

Lösung: Wahrscheinlichkeit, beim Drehen einen Eisgutschein zu treffen $= \frac{4}{10}$

Wahrscheinlichkeit, beim Drehen eine Niete zu treffen $= \frac{6}{10}$

Möglichkeit 1: $\text{P(Gutschein; Niete)} = \frac{4}{10} \cdot \frac{6}{10}$

Möglichkeit 2: $\text{P(Niete; Gutschein)} = \frac{6}{10} \cdot \frac{4}{10}$

Möglichkeit 3: $\text{P(Gutschein; Gutschein)} = \frac{4}{10} \cdot \frac{4}{10}$

Es folgt für die Wahrscheinlichkeit für mindestens einen Eisgutschein:

$$\text{P(mindestens 1)} = \frac{4}{10} \cdot \frac{6}{10} + \frac{6}{10} \cdot \frac{4}{10} + \frac{4}{10} \cdot \frac{4}{10} = \frac{64}{100} = \mathbf{\frac{16}{25} = 0{,}64 = 64\ \%}$$

Bei zweimaligem Drehen gewinnt Gino mit einer Wahrscheinlichkeit von 64 % mindestens einen Eisgutschein.

Alternative Lösungsmöglichkeit über das Gegenereignis:

Die einzige Kombination, die die Bedingung „mindestens ein Eisgutschein“ nicht erfüllt, ist, sowohl beim ersten als auch beim zweiten Drehen eine Niete zu treffen. *Beachte:* Eine Wahrscheinlichkeit von P = 1 entspricht einer 100 %igen Wahrscheinlichkeit.

Lösung: $\text{P(mindestens 1)} = 1 - \text{P(N N)} = 1 - \frac{6}{10} \cdot \frac{6}{10} = \frac{64}{100} = \mathbf{\frac{16}{25} = 0{,}64 = 64\ \%}$

W 5b 1

Der Einsatz pro Drehung beträgt 1,00 €. Verschaffe dir einen Überblick über die zu erzielenden Gewinne bei einmaligem oder mehrmaligem Drehen.

Lösung: Einsatz pro Drehung: 1,00 €

Das Vierfache des Einsatzes entspricht $4 \cdot 1{,}00\ € = 4{,}00\ €$.

Der maximale Gewinnbetrag wird erzielt, wenn der Eisbecher getroffen wird (entweder direkt oder nachdem das Feld „noch 1 ×“ getroffen wurde), und entspricht pro Drehung 3,00 €, also nur dem Dreifachen des Einsatzes.

Somit kann auch bei mehrmaligem Drehen nie das Vierfache des Einsatzes erreicht werden.

Hinweis: Du kannst dir den Sachverhalt auch an einem Beispiel veranschaulichen.
Mehrfaches Drehen entspricht z. B. 3-mal Drehen; Einsatz: $3 \cdot 1{,}00\ € = 3{,}00\ €$
Maximaler Gewinn pro Drehung (Eisbecher): 3,00 €
Maximaler Gewinnbetrag bei dreimaligem Drehen: $3 \cdot 3{,}00\ € = 9{,}00\ €$
Das Vierfache des Einsatzes wären aber $4 \cdot 3{,}00\ € = 12{,}00\ €$.
Der Gewinn kann also nicht das Vierfache des Einsatzes betragen.

W 5b 2

Da der Einsatz 1,00 € beträgt, dreht Lea nur einmal. Betrachte alle Ergebnisse, bei denen man etwas gewinnt, und notiere die Wahrscheinlichkeiten. Die Nieten entfallen als günstige Ergebnisse.

$P(\text{Gutschein } 3{,}00\ €) = \frac{1}{10}$ $\quad$ $P(\text{Gutschein } 1{,}50\ €) = \frac{4}{10}$ $\quad$ $P(\text{noch } 1\times) = \frac{1}{10}$

Lösung: Gegeben ist die Wahrscheinlichkeit:

$$P = \frac{1}{10} \cdot \frac{4}{10} = \frac{1}{25}$$

Diese Wahrscheinlichkeit gehört zu einem zweistufigen Zufallsexperiment, da sie aus zwei Faktoren besteht.

Zweistufig kann das Experiment bei einem Einsatz von 1,00 € nur sein, wenn beim ersten Drehen das Feld „noch 1 ד erscheint.

$P(\text{noch } 1\times) = \frac{1}{10}$ (entspricht dem ersten Faktor)

Die Wahrscheinlichkeit von $\frac{4}{10}$ für das Ergebnis des zweiten (zusätzlichen) Drehens kann nur beim „Eisgutschein im Wert von 1,50 €“ (Eistüte) erzielt werden.

$$P = \frac{1}{10} \cdot \frac{4}{10} = \frac{1}{25} = P(\text{noch } 1\times;$$  $$)$$

Das gesuchte Ereignis lautet:
Beim ersten Drehen wird das Feld „noch 1 ד getroffen und beim zusätzlichen Drehen das Feld „Eistüte“ (Eisgutschein im Wert von 1,50 €).

W 5b 3

Betrachte die Wahrscheinlichkeiten für einen beliebigen Gewinn bei einmaligem Drehen. Überlege, wie das Ergebnis „noch 1 ×“ die Gewinnwahrscheinlichkeit beeinflusst.

Lösung: $P(\text{beliebiger Eisgutschein}) = \frac{5}{10} = 50\ \%$

$P(\text{kein Gewinn}) = \frac{4}{10}$

$P(\text{noch } 1\times) = \frac{1}{10}$

50 % entsprechen der Wahrscheinlichkeit, direkt einen Eisgutschein zu gewinnen. Da aber auch noch die Möglichkeit berücksichtigt werden muss, erst das Feld „noch 1 ד zu treffen und anschließend ein Feld mit einem Eisgutschein, liegt die Gewinnwahrscheinlichkeit tatsächlich höher.

Hinweis: Die tatsächliche Gewinnwahrscheinlichkeit ist nicht so einfach zu berechnen. Theoretisch kann man immer wieder das Feld „noch 1 ד treffen und so „unendlich“ oft am Rad drehen. Selbst wenn vorgegeben wäre, dass man höchstens einmal das Feld „noch 1 ד nutzen kann, wäre die Gewinnwahrscheinlichkeit größer als 50 %:

$P(\text{beliebiger Eisgutschein}) + P(\text{noch } 1\times) \cdot P(\text{beliebiger Eisgutschein})$

$= \frac{5}{10} + \frac{1}{10} \cdot \frac{5}{10} = \frac{55}{100} = 0{,}55 = 55\ \%$

Abschlussprüfung Mathematik Realschulen Hessen
Haupttermin 2022

Um dir die **Lösungen zur Prüfung 2022** schnellstmöglich zur Verfügung stellen zu können, bringen wir sie in digitaler Form heraus.

Sobald die Original-Prüfungsaufgaben 2022 zur Veröffentlichung freigegeben sind, können die dazugehörigen Lösungen als PDF auf der Plattform **MyStark** heruntergeladen werden (Zugangscode vgl. Umschlaginnenseite).

Prüfung 2022

www.stark-verlag.de/mystark

Deutsch

Abschlussprüfung Deutsch an Realschulen in Hessen 2018
Text 1

Teil I: Lesen

Hinweis: Bei den Multiple-Choice- und Zuordnungsaufgaben (1–3) ist immer nur eine Lösung richtig. Wenn du mehr als eine Antwort ankreuzt, gibt es keinen Punkt!

1. a) ☒ am Abend.

   Hinweis: *vgl. Z. 4*

   b) ☒ einem Hörspiel zuhören.

   Hinweis: *vgl. Z. 3 f.*

   c) ☒ einer familiären Auseinandersetzung.

   Hinweis: *vgl. Z. 85 f.*

   d) ☒ Karl treffen.

   Hinweis: *vgl. Z. 12 f.*

   e) ☒ beschämt.

   Hinweis: *vgl. Z. 62*

2. a) ☒ nachgeht.

   Hinweis: *„Hinken" bedeutet, dass jemand z. B. infolge einer Beinverletzung ein Knie nicht mehr beugen kann und deshalb langsamer geht. Die Personifikation beschreibt also, dass die Uhr eine frühere Zeit als die richtige anzeigt, weil sie zu langsam ist.*

   b) ☒ nur private Themen behandelt werden.

   Hinweis: *Die junge Frau will offenbar einen Geschäftstermin, den ihr Freund Karl in der Nähe hat, nutzen, um ihn nach langer Zeit einmal wieder zu treffen. Da Karl ein Angestellter ihres Vaters ist, bittet sie diesen, Karl für das Treffen Urlaub zu geben. Der Vater lehnt das ab, und auch ihre Mutter ist nicht bereit, ein gutes Wort für sie einzulegen, da sie sich grundsätzlich nicht in Firmenangelegenheiten ihres Mannes einmische. Während die Eltern die Angelegenheit also nur aus geschäftlicher Sicht betrachten, handelt es sich für die Tochter um ein privates Anliegen, um „nichts Geschäftliches".*

c) ☒ fortgeführt wird.

Hinweis: Die Wendung „im Gange" steht für „(weiter-)gehen" oder „fortbewegen".

d) ☒ als real empfunden wird.

Hinweis: „Realität" heißt „Wirklichkeit"; der Mann berichtet von einem Telefongespräch, das tatsächlich stattgefunden hat.

3. a) ☒ Nur A und C treffen zu.

*Hinweis: **Aussage A:** Bei dem Ehepaar vor dem Radio handelt es sich um die Hauptpersonen der Geschichte, ihre Namen werden nicht genannt. **Aussage C:** Sowohl die beiden Hauptpersonen als auch die belauschte Familie im Radio führen Gespräche. Jedoch gibt es keine Einleitung und auch das Ende bleibt offen, deshalb treffen die **Aussagen B** und **D** nicht zu.*

b) ☒ Nur B und D treffen zu.

*Hinweis: Sowohl die Szene vor dem Radio als auch das belauschte Gespräch (**Aussage D**) sind real; entgegen der Erwartung des Ehepaars handelt es sich nicht um ein Hörspiel. **Aussage A** ist falsch, da zwar Meinungsverschiedenheiten zu hören sind, aber nur zwischen der Tochter und ihren Eltern im Radio. Zwischen den beiden Hauptpersonen, dem Ehepaar vor dem Radio, gibt es keinen Streit. Auch **Aussage C** trifft nicht zu; zwar ist von einem „unfähigen Regisseur" die Rede (Z. 67), jedoch wird er nur am Rande erwähnt.*

4. ***Hinweis:** Die beiden Punkte gibt es nur für eine komplette Lösung, d. h., Zitat und richtig zugeordnetes sprachliches Mittel müssen genannt werden. Fehlt die Zeilenangabe, wird ein halber Punkt abgezogen, ebenso bei fehlenden Anführungszeichen. Das sprachliche Mittel erklären musst du aber nicht.*

Mögliche Lösungen (eine erforderlich):
- „‚Immer Karl', […], ‚immer Karl.'" (Z. 18 f.): **Anapher**
- „‚[…] krank, […] krank, […]'" (Z. 19 f.): **Epipher**
- „‚Immer Karl', […]" (Z. 18): **Ellipse**
- „‚Jetzt ist Kuhn krank, vor vier Wochen war Grubbe krank, in vier Wochen wird ein anderer krank sein.'" (Z. 19–21): **Parallelismus**

***Hinweis:** Wenn zwei oder mehr aufeinanderfolgende Sätze mit dem gleichen Wort beginnen, handelt es sich um eine **Anapher**. Die Wiederholung gleicher Wörter am Ende mehrerer aneinandergereihter Sätze heißt **Epipher**.*

*Von einer **Ellipse** (Auslassungssatz) spricht man, wenn Satzteile/Satzglieder fehlen, in diesem Fall Subjekt und Prädikat.*
*Ist der Satzbau, d. h. die Reihenfolge der Satzglieder, in mehreren aufeinanderfolgenden Sätzen oder Teilsätzen gleich, wird das als **Parallelismus** bezeichnet.*

5. ***Hinweis:** Für die Erklärung des Stilmittels bekommst du einen Punkt, zwei weitere Punkte gibt es, wenn du seine Wirkung im Textzusammenhang erklärst. Der Textbezug kann als Zitat, als reine Zeilenangabe oder als Umschreibung/Paraphrasierung erfolgen. Erwartet wird, dass du bei deiner Erklärung vollständige Sätze formulierst, Stichworte reichen nicht.*

   - **Erklärung des Stilmittels:** Wird ein Satz durch einen Einschub unterbrochen, spricht man von einer Parenthese.
   - **Wirkung:** Nach Ansicht des Mannes stellt Kunst etwas Höheres dar als das wahre Leben und sollte sich erkennbar davon unterscheiden (Z. 72–83). Erleichtert stellt er fest, dass das Gespräch im Radio Realität ist und keine Kunst. Der Einschub „‚[…] – Gott sei Dank – […]‘“ (Z. 82), mit dem er sich selbst unterbricht, bringt diese Erleichterung zum Ausdruck.

6. ***Hinweis:** Der Operator „erläutern“ zielt in besonderem Maße auf das Textverständnis. Bei dieser Aufgabe musst du dir die unterschiedlichen Redeabsichten und Wirkungen beim Gebrauch von Konjunktiv und Indikativ im Handlungszusammenhang klarmachen. Jeweils drei Punkte werden für eine Erläuterung anhand einer passenden Textstelle vergeben. Fehlt der Textbezug, gibt es zwei Punkte; wird nur eine Textstelle genannt und nicht erläutert, gibt es keinen Punkt.*

   a) „‚[…] du müßtest eigentlich einsehen, […] es ließe sich gut einrichten, […]‘“ (Z. 10–13);
   „‚[…] und es wäre so leicht für ihn […]‘“ (Z. 34)

   Sowohl im Gespräch mit ihrem Vater (Z. 10–21) als auch mit der Mutter (Z. 32–40) verwendet die Tochter den Konjunktiv, um Möglichkeiten und Wünsche auszudrücken. Es wird klar, dass sie sich nach ihrem Freund sehnt, jedoch wirken ihre Bitten sehr weinerlich, zaghaft und ihre Vorschläge wenig konkret. Offenbar ist sie es gewohnt, sich unterzuordnen und Entscheidungen ihres Vaters nicht infrage zu stellen. Deutlich wird das durch die Konjunktivformen „müßtest“ (Z. 10), „ließe“ (Z. 12) und „wäre“ (Z. 34).

   b) Der Vater geht nicht auf den Wunsch seiner Tochter ein, das Geschäftliche hat Vorrang. Er lässt auch keine Diskussion zu und fasst unmissverständlich zusammen: „‚Es lässt sich nicht machen‘, […]“ (Z. 14). Als seine Tochter vor lauter Enttäuschung anfängt zu weinen, beendet er das Gespräch auf äußerst unfreundliche Weise: „‚[…] und du mußt dich damit abfinden‘“ (Z. 55 f.). Die Verwendung des Indikativs in diesen beiden Textstellen unterstreicht die autoritäre Haltung des Vaters. Er stellt Tatsachen fest, bestimmt die Regeln und lässt keinen Widerspruch zu.

7. ***Hinweis:*** *Mit „darstellen“ ist gemeint, dass die im Handlungsverlauf erkennbare Verhaltensänderung der Frau an zwei Textstellen deutlich gemacht werden soll. Wichtig ist dabei, dass du anhand der Textbezüge mit eigenen Worten erklärst, worin die Änderung besteht. Gelingt dir das, bekommst du vier Punkte. Für eine Darstellung ohne Textbezug erhältst du zwei Punkte, für das bloße Nennen von Textstellen gibt es keinen Punkt. Der Textbezug kann in Form von Zeilenangaben, Zitaten oder Umschreibungen erfolgen.*

Mögliche Lösungen:
Anfängliche Reaktion *(eine Textstelle erforderlich):*
- Zu Beginn ist die Frau etwas irritiert, weil sie die Ansage des Hörspiels offenbar verpasst hat. Sie vermutet, dass die Uhr nachgeht (vgl. Z. 22 f.).
- Auf den Anfang des Dialogs reagiert sie verärgert, äußert sich negativ über die Qualität des Hörspiels und fordert ihren Mann auf, das Radio abzustellen (vgl. Z. 26–29).
- Der Unmut der Frau über das schlechte Hörspiel steigert sich. Sie bezeichnet es als „Mist“ (Z. 42) und vermutet einen Irrtum, da sie den Autor der eigentlich erwarteten Sendung kennt und schätzt.

Veränderte Reaktion *(eine Textstelle erforderlich):*
- Als sich herausstellt, dass das Radio tatsächlich falsch eingestellt war und eine reale Gesprächssituation gesendet wurde, reagiert die Frau entsetzt und bittet ihren Mann, das Radio schnell abzustellen (vgl. Z. 58 f.).
- Danach wird sie nachdenklich und äußert sich beschämt darüber, ungewollt einem privaten Dialog gelauscht zu haben (vgl. Z. 62–64).
- Sie rechtfertigt sich jedoch vor sich selbst, da sie ja nicht wissen konnte, dass ein richtiges Gespräch gesendet wurde und sie unbeabsichtigt zugehört hat (vgl. Z. 84–86).
- Anschließend bedauert sie, dass sie das Hörspiel verpasst haben (vgl. Z. 89 f.).
- Am Ende ist sie jedoch versöhnlich gestimmt und stellt Vermutungen über die Lösung des unfreiwillig gehörten Familienstreits an (vgl. Z. 96–98).

8. *Hinweis: Bei dieser Aufgabenstellung sollst du Textstellen auffinden und mit ihrer Hilfe die Aussage belegen. Es reicht nicht, Textstellen zu nennen oder zu zitieren, sondern du musst auch mit eigenen Worten erklären, inwiefern sie die Aussage stützen. Vier Punkte erhältst du für eine schlüssige Begründung anhand von zwei Textstellen, drei Punkte, wenn nur ein Textbeleg angeführt wird. Gibst du für deine Begründung keine oder keine passende Textstelle an, werden zwei Punkte gegeben. Für das bloße Nennen oder Zitieren von Textstellen bekommst du keinen Punkt.*

Mögliche Lösungen (zwei erforderlich):

- Obwohl die Frau schon kurz nach Beginn des vermeintlichen Hörspiels ihren Mann auffordert, das Radio abzustellen (vgl. Z. 29), geht der Mann nicht darauf ein. Später behauptet er, sofort bemerkt zu haben, dass es sich um ein echtes Gespräch gehandelt hat (vgl. Z. 65 f.). Das bedeutet, dass er neugierig ist, wie sich das Gespräch weiterentwickelt.
- Der Mann möchte sich die Szene im Radio anhören, weil ihn das reale Gespräch mehr interessiert als das Hörspiel. Er vergleicht die unerwartet belauschte Auseinandersetzung mit einem ähnlichen Erlebnis aus früherer Zeit: Er wurde einmal unfreiwillig Zeuge eines fremden Telefongesprächs, was ihn sehr berührte (vgl. Z. 72–81).
- Im Gegensatz zu seiner Frau äußert der Mann kein Bedauern darüber, das Hörspiel verpasst zu haben. Vielmehr würde er gerne wissen, ob der Familienkonflikt zwischen der jungen Frau und ihren Eltern gelöst wird und ob das Treffen zwischen Karl und der jungen Frau in London stattfindet (vgl. Z. 94 f.).

9. *Hinweis: Bei dieser Aufgabe geht es um die Erzählperspektive. Der neutrale Erzähler kommentiert und wertet nicht, sondern schildert nur, was äußerlich wahrnehmbar ist. Rückschlüsse auf die Gedanken und Gefühle der Figuren lassen sich nur aus dem ziehen, was sie sagen. In deiner Erläuterung muss deutlich werden, dass der Leser genauso wie das Ehepaar zunächst nicht weiß, dass es sich bei dem vermeintlichen Hörspiel um ein reales Gespräch handelt. Für eine schlüssige Erläuterung, die dieses Überraschungsmoment berücksichtigt, gibt es vier Punkte. Textverweise, Zitate oder Zeilenangaben sind nicht notwendig.*

Mögliche Lösung:

Die neutrale Perspektive am Anfang der Geschichte ist daran erkennbar, dass der Erzähler die Hintergründe nicht erklärt und die Gedanken und Gefühle der beiden Hauptpersonen nur in der direkten Rede deutlich werden. Dadurch ist dem Leser ebenso wie dem Ehepaar zunächst nicht klar, dass es sich bei der Radiosendung um ein echtes Gespräch handelt. Als sich herausstellt, dass das Ehepaar unabsichtlich Zeuge einer realen Situation ist, wird der Leser davon genauso überrascht wie die beiden vor dem Radio. Zwar schaltet der Mann auf Drängen seiner Frau das Radio ab, doch seine Neugierde ist geweckt. Und genauso wie der Mann, den die Gesprächsfetzen über den Fortgang der Handlung spekulieren lassen, macht sich auch der Leser Gedanken, ob und wie der zufällig mitgehörte Familienkonflikt möglicherweise gelöst werden wird.

10. ***Hinweis:*** *Weil bei einer Erläuterung immer das Textverständnis gefragt ist, musst du dich genau auf das Zitat beziehen. Es geht bei dieser Äußerung darum, dass für die beiden Hauptpersonen zwischen Kunst und „echtem Leben“ ein Gegensatz besteht, wie es auch im Titel der Kurzgeschichte anklingt. Gelingt es dir, diese Haltung anhand von zwei Textstellen zu erläutern, wird die Lösung mit vier Punkten bewertet. Ist deine Erläuterung nachvollziehbar, jedoch nur auf eine passende Textstelle bezogen, gibt es noch drei Punkte. Beschränkst du dich auf eine Erläuterung ohne Textbezug, ist das zwei Punkte wert. Das bloße Nennen oder Zitieren von Textstellen reicht nicht für eine Bewertung.*

Mögliche Lösung:
Gemütlich am Kamin sitzend, schalten die Eheleute pünktlich das Radio ein, um ein Hörspiel zu genießen. Sie haben bestimmte Erwartungen und Ansprüche an die Qualität der Sendung und kennen sich gut aus, denn die Namen des Autors und des Regisseurs sind ihnen offenbar geläufig (vgl. Z. 41–43). Schon kurz nach Beginn des Dialogs äußert sich die Frau abfällig über das Gehörte, weil Text und Sprechweise ihr zu wirklichkeitsnah erscheinen und damit ihrem Verständnis von Kunst widersprechen (vgl. Z. 26–29). Sie hält sich für eine Kunstkennerin und ist deshalb, nachdem sich der Irrtum aufgeklärt hat, beschämt darüber, nicht sofort erkannt zu haben, dass es sich um ein reales Gespräch und kein Hörspiel gehandelt hat (vgl. Z. 62). Zwar nehmen beide Eheleute Anteil an dem Gehörten und würden gerne wissen, wie die zufällig belauschte Geschichte weitergeht, doch die in der Aufgabenstellung zitierte Äußerung des Mannes macht deutlich, dass sich seiner Meinung nach die Kunst vom wirklichen Leben abheben sollte. Um das zu bekräftigen, schildert er sein Erlebnis von dem zufällig mitgehörten Gespräch in einer Telefonzelle. Zwar sei er davon mehr beeindruckt gewesen als von „gut geschriebene[n] Romane[n]“ (Z. 78 f.), jedoch sei es „‚[…] – Gott sei Dank – keine Kunst‘“ (Z. 82 f.) gewesen.

Teil II: Schreiben

II.A: Textproduktion (Wahlaufgabe)

a) ***Hinweis:***

Aufbau/Inhalt: *Die sparsamen Hinweise und Informationen, die Heinrich Bölls Kurzgeschichte bietet, lassen dir viel Handlungsspielraum für deine eigene Erzählung: Es gibt Eltern und eine erwachsene Tochter, die ihren Freund oder Ehemann seit zwei Jahren nicht gesehen hat, weil er auf einem Überseedampfer arbeitet und meistens unterwegs ist. Jetzt ließe sich ein Treffen arrangieren, doch der Vater, offenbar der Vorgesetzte des Freundes, stellt die Belange der Firma über die Bedürfnisse der Tochter und lässt sich von ihrem Flehen nicht erweichen. Ob das junge Paar sich in London treffen wird, bleibt offen. Als Regisseur/in der Erzählung ist es dir überlassen, ob du für ein Happy End sorgen möchtest oder nicht.*

Personen, Ort und Anlass der Handlung werden in der ***Einleitung*** *deiner Erzählung genannt. Anschließend folgt der* ***Hauptteil****, in dem die Hintergründe des im Radio gesendeten Gesprächs deutlich werden sollten: In welcher Beziehung stehen Karl und die junge Frau zueinander? Warum haben sie sich so lange nicht sehen können? Wie reagiert die Tochter auf das wenig verständnisvolle Verhalten der Eltern? Den* ***Schlussteil*** *kannst du offen gestalten oder zu einem Ende führen, das zu deiner Erzählung passt. Denke dir auch eine passende Überschrift aus!*

Sprachangemessenheit: *Gestalte deinen Text abwechslungsreich, vermeide Wiederholungen bei Satzbau und Wortwahl. Mit Sprachbildern, anschaulichen Adjektiven, treffenden Verben und wörtlicher Rede wird deine Erzählung lebendig und interessant. Die passende Zeitform für erzählende Texte ist eine der Zeitformen der Vergangenheit, vorzugsweise das Präteritum. Du kannst in der Ich-Form oder in der personalen Perspektive aus Sicht der jungen Frau schreiben.*

Sprachrichtigkeit: *Fehler in der Rechtschreibung und Grammatik werden als ganze Fehler, die in der Zeichensetzung als halbe Fehler gewertet. Die Gesamtzahl der Fehler wird auf die Wörterzahl deines Aufsatzes bezogen und als Fehlerindex mit maximal vier Punkten in Abzug gebracht.*

Goodbye London

Überschrift

Einleitung

Erzählanlass, Ort, Personen und ihr Verhältnis zueinander

Marie weinte. Dicke Tränen tropften auf den Telefonhörer, den sie in der Hand hielt, und zeichneten eine zarte Spur aus salzigen Kristallen auf den schwarzen Kunststoff. Das gleichmäßige und unpersönliche Tuten aus der Sprechmuschel zeigte an, dass ihr Gesprächspartner schon längst aufgelegt hatte. Minutenlang starrte sie auf das Telefon, ohne irgendetwas wahrzunehmen, dann legte sie mit einer resignierten Geste den Hörer auf die Gabel. Wozu hatte sie eigentlich geheiratet, wenn sie Karl doch kaum zu Gesicht bekam? Sie seufzte. Es war ja nicht seine Schuld. Ihre Eltern – oder nein – eigentlich war es ja nur ihr Vater, der immer wieder verhinderte, dass Karl endlich einmal Urlaub nehmen konnte. Als Karl und sie sich kennenlernten, heirateten und in London eine Wohnung bezogen, schien es ein Glücksfall für alle Beteiligten: Sie, die Tochter eines Schiffseigners und Karl, ein junger Seemann mit ehrgeizigen Plänen – einer glänzenden Zukunft schien nichts im Wege zu stehen.

Hauptteil

Hintergründe der Geschichte:

Situation der Hauptpersonen

Doch kurz nach Karls Beförderung zum Kapitän geriet die Firma von Maries Vater in eine finanzielle Krise, Leute wurden entlassen und Schiffe verkauft. Das verbliebene Personal musste immer mehr arbeiten, um den Bankrott zu verhindern. Eine der Überseerouten übernahm Karl, monatelang dauerte eine Tour, und kaum war er zurück in Hamburg, bekam er einen neuen Auftrag. Zwei Jahre ging das nun schon so. Aber jetzt war die „Seacloud" im Hafen von Liverpool eingelaufen, und als Marie das hörte, hatte sie neue Hoffnung geschöpft. Von Liverpool nach London – ein Klacks mit der Bahn! Sie könnten ein paar Tage zusammen verbringen, vielleicht ans Meer fahren, abends ins Theater … Marie war sich sicher gewesen, ihre Eltern überreden zu können, Karl den verdienten Urlaub zu gewähren. „Es geht nicht, es geht nun einmal nicht, und du musst dich damit abfinden." Die harschen Worte ihres Vaters klangen noch immer in Maries Ohren nach, und erneut wurde sie von Weinkrämpfen geschüttelt. Wie sehnte sie sich nach Karl! Es war so ungerecht! Langsam machte sich Zorn in ihrem Inneren breit, stieg wie eine heiße Welle in ihr auf und ließ sie die Fäuste ballen. Noch nicht einmal ihre eigene

Maries Wünsche

Maries Gefühle:

- Sehnsucht nach Karl
- Wut auf die Eltern

Mutter war bereit, sie zu unterstützen. Aus allem hielt sie sich heraus! Immer kuschte sie, wenn Vater seinen Willen durchsetzte. Nie stellte sie sich auf ihre Seite. Vernünftig sollte sie sein? Stand nicht ihre Ehe auf dem Spiel? Ging es nicht um ihre Liebe? Und da fasste Marie einen Entschluss. Sie kramte das Heft mit den Bahnfahrplänen aus der Schreibtischschublade und suchte eine Verbindung von London nach Liverpool. Anschließend holte sie eine kleine Reisetasche vom Schrank und fing an zu packen: warme, bequeme Kleidung, Regenjacke, Waschzeug, praktische Sachen, nichts Schickes, nur das Notwendigste; sie würde in den nächsten Wochen sehr wenig Platz zur Verfügung haben; Reisepass und Bargeld. Dann schloss sie die Fensterläden, verließ die Wohnung und drehte den Schlüssel der Wohnungstür zweimal herum. Sie hatte nicht vor, in nächster Zeit wiederzukommen. Ein Taxi brachte sie zum Bahnhof. Es war dunkel und regnete, als Marie in Liverpool ankam. Den Weg zum Hafen ging sie zu Fuß. Ihr Herz pochte, als sie sich dem Überseequai näherte. Jetzt kamen ihr doch Zweifel. Ob Karl sich überhaupt freute? Wie ein gefesseltes Urtier lag die „Seacloud" im Hafenbecken, niemand war an Deck zu sehen, kein Bullauge schickte ein tröstliches Licht auf den dunklen Quai. Erneut zögerte die junge Frau. „Wenn du jetzt einen Rückzieher machst, wird dein Vater weiterhin über dein Leben bestimmen", redete sie sich selbst Mut zu.

Entschlossen schritt sie über die Gangway und verschwand im dunklen Bauch des Schiffes.

Wende in Maries Verhalten:

- Sie fasst einen Entschluss.
- Sie setzt ihn in die Tat um.
- Sie zweifelt und zögert.
- Sie redet sich Mut zu.

Offenes Ende

b) *Hinweis: Das Für und Wider zu* ***argumentieren*** *bedeutet, die Vor- und Nachteile von etwas einander gegenüberzustellen. Am besten sammelst du zunächst in einer Tabelle stichwortartig die Vor- und Nachteile von Reality-TV-Sendungen und nummerierst sie anschließend nach ihrer Wichtigkeit.*
In der ***Einleitung*** *kannst du z. B. auf die zunehmende Verbreitung und Vielfalt solcher Sendungen hinweisen und mit der aus dem Thema abgeleiteten Fragestellung zum Hauptteil überführen. Im* ***Hauptteil*** *führst du die Argumente, die für und gegen das Reality-TV sprechen, aus und stützt sie mit überzeugenden Beispielen. Du solltest drei Pro-Argumenten ebenso viele Kontra-Argumente gegenüberstellen. Entweder kannst du die beiden Argumentationsblöcke nacheinander abhandeln oder jeweils einem Pro-Argument ein passendes Kontra-Argument entgegenhalten. Schließlich beziehst du persönlich Stellung zum Thema (****Schlussteil****) und bekräftigst deine Meinung mit dem für dich stärksten Argument.*
Aufbau und Inhalt *werden mit bis zu 24 Punkten bewertet, die* ***Sprachangemessenheit*** *mit bis zu 12 Punkten (richtige Verwendung der Zeitform, treffende Formulierungen, passende Wortwahl, abwechslungsreicher Satzbau, Vermeidung von Wiederholungen). Weitere 4 Punkte gibt es für* ***Rechtschreibung, Grammatik und Zeichensetzung****, die sich mithilfe des Fehlerindex errechnen (Rechtschreibung und Grammatik: ganze Fehler; Zeichensetzung: halbe Fehler).*

Ideenliste/Stoffsammlung:

Gespieltes Leben – Was spricht für, was gegen Reality-TV?	
Vorteile	**Nachteile**
kann Problembewusstsein schaffen	Neugier und Schadenfreude werden bedient
hoher Unterhaltungswert	Laiendarsteller werden manipuliert
Startmöglichkeit für Schauspielanwärter	Menschen werden bloßgestellt

Gespieltes Leben – Was spricht für, was gegen Reality-TV? — Überschrift

Einleitung

Menschen baden in Ameisenhaufen, lassen sich bei einem intimen Date filmen, präsentieren dem Fernsehzuschauer ihr zugemülltes Wohnzimmer oder tauschen vor laufender Kamera die eigene Ehefrau gegen eine wildfremde Partnerin: Die Zahl sogenannter Reality-TV-Sendungen wächst und erfreut sich zunehmender Beliebtheit.

Beispiele für Reality-TV-Formate

Zunahme der Sendungen, Beliebtheit

Gleichzeitig stehen viele dieser Formate in der Kritik, unter anderem deshalb, weil die Produzenten und TV-Sender mit geringen Kosten und Risiken hohe Gewinne erzielen. Daher stellt sich die Frage: Was spricht für, was gegen Reality-TV?

Überleitung zum Thema: Aufgreifen der Fragestellung

Ein wichtiges Argument für solche Sendungen ist die Tatsache, dass Probleme und Nöte bestimmter Bevölkerungsgruppen von einem größeren Publikum wahrgenommen werden und damit die Möglichkeit besteht, Vorurteile zu entkräften und Anteilnahme zu wecken. Wenn z. B. Übergewichtige im „Abspeckcamp“ weinend zusammenbrechen, weil sie das gesteckte Ziel verfehlt haben, kann beim Publikum aus Verachtung Mitleid und Anteilnahme werden. Möglicherweise begegnen solche Zuschauer in Zukunft Menschen in ihrer Umgebung, die unter Übergewicht leiden, mit mehr Verständnis.

Hauptteil
Vorteile der Reality-TV-Formate:

- Erstes Argument: Problembewusstsein schaffen

Für die Ausstrahlung solcher Sendungen spricht außerdem ihr hoher Unterhaltungswert. Da jeder weiß, dass alle Beteiligten freiwillig und gegen Bezahlung teilweise bizarre Dinge tun, kann der Fernsehzuschauer ungeniert und voller Vergnügen dabei zusehen, wie jemand Dschungelprüfungen meistert, peinliche Situationen übersteht oder wie die eingetauschte Ehefrau auf Zeit die fremde Familie durcheinanderbringt.

- Zweites Argument: hoher Unterhaltungswert

Ein weiterer Vorteil wäre, dass sich bei manchen dieser Formate für die Laiendarsteller die Möglichkeit ergibt, ihr schauspielerisches oder komödiantisches Talent zu entdecken und professionell weiterzuentwickeln. So könnte z. B. in einer Jugendgerichtsshow einer der „Angeklagten“ durch eine überzeugend dargestellte Spielhandlung auf sich aufmerksam machen und sich für eine Schauspielerausbildung qualifizieren.

- Drittes Argument: Startmöglichkeit für Schauspielanwärter

Das Reality-TV hat aber auch Nachteile. Zum einen kann man bereits die Absicht dieser Sendungen infrage stellen. Denn nicht das Interesse an reiner Unterhaltung wird bedient, sondern die meisten Reality-TV-Formate zielen auf die Neugier und Schadenfreude ihrer Zuschauer. Gelacht wird in der Regel nicht über besonders witzige Handlungsmomente wie in einer Komödie, sondern darüber, wie Menschen an den ihnen zugemuteten Situationen scheitern. So freut sich der Fernsehzuschauer z. B. darüber, wenn sich die Kandidaten im „Dschungelcamp“ nicht dazu überwinden können, lebende

Überleitung zu den Gegenargumenten; **Nachteile** von Reality-TV

- Erstes Argument: Neugier und Schadenfreude beim Zuschauer

Maden zu verspeisen oder in den braunen Tümpel voller Blutegel zu steigen, und dafür mit Punktabzug bestraft werden.

Ein weiteres Gegenargument ist der Umgang der TV-Produzenten mit den Darstellern und Kandidaten. So werden unter anderem für die eher unwahrscheinliche Aussicht, vielleicht endlich eine neue Lebenspartnerin zu finden, Menschen dazu genötigt, ihr Innerstes bloßzulegen und sich selbst zur Witzfigur zu machen. Ein Beispiel dafür ist die Serie „Bauer sucht Frau"; hier können Zuschauer in teilweise sehr privat gestalteten Szenen mitverfolgen, ob und wie es den Kandidaten gelingt, eine potenzielle Bäuerin für sich zu gewinnen. Das kann sehr amüsant sein, jedoch auf Kosten der Darsteller, die sich oft zu Handlungen und Verhaltensweisen überreden lassen, die ganz offensichtlich nicht ihrem Naturell entsprechen.

- Zweites Argument: Manipulation der Darsteller

Das Hauptargument gegen Reality-TV-Sendungen ist die menschenverachtende Art, wie die Schwächen der Mitwirkenden zur Belustigung der Fernsehzuschauer eingesetzt werden. Wem es an Bildung und Geld oder an beidem fehlt, wer psychische oder körperliche Defizite hat, die nicht ins allgemeine Raster passen, oder wer einfach nur besonders viel Pech im Leben hatte, wird gnadenlos vorgeführt. Offensichtliche Unfähigkeiten in der Haushaltsführung oder Kindererziehung werden von der Kamera genüsslich und detailliert erfasst. Wem es nicht gelingt, sein Leben in den Griff zu bekommen, seine Kinder zu erziehen, beruflich und gesellschaftlich Fuß zu fassen oder einen Partner fürs Leben zu finden, braucht sicher Hilfe. Die kann aber nicht darin bestehen, solche Menschen mit der Aussicht auf kurzfristigen Ruhm und vielleicht ein bisschen Geld „durchs Schlüsselloch" in ihren Wohn- und Familienverhältnissen zu filmen und der Öffentlichkeit zu präsentieren.

- Drittes Argument: Menschen werden bloßgestellt

Meiner Meinung nach sind die meisten Reality-TV-Sendungen trotz ihrer Beliebtheit abzulehnen, weil sie menschliche Schwächen zur Unterhaltung der Fernsehzuschauer einsetzen. Aufgrund ihres Erfolgs werden sich diese Formate jedoch sicherlich weiterhin verbreiten. Dem kritischen Fernsehzuschauer bleibt glücklicherweise immer noch der Senderwechsel oder, besser noch, der Abschaltknopf.

Schluss

Fazit/eigene Meinung, Verstärkung des wichtigsten Arguments

Abschlussprüfung Deutsch an Realschulen in Hessen 2018
Text 2

Teil I: Lesen

Hinweis: *Bei den Multiple-Choice- und den Zuordnungsaufgaben (Aufgabe 1 bis 4) ist immer nur eine Lösung richtig. Wenn du mehr als eine Möglichkeit angekreuzt hast, gibt es für die Aufgabe keinen Punkt!*

1. a) ☒ 444

   Hinweis: *vgl. Z. 12 f.*

   b) ☒ erfinderischer Softwareingenieur.

   Hinweis: *vgl. Z. 22*

   c) ☒ riecht es süßlich.

   Hinweis: *vgl. Z. 33–35*

   d) ☒ sein Magen schrumpft.

   Hinweis: *vgl. Z. 83*

   e) ☒ nichts essen oder trinken darf.

   Hinweis: *vgl. Z. 103 f.*

   f) ☒ bestellt er Lachs in einem Café in St. Pauli.

   Hinweis: *vgl. Z. 184–186*

2. a) ☒ probieren.

   Hinweis: *Wortverwandtschaft mit „verkosten" oder „auskosten" im Sinne von „genießen".*

   b) ☒ grundlegend.

   Hinweis: *Als „Fundament" bezeichnet man die Grundmauern eines Gebäudes. Im übertragenen Sinne ist ein Fundament also die Grundlage von etwas, z. B.: Das Essen ist die Grundlage/das Fundament unseres Lebens.*

c) ☒ verarbeiten.

Hinweis: *Abgeleitet von „Prozess", einer Bezeichnung für allgemeine Produktionsabläufe; vgl. auch „Prozessor" im Computer, ein Gerät, das Abläufe steuert und vorantreibt.*

d) ☒ bedeutungslos.

Hinweis: *Das Präfix „ent-" bedeutet so viel wie „weg" (z. B. jmd. etwas entreißen = jmd. etwas wegnehmen). Wird etwas „ent-wertet", wird sein Wert „weggenommen"; es verliert seinen Wert und damit seine Bedeutung.*

e) ☒ beenden.

Hinweis: *„Absägen" meint umgangssprachlich „etwas abrupt/rücksichtslos beenden".*

3. a) ☒ Nur C steht im Text.

Hinweis: *Vgl. Z. 51 f.; Aus den Zeilen 46–48 geht hervor, dass dem Autor ein Teil der Bestandteile von Soylent unbekannt ist. Deshalb trifft* ***Aussage A*** *nicht zu.* ***Aussage B*** *stimmt nicht, da ein Beutel Soylent sogar weniger Kalorien enthält, als der Autor täglich verbraucht (vgl. Z. 53–57). Nach dem Essen verspürt er keine Müdigkeit (vgl. Z. 119), deshalb ist auch* ***Aussage D*** *falsch.*

b) ☒ Nur B und D stehen im Text.

Hinweis: Aussage B: *Vgl. Z. 78–80;* ***Aussage D:*** *Vgl. Z. 180 f.; in Z. 73 heißt es: „Lebensmittelrevolutionen sind nichts Neues […]." Deshalb trifft* ***Aussage A*** *nicht zu. Auch* ***Aussage C*** *ist falsch, denn in den Zeilen 172–175 beschreibt der Autor, dass dies seiner Voraussage nach nicht eintreffen wird.*

4. ***Hinweis:*** *Für jede richtige Zuordnung gibt es einen Punkt.*

Textstelle	Merkmal
Zeile 60–64	**C**
Zeile 135	**A**
Zeile 172	**A**

Hinweis: *Die erste Textstelle erläutert archäologische, wissenschaftliche Erkenntnisse. Daher ist Antwort C richtig. In den beiden anderen Textstellen nimmt der Autor eine persönliche Wertung vor, d. h., er kommentiert seinen Text.*

5. ✎ ***Hinweis:** Für jede richtige Nennung gibt es einen Punkt. Auch passende Zitate werden gewertet. Zeilenangaben sind nicht notwendig.*

Mögliche Lösungen (zwei erforderlich):
- Die synthetische Nahrung Soylent ist so zusammengesetzt, dass der gesamte Bedarf an Kalorien, Nährstoffen und Vitaminen abgedeckt ist (vgl. Z. 26–28).
- Die Zubereitung ist einfach und geht schnell (vgl. Z. 35–40).
- Die Kalorienmenge ist geringer als der durchschnittliche Tagesbedarf, die Einnahme bedingt also gleichzeitig eine leichte Diät (vgl. Z. 56 f.).
- Diese Form der Ernährung spart Zeit (vgl. Z. 58 f.).
- Soylent stillt den Hunger schneller als andere Nahrungsmittel (vgl. Z. 112 f.).
- Die aufgenommene Kalorienmenge entspricht genau dem jeweiligen Bedarf (vgl. Z. 115–117).
- Die Tagesform bleibt gleich (vgl. Z. 117 f.).
- Nachlassende Energie kann durch die Einnahme von Soylent sofort wieder ausgeglichen werden (vgl. Z. 120–123).
- Soylent ist äußerst preiswert (vgl. Z. 167–169).
- Es ist auch geeignet, Mahlzeiten nur gelegentlich zu ersetzen (vgl. Z. 178 f.).

6. ✎ ***Hinweis:** Anders als bei Aufgabe 5 reicht es hier nicht, Nachteile der Ernährung mit Soylent zu nennen, sondern die Aussagen des Autors sollen mit eigenen Worten erklärt werden. Jeweils zwei Punkte gibt es für eine zutreffende Erklärung einer genannten, zitierten oder umschriebenen Textstelle. Eine Erklärung ohne Textbezug wird mit einem Punkt bewertet, für das bloße Nennen von Textstellen ohne Erklärung gibt es keinen Punkt.*

Mögliche Lösungen (zwei erforderlich):
- „Ich aber tanke. Ich lebe von Sprit.“ (Z. 7 f.): Der Autor fühlt sich nicht mehr wie ein Lebewesen, sondern wie eine Maschine.
- „Ich fühle mich fremd in ihm.“ (Z. 88): Durch die ausschließliche Ernährung mit der synthetischen Flüssignahrung fehlt die Vertrautheit mit den eigenen Körpervorgängen, weil das Kauen wegfällt und die Verdauung sich verändert.
- „Ich nehme an ihrem Leben nicht mehr teil […].“ (Z. 90 f.): Weil er seine Kollegen zwar in die Kantine begleitet, an der gemeinsamen Mahlzeit aber nicht teilnimmt, fühlt er sich ausgeschlossen.
- „Ich werde zum Eremiten.“ (Z. 101): Der Autor fühlt sich wie ein Einsiedler, weil er sich aus dem Freundeskreis zurückzieht.
- „Panik“ (Z. 126): Der Autor bekommt Schlafprobleme, weil sein Gehirn durch das radikal veränderte Essverhalten Warnsignale sendet.

- Der Autor bezeichnet es als traurig, dass Soylent aus dem Grund erfunden wurde, dass man mehr Zeit zum Arbeiten hat (vgl. Z. 134 f.).
- Durch Soylent wird die Ernährung des Menschen auf eine stets ausgeglichene Energiebilanz reduziert (vgl. Z. 140–145).
- Der Autor bezeichnet Soylent als „böse, unästhetisch, brutal“ (152 f.), weil es das natürliche, im Laufe der Evolution entwickelte Essverhalten und das damit einhergehende Sozialleben des Menschen beendet.
- Der Autor lehnt die Vorstellung ab, dass Menschen und Maschinen dasselbe sind. Er äußert die Befürchtung, dass durch die ausschließliche Ernährung mit Soylent die Menschen darauf reduziert werden, zu funktionieren, und sie damit selbst zu Maschinen werden (vgl. Z. 150–152, 158–161).

7. ***Hinweis:*** *Wenn ein Satz grammatikalisch unvollständig und damit verkürzt ist, ihm also mindestens ein Satzteil/Satzglied fehlt, spricht man von einer* ***Ellipse*** *(Auslassungssatz). Bei dem Zitat in der Aufgabenstellung ist die Wortgruppe hinter dem Komma eine Ellipse, der sowohl Subjekt als auch Prädikat fehlen. Als kompletter Satz müsste es z. B. heißen: „Manche sagen,* ***dies ist / synthetische Nahrung ist / eine Ernährung mit Soylent ist*** *die Zukunft.“ Weitere Ellipsen findest du in den Zeilen 26, 28–30, 36–40, 49, 119 f., 192–194.*
Die Aufgabenstellung enthält zwei Aspekte, auf die du dich für das Erreichen der vollen Punktzahl in deiner Erklärung beziehen musst: Zwei Punkte gibt es, wenn du allgemein die Wirkung erklärst, die die gehäufte Verwendung des sprachlichen Mittels erzeugt. Zwei weitere Punkte erhältst du, wenn du das Stilmittel auf den Inhalt des Textes beziehst (Zeilenangaben, Umschreibung, Zitate).

Mögliche Lösung:
- **Wirkung:** Durch die unvollständigen und verkürzten Sätze besonders im ersten Teil des Textes entsteht der Eindruck eines inneren Monologs, in dem der Autor seine spontanen und locker verknüpften Gedanken wiedergibt und sich auf das wirklich Wichtige beschränkt. Obwohl die Sätze unvollständig sind, ist der Inhalt der Aussage klar zu verstehen und wird damit besonders betont.
- **Textbezug:** Die Ernährung mit Soylent beschränkt sich auf die zum Leben notwendigen Kalorien, Nährstoffe und Vitamine (vgl. Z. 26–30). Alles andere, was das Essen zu einem abwechslungsreichen und lustvollen Vorgang macht, fehlt jedoch: Die Vielfalt von Geschmack, Farben und Konsistenz der einzelnen Lebensmittel sowie ihre Zubereitung und Zusammenstellung zu immer neuen Gerichten. Damit passt die Verwendung von Ellipsen mit ihrer Reduktion auf die inhaltlich wesentlichen Aussagen gut zum gesamten Textinhalt.

8. *Hinweis: Hier soll die Wörterbuch-Erklärung der zweideutig zu verstehenden Überschrift „Ausgekocht" in Beziehung zum Erfinder der synthetischen Nahrung gebracht und vertiefend erklärt, d. h. erläutert werden. Für jede schlüssige Erläuterung mit passendem Textbezug gibt es zwei Punkte. Fehlt die Angabe einer konkreten Textstelle, gibt es nur einen Punkt; wird nur eine Textstelle genannt und nicht erläutert, erhältst du keinen Punkt.*

Mögliche Lösungen (zwei erforderlich):
- Ohne ein hohes Maß an Wissen und viele Spezialkenntnisse der Lebensmittelchemie (vgl. Z. 42–48) und der Ernährungswissenschaft (vgl. Z. 27 f.) hätte der Softwareingenieur Rob Rhinehart ein Produkt wie Soylent nicht entwickeln können. Deshalb kann man ihn als „gescheit" im Sinne des Wörterbucheintrags bezeichnen.
- Die Idee, die hinter der Erfindung von Soylent steckt, ist „raffiniert": Zubereitung und Nahrungsaufnahme dauern nur wenige Minuten (vgl. Z. 40, Z. 58 f., Z. 112 f.). Aufgrund der damit eingesparten Zeit könnte die Arbeitsleistung von Menschen, die sich mit Soylent ernähren, erheblich gesteigert werden.
- Rob Rhinehart plant mit Soylent eine „Lebensmittelrevolution", die „die Verbindung von Nahrung und Landwirtschaft aufhebt" (Z. 73–80). Als Erfinder profitiert er von jedem verkauften Päckchen der synthetischen Nahrung. Schon jetzt ist das Produkt äußerst kostengünstig und kann sogar noch billiger werden (vgl. Z. 167–169). Damit erweist sich Rob Rhinehart als „gerissener" Geschäftsmann, denn durch den massenhaften Vertrieb des Nahrungsersatzes steigert sich sein Einkommen entsprechend.

9. *Hinweis: Etwas „herausarbeiten" bedeutet, dass aus dem Text etwas abgeleitet werden soll, das dort nicht eindeutig formuliert ist. Die in der Aufgabenstellung zitierte Aussage drückt aus, dass der Autor die alleinige Ernährung mit Soylent ablehnt. Die (ethischen) Gründe dafür sollen anhand von zwei Textstellen herausgearbeitet werden. Für jede zutreffende Herausarbeitung anhand einer Textstelle gibt es zwei Punkte, ohne Textverweis einen Punkt. Wird eine Textstelle nur genannt und nicht bezüglich der Aussage interpretiert, gibt es keinen Punkt.*

Mögliche Lösung:
Schon zwei Tage nach Beginn seines Selbstversuchs mit Soylent vergleicht sich der Autor mit einer Maschine, die tankt, statt zu essen (vgl. Z. 4–8). Diese Vorstellung bereitet ihm Unbehagen, weil Maschinen alles fehlt, was den Menschen zum Menschen macht: Gefühle, soziale Kontakte, Ziele. So beklagt er z. B. die veränderte Körperwahrnehmung, die mit dem fehlenden Essen einhergeht: Die

ein Leben lang gewohnten Verdauungsvorgänge sind anders, sodass er sich fremd im eigenen Körper fühlt (vgl. Z. 81–88). Des Weiteren bedauert er, nur noch als Beobachter am sozialen Miteinander seiner Kollegen und Freunde teilzunehmen (vgl. Z. 89–91, Z. 102–107). Die Erkenntnis, dass die Ernährungsweise mit Soylent seinen Körper von einem Lebewesen in eine Maschine verwandelt, deren wichtigste Funktion eine stets ausgeglichene Energiebilanz ist (vgl. Z. 140–145), führt schließlich zu einer ablehnenden Haltung des Autors gegenüber Soylent.

10. ✎ ***Hinweis:*** *Bei einer Erläuterung ist das Textverständnis gefragt, deshalb muss in deiner Lösung eine eindeutige Beziehung zwischen dem Sprichwort und zwei geeigneten Textstellen deutlich werden. Die volle Punktzahl gibt es, wenn du auf beide in der Aufgabenstellung genannten Aspekte, nämlich „Essen" und „Ernähren" eingehst. Eine Erläuterung ohne Textstelle wird mit zwei Punkten bewertet, das reine Nennen oder Zitieren von Textstellen reicht nicht für eine Bewertung.*

    Mögliche Lösung: (Für die Erläuterung von „Ernähren" und „Essen" ist jeweils nur eine der hier genannten Textstellen erforderlich.)
    Beim „Ernähren" geht es um die notwendige Zufuhr von Kalorien, Nährstoffen und Vitaminen, um alle Körperfunktionen aufrechtzuerhalten (vgl. Z. 27 f.). Im Falle der synthetischen Nahrung „Soylent" ist die Nahrungsaufnahme schnell erledigt (vgl. Z. 58 f.) und äußerst preiswert (vgl. Z. 167 f.). Geschmacklich ist Soylent so gestaltet, dass es keinen Widerwillen erzeugt (vgl. Z. 52, Z. 111 f.). Zum reinen Überleben genügt eine solche Ernährungsform, sie reduziert den Körper jedoch auf eine maschinenähnliche Funktion: Der „Sprit heißt Soylent" (Z. 9) und der „Mund ist ein Einfüllstutzen" (Z. 139 f.). Es gibt keine Leistungskurven mehr, denn sobald die Energie absinkt, wird nachgetankt (vgl. Z. 7 f., Z. 117–123).
    Unter „Essen" versteht man zwar auch Nahrungsaufnahme und damit die Versorgung des Körpers mit Energie und Nährstoffen, darüber hinaus hat das Essen aber vielfältige zusätzliche Aspekte. Schon bei unseren Vorfahren in der Steinzeit nahm die Beschaffung und Zubereitung der Nahrung einen großen Teil des täglichen Lebens in Anspruch (vgl. Z. 60–64). Von Kindheit an prägen bestimmte Nahrungsmittel jede Entwicklungsphase (vgl. Z. 65–68). Essen und die Diskussion darüber sind wesentliche Elemente unseres Alltags (vgl. Z. 68–71). Hunger und Appetit auf verschiedene Speisen sind wichtige Signale unseres Körpers; sie sorgen für positive Gefühle und Abwechslung im Tagesrhythmus (vgl. Z. 92–99). Für das soziale Miteinander spielt das Zubereiten und Verzehren gemeinsamer Mahlzeiten eine wichtige Rolle (vgl. Z. 106 f.). Anblick, Geruch und Geschmack der Speisen bedeuten Genuss und Glücksgefühle (vgl. Z. 184–197).

Teil II: Schreiben

II.A: Textproduktion (Wahlaufgabe)

a) *Hinweis: Bei dieser Aufgabenstellung sollen die* ***Vor- und Nachteile*** *einer ausschließlichen Ernährung mit Soylent gegeneinander abgewogen werden. Dabei kannst du sowohl Argumente aus dem Text als auch eigene Thesen einarbeiten. Auch wenn das in der Aufgabenstellung nicht verlangt wird, solltest du zunächst in einer Tabelle stichwortartig die Vor- und Nachteile dieser Ernährungsform sortieren und gewichten.*
In der ***Einleitung*** *kannst du auf den Artikel Bezug nehmen und mit der aus der Aufgabenstellung erschlossenen Erörterungsfrage zum Hauptteil überleiten.*
Im ***Hauptteil*** *führst du die Argumente für und gegen eine ausschließliche Ernährung mit Soylent aus und stützt sie mit überzeugenden Beispielen, bei denen du dich auf den Text beziehen kannst. Es wird erwartet, dass du jeweils drei Argumente formulierst. Deine eigene Meinung zum Thema stellst du im* ***Schlussteil*** *dar und bekräftigst sie, indem du das überzeugendste Argument aus dem Hauptteil noch einmal aufgreifst.*
Es gibt bis zu 24 Punkte für ***Aufbau und Inhalt****, weitere 12 Punkte für die* ***Sprachangemessenheit*** *(richtige Verwendung der Zeitform, treffende Formulierungen, passende Wortwahl, abwechslungsreicher Satzbau, Vermeidung von Wiederholungen).* ***Rechtschreibung, Grammatik und Zeichensetzung*** *werden mit maximal 4 Punkten bewertet. Dabei zählen Fehler in der Rechtschreibung und Grammatik als ganze, in der Zeichensetzung als halbe Fehler.*

Ideenliste / Stoffsammlung:

Essen oder Ernährung – Was spricht für, was gegen eine ausschließliche Versorgung mit Soylent?	
Vorteile	**Nachteile**
versorgt den Körper mit allem Notwendigen	mit Essen verbundener Genuss fehlt
preiswert	veränderte Körperfunktionen mit negativen Folgen für die Gesundheit
schnell zubereitet und verzehrt	Verlust sozialer Kontakte

Essen oder Ernährung – Was spricht für, was gegen eine ausschließliche Versorgung mit Soylent?

Überschrift

Einleitung
Bezug auf den Zeitungsartikel / Selbstversuch des Autors

In seinem Artikel „Ausgekocht“, erschienen in der Zeitschrift NEON im Oktober 2014, berichtet der Journalist Alard von Kittlitz von einem Selbstversuch mit dem synthetischen Nahrungsmittel Soylent. Entwickelt und auf den Markt gebracht wurde es von dem amerikanischen Softwareingenieur Rob Rhinehart. Eine Woche lang hat sich der Autor des Artikels ausschließlich mit Soylent ernährt. Seiner Beschreibung des Selbstversuchs lassen sich sowohl positive als auch negative Aspekte einer solchen Ernährungsweise entnehmen. Was spricht für, was gegen eine ausschließliche Versorgung mit Soylent?

Überleitung zum Thema: Aufgreifen der Fragestellung

Hauptteil
Vorteile der ausschließlichen Ernährung mit Soylent

- Erstes Argument: Versorgung mit allen notwendigen Nahrungsbestandteilen

Ein wichtiges Argument für diese Ernährungsform ist die Tatsache, dass Soylent die richtige Kalorienmenge sowie alle zum Leben benötigten Nährstoffe enthält. Konsumenten von Soylent können also weder übergewichtig werden noch unter Mangelerscheinungen leiden oder gar ernährungsbedingte Krankheiten wie z. B. Diabetes bekommen. Das würde nicht nur den Menschen selbst zugutekommen, sondern auch das Gesundheitssystem entlasten, da in der heutigen Zeit Krankheiten infolge von Fehlernährung zunehmen.

- Zweites Argument: niedriger Preis

Zusätzlich spricht für die Ernährung mit Soylent der niedrige Preis. Die derzeitigen Kosten von 2,50 Euro pro Mahlzeit können nach Aussagen des Erfinders sogar noch gesenkt werden. Würde man Soylent der hungernden Bevölkerung in Entwicklungsländern zugänglich machen, könnte das zur Lösung des Welternährungsproblems beitragen. Überdies wäre nach Naturkatastrophen oder in Kriegsgebieten eine schnelle Versorgung der Betroffenen möglich. Auch arme Menschen in Industrieländern, die sich nicht genügend Lebensmittel leisten können, hätten durch Soylent die Möglichkeit, alle notwendigen Nährstoffe auf einfachste Weise zu erhalten.

- Drittes Argument: schnelle Zubereitung, schnelle Nahrungsaufnahme

Ein weiterer Vorteil der Ernährung mit Soylent ist die damit verbundene Zeitersparnis. Pulver und etwas Öl werden in Wasser angerührt, durch Schütteln miteinander vermengt und ausgetrunken. In insgesamt fünf Minuten sind Zubereitung und Verzehr einer „Mahlzeit“ erledigt. Das bedeutet, dass man für Einkaufen, Kochen und Essen von Lebensmitteln keine Zeit mehr aufwenden muss. Da diese Tätigkeiten normalerweise einen großen Teil des Tages beanspruchen, kann man sich vermehrt seiner Arbeit oder seinen Hobbys widmen.

Jedoch gibt es auch Einwände gegen diese Ernährungsform. Ein wichtiger Aspekt, der gegen die ausschließliche Ernährung mit Soylent spricht, ist der damit einhergehende Verlust von positivem Lebensgefühl. Essen bedeutet Vorfreude auf und Genuss von Mahlzeiten. Das Auswählen und Einkaufen von Lebensmitteln, ihre Zubereitung und ihr Verzehr stimulieren verschiedene Bereiche unseres Fühlens, Denkens und Handelns. So erfreut eine appetitlich angerichtete Mahlzeit Auge, Nase und Geschmacksnerven.

Überleitung zu den Gegenargumenten; **Nachteile** einer ausschließlichen Ernährung mit Soylent

- Erstes Argument: mit dem Essen verbundener Genuss fehlt

Was ebenfalls gegen die Ernährung mit Soylent spricht, ist die Reaktion des Körpers auf die Veränderung seiner natürlichen Funktionen. Da Soylent in flüssiger Form aufgenommen wird, entfällt das Kauen und Verdauen fester Bestandteile. Entsprechend passen sich die Verdauungsabläufe an die neue Ernährung an. Wenn Zähne und Kaumuskeln nicht mehr gebraucht werden und auch die natürlichen Funktionen von Magen und Darm auf ein Minimum reduziert werden, kann das zu Zahnausfall und Verdauungsproblemen führen.

- Zweites Argument: veränderte Körperfunktionen mit negativen gesundheitlichen Folgen

Das Hauptargument gegen die synthetische Nahrung ist jedoch die Einschränkung des sozialen Lebens. Das gemeinsame Essen und Trinken mit Familie, Freunden und Kollegen sind wichtige Elemente im Beziehungsgefüge und tragen zur Festigung zwischenmenschlicher Bindungen bei. Dazu gehören die täglichen Familienmahlzeiten mit ihren festen Ritualen ebenso wie das Picknick mit Freunden oder der spontane Restaurantbesuch zu zweit. Taufen, Hochzeiten und Beerdigungen sind ohne das gemeinsame Essen ebenso wenig denkbar wie Wirtschaftskongresse oder politische Gipfeltreffen.

- Drittes Argument: Verlust sozialer Kontakte

Sich mit anderen Menschen an einen Tisch zu setzen und das Essen mit ihnen zu teilen, stellt meiner Meinung nach eine der wichtigsten Grundlagen für das soziale Miteinander dar. Deshalb käme für mich persönlich eine ausschließliche Ernährung mit Soylent nicht infrage.

Fazit / eigene Meinung
Verstärkung des wichtigsten Arguments

b) *Hinweis:* *Bei einem* ***Bericht*** *handelt es sich um eine Textsorte, in der in sachlicher Weise und ohne die eigene Meinung erkennen zu lassen oder Wertungen vorzunehmen über ein Ereignis aus der Vergangenheit geschrieben wird. Ziel des Berichts ist die Information über das Geschehen, deshalb konzentriert sich der Text auf die Darstellung des wirklich Wichtigen in der richtigen Reihenfolge. Orientieren kann man sich dabei an den sieben W-Fragen:* ***Was*** *ist passiert,* ***wann/wie lange*** *und* ***wo*** *ist es passiert,* ***wer*** *war beteiligt,* ***wie*** *und* ***warum*** *ist es passiert,* ***welche Folgen*** *hat das Ereignis? Dem Bericht vorangestellt wird ein sogenannter Lead, der die Funktion einer* ***Einleitung*** *hat und in dem die zentralen Informationen kurz zusammengefasst werden. Dieser Lead erleichtert z. B. in einer Tageszeitung dem Leser die Textauswahl. Der* ***Hauptteil*** *berichtet dann über das Ereignis, wobei auch Aussagen von Beteiligten zitiert und Hintergrundinformationen eingebunden werden können. Den* ***Schluss des Berichts*** *kann ein Ausblick auf ähnliche Ereignisse, ein Zitat oder eine abschließende Zusammenfassung darstellen.*
Mit bis zu 24 Punkten werden ***Aufbau und Inhalt*** *deines Berichts gewertet. Denke dir auch eine treffende Überschrift aus und achte darauf, beim Thema zu bleiben. Die* ***Sprachangemessenheit*** *(Wortschatz, Satzbau, Ausdruck) ist bis zu 12 Punkte wert. Bei Fehlern in der Rechtschreibung, Grammatik und Zeichensetzung (****Sprachrichtigkeit****, bezogen auf die Wörterzahl) werden bis zu 4 Punkte von der Gesamtpunktzahl dieser Aufgabe abgezogen.*

Du bist, was du isst

Überschrift

Gemeinsam mit dem bekannten Fernsehkoch Till Täubner hatte die Koch-AG der Paul-Bocuse-Schule Topfkirchen einen ganzen Schultag lang Gelegenheit, dem Geheimnis von guter und gesunder Ernährung auf die Spur zu kommen.

Einleitung/Lead
Zusammenfassung der wichtigsten Informationen

Der aus zahlreichen Koch- und Quizshows einem großen Publikum bekannte Küchenprofi war im Rahmen der Projektwoche „Gesund durch die Schulzeit“ nach Topfkirchen gekommen, um mit den Jugendlichen gemeinsam ein Menü zuzubereiten. Die Vorgaben waren einfach: Gesund sollte es sein, nicht zu kompliziert und trotzdem etwas Besonderes. Die Zutaten sollten überwiegend aus der Region kommen und natürlich zur Jahreszeit passen. Die Schülerinnen und Schüler der Koch-AG, die den Fernsehkoch eingeladen hatten, erhofften sich zahlreiche Tipps und Hinweise für eine besonders ausgeklügelte Speisenfolge. Um dem geplanten Koch-Event

Hauptteil
Beantwortung der wichtigsten W-Fragen: was/wann/wo/wer/warum?

noch einen zusätzlichen Kick zu geben, hatten sie schon im Vorfeld alle Mitglieder der Schulleitung zum Mittagessen eingeladen und sich damit selbst unter Erfolgsdruck gesetzt.
Nach einer kleinen Vorstellungsrunde zum Auftakt des Projekttages erläuterte Till Täubner den Schülerinnen und Schülern den geplanten Tagesablauf: In der ersten Stunde sollten die Mitglieder der Koch-AG in Kleingruppen jeweils einen Teil der Menüfolge planen, Rezepte im Internet suchen und Einkaufslisten erstellen. Dabei übernahm eine Gruppe die Vorspeise, eine weitere war für die Suppe verantwortlich, es sollte ein Hauptgericht geben und schließlich ein Dessert. Anschließend sollten die Rezeptideen dahingehend verglichen werden, ob sie zueinander passten und sich zu einem Menü zusammenstellen ließen.

Wie? Verlauf des Projekttags

Die zweite und dritte Stunde war für den Einkauf der Zutaten eingeplant, anschließend sollte gekocht und pünktlich um 12.45 Uhr das Essen serviert werden. „Arbeitsvorbereitung ist die halbe Arbeit“, so Till Täubner auf die Frage, warum das Zusammenstellen der Gerichte und das Einkaufen der Lebensmittel so viel Zeit in Anspruch nehmen sollte. Was er damit meinte, erlebten die Schülerinnen und Schüler der Koch-AG, als sie mit ihrem prominenten Kursleiter anschließend den Supermarkt besuchten. Im Schnelldurchgang erfuhren sie, welches Grünzeug der Suppe Geschmack und nicht nur Farbe verleiht, woran man wirklich frischen Fisch erkennt, welcher Käse einem Pesto den charakteristischen Geschmack verleiht und ob brauner Zucker wirklich gesünder ist als weißer. Zurück in der Schulküche, machte sich die Gruppe unter Anleitung des Fachmanns an die Arbeit. Als Arbeitstitel hatten sich die Jugendlichen das Thema „Sommermenü in Grün“ ausgedacht und entsprechend geplant und eingekauft. Die Vorspeisengruppe hatte sich für einen grünen Salat mit Forellenfilet entschieden, anschließend sollte ein lauwarmes Kerbelsüppchen serviert werden, die Hauptspeise war ein Pastagericht aus grünen Bandnudeln mit Basilikumpesto, und zum Nachtisch gab es einen Rhabarber-Erdbeer-Salat mit gerösteten Pistazien. Das eigentliche Kochen, das heißt also das Waschen und Kleinschneiden von Kräutern,

Zitat des Kursleiters

Hintergrundinformationen

Obst und Gemüse, das Dünsten des Fischs, Kochen der Nudeln bis zum richtigen Al-dente-Zustand, Anrühren des Pestos oder Rösten der Pistazien, nahm dann tatsächlich die wenigste Zeit in Anspruch. Da aber viele Arbeitsgänge gleichzeitig passieren mussten und nichts anbrennen oder verkochen durfte, gerieten die Schülerinnen und Schüler doch in einigen Stress und waren dankbar, dass ihr prominenter Gast stets einen kühlen Kopf behielt und überall gleichzeitig zu sein schien, um kleine Schwierigkeiten zu meistern und drohende Pannen zu verhindern. Pünktlich versammelten sich die eingeladenen Schulleitungsmitglieder am gedeckten Tisch und bekamen stilecht ihr viergängiges Menü serviert. Die Begeisterung für diese exklusive Bewirtung fasste Schulleiter Klemens Kurz mit den Worten zusammen: „Gäbe es einen Stern für das Schulrestaurant der Paul-Bocuse-Schule, ihr hättet ihn euch heute auf jeden Fall verdient."

Zitat des Schulleiters

Schluss

Welche Folgen / Ausblick / Zitat

Für die Mitglieder der Koch-AG, die an diesem Tag eine Menge über Lebensmittel und ihre Zubereitung gelernt haben, ist dieses Lob ein besonderer Anreiz, auch in Zukunft über die Ränder von Tellern und Töpfen hinauszuschauen und ihre Freude am Kochen weiter zu pflegen. Dass sie selbst am meisten von diesem Hobby profitieren, machte ihnen ihr prominenter Küchengast zum Abschied noch einmal klar: „Schau genau hin, was auf deinem Teller liegt, denn du bist, was du isst!"

Abschlussprüfung Deutsch an Realschulen in Hessen 2018
Sprachliche Richtigkeit

II.B: Sprachliche Richtigkeit

1. ***Hinweis:** Für jeden erkannten **und** richtig verbesserten Fehler gibt es einen halben Punkt. Wenn mehr als zwölf Fehler angestrichen und korrigiert sind, werden nur die ersten zwölf vorgeschlagenen Lösungen berücksichtigt. Ist der Fehler erkannt, die vorgeschlagene Verbesserung jedoch nicht richtig, gibt es keinen Punkt.*

   Ein toter Tiger bringt Wilderern sehr viel Geld – mit einem ~~Lebenden~~ **lebenden**[1] lässt sich aber weitaus mehr verdienen. Die Tigerin Machali war jahrelang die ~~Attracktion~~ **Attraktion**[2] des nordindischen Ranthambhore-Nationalparks. Sie war schön, duldete Fahrzeuge in ihrer Nähe und ließ sich relativ leicht beobachten. ~~Höchstwarscheinlich~~ **Höchstwahrscheinlich**[3] war sie der ~~Berühmteste~~ **berühmteste**[4] und meistfotografierte wild lebende Tiger der Welt. Im August dieses Jahres ist Machali an ~~Alterschwäche~~ **Altersschwäche**[5] gestorben und wurde feierlich ~~beigesezt~~ **beigesetzt**[6]. Die Naturschutzinitiative Tiger Watch hat kalkuliert, dass die lokale Tourismusbranche im Laufe von Machalis knapp 20-jährigem Leben rund 77 Millionen Euro umgesetzt hat. Viele Arbeitsplätze ~~hengen~~ **hängen**[7] in der Region vom Tiger-Tourismus ab. Hoteliers, Guides, Fahrer, Gastronomen – sie alle machen ihre Umsätze mit Touristen**, (fehlendes Komma**)[8] die in Ranthambhore Tiger beobachten. Mit einem Teil des erwirtschafteten Geldes wurde zudem die lokale Infrastruktur verbessert, es entstanden Schulen und Hospitäler. Bei gutem Management können also viele Menschen über Jahre hinweg von einem lebenden Tiger profitieren**, (fehlendes Komma**)[9] während ein gewilderter nur wenigen einen kurzfristigen Gewinn bringt. Machalis ~~Tot~~ **Tod**[10] ist für den Tourismus in Ranthambhore ein Verlust. Doch während ihres langen Lebens hat die Tigerin zahlreiche Junge zur Welt gebracht und eine regelrechte Dynastie begründet. Viele Tiger**, (fehlendes Komma**)[11] die heute durch den Nationalpark streifen, sind ihre ~~nachkommen~~ **Nachkommen**[12]. Sie haben die Fähigkeit, ebenfalls Millionen zu generieren – sofern sie nicht der Wilderei zum Opfer fallen.

   Nach: ARTENSCHUTZ IN INDIEN, Warum lebende Tiger mehr wert sind als gewilderte, http://www.geo.de/natur/tierwelt/15312-rtkl-artenschutz-indien-warum-lebende-tiger-mehr-wert-sind-als-gewilderte (abgerufen am 06. 09. 2017).

Hinweis:* 1)** *lebenden** *– auf „Tiger“ im vorangestellten Satz bezogenes Adjektiv* **2)** *Attra***k***tion – Bei Fremdwörtern ist die Buchstabenkombination „ck“ sehr selten (vgl. französisch „attra***c***tion“).* **3)** *Höchstwa***h***rscheinlich – Wortbestandteil „wa***h***r“, vgl. Wahrheit* **4)** **b***erühmteste – Adjektiv, bezogen auf das folgende Nomen „Tiger“* **5)** *Alter***s***schwäche – aus „Alter“ und „Schwäche“ zusammengesetztes Nomen mit Fugen-s* **6)** *beigese***t***zt – Partizipform von „beisetzen“ (vgl. „hinsetzen – hingesetzt“)* **7)** *h***ä***ngen … ab – vgl. z. B. die Nomen „H***a***ng“, Abh***a***ng* **8)** *Komma zwischen Haupt- und Relativsatz/Nebensatz – Der Nebensatz wird mit dem Relativpronomen* ***„die“*** *(bezogen auf „Touristen“ im Hauptsatz) eingeleitet.* **9)** *Komma zwischen Haupt- und Nebensatz – Der Nebensatz ist an der einleitenden Konjunktion* ***„während“*** *erkennbar; in diesem Fall handelt es sich um einen Adversativsatz, weil er einen Kontrast zum Hauptsatz beschreibt.* **10)** *To***d** *– als abstraktes Nomen verwendet großgeschrieben und mit „d“ am Ende; abgeleitet davon auch „tö***d***lich“; jedoch „der/die To***t***e“* **11)** *Komma nicht nur am Anfang, sondern auch am Endes des eingeschobenen Relativsatzes/Nebensatzes; der Nebensatz ist an dem Relativpronomen* ***„die“*** *(bezogen auf „Tiger“ im Hauptsatz) erkennbar.* **12)** *(die)* **N***achkommen – Nomen mit der Wortbedeutung „Abkömmlinge“, „Nachfahren“, „Kinder“, „Kindeskinder/Enkel“.*

2. ***Hinweis:*** *Für jede richtige Lösung wird ein Punkt vergeben, falsche Lösungen werden nicht gewertet. Allerdings darfst du nicht mehr als vier Wörter einkreisen/markieren, sonst gibt es für die Aufgabe keinen Punkt!*

   a) Beim Anblick der roten Rosen wurde auch sie Rot.

   Hinweis: *Die Farbe wird hier als Adjektiv (steigerbar: rot – roter/röter – am rotesten/rötesten) verwendet und muss deshalb kleingeschrieben werden.*

   d) An diesem Morgen würde ich am Liebsten im Bett bleiben.

   Hinweis: *Hier handelt es sich um die dritte Steigerungsform (Superlativ) des Adjektivs „gern/gerne“: gern/gerne – lieber – am liebsten.*

   g) Da wir zu Dritt sind, ist es nur gerecht, wenn jeder ein Drittel erhält.

   Hinweis: *In Verbindung mit der Präposition „zu“ werden Zahlwörter kleingeschrieben.*

   h) Im Sommer genießen wir die frische des Morgens.

   Hinweis: *Das Adjektiv „frisch“ wird hier nominalisiert, erkennbar an dem Artikel „die“ und dem Fehlen eines unmittelbar folgenden Nomens. (Vgl.: Im Sommer genießen wir den frischen Morgen.)*

3. ***Hinweis:*** *Bei dieser Aufgabe müssen Schreibweise und Wortart richtig sein, um jeweils einen Punkt zu bekommen. Halbe Punkte werden nicht vergeben.*

Der Fuchs und der Hahn

Ein hungriger Fuchs kam in ein Dorf und fand einen Hahn, zu dem sprach er also: „O mein Herr Hahn, welche schöne Stimme hat dein Vater gehabt! Ich bin darum zu dir gekommen, auf **dass (K)**[1] ich deine Stimme hören möchte. Darum bitt' ich dich, **dass (K)**[2] du mir etwas singest, damit ich hören möge, ob auch du eine so schöne Stimme habest wie dein Vater." Da schüttelte der Hahn sein Gefieder, und mit geschlossenen Augen fing er an, auf **das (A)**[3] Lauteste zu krähen. Sofort sprang der Fuchs auf und fing ihn und trug ihn in den Wald. Als **das (D)**[4] die Bauern gewahrten, liefen sie dem Fuchs nach und schrien: „Der Fuchs trägt unseren Hahn fort!" Als der Hahn **das (D)**[5] hörte, sprach er zu dem Fuchse: […].

Nach: Aesop: Der Fuchs und der Hahn: http://gutenberg.spiegel.de/buch/weitere-fabeln-9635/33 (abgerufen am 12. 09. 2017).

Hinweis: 1) *Die Konjunktion „**dass**" leitet hier einen Nebensatz ein, der inhaltlich von dem davorstehenden Hauptsatz abhängig ist. Erkennbar ist der Nebensatz darüber hinaus an der Endstellung des Modalverbs „**möchte**"; die altmodische Formulierung mit der Verwendung der Präposition „auf" vor dem „dass" ändert daran nichts. Um sicherzugehen, kann man die Ersatzprobe machen: Ist das „dass/das" mit „dies/dieses/welches/jenes" sinnvoll zu ersetzen? Wenn, wie in diesem Fall, keines der genannten Ersatzwörter passt, handelt es sich um die Konjunktion „**dass**". **2)** Auch hier leitet die Konjunktion „**dass**" einen Nebensatz ein; dieser folgt auf den Hauptsatz (von diesem abgetrennt durch ein Komma) und ist wiederum erkennbar an der Endstellung des Verbs/Prädikats („singest"). **3)** „**das**" steht als bestimmter Artikel vor dem nominalisierten Superlativ des Adjektivs „laut" („das Lauteste"). **4)** und **5)** In beiden Fällen lässt die Ersatzprobe auch „**dies**" zu → keine Konjunktion; zudem fehlt jeweils ein unmittelbar auf „das" folgendes Nomen, weshalb es sich beide Male nicht um einen bestimmten Artikel, sondern um ein Demonstrativpronomen handelt.*

4. *Hinweis: Für jeden richtig umgeformten Haupt- oder Nebensatz wird ein Punkt vergeben. Fehlen Satzglieder oder ist die Zeitform falsch, gibt es für den jeweiligen Satz keinen Punkt. Im letzten Satz sind zwei Verbformen umzuwandeln. Achte auch auf die Rechtschreibung und Zeichensetzung, denn für solche Fehler wird jeweils ein halber Punkt pro umgeformtem Satz abgezogen.*

Aktiv	Passiv
Man kann Apfelsaft aus eigenen Äpfeln herstellen.	**Aus eigenen Äpfeln kann Apfelsaft hergestellt werden./Apfelsaft kann aus eigenen Äpfeln hergestellt werden.**
Zuerst schneidet man alle braunen Stellen aus den Äpfeln heraus.	Zuerst werden alle braunen Stellen aus den Äpfeln herausgeschnitten.
Man drückt die Äpfel durch eine Apfelpresse.	**Die Äpfel werden durch eine Apfelpresse gedrückt.**
Nachdem man die Glasflaschen sterilisiert hat, füllt man den Saft in die Flaschen./Man füllt den Saft in die Flaschen, nachdem man die Glasflaschen sterilisiert hat.	Nachdem die Glasflaschen sterilisiert worden sind, wird der Saft in die Flaschen gefüllt.

***Hinweis:** Wie in vielen Vorgangsbeschreibungen und Arbeitsanleitungen wird auch in diesen Beispielsätzen im Aktiv keine spezielle Person („Täter“) benannt, die die einzelnen Arbeitsschritte durchführt, sondern es wird das allgemeine „man“ als Subjekt verwendet. In den Passivsätzen verschwindet das „man“, da das Akkusativobjekt des Aktivsatzes nun die Stelle des Subjekts einnimmt: „Apfelsaft“, „Die Äpfel“. Das Verb erscheint dann im Partizip II (hergestellt, gedrückt), zusätzlich wird das Hilfsverb „werden“ je nach benötigter Zeitform in der konjugierten Form verwendet, in diesem Fall „werden“ (bzw. im vorgegebenen Beispiel „worden sind“).*
Bei der Umwandlung von der Passiv- in die Aktivform hingegen muss man ein Subjekt („man“) hinzufügen, da das Subjekt des Passivsatzes zum Akkusativobjekt im Aktivsatz wird (alle braunen Stellen, die Glasflaschen, der Saft).

Abschlussprüfung Deutsch an Realschulen in Hessen 2019
Text 1

Teil I: Lesen

Hinweis: *In den Aufgaben 1 und 2 gibt es für jede richtige Lösung einen Punkt. Sind mehrere Möglichkeiten angekreuzt, wird kein Punkt vergeben.*

1. a) ☒ umarmenden Reim.

   Hinweis: *In jeder Strophe reimen sich der zweite und der dritte Vers. „Umarmt" wird dieser Paarreim jeweils von den Versen 1 und 4, die sich ebenfalls reimen. Das Reimschema in diesen vier Versen entspricht also der Buchstabenfolge abba.*

   b) ☒ Präsens

   Hinweis: *An den Verben kannst du die grammatische Zeitform erkennen. In der ersten Strophe sind das die Verbformen: „Niemand **weiß**", „du **bist**" (V. 1), „**haben** […] zu klagen" (V. 2), „**haben** […] zu fragen" (V. 3), „dir zumute **ist**" (V. 4).*

   c) ☒ Binnenreim.

   Hinweis: *Von einem Binnenreim spricht man, wenn sich Wörter innerhalb einer Verszeile reimen. In der zweiten Strophe reimt sich in Vers 3 „bücken" auf „drücken".*

   d) ☒ Trochäus.

   Hinweis: *Als Metrum oder auch Versmaß bezeichnet man die regelmäßige Abfolge von betonten und unbetonten Silben. Der Trochäus ist ein zweisilbiges Metrum, bei dem jeweils die erste, dritte, fünfte etc. Silbe eines Verses betont wird. Die Silben dazwischen sind dagegen kurz und unbetont.*

2. a) ☒ die Nachbarn ihre eigenen Sorgen haben.

   Hinweis: *Das Wort „klagen" bedeutet in diesem Zusammenhang so viel wie „über etwas jammern".*

   b) ☒ belasten.

   Hinweis: *Die Sorgen, als „Leid" und „Last" bezeichnet (V. 6), werden als schweres Gewicht verbildlicht, das man sich „auf den Rücken" legt (V. 7). Ist* *das Gewicht auf dem Rücken zu groß, dann drückt es einen hinunter, stellt also eine Belastung dar.*

c) [X] eine Unterstützung.

Hinweis: Wem die Probleme über den Kopf wachsen, der benötigt Hilfe. Die „Krücken" sind hier also bildlich gemeint und stehen für jemanden oder etwas, der oder das einen in schwierigen Situationen „stützen" kann.

3. ***Hinweis:** In den Aufgaben 3 a und 3 b gibt es für jede richtige Antwort zwei Punkte. Sind mehrere Möglichkeiten angekreuzt, wird kein Punkt vergeben.*

a) [X] Nur A und B treffen zu.

***Hinweis: A:** Alle Strophen folgen dem Reimschema abbab. **B:** Alle Strophen bestehen aus jeweils fünf Versen. **C:** Bei unreinen Reimen werden Silben gereimt, die ähnlich, jedoch nicht völlig gleich klingen, z. B. „stehen – Höhen". Im vorliegenden Gedicht kommt diese Reimart nicht vor. **D:** Wenn die letzte Silbe eines Verses unbetont ist, bezeichnet man das als „weibliche Kadenz". Schon in der ersten Strophe enden jedoch die Verse 1 und 4 mit einer betonten Silbe, also einer „männlichen Kadenz". Die Aussagen C und D treffen somit nicht zu.*

b) [X] Nur B und C treffen zu.

***Hinweis: B:** In den Versen 5 bis 7 wird deutlich, dass das in dem Gedicht angesprochene Du seine Sorgen nicht sehen möchte und sie deshalb „auf den Rücken" (V. 7) legt. **C:** Aus den Versen 11 f. in der dritten Strophe geht hervor, dass das lyrische Du sich Trost von seinen Mitmenschen wünscht. **A:** Die Aussage trifft nicht zu, denn in der ersten Strophe heißt es ausdrücklich, dass die „Nachbarn […] keine Zeit zu fragen" haben, „wie denn dir zumute ist" (V. 2–4). **D:** Für diese Aussage gibt es in dem Gedicht keine entsprechende Textstelle. Zwar ist dreimal von „lächeln" die Rede (V. 6, 9, 17), doch geht es dabei eher darum, die wahren Gefühle zu überspielen.*

4. ***Hinweis:** Drei Punkte gibt es, wenn beide Teile der Aufgabe erfüllt sind: Einen Punkt ist die reine Erklärung des Stilmittels wert; wird die Wirkung der rhetorischen Frage an einer konkreten Textstelle deutlich gemacht, werden zwei weitere Punkte vergeben. Der Textverweis kann als Zitat, Umschreibung oder auch nur als Zeilenangabe erfolgen.*

Mögliche Lösung:
Erklärung des Stilmittels: Auf eine rhetorische Frage erwartet man keine Antwort, weil man sie entweder schon kennt oder weil man eine Behauptung in die Frage „verpackt" hat.

Wirkung:
- Durch die rhetorische Frage wird deutlich gemacht, dass das im Gedicht angesprochene Du seine Sorgen für sich behält, auch wenn man es danach fragen würde. Eigentlich geht es dem Du im Gedicht schlecht, aber es möchte niemanden belasten, weil die Mitmenschen selbst genug Probleme haben (vgl. V. 2). Deshalb tut es so, als ob es ihm gut ginge, und verzichtet auf die Unterstützung, die eigentlich nötig wäre (vgl. zweite Strophe).
- Die rhetorische Frage bezieht die Leser*innen mit ein. Man kann sich in die Situation, die in der ersten Strophe beschrieben wird, hineinversetzen und überlegen, wie man selbst auf die Frage reagieren würde.

5. a) ***Hinweis:*** *Alles oder nichts: Es gibt keine Teilpunkte. Die drei Punkte erhältst du für eine nachvollziehbare Erklärung, die sich jedoch nicht auf den Inhalt des Gedichtes beziehen muss. Textverweise in Form von Versangaben oder Zitaten sind bei dieser Aufgabe also nicht notwendig.*

   Mögliche Lösung:
   Der Titel bedeutet, dass man niemandem ansehen kann, was er gerade denkt und fühlt. Solange eine Person ihrer Umgebung nicht mitteilt, wie es in ihrem Inneren aussieht, weiß niemand, wie gut oder schlecht es ihr geht.

   b) ***Hinweis:*** *Auch bei dieser Aufgabe geht es nicht um den Inhalt des Gedichtes, sondern um deine eigene Einschätzung. Es gibt jeweils drei Punkte für ein schlüssig erklärtes Beispiel. Für das bloße Nennen eines Vor- oder Nachteils ohne Beispiel gibt es jeweils einen Punkt.*

   Mögliche Lösung:
   Vorteil: Da man über seine Mitmenschen nicht immer nur freundlich oder positiv denkt, ist es von Vorteil, dass einem niemand in die Seele blicken kann. Hat man sich z. B. privat oder beruflich über jemanden sehr geärgert und stößt in Gedanken heftige und vielleicht auch verletzende Beschimpfungen aus, würde das zu Streit und Konflikten führen, könnte der andere die Gedanken lesen.

Nachteil: Gerade für schüchterne und zurückhaltende Menschen kann es ein Nachteil sein, dass ihre wahren Gefühle verborgen sind. Wenn es ihnen z. B. schlecht geht und sie nicht darüber sprechen, besteht die Gefahr, dass sie keine Hilfe erhalten.

6. ***Hinweis:*** *Beim Erläutern geht es um das Textverständnis. Es reicht also nicht aus zu wissen, was ein Imperativ ist, sondern du musst aus dem Textzusammenhang heraus seine inhaltliche Funktion an dieser Stelle deutlich machen, um die beiden Punkte zu erhalten.*

   Mögliche Lösung:
   Nachdem in den ersten drei Strophen beschrieben wurde, dass das im Gedicht angesprochene Du mit seinen Ängsten und Sorgen alleine dasteht, wird es mit den Imperativen in den Versen 16 f. ermuntert, der Welt dennoch mit Zuversicht entgegenzutreten: „Sei trotzdem kein Pessimist / sondern lächle […]“. Die beiden Imperative stellen also eine Aufforderung dar, sich nicht unterkriegen zu lassen und den Menschen, die einen ansprechen, mit einem Lächeln zu begegnen.

7. ***Hinweis:*** *Du kannst der Aussage zustimmen oder sie ablehnen, es kommt darauf an, dass du deine Haltung begründen und die Begründung mit einer passenden Textstelle belegen kannst. Für beide Möglichkeiten finden sich Textbelege. Drei Punkte erhältst du für eine schlüssige Begründung mit passendem Textverweis, ohne diesen gibt es noch zwei Punkte, wenn die Begründung nachvollziehbar ist. Keine Punkte gibt es für eine Zustimmung oder Ablehnung ohne Begründung oder für das bloße Nennen einer Textstelle.*

   Mögliche Lösungen:
   Zustimmung:
   - Ich stimme der Aussage zu, denn die rhetorische Frage in Vers 5 bewirkt, dass die Leser*innen unmittelbar in die Gedankenwelt der im Gedicht angesprochenen Person einbezogen werden und sich mit ihr identifizieren können.
   - Die meisten Leser*innen kennen vermutlich das Gefühl, mit den Alltagssorgen und -nöten alleine zu sein und vergeblich auf Trost zu hoffen. Die Verwendung des Du z. B. in den Versen 11 f. bewirkt, dass Erlebnisse dieser Art wieder ins Bewusstsein rücken und man über den Inhalt und die Aussage des Gedichts nachdenkt. Deshalb stimme ich der Aussage zu.

Ablehnung:

- Ich stimme der Aussage nicht zu, denn mit dem Du führt das lyrische Ich einen inneren Dialog. Damit wird die Aussage des Gedichts, dass man seine Probleme mit sich selbst ausmacht und niemanden damit belasten möchte, verstärkt: „Niemand" bzw. „Keiner weiß, wie arm du bist …" (V. 1, 19) Auch das lyrische Ich ist in dieser trostlosen Situation, spricht mit sich selbst und überspielt alles mit einem Lächeln, um nicht zugeben zu müssen, dass es Hilfe braucht („Und das Beste wären ein Paar Krücken." V. 10).
- Die Anredepronomen „du", „deine", „dir" oder „dich" beziehen sich, ebenso wie die unpersönlichen Ausdrücke „einer" (V. 11) oder „man" (V. 17), auf eine nicht näher charakterisierte, andere Person. Deshalb stimme ich der Aussage nicht zu.

8. ***Hinweis:** Beim Erläutern sollen Textzusammenhänge deutlich gemacht werden. Dazu gehört z. B. auch, Sprachbilder zu interpretieren und Fremdwörter zu erklären. Für jede schlüssige Erläuterung mit Bezug auf eine Textstelle (Versangabe, Umschreibung oder Zitat) gibt es jeweils zwei Punkte. Für eine Erläuterung ohne Textverweis wird ein Punkt gegeben, das bloße Nennen bzw. Zitieren einer Textstelle hingegen reicht nicht für einen Punkt.*

Mögliche Lösungen:

- Das im Gedicht angesprochene Du legt die Sorgen des Alltags „[l]ächelnd […] auf den Rücken" (V. 6f.), das heißt, sie werden weggeschoben oder verdrängt und sind damit zwar unsichtbar, aber trotzdem zunehmend spürbar. Dass das Du die immer größer werdende Last mit einem Lächeln erträgt, solange es möglich ist, ist ein Beispiel für Tapferkeit.
- Trotz aller Probleme soll das Du nicht negativ denken und seinen Mitmenschen freundlich gegenübertreten: „Sei trotzdem kein Pessimist, sondern lächle […]" (V. 16f.).
- Da niemand „weiß, wie arm du bist" (V. 1, 19) und keiner dir „hinter das Gesicht" (Überschrift, V. 18) blicken kann, kann man versuchen, offen und selbstbewusst zu sein und sich nicht anmerken zu lassen, wie es in einem wirklich aussieht.

9. a) ✎ ***Hinweis:*** *Alles oder nichts: Die Erklärung beider Bedeutungen von „Reichtum" mithilfe passender Beispiele ist notwendig, es gibt keine Teilpunkte! Zitate und Versangaben sind bei dieser Aufgabe nicht gefordert.*

   Mögliche Lösung:
   Der erste Teil der Strophe bezieht sich auf den Besitz, den man mit Geld kaufen und nach außen zeigen kann. Dazu gehören z. B. ein teures Handy, Markenkleidung, Luxusuhren oder ein großes Haus. Eine andere Form von Reichtum sind die sogenannten ideellen Werte, die unbezahlbar sind und die einem auch niemand stehlen kann. Das können z. B. Freundschaften sein, eine glückliche Beziehung und Familie oder auch positive Eigenschaften wie Geduld, Humor und Freundlichkeit.

   b) ✎ ***Hinweis:*** *In deiner Erklärung muss deutlich werden, was der Inhalt dieser Strophe bei kleinmütigen Menschen bewirken soll. Auch hier gibt es keine Teilpunkte.*

   Mögliche Lösung:
   Mit der Strophe soll allen, die dem Leben ängstlich und verzagt begegnen, Mut zugesprochen werden. Sie sollen nicht voller Neid auf den materiellen Besitz anderer Menschen blicken. Denn teure Gegenstände und Luxusreisen garantieren kein glückliches Leben, wenn entscheidende Dinge wie Zufriedenheit und Gesundheit fehlen. Deshalb sollen sich die „Kleinmütigen" bewusst machen, über welchen großen Reichtum sie verfügen, wenn sie z. B. verlässliche Freunde haben, gesund sind und in einem friedlichen Land leben.

Teil II: Schreiben

II.A: Textproduktion

a) ***Hinweis:***
Aufbau/Inhalt: *Beim* ***Erzählen*** *kannst du deiner Fantasie freien Lauf lassen. Vorgegeben sind nur der grobe Ablauf der Geschichte sowie ein glückliches Ende. Die Details wie z. B. Namen und Lebenssituation der Beteiligten denkst du dir selbst aus. Du entscheidest auch, ob deine Erzählung eher lustig oder traurig sein soll und aus welcher Perspektive du erzählen willst. In der* ***Einleitung*** *deiner Erzählung sollten die Personen und ihre Beziehung zueinander deutlich werden. Der* ***Hauptteil*** *besteht aus dem zentralen Thema: der Enttäuschung einer der beiden Personen und ihre Reaktion darauf. Im* ***Schlussteil*** *gehst du auf die Versöhnung ein. Vergiss nicht, dir auch eine passende Überschrift auszudenken!*
Sprachangemessenheit: *Gestalte deine Geschichte lebendig mit treffenden Formulierungen, wörtlicher Rede und der Wiedergabe von Gedanken und Gefühlen deiner beiden Hauptpersonen. Verwende die Zeitformen der Vergangenheit (außer bei wörtlicher und erlebter Rede) und vermeide Wiederholungen.*
Sprachrichtigkeit: *Fehler in der Rechtschreibung und Grammatik werden als ganze Fehler, die in der Zeichensetzung als halbe Fehler gewertet. Die Gesamtzahl der Fehler wird auf die Wörterzahl deines Aufsatzes bezogen und als Fehlerindex errechnet.*

Die blaue Mappe — Überschrift

Einleitung — Hauptpersonen und ihre Situation

Seit dem ersten Tag im Kindergarten waren Mia und Caro befreundet. Jeden Tag spielten die beiden Mädchen zusammen, saßen beim Essen nebeneinander und trafen sich am Wochenende und in den Ferien, so oft es nur ging. Auch während der Grundschulzeit klebten sie ständig aneinander und wechselten anschließend gemeinsam in dieselbe Klasse der Gesamtschule. Alle wussten, dass zwischen Mia und Caro kein Blatt Papier passte.

Überleitung zum Hauptteil

Doch eines Tages, als sie im 10. Schuljahr waren, passierte etwas, das die tiefe Freundschaft der beiden Mädchen beinahe zerstört hätte.

Hauptteil — Darstellung von Mias Notlage

Es war wenige Wochen vor der Abschlussprüfung, und für Mia ging es um alles. Sie hatte schon immer Probleme mit Mathematik gehabt, und die letzte Klassenarbeit vor der Prüfung sollte die Entscheidung bringen, ob es noch für eine Vier reichen würde. Sie brauchte diese Note dringend, denn sonst würde sie den begehrten Ausbildungsplatz als Tierarzthelferin nicht bekommen. Seit ihrem Praktikum in der Tierarztpraxis kam kein anderer Beruf mehr für sie infrage. Die Ärztin war sehr zufrieden mit Mias Leistungen gewesen und hatte ihr den Ausbildungsplatz so gut wie versprochen, wenn … ja wenn … „Keine Fünf im Zeugnis!", hatte sie am Ende des Praktikums mahnend gesagt, und ihr Blick verriet, dass sie das sehr ernst meinte. Keine Fünf im Zeugnis, keine Fünf im Zeugnis – der Satz drehte sich immer schneller in Mias Kopf, je näher der Termin für die Klassenarbeit rückte.

Mias Gefühle und Gedanken

Verzweifelt saß sie im Matheunterricht und starrte hilflos auf die Übungsaufgaben, die Herr Zweistein für die Arbeit an die Tafel schrieb. Caro rettete sie, wie schon so oft, indem sie ihr das Heft mit den bereits gelösten Rechnungen hinschob. Mit Caros Hilfe hatte sich Mia in den letzten Jahren immer irgendwie durchgemogelt, aber ganz blöd war Herr Zweistein ja auch nicht. Der Pausengong unterbrach Mias Gedanken. „Wenn ihr diese Aufgaben beherrscht, solltet ihr für die Mathearbeit gut vorbereitet sein. Wir sehen uns übermorgen. Denkt an Geodreieck, Normalparabel und den Taschenrechner. Die Formelsammlungen bekommt ihr von mir. Ich wünsche euch allen ein fröhliches Üben!" Mit diesen Worten eilte der Mathematiklehrer davon. Dass er eine dünne blaue Mappe auf dem Pult vergessen hatte, bemerkte nur Mia. Sie kramte in ihrem Rucksack und trödelte herum, während die Klasse lachend und lärmend den Raum verließ. „Nun mach schon!", rief Caro von der Tür her. „Ich komme gleich, geh' schon mal vor!", gab Mia zurück. Rasch schnappte sie sich die Mappe und schaute hinein. Es war, wie sie vermutet hatte: Innen lag die Kopiervorlage der Mathearbeit. Es dauerte keine Minute, bis Mia die drei Seiten mit ihrem Handy fotografiert hatte. Dann schloss sie die Mappe, legte sie zurück und verließ mit klopfendem Herzen den Raum. Niemand sah sie, als sie die Treppe hinuntereilte und sich auf dem Schulhof zu Caro und den anderen gesellte. „Wo warst du denn?" Die Freundin war die einzige, der Mias Abwesenheit aufgefallen war. „Komm

Ausgangssituation: letzte Mathestunde vor der Klassenarbeit

Handlungsschritte:

- Der Lehrer vergisst seine Unterlagen, Mia fotografiert heimlich die Kopiervorlage.

nach der Schule mit zu mir, ich muss dir was zeigen", flüsterte sie Caro aufgeregt zu.

Als die Mädchen es sich am Nachmittag gemeinsam auf dem breiten Sofa in Mias Zimmer gemütlich gemacht hatten, zückte Mia triumphierend ihr Handy und fuchtelte damit vor Caros Gesicht herum. „Rate, was ich gefunden habe", forderte sie Caro mit geheimnisvollem Lächeln auf. Caro hob die Schultern und sah sie fragend an. „Keine Ahnung. Zwei Freikarten für das Justin-Bieber-Konzert? Einen Lottoschein mit den Gewinnzahlen? Den besten Typen ever?"

- Mia weiht die Freundin in ihren Plan ein.

„Viiiiel besser!" Mia konnte ein glückseliges Glucksen kaum unterdrücken. Sie öffnete das Foto und zeigte es Caro. „Weißt du, was das ist?", fragte sie.

„Sieht aus wie Matheaufgaben. Das sind ja … du hast doch nicht … Zweisteins Mappe?" Caro war fassungslos. „Das kannst du nicht machen! Lösch sofort die Fotos!", herrschte sie die Freundin an. „Aber Caro, verstehst du denn nicht? Das ist meine Rettung! Wenn du die Aufgaben vorher mit mir durchrechnest, habe ich noch eine Chance! Bitte versau mir das jetzt nicht!", flehte Mia.

- Caros unerwartete Reaktion

„Das ist Betrug. Da mache ich nicht mit", sagte Caro finster und entschieden. „Und du solltest dir auch überlegen, ob diese bescheuerte Mathenote das wert ist." „Was meinst du damit? Natürlich ist es das wert. Die Note ist meine Lehrstelle wert, meine Zukunft, mein Leben!" „Das meine ich nicht", antwortete Caro leise. „Ich dachte eher an unsere Freundschaft. Mach, was du willst, aber zieh mich da nicht rein. Du kannst dich ja melden, wenn du dich entschieden hast." Nach diesen Worten verließ Caro das Zimmer.

- Streit zwischen den Freundinnen

Mia lag wie betäubt auf dem Sofa. Warum ließ Caro sie so im Stich? Immer hatten sie sich aufeinander verlassen können, und jetzt das … Bilder zogen an ihrem inneren Auge vorbei: Sie und Caro im Planschbecken, sie und Caro bei der Einschulung mit den viel zu großen Schultüten, auf dem Ponyhof, auf Klassenfahrt in der Jugendherberge, beim Klarinettenunterricht, ihr erster Konzertauftritt in der Musikschule, sie beide im braven dunklen Kleid bei der Konfirmation …
Mia starrte auf das Display ihres Handys und scrollte die drei

- Mia denkt über ihre Freundschaft mit Caro nach.

Aufnahmen mit den Matheaufgaben hin und her, hin und her ... Die Zeichen und Zahlen verschwammen vor ihren Augen. Ein Bild mit Caros Gesicht tauchte auf, ihr fragender Blick traf Mia mitten ins Herz. Sie seufzte tief, schloss die Augen und traf eine Entscheidung.

„Du hast recht, Caro, das ist es wirklich nicht wert", flüsterte sie. Sie markierte die drei Fotos aus der blauen Mappe und drückte entschlossen die Löschtaste. Dann tippte sie auf Caros Telefonnummer. Schon nach dem ersten Klingeln war die Freundin am Handy. „Caro, du ... sag mal ... hättest du Zeit, morgen mit mir noch mal die Aufgaben von der Tafel durchzugehen?", fragte sie schüchtern.

Wende: Mia sieht ihren Fehler ein und löscht die Fotos.

„Klar, wir können auch gleich anfangen, wenn du willst. Ich stehe hier unten bei dir vor der Haustür. Lässt du mich rein?" Schluchzend fiel Mia der Freundin um den Hals. „Ich habe die Fotos gelöscht. Verzeihst du mir?" Caro drückte sie ganz fest. „Ich wusste es. Schon vergessen. Und jetzt üben wir Mathe."

Schluss
Versöhnung

b) ***Hinweis:*** *Bei einer* ***Argumentation*** *ist es sinnvoll, zunächst in einer Tabelle die Vor- und Nachteile zur Fragestellung in Stichworten zu notieren und sie nach Wichtigkeit zu ordnen. In der* ***Einleitung*** *kannst du z. B. auf die Beliebtheit und Verbreitung von sozialen Netzwerken hinweisen und mit der aus dem Thema abgeleiteten Fragestellung zum Hauptteil überleiten. Die Vor- und Nachteile eines „öffentlichen Lebens im Netz" stellst du im* ***Hauptteil*** *einander gegenüber. Dabei sollten möglichst gleich viele Pro- und Kontra-Argumente vorgestellt werden. Wichtig ist, dass du deine Argumente mit überzeugenden Beispielen stützt. Du kannst die Pro- und Kontra-Argumente nach dem Sanduhrprinzip abhandeln, d. h., du nennst zuerst die Argumente, die deine Meinung nicht stützen, und ordnest sie nach absteigender Wichtigkeit; bei den Argumenten, die deine Meinung stützen, nennst du das wichtigste am Schluss. Oder du gehst nach dem Ping-Pong-Prinzip vor und hältst jeweils einem Pro-Argument ein passendes Kontra-Argument entgegen. Deine eigene Meinung äußerst du erst im* ***Schlussteil*** *und bekräftigst sie, indem du das wichtigste Argument noch einmal wiederholst.*
Achte auf die ***Sprachangemessenheit*** *(richtige Verwendung der Zeitform, treffende Formulierungen, passende Wortwahl, abwechslungsreicher Satzbau, Vermeidung von Wiederholungen) und die* ***Sprachrichtigkeit*** *(Fehler zählen in Rechtschreibung/Grammatik als ganze, in der Zeichensetzung als halbe Fehler).*

Ideenliste / Stoffsammlung (Sanduhrprinzip):

Macht Facebook glücklich? Die Vor- und Nachteile sozialer Netzwerke	
Nachteile (absteigend)	**Vorteile (aufsteigend)**
Suchtgefahr / Realitätsverlust	kreativ sein (eigene Fotos / Videos posten)
Gefahr von Cybermobbing	weltweit neue Freunde / Gleichgesinnte finden
keine Kontrolle, was mit den Inhalten passiert / fehlender Datenschutz	einfache und schnelle Kommunikation

Macht Facebook glücklich? Die Vor- und Nachteile sozialer Netzwerke

Überschrift

Soziale Netzwerke sind aus dem Leben vieler Menschen nicht mehr wegzudenken. Sie chatten und spielen, tauschen Informationen aus, diskutieren und posten Neuigkeiten aus ihrem Leben in Bild und Text. Besonders junge Leute können sich ein Leben ohne Facebook, Instagram, Snapchat und andere virtuelle Treffpunkte kaum noch vorstellen. Doch welche Vor- und Nachteile hat es, andere Menschen über die sozialen Netzwerke am eigenen Leben teilhaben zu lassen?

Einleitung
Beliebtheit und Verbreitung von sozialen Netzwerken

Überleitung zum Thema: Aufgreifen der Fragestellung

Mithilfe des Handys ist das Internet jederzeit und überall verfügbar. Das verleitet dazu, sich ständig in den sozialen Netzwerken zu bewegen. Immer öfter sieht man nicht nur junge Leute, die in der Öffentlichkeit mit gesenktem Kopf auf ihr Smartphone starren und die Wirklichkeit um sich herum ausblenden. Das ist nicht nur gefährlich aufgrund des Straßenverkehrs, sondern führt auch dazu, dass die reale Welt immer weniger wahrgenommen wird und man schließlich sogar sein soziales Umfeld vernachlässigt.

Hauptteil
Nachteile der sozialen Netzwerke:

- Erstes Argument: Suchtgefahr, Realitätsverlust

Ein weiterer Nachteil der vielfältigen Internet-Aktionen ist das Cybermobbing. Es gibt Nutzer, die sich einen Spaß daraus machen, in der Anonymität des weltweiten Netzes einzelne Menschen zu beschimpfen, zu beleidigen oder Gerüchte über sie zu verbreiten. Solche Attacken haben schon dazu geführt, dass die Opfer in ihrer Verzweiflung keinen anderen Ausweg mehr sahen, als sich umzubringen.

- Zweites Argument: Cybermobbing

Wer viel in sozialen Netzwerken unterwegs ist, kann zudem leicht die Kontrolle darüber verlieren, was mit den eigenen Daten passiert. Man sollte sich sehr genau überlegen, was man ins Netz stellt, denn keine der Plattformen ist vor Datenklau sicher. Einmal gepostete Bilder und Texte können blitzschnell verbreitet werden. Hat man z. B. ein lustiges Partyfoto von sich mit der Community geteilt, kann es noch Jahre später im Internet herumgeistern und eventuell dazu führen, dass man bei einer Bewerbung einen schlechten Eindruck macht.

- Drittes Argument: „Das Netz vergisst nichts“/fehlender Datenschutz

Trotz dieser Risiken bieten soziale Netzwerke ihren Nutzern auch viele Vorteile.

Überleitung zu den **Vorteilen**

Wer kreativ ist und seine Ergebnisse gerne mit anderen teilt, findet in sozialen Netzwerken ein großes Betätigungsfeld. So kann man z. B. eigene kleine Filme drehen und auf YouTube hochladen. Das direkte Feedback der Internet-Community hilft einem, sich weiterzuentwickeln. Viele der heutigen Influencer haben klein angefangen und können heute sogar von ihrem eigenen YouTube-Kanal leben.

- Erstes Argument: Ausleben der eigenen Kreativität

Ein weiterer Vorteil der sozialen Netzwerke ist die Möglichkeit, in den weltweit agierenden Plattformen über alle Grenzen hinweg mit Menschen Kontakte zu pflegen, die man sonst nie treffen würde. Das können weit entfernt wohnende Familienmitglieder sein, aber auch Chatpartner, mit denen man sich in speziellen Foren über die gemeinsamen Interessen austauschen kann.

- Zweites Argument: weltweite Kontaktmöglichkeiten

Das wichtigste Argument ist jedoch, dass mit sozialen Netzwerken eine schnelle und direkte Kommunikation möglich ist, die den Alltag erleichtert und ihn oft auch unterhaltender macht. Dazu gehören Terminabsprachen mit Freunden und der Familie, die schnelle Verbreitung von Informationen in Schule und Beruf oder das Teilen interessanter Inhalte. Auch ist man immer auf dem neuesten Stand, wie es den Menschen geht, die einem wichtig sind.

- Drittes Argument: schnelle und direkte Kommunikation

Ich bin der Meinung, dass die Vorteile der sozialen Netzwerke überwiegen. Mir ist dabei am wichtigsten, dass ich mit Facebook, Instagram und Snapchat nicht nur immer auf dem Laufenden bin, was meine Freunde gerade machen, sondern ihnen auch das Neueste aus meinem Leben mitteilen kann.

Schluss

Fazit/eigene Meinung, Bekräftigung des wichtigsten Arguments

Abschlussprüfung Deutsch an Realschulen in Hessen 2019
Text 2

Teil I: Lesen

Hinweis: *In den Aufgaben 1 und 2 gibt es für jede richtige Lösung einen Punkt. Sind mehrere Möglichkeiten angekreuzt, wird kein Punkt vergeben.*

1. a) ☒ eines von drei Pferden.

   Hinweis: *vgl. Z. 9–17*

   b) ☒ über 150 Jahren.

   Hinweis: *vgl. Z. 55 f.*

   c) ☒ Jagdtechniken

   Hinweis: *vgl. Z. 64 f.*

   d) ☒ Verhaltensbiologe.

   Hinweis: *vgl. Z. 88*

   e) ☒ dem Eichelwurm

   Hinweis: *vgl. Z. 112–115*

   f) ☒ eine Erdnuss in einer Röhre

   Hinweis: *vgl. Z. 136 f.*

2. a) ☒ Zögern.

   Hinweis: *„Zaudern“ bedeutet so viel wie „sich nicht entschließen können“, „Bedenken haben“.*

   b) ☒ sich entziehen.

   Hinweis: *Vgl. den verwandten Ausdruck „sich verdrücken“, d. h. einer Situation aus dem Weg gehen.*

   c) ☒ nicht vertrauenswürdig.

   Hinweis: *Gegenteil von „redlich“: Wenn das* **Reden** *einer Person mit ihrem Handeln übereinstimmt, ist sie redlich, d. h. ehrlich und vertrauenswürdig.*

d) ☒ Aufmerksamkeit erregen.

Hinweis: *Wenn etwas so auffällig ist, dass man es gut* ***sehen*** *kann, dann sorgt es für Aufsehen.*

e) ☒ der Unterschied geringer wird.

Hinweis: *Eine Kluft ist eine tiefe Felsspalte. Die Metapher wird hier verwendet, um zu veranschaulichen, dass es zwischen Mensch und Tier weniger Unterschiede gibt, als man dachte.*

3. ***Hinweis:*** *Bei den Aufgaben 3 a und 3 b gibt es für jede richtige Antwort zwei Punkte. Sind mehrere Möglichkeiten angekreuzt, wird kein Punkt vergeben.*

a) ☒ Nur B und D stehen im Text.

Hinweis: B: *Vgl. Z. 19–21.* ***D:*** *Vgl. Z. 175–177. Aus den Zeilen 19f. geht hervor, dass Svetlana Assistentin der Geschäftsführung ist. Deshalb trifft* ***Aussage A*** *nicht zu. Auch* ***Aussage C*** *ist falsch, denn in den Zeilen 22–29 wird beschrieben, wie es Svetlana sanft und ganz ohne Druck gelingt, dem Pferd einen Plastikring überzustreifen.*

b) ☒ Nur B und C stehen im Text.

Hinweis: B: *Vgl. Z. 40f.;* ***C:*** *Vgl. Z. 34–38;* ***Aussage A*** *trifft nicht zu, denn in den Zeilen 38f. werden Pferde als Herdentiere beschrieben und können deshalb keine Einzelgänger sein. Auch* ***Aussage D*** *steht so nicht im Text. In den Zeilen 43f. heißt es, dass die Tiere sich freiwillig demjenigen unterordnen, „dem sie Führung zutrauen".*

4. ***Hinweis:*** *Für jede richtige Zuordnung gibt es einen Punkt. Sind mehrere Möglichkeiten genannt, wird kein Punkt vergeben.*

Wissenschaftler	**Tierart**
Daniel Hanus	**D**
Marc Bekoff	**B**
Jorg Massen	**E**

Hinweis: *Daniel Hanus/Affen: vgl. Z. 132–146; Marc Bekoff/Ratten: vgl. Z. 86–93; Jorg Massen/Raben: vgl. Z. 69–85.*

5. ✎ ***Hinweis:*** *Es reicht, die Textsortenmerkmale in Stichworten zu nennen. Als Textbelege gelten Zitate, Zeilenangaben oder Umschreibungen, d. h. mit eigenen Worten wiedergegebene Aussagen. Für jedes richtig genannte und belegte Textmerkmal gibt es einen Punkt; ohne passenden Textbeleg wird kein Punkt vergeben.*

Mögliche Lösungen:

- Zweideutige Überschrift
  ✎ ***Hinweis:*** *Der Titel weist auf den Inhalt hin und weckt Interesse durch seine doppeldeutige Aussage. Der Begriff „Bürger" wird in der Regel auf menschliche Einwohner z. B. einer Stadt oder eines Landes angewendet. Die Reportage stellt die Ähnlichkeit im Verhalten von Menschen und Tieren dar und drückt das im Titel aus: Sowohl Menschen als auch Tiere sind „Bürger im Tierreich", wie es in ähnlicher Weise auch schon Darwin formulierte, als er den Menschen als „Tier unter Tieren" (Z. 59 f.) bezeichnete.*
- Vorspann/Teaser/Lead (Z. 1–4)
  ✎ ***Hinweis:*** *Der Vorspann oder Teaser dient als Orientierungshilfe und „Anreißer" für die Leser*innen, indem er in wenigen Sätzen einen Überblick über den Inhalt der Reportage vorausschickt.*
- Erlebnisorientierter/szenischer Einstieg (Z. 5–17)
  ✎ ***Hinweis:*** *Häufig beginnen Reportagen auf diese Art. Die Leser*innen werden „mitgenommen" in eine von der Autorin/dem Autor beobachtete Szene und damit auf lebendige Weise in die Thematik des Artikels eingeführt. Hier dient als szenischer Einstieg der Moment, in dem Svetlana mit der Reaktion des Pferdes konfrontiert wird und eine Entscheidung treffen muss.*
- Zahlen, Daten, Fakten, Erläuterungen als Hintergrundwissen (z. B. Z. 38–44, 53–60, 61–97, 110–115, 124–130, 134–151)
  ✎ ***Hinweis:*** *Reportagen sind anschauliche Hintergrundberichte, in denen die Beobachtungen und Eindrücke der Journalisten durch wissenschaftlich abgesicherte Daten und Fakten ergänzt werden.*
- Expertenmeinung (z. B. Z. 44–46, 98–107, 131–134, 183–186)
  ✎ ***Hinweis:*** *Die Autorin zitiert direkt oder indirekt die Äußerungen von Fachleuten zum Thema und untermauert damit die Ausführungen.*
- Autorenkommentar (z. B. Z. 13 f., 61 f., 75 f., 115 f., 142 f.)
  ✎ ***Hinweis:*** *Autoren und Autorinnen äußern ihre eigene Meinung oder Bewertungen meist so versteckt, dass man sie leicht überliest. Manchmal erkennt man ihre Haltung nur an einem einzigen Satz oder Adjektiv. Ein Beispiel dafür ist der Satz in Z. 61 f.: Die Autorin beschreibt die Erkenntnisse der Forscher als „erstaunlich" und drückt damit ihre persönliche Meinung dazu aus.*

- Wechsel der Zeitform (z. B. Präsens in Z. 6 ff.; Präteritum in Z. 15, 52, 142–151; Perfekt in Z. 54–56, 61 f.)

  ✎ ***Hinweis:*** *Es ist ein typisches Merkmal von Reportagen, dass sich die Darstellung von direkten Beobachtungen und Fakten im Präsens mit Berichtsteilen in den Formen der Vergangenheit abwechselt.*
- Zitate, direkte Rede (z. B. Z. 44–46, 105–107, 180–182, 184–186)

  ✎ ***Hinweis:*** *Durch die wörtlich übernommenen Äußerungen nicht nur von Experten, sondern auch von anderen Beteiligten werden dem Leser die unterschiedlichen Aspekte eines Themas auf lebendige Weise nahegebracht.*
- Fazit (Z. 183–186)

  ✎ ***Hinweis:*** *Die Reportage endet mit einem Zitat, das das Ergebnis der beschriebenen Beobachtungen und Forschungsarbeiten zusammenfasst.*

6. ✎ ***Hinweis:*** *Drei Punkte gibt es für eine zutreffende Erklärung des Stilmittels* ***und*** *seiner Wirkung. Wird nur das Stilmittel erklärt, gibt es einen Punkt, für die alleinige Erklärung der Wirkung im Textzusammenhang zwei Punkte.*

   Mögliche Lösung:
   Erklärung des Stilmittels: Wenn in zwei oder mehr aufeinanderfolgenden Sätzen die Reihenfolge der Satzglieder gleich ist, dann spricht man von einem Parallelismus.

   Wirkung: In den Zeilen 38–41 werden mit übereinstimmendem Satzbau und identischen Satzanfängen zwei Verhaltensmerkmale von Pferden beschrieben, die sich widersprechen: Als Herdentiere suchen Pferde zwar Nähe, gehen bei Bedrohung aber auch schnell auf Distanz. Durch die Ähnlichkeit im Satzbau und dieselbe Wortwahl am Satzanfang werden diese gegensätzlichen Eigenschaften besonders hervorgehoben.

7. a) ✎ ***Hinweis:*** *Bei dieser Aufgabe müssen Erklärung und Textstelle zusammenpassen, denn es gibt keine Teilpunkte. Fehlt der Textbezug, werden keine Punkte vergeben. Zitate, Zeilenangaben oder auch Umschreibungen einer Textstelle mit eigenen Worten gelten als Textbelege.*

   Mögliche Lösung:
   Das Zitat spielt auf die Textstelle in den Zeilen 23 bis 29 an. Dort wird beschrieben, wie es Svetlana gelingt, mit Ruhe und Geduld das Vertrauen des Pferdes zu gewinnen. Die Tiere reagieren also darauf, wie sich die Teilnehmer des Seminars ihnen gegenüber verhalten und wie sie sie behandeln. An der

Reaktion des Pferdes kann Svetlana ihr eigenes Verhalten wie in einem Spiegel sehen. Wenn sie in ihren Beruf zurückkehrt, kann sie diese Erkenntnisse im Umgang mit ihren Kolleginnen und Kollegen anwenden.

b) **Hinweis:** *Bei dieser Aufgabe sollst du erklären, in welcher Weise die Kurse den Seminarteilnehmern nützen, wenn sie wieder in ihren Berufsalltag zurückkehren und es nicht mehr mit Tieren, sondern mit Menschen zu tun haben. Für jede nachvollziehbare Darstellung mit Textbezug gibt es zwei Punkte. Fehlen der Textbezug oder die Erklärung, gibt es keine Punkte.*

Mögliche Lösungen:
- Z. 21–29: Svetlana entscheidet sich gegen Druck und Konfrontation und gewinnt das Vertrauen des Pferdes, indem sie geduldig bleibt und dem Tier die Zeit gibt, die es braucht. Auch im Umgang mit Kolleginnen und Kollegen kann man mit Geduld mehr erreichen, als wenn man Druck ausübt.
- Z. 30 f.: Es gibt wichtige Entscheidungen, die nicht allen gefallen. Dann ist Durchsetzungskraft gefragt. In manchen Situationen kommt es aber eher auf Kooperationsfähigkeit an. Deshalb sollte ein guter Chef oder eine gute Chefin beides besitzen und richtig einsetzen können.
- Z. 36–38: Führungskräfte müssen sich klarmachen, dass die Mitarbeiter*innen ihr Verhalten und ihre Entscheidungen wahrnehmen und bewerten.
- Z. 43 f.: Trauen Mitarbeiter*innen ihren Vorgesetzten die Führungsaufgaben nicht zu, dann nehmen sie diese nicht ernst und ordnen sich nicht unter.
- Z. 44 f.: Führungskräfte sollten aus den Reaktionen ihrer Mitarbeiter*innen Rückschlüsse auf ihr eigenes Verhalten ziehen.
- Z. 179 f.: „Pferde reagieren auf klare und einfache Botschaften.“ Wenn die Tiere also eine Anweisung nicht oder falsch verstanden haben, zeigen sie das durch entsprechende Reaktionen. Auch bei Menschen erleichtern eindeutige und verständliche Mitteilungen die Kommunikation und können Missverständnisse verhindern.

8. **Hinweis:** *Beim Erläutern sollst du mit eigenständigen Formulierungen eine komplizierte Aussage verständlich machen. Wenn dir das mithilfe einer passenden Textstelle gelingt, gibt es drei Punkte. Lässt du die Textstelle weg, werden noch zwei Punkte vergeben.*

Mögliche Lösung:
Das Zitat sagt aus, dass der Mensch mehr kann und weiß als die Tiere. Er vereinigt viele Fähigkeiten und Eigenschaften von Tieren in höher entwickelter Form in

sich. Ein Beispiel ist die kreative Problemlösefähigkeit von Orang-Utans (vgl. Z. 134–146). Sie zeigen intelligente Verhaltensweisen, die im beschriebenen Versuch sogar Menschenkindern überlegen waren. Trotz dieser Fähigkeiten und der genetischen Übereinstimmung (vgl. Z. 110–115) zwischen Mensch und Tier steckt aber „nicht der gesamte Mensch im Tier" (Z. 185 f.), da der Mensch, z. B. durch die Entwicklung und Anwendung von Technik, eine weitaus höhere Evolutionsstufe erreicht hat als jedes noch so intelligente Tier. Auch das bewusste Handeln und Abschätzen von Konsequenzen ist bei Tieren nicht in gleicher Weise ausgeprägt.

Beispiele für alternative Textbelege:

- Auch wenn z. B. Hunde Symbolsprache verstehen können und Buschhäher ihre Zukunft planen (vgl. Z. 63 f.), so ist der Mensch den Tieren in diesen Dingen doch weit überlegen.
- Das Gleiche gilt für das Verhalten von Raben (vgl. Z. 69–85) oder Ratten (vgl. Z. 90–93), aus dem man zwar einen Sinn für Fairness und Moral ableiten kann, aber auf einem im Vergleich zum Menschen sehr einfachen Niveau.

9. ***Hinweis:*** *Du kannst der Behauptung „Menschen können Tiere sein" zustimmen, sie ablehnen oder eine abwägende Haltung dazu formulieren. Wenn du deine Position nachvollziehbar begründest, gibt es drei Punkte. Teilpunkte werden nicht vergeben.*

Mögliche Lösungen:

Zustimmung: Ich stimme dieser Behauptung zu, denn besonders in kritischen Situationen zeigt sich, dass Menschen instinktiv reagieren können. Dazu gehören z. B. Fluchtreflexe und Abwehrreaktionen, wenn Menschen sich bedroht fühlen. Auch bestimmte menschliche Verhaltensweisen im Zusammenhang mit der Partnerwahl (Imponiergehabe) ähneln sehr den Mechanismen im Tierreich.

Ablehnung: Dieser Aussage kann ich nicht zustimmen, denn Menschen sind den Tieren auf allen Gebieten weit überlegen. Zwar gibt es viele Tiere, die z. B. besser sehen oder hören können als wir, doch durch technische Entwicklungen kann dies mehr als ausgeglichen werden. Auch für die menschlichen Errungenschaften im geistigen und kulturellen Bereich, also Wissenschaft, Kunst, Musik und Literatur, gibt es im Tierreich nichts Vergleichbares.

Teil II: Schreiben

II.A: Textproduktion

a) ✎ ***Hinweis:*** *In einem* ***Bericht*** *werden sachlich und neutral die wichtigsten Aspekte eines wahren Ereignisses dargestellt. Das Ereignis liegt in der Vergangenheit, deshalb verwendet man die Zeitformen Präteritum und Plusquamperfekt (Ausnahme: Zitate von Beteiligten). Ein Bericht enthält keine Kommentare des Verfassers, also weder Bewertungen noch Meinungen oder Gefühlsäußerungen. Bei dem Bericht, den du verfassen sollst, ist die Zielgruppe in deinem Alter, entsprechend musst du deine Formulierungen an die jugendliche Leserschaft anpassen.*
Aufbau / Inhalt: *Die* ***Überschrift*** *soll zum Inhalt passen und die Leser*innen auf den Bericht aufmerksam machen. In der* ***Einleitung (Lead)*** *wird in ein bis zwei Sätzen das Wichtigste zusammengefasst. Der* ***Hauptteil*** *beantwortet die W-Fragen (z. B.: Was ist wann und wo passiert? Wer ist beteiligt? Wie/warum/womit ist es passiert? Welche Folgen ergeben sich aus dem Ereignis? Welche Quellen wurden zum Schreiben des Berichts verwendet?). Im* ***Schlussteil*** *ziehst du ein Fazit, d. h., du fasst zusammen, ob euer Projekt erfolgreich war oder nicht, und formulierst einen kurzen Ausblick auf weitere geplante Projekte. Achte darauf, dass du in deinem Bericht auf alle in der Aufgabenstellung genannten Punkte eingehst.*
Sprachliche Gestaltung: *Hierzu gehören die richtige Verwendung der Zeitformen, treffende Formulierungen, passende Wortwahl, abwechslungsreicher Satzbau und Vermeidung von Wiederholungen.*
Die Punkte für die ***Sprachrichtigkeit*** *werden mithilfe des Fehlerindex errechnet (Rechtschreibung und Grammatik: ganze Fehler; Zeichensetzung: halbe Fehler).*

Tierisch gut drauf

treffende Überschrift

Mit Füttern und Streicheln, Ausmisten und Gassigehen haben sich Schüler*innen der Bertha-von-Suttner-Schule im Hanauer Tierheim ehrenamtlich engagiert und dabei nicht nur Gutes getan, sondern auch tierische Freundschaften geschlossen.

Einleitung / Lead
kurze Zusammenfassung der wichtigsten Informationen

Die Idee, eine Tierschutz-AG ins Leben zu rufen, hatte Frau Dr. W. Sittich vom Fachbereich Biologie an der Nidderauer Gesamtschule, nachdem sie mit einer fünften Klasse einen Ausflug in das Tierheim der Nachbarstadt Hanau durchgeführt hatte. Die Schüler*innen erlebten, wie die Tiere dort zwar sehr gut versorgt wurden, aber wenig Zuwendung bekamen, weil das Personal nicht genug Zeit zum Kuscheln mit den Katzen oder zum Spazierengehen mit den Hunden hatte.

Hauptteil
Anlass / Gründung der AG (was, wann, wo, wer, warum)

Frau Sittich fragte bei der Tierheimleitung an, ob sie eine AG mit Kindern und Jugendlichen unterstützen würde, die regelmäßig zum Tierheim kämen. Die Leiterin freute sich sehr über das Angebot und sagte zu, nachdem sie mit ihren Mitarbeiter*innen gesprochen hatte. Auch die Schulleitung gab grünes Licht, und so startete die Tierschutz-AG zu Beginn des vergangenen Schuljahres mit 25 Schüler*innen aus verschiedenen Jahrgängen.

Organisation / Ablauf (wie / womit)

- Planung der Einsätze

Zum ersten Treffen kam Fabian Hase, ein Mitarbeiter des Tierheims, den Frau Sittich eingeladen hatte, in die Schule. Gemeinsam mit Herrn Hase erarbeiteten die AG-Mitglieder einen Plan, wer von den Schüler*innen zu welchen Zeiten nach Hanau fahren würde. Da sie von den Tierheimmitarbeiter*innen in die verschiedenen Aufgaben eingewiesen und in der ersten Zeit auch betreut werden mussten, konnten nicht alle auf einmal kommen. Auch die Busfahrzeiten nach Hanau und der Nachmittagsunterricht einiger Schüler*innen wurden bei der Planung berücksichtigt. An jedem Wochentag sollten jeweils fünf AG-Mitglieder nach Hanau fahren und zwei Stunden im Tierheim arbeiten.

Durchführung

- Reinigungsarbeiten
- Gassi gehen

Schon in der darauffolgenden Woche ging es los. Am ersten Nachmittag sollten die fünf Jugendlichen im Tierheim beim Ausmisten der Kaninchenställe helfen und die Katzenboxen reinigen. Zur Belohnung für diese eher unbeliebten Arbeiten durften sie anschließend unter Aufsicht einer Tierheimmitarbeiterin mit den Hunden am Main spazieren gehen. Das machte ihnen großen Spaß, denn zwei der Hunde waren so gut erzogen, dass sie nicht an die Leine mussten und die Kinder mit ihnen auf den Wiesen herumtoben und spielen durften.

- Aufgaben der AG-Leiterin

Regelmäßig besuchte Frau Dr. Sittich die Schüler*innen, unterstützte sie bei Problemen und klärte Unstimmigkeiten, die manchmal zwischen den Jugendlichen und Mitarbeitern des Tierheims entstanden. Auch wenn jemand den Bus verpasst hatte, war sie zur Stelle.

Folgen

Es dauerte nicht lange, bis alle AG-Mitglieder mit den verschiedenen Arbeiten und Aufgaben im Tierheim vertraut und eine echte Hilfe für die Mitarbeiter*innen waren. Einige befreundeten sich mit ihren vierbeinigen Schützlingen sogar so sehr, dass sie den ehrenamtlichen Einsatz freiwillig ausdehnten und auch am Wochenende zum Streicheln, Füttern und Gassigehen nach Hanau fuhren.

Alle AG-Teilnehmer*innen hielten bis zum Ende des Schuljahres durch und absolvierten ihre Einsätze. So war die Tierschutz-AG insgesamt ein sehr großer Erfolg. Auch Frau Dr. Sittich und Fabian Hase waren begeistert und kündigten an, das gemeinsame Projekt im kommenden Schuljahr fortsetzen zu wollen.

Schluss
positives Fazit
Ausblick

b) ***Hinweis:*** *Die Vor- und Nachteile der Haltung von Tieren in zoologischen Gärten sollen jeweils mit Begründung und Beispiel gegeneinander abgewogen werden (**Argumentation/Erörterung**). Es ist bei dieser Aufgabenstellung hilfreich, die Argumente zunächst in einer Pro-Kontra-Tabelle stichwortartig aufzulisten und zu gewichten.*

*Die **Einleitung** greift, z. B. mit einer allgemeinen Beobachtung, das Thema auf und führt mit der aus der Aufgabenstellung abgeleiteten Fragestellung zum Hauptteil hin. Im **Hauptteil** stellst du die Argumente für und gegen die Zootierhaltung einander gegenüber. Jedes deiner Argumente verdeutlichst du mit einem anschaulichen Beispiel. Im **Schlussteil** legst du deine eigene Meinung dar und fasst das Ergebnis deiner Argumentation zusammen oder wiederholst das stärkste Argument aus dem Hauptteil.*

*Beachte, dass nicht nur **Aufbau und Inhalt** in die Bewertung mit einfließen, sondern auch die **Sprachangemessenheit** (richtige Verwendung der Zeitform, treffende Formulierungen, passende Wortwahl, abwechslungsreicher Satzbau, Vermeidung von Wiederholungen) sowie die **Sprachrichtigkeit** (Fehler in Rechtschreibung und Grammatik zählen als ganze, in der Zeichensetzung als halbe Fehler).*

Ideenliste / Stoffsammlung:

Wilde Tiere vor der Haustür – hat der Zoo eine Zukunft?	
Nachteile	**Vorteile**
Zoohaltung ist nicht artgerecht	exotische Tiere live erleben
Eingriff in natürliche Abläufe	bedrohte Tierarten werden geschützt
ein falsches Bild von Natur wird vermittelt	Bildung und Forschung

Wilde Tiere vor der Haustür – hat der Zoo eine Zukunft? — Überschrift

Fast jeder erinnert sich gerne an die Tage in seiner Kindheit, an denen ein Familienausflug in den Zoo stattfand. Von Tierschützern wird aber immer wieder die Forderung laut, zoologische Gärten zu verbieten. Welche Vor- und Nachteile hat die Haltung von Tieren im Zoo?

> **Einleitung**
> persönlicher Bezug
> Fragestellung

Das wichtigste Argument gegen zoologische Gärten ist die Tatsache, dass es besonders bei großen Tieren kaum möglich ist, sie in zoologischen Gärten artgerecht zu halten, weil der benötigte Platz fehlt. So brauchen z. B. Großkatzen ausgedehnte Reviere, um ihrem Bewegungsdrang und ihrem Jagdbedürfnis zu folgen. Zusätzlich ist es schwer, den klimatischen Ansprüchen vieler Tiere so gerecht zu werden, dass sie sich „wie zu Hause“ fühlen können. Das betrifft sowohl die Tiere der tropischen Zone wie Elefanten und Erdmännchen als auch die Bewohner der Arktis und Antarktis wie Eisbären und Pinguine.

> **Hauptteil**
> **Nachteile** der Zootierhaltung
> Erstes Argument: keine artgerechte Haltung möglich
> - Platzbedarf
> - Klima

Gegen die Zootierhaltung spricht auch, dass sie einen Eingriff in natürliche Abläufe bedeutet. Die Rundumbetreuung durch Pfleger und Tierärzte stellt sicher, dass die Tiere satt sind und gesund bleiben. Dabei verlernen sie aber, mit Hunger, Krankheiten oder Verletzungen zurechtzukommen. Außerdem gewöhnen sich die Tiere an die Tagesabläufe, die an die Öffnungszeiten des Zoos angepasst sind. Die Seelöwen wissen z. B. ganz genau, wann die Fütterungsshow beginnt. Aufgrund dieser Regelmäßigkeit sind Zootiere eigentlich gar keine „wilden“ Tiere mehr.

> Zweites Argument: Eingriff in natürliche Abläufe
> - durch Versorgung
> - durch geregelten Tagesablauf

Drittes Argument: ein falsches Bild von Natur wird vermittelt

Dazu passt auch das dritte Argument gegen die Haltung von Tieren im Zoo. Durch das Nebeneinander verschiedener Gehege und Raubtieranlagen kann bei den Besuchern die Vorstellung entstehen, dass z. B. Zebras und Kamele oder Schimpansen und Orang-Utans in benachbarten Lebensräumen zu Hause sind. Auch die Tatsache, dass viele Käfige überbelegt sind oder den Tieren den Zoobesuchern zuliebe keine Versteckmöglichkeiten angeboten werden, vermittelt ein falsches Bild von Natur.

Überleitung zu den **Vorteilen**

Trotz dieser Einwände gegen die Tierhaltung in Zoos gibt es auch viele Argumente, die für zoologische Gärten sprechen.

Erstes Argument: exotische Tiere „live“ erlebbar

Nur in Zoos hat man Gelegenheit, Tieren ferner Weltgegenden real zu begegnen. Selbst wenn ein Gitter oder eine Glasscheibe Tier und Zoogast trennt, ist das Betrachten z. B. eines Tigers, eines Flusspferdes, einer Giraffe oder eines Krokodils immer ein echtes Erlebnis, das kein noch so guter Dokumentarfilm ersetzen kann.

Zweites Argument: Arterhaltung/Schutz bedrohter Tierarten

- Lebensraum schwindet
- Wilderei
- Nachzucht bedrohter Arten

Für Zoos spricht auch, dass sie bedrohten Tierarten eine Überlebensmöglichkeit bieten und der Arterhaltung dienen. Weil durch massive Eingriffe in die Natur vielen Tieren der Lebensraum entzogen wird, geht ihr Bestand massiv zurück. Ein Beispiel ist der Orang-Utan, dessen Lebensraum „Urwald“ für Palmölplantagen abgeholzt wird. Andere Tierarten wie Elefanten und Nashörner sind bedroht, weil Wilddiebe sie wegen ihrer Zähne bzw. Hörner rücksichtslos abschlachten. Durch die Weiterzucht und das spätere Auswildern bedrohter Arten stellen Zoos eine Art „Arche Noah“ für gefährdete Tierarten dar.

Drittes Argument: Zoos als Orte für Bildung und Forschung

Das wichtigste Argument für die Wildtierhaltung im Zoo jedoch ist die damit verbundene Möglichkeit, einen unmittelbaren Bezug zur belebten Natur herzustellen und sich unserer Verantwortung für Tier- und Naturschutz bewusst zu werden. In modernen Zooanlagen werden nicht einfach nur Tiere ausgestellt, sondern zusätzlich eine Fülle von Informationen über ihre Biologie, ihre Ökologie und ihre aktuelle Situation vermittelt. Damit sind Zoos ein elementarer Bestandteil der Umweltpädagogik. Gleichzeitig können Wissenschaftler an

Zootieren wichtige Erkenntnisse z. B. im Bereich der Tiermedizin oder der Verhaltensforschung gewinnen und damit die Tiere in der freien Wildbahn besser verstehen und ihren Lebensraum gezielter schützen.

Meiner Meinung nach sollte es gerade deshalb auch weiterhin möglich sein, Wildtiere in Zoos zu halten. Es gibt kaum eine bessere Möglichkeit, auf vergleichbar unmittelbare Weise die Vielfalt der Natur kennenzulernen und sich unsere Verantwortung für das Ökosystem Erde bewusst zu machen.

Schluss

Fazit/eigene Meinung

Bekräftigung des wichtigsten Arguments

II.B: Sprachliche Richtigkeit

1. *__Hinweis:__ Falls du mehr als zwölf Fehler markierst, werden nur die ersten zwölf gewertet. Für fehlerhafte Korrekturen gibt es keinen Punkt.*

Sollen Astronauten künftig längere Zeit auf dem Mars überleben, dann müssen sie die auf unserem Nachbarplaneten vorhandenen ~~Resourcen~~ **Ressourcen**[1] nutzen. Zu diesen gehört auch der Marsboden, ein normalerweise eher ~~lebensfeintliches~~ **lebensfeindliches**[2] Material. Doch reichert man ihn mit irdischen Bodenbakterien und organischem Dünger an**, (fehlendes Komma)**[3] können irdische Pflanzen auch auf Marsboden wachsen, wie Experimente belegen. Doch für eine erfolgreiche Pflanzenzucht auf dem weit entfernten Planeten könnten noch weitere Helfer wichtig werden, ~~nähmlich~~ **nämlich**[4] Regenwürmer. Sie fressen größere organische Reste auf und scheiden sie ~~aufgeschloßen~~ **aufgeschlossen**[5] und zerkleinert ~~wider~~ **wieder**[6] über ihren Kot aus. Viele Nährstoffe werden erst dadurch für die Pflanzen verfügbar. Zudem sorgen die Regenwürmer dafür**, (fehlendes Komma)**[7] dass der Boden durchlässig wird und Wasser richtig ~~einsikern~~ **einsickern**[8] kann. Um vergleichbare Bedingungen analog zum Marsboden zu schaffen**, (fehlendes Komma)**[9] nutzten Forscher den ähnlich unfruchtbaren Sand vom Vulkan Mauna Loa auf Hawaii. Sie veränderten ihn chemisch, um ihn dem Sand auf dem Marsboden ähnlicher zu machen. Die Forscher reicherten den Sand mit Erdbakterien und organischem Dünger an und ~~sezten~~ **setzten**[10] dann darin Regenwürmer frei. Während auf diesem Marsboden Salatpflanzen heranwuchsen, ~~tumelten~~ **tummelten**[11] sich im Untergrund die Würmer. Nach einigen Wochen kontrollierten die Forscher den Zustand der wurmigen Erdarbeiter. Die Regenwürmer hatten den Aufenthalt im nachgebildeten Marsboden nicht nur bestens überstanden, sie hatten sich sogar ~~vermert~~ **vermehrt**[12].

Nach: www.scinexx.de (abgerufen am 07. 03. 2018).

Hinweis: ***1)*** *Ressourcen – Fremdwort aus dem Französischen, bedeutet so viel wie „Bestand, Vorräte, Reserven“.* ***2)*** *lebensfein**d**lich – Wortbestandteil „Feind“; durch Pluralbildung/Wortverlängerung (Fein**de**) wird die Schreibweise deutlich.* ***3)*** *Komma zwischen Haupt- und adverbialem Nebensatz (Konditionalsatz), auch wenn hier durch die besondere Satzstellung die einleitende Konjunktion „wenn“ oder „falls“ fehlt.* ***4)*** *n**äm**lich – abgeleitet von „Name“, deshalb ohne „h“.* ***5)*** *aufgeschlo**ss**en – Der stimmlose s-Laut wird nach einem kurz gesprochenen Vokal „ss“ geschrieben.* ***6)*** *w**ie**der – Die Schreibweise mit „ie“ wird verwendet, wenn ein Vorgang sich ein oder mehrere Male w**ie**derholt.* ***7)*** *Komma zwischen Haupt und Nebensatz; der Nebensatz ist an der einleitenden Konjunktion „dass“ erkennbar.* ***8)*** *einsi**ck**ern – Der k-Laut wird nach kurz gesprochenem Vokal in der Regel als „ck“ geschrieben. Das „ck“ ist dem Doppelkonsonanten „kk“ gleichzusetzen, den es im Deutschen aber nur bei sehr wenigen (Fremd-)Wörtern gibt (z. B. Akkord).* ***9)*** *Komma zwischen Hauptsatz und adverbialem Nebensatz, in diesem Fall einem Finalsatz, der einen Zweck oder ein Ziel beschreibt. Finalsätze können sowohl mit der Konjunktion „damit“ als auch mit der Infinitivkonstruktion „um … zu“ gebildet werden.* ***10)*** *se**tz**ten – Präteritum von „setzen“; „tz“ nach kurzem, betontem Vokal.* ***11)*** *tu**mm**elten – Doppelkonsonant nach kurz gesprochenem Vokal.* ***12)*** *verme**h**rt – von „mehr“ im Sinne von „zusätzlich“, „öfter“, „eine größere Menge“(vgl. Mehrheit, mehrfach, mehrmals, immer mehr).*

2. ***Hinweis:*** *Markiere nur vier Wörter, denn sonst wird deine Lösung nicht gewertet.*

   b) Rund ein [viertel] der Schuhe in den Regalen gefiel ihm sehr gut.

   Hinweis: *Bruchzahlwörter, die als Nomen verwendet werden, schreibt man groß, hier erkennbar an dem unbestimmten Artikel „ein“.*

   c) Am besten fand er das leuchtende [blau] eines bestimmten Paares.

   Hinweis: *Dass das Adjektiv „blau“ hier zum Nomen wird, erkennst du an dem Artikel „das“ und dem Fehlen eines dazugehörigen Nomens. (Vgl. hingegen: Die Schuhe waren leuchtend blau.)*

   f) Er leistete sich wenig [neues], aber neue Sachen waren nötig.

   Hinweis: *Mengenangaben wie „wenig“, „alles“, „viel“, „nichts“ sind Signale für ein darauffolgendes nominalisiertes Adjektiv und haben somit die* *gleiche Funktion wie ein Artikel, z. B.: Ich wünsche dir* ***alles Gute*** *zum Geburtstag. In der Zeitung stand* ***nichts Neues****. In seiner Kindheit hat er* ***viel Schlimmes*** *erlebt.*

k) Sie hatte seine Turnschuhe ein [Paar] Mal selbst zum Feiern getragen.

Hinweis: *Wird das Wort „paar" im Sinne von „mehrfach, einige" gebraucht, schreibt man es klein. Bei einem „Paar" hingegen handelt es sich immer um zwei Menschen oder Dinge, die zusammengehören, z. B.: Sie sind ein Paar. Er kauft sich ein Paar Schuhe.*

3. ***Hinweis:*** *Schreibweise* ***und*** *Wortart müssen richtig sein, um jeweils einen Punkt zu bekommen. Halbe Punkte werden nicht vergeben.*

Denkt man an bahnbrechende Erfindungen, fällt einem beispielsweise **das (A)**[1] aus der modernen Welt nicht mehr wegzudenkende Telefon ein, **das (R)**[2] seit dem ersten Drittel des 19. Jahrhunderts bis heute weiterentwickelt wurde. **Dass (K)**[3] diese Erfindung zunächst mit einer hölzernen Ohrmuschel begann, die der Mathematik- und Physiklehrer Philipp Reis (1834–1874) mit einer Wursthaut verklebte, ist erstaunlich. **Das (D)**[4] überzeugte den physikalischen Verein, dem er seine Erfindung 1861 vorführte, allerdings nicht. Wahrscheinlich lag es daran, **dass (K)**[5] die Qualität der übertragenen Töne noch sehr schlecht war.

Nach: https://www.wasistwas.de/archiv-technik-details/die-erfindung-des-telefons.html (abgerufen am 21. 03. 2018).

Hinweis: 1) *Der Artikel gehört zu dem Nomen „Telefon".* ***2)*** *Auf das Nomen „Telefon" bezieht sich auch das Relativpronomen, das den darauffolgenden Nebensatz einleitet.* ***3)*** *Die Konjunktion „dass" leitet hier einen Nebensatz ein, der dem Hauptsatz vorangestellt ist; erkennbar ist der Nebensatz daran, dass das Prädikat „begann" am Satzende steht.* ***4)*** *Demonstrativpronomen, ersetzbar mit „dies". „Das" ist hier kein Artikel, da es kein unmittelbar folgendes Nomen gibt, und kein Relativpronomen, da es sich auf kein vorausgehendes Nomen zurückbezieht.* ***5)*** *Die Konjunktion „dass" leitet hier einen Nebensatz ein, der inhaltlich von dem vorausgehenden Hauptsatz abhängig ist. Für Klarheit sorgt die Ersatzprobe: Kann man „das" mit „dies/dieses/welches/jenes" sinnvoll ersetzen? Ist das nicht der Fall, handelt es sich um eine Konjunktion.*

4. *Hinweis: Für jede richtige Zuordnung wird ein Punkt vergeben.*

Satz	**Begründung**
Paul sammelt altes Blechspielzeug**,** antike Münzen und urzeitliche Fossilien.	**D**
Er rechnet nicht mehr damit**,** doch er hofft auf eine Nachricht.	**A**
Die Hose**,** die er sich aussucht**,** ist kariert.	**B**
Wir fragen uns**,** ob sie uns ins Kino begleiten wird.	**B**
Sie fährt nicht mit dem Auto**,** sondern sie wählt den Bus.	**A**

Hinweis: Satz 1: *Sind die einzelnen Wörter oder Wortgruppen einer Aufzählung nicht durch „und" oder „oder" verbunden, wird ein Komma gesetzt.*
Satz 2: *Da „doch" eine nebenordnende Konjunktion ist, handelt es sich hier um zwei eigenständige Hauptsätze, die durch ein Komma getrennt werden. Dass in dieser Konstruktion kein Nebensatz enthalten ist, erkennst du daran, dass in beiden Sätzen das Prädikat an zweiter Stelle steht. Dagegen ist ein Erkennungszeichen des Nebensatzes das endständige Prädikat.*
Satz 3: *Der Relativnebensatz wird von dem Relativpronomen „die" eingeleitet. Er ist in den Hauptsatz eingebettet und wird am Anfang und am Ende durch ein Komma von ihm abgetrennt.*
Satz 4: *Auch hier handelt es sich um ein Satzgefüge, also eine Verbindung von Hauptsatz und Nebensatz. Den Nebensatz (indirekter Fragesatz) erkennt man an der Konjunktion „ob".*
Satz 5: *Wie im zweiten Satz sind auch hier zwei Hauptsätze durch ein Komma getrennt. Der zweite Hauptsatz wird durch die nebenordnende Konjunktion „sondern" eingeleitet.*

Abschlussprüfung Deutsch an Realschulen in Hessen 2020
Text 1

Teil I: Lesen

Hinweis: *In den Aufgaben 1 bis 3 ist von den vier Antwortmöglichkeiten immer nur eine Lösung richtig. Sind mehrere Möglichkeiten angekreuzt, wird kein Punkt vergeben.*

1. a) ☒ im Wald

   Hinweis: *Z. 5 f.: „Gerne wäre ich auch Förster geworden […].“*

   b) ☒ in einer Spielzeugfabrik.

   Hinweis: *Z. 16 f.: „Und ich wurde Pförtner in einer Spielzeugfabrik.“*

   c) ☒ zu langsam.

   Hinweis: *Z. 122 ff.: „Ich arbeitete zu langsam […] das muss ich hören.“*

   d) ☒ am nächsten Tag

   Hinweis: *Z. 168 f.: „[…] denn für morgen bin ich zum Personalchef geladen.“*

   e) ☒ durch einen Bewerber.

   Hinweis: *Z. 178 f.: „Er bewerbe sich um die ausgeschriebene Pförtnerstelle, sagte er.“*

2. a) ☒ andere zufriedenstellen.

   Hinweis: *Diese Formulierung bedeutet, dass man sich bemüht, alle Erwartungen zu erfüllen und ihnen damit ge**recht** zu werden.*

   b) ☒ niemanden unhöflich zu behandeln.

   Hinweis: *Die Redewendung „vor den Kopf stoßen“ veranschaulicht, dass verbale Grobheiten oder Beleidigungen genauso schmerzen können wie ein körperlicher Angriff, also ein Stoß vor bzw. gegen den Kopf.*

c) ☒ jemandem seine Meinung zu verbieten.

Hinweis: Auch diese als Redensart gebräuchliche Metapher dient zur Veranschaulichung: Mit einem verstopften oder zugestopften Mund kann man nicht reden und damit auch nicht seine Meinung äußern.

3. ☒ Nur B und D treffen zu.

***Hinweis: A:** Als Protagonisten bezeichnet man die Hauptfiguren innerhalb einer Erzählhandlung. Text 1 beschreibt fast ausschließlich die Gedanken und Beobachtungen des Pförtners aus der Ich-Perspektive, erst am Ende kommt mit dem Bewerber eine zweite Person hinzu. Deshalb ist Antwort A nicht richtig. **B:** Antwort B trifft zu, denn es wird nicht eindeutig gesagt, ob der Pförtner seine Stelle behält oder nicht. Damit kann man den Schluss der Geschichte als offenes Ende bezeichnen. **C:** Es gibt nur einen einzigen Handlungsort, nämlich die Pförtnerloge. **D:** Der Ich-Erzähler beginnt im Präteritum, als er von seinen früheren Berufsvorstellungen erzählt (Z. 3–8). Dann verwendet er unvermittelt das Präsens (Z. 9–14), kurz darauf das Perfekt (Z. 22), um sofort über das Präsens (Z. 23) erneut ins Präteritum zu wechseln (Z. 24). Dieser Zeitformenwechsel zieht sich durch den gesamten Text, deshalb ist Antwort D richtig.*

4. ***Hinweis:** Für die richtige Erklärung des Stilmittels gibt es einen Punkt. Kannst du dazu noch die Wirkung der Parenthesen im Textzusammenhang verdeutlichen, gibt es zwei weitere Punkte. Der Textverweis kann als Zitat, Umschreibung oder auch nur als Zeilenangabe erfolgen.*

Mögliche Lösung:
Erklärung des Stilmittels: Wenn ein Satz durch einen Einschub mithilfe von Gedankenstrichen, Klammern oder Kommas unterbrochen wird, bezeichnet man das als Parenthese.

Wirkung:
Da sie den Satz unterbrechen, werden die in Parenthese stehenden Äußerungen hervorgehoben und bekommen damit eine besondere Bedeutung. In Zeile 97 f. betont der Ich-Erzähler die seiner Ansicht nach wichtige Rolle seiner Position als Pförtner: Er sieht sich als Stellvertreter der Geschäftsführer. Diese Aussage wird durch die zweite Parenthese in Z. 102 gesteigert: Als Pförtner hat er eine Fürsorgepflicht gegenüber seinen Vorgesetzten, die ohne ihn wehrlos den Besuchern ausgeliefert wären.

5. ✎ ***Hinweis:*** *Es genügt, die Aufgaben des Pförtners in Stichworten zu nennen, d. h. aufzuzählen. Du kannst zitieren oder mit eigenen Worten die Aufgaben formulieren. Zeilenverweise oder Textbelege sind dabei nicht notwendig.*

   Mögliche Lösungen:
   - Türen öffnen (Z. 26 f.)
   - telefonieren (Z. 29 ff.)
   - Fragen beantworten/Auskünfte geben (Z. 33 ff., Z. 57 f.)
   - Besucher bei Vorgesetzten anmelden (Z. 40 ff.; Z. 174 f.)
   - die Reaktion der Vorgesetzten deuten und die Besucher gegebenenfalls höflich abweisen (Z. 62–67)
   - die Vorgesetzten vor unerwünschten Besuchern schützen (Z. 101 ff.)
   - der Anordnung der Direktion Folge leisten, Besucher höflich zu behandeln (Z. 133 ff.)

6. ✎ ***Hinweis:*** *Beim Zitieren geht es darum, passende Textstellen aufzufinden, sie richtig abzuschreiben und mit Anführungsstrichen und Zeilenangaben zu versehen. Erklären musst du die Textstellen nicht. Fehlen Zeilenangaben oder Anführungsstriche, gibt es jeweils einen halben Punkt weniger.*

   Mögliche Lösungen:
   - „Und jeder im Haus glaubt, er sei der Vorgesetzte des Pförtners. Der Pförtner hat keine Kollegen, er hat nur Vorgesetzte." (Z. 42 ff.)
   - „Aber die in den Büros sind so empfindlich, dass sie oft schon durch eine telefonische Anfrage in schreckliche Erregung versetzt werden können […]." (Z. 48–52)
   - „[…] der feinnervige und hochbezahlte Herr aus dem Büro […]" (Z. 59 f.)
   - „[…] des Pförtners Aufgabe ist es, diesen Wutschrei des gestörten Herrn sofort zu übersetzen […]" (Z. 62 f.)
   - „Ich prüfe die Besucher selbst und entscheide, ob sie mit Recht verlangen, […] mit einem der Direktoren oder dem Personalchef sprechen zu dürfen." (Z. 71–77)
   - „[…] die leitenden Persönlichkeiten unserer Firma – sie sind ja die verletzlichsten […]" (Z. 101 f.)
   - „Leider wird dies von eben diesen Herrn überhaupt nicht bemerkt. Vor allem verstehen diese Persönlichkeiten nicht, dass ich Zeit brauche, um die einzelnen Besucher […] von der Nutzlosigkeit ihrer Besuche zu überzeugen." (Z. 103–108)

7. a) *__Hinweis:__ Beim Herausarbeiten sollen Informationen aus dem Text abgeleitet und mit eigenen Worten beschrieben werden, die darin nicht ausdrücklich formuliert sind. Im vorliegenden Fall erkennen die Leser*innen durch die Schilderungen des Pförtners dessen anmaßendes Verhalten. Der Pförtner selbst bewertet seine Kompetenzüberschreitungen natürlich ganz anders, weil er sie auf seine Weise als positiv für die Firma definiert.*
Für die zutreffende Herausarbeitung anhand einer passenden Textstelle gibt es drei, ohne Textverweis nur einen Punkt. Wird nur eine Textstelle genannt und nicht bezüglich der Aufgabenstellung interpretiert, gibt es keinen Punkt.

Mögliche Lösungen:

- Z. 70–77: Der Pförtner beschreibt, wie er mit den Besuchern umgeht. Er befragt sie und entscheidet dann, ob ihr Anliegen sie berechtigt, eingelassen zu werden. Seine Aufgabe ist es aber, die Besucher in den Abteilungen oder bei den Personen anzumelden, zu denen sie möchten. Es steht ihm nicht zu, eigenmächtig zu entscheiden, wer in die Fabrik darf und wer nicht.
- Z. 79–96: Ohne seine Vorgesetzten zu informieren, fragt der Pförtner die Besucher aus. In den meisten Fällen überzeugt er sie anschließend von der Sinnlosigkeit ihrer Sache und schickt sie weg. Dabei kann er in seiner Position gar nicht wissen, welche Bedeutung das jeweilige Anliegen für den Besucher oder die Firma hat. Er nimmt also Befugnisse für sich in Anspruch, die nur seinen Vorgesetzten zustehen.
- Z. 97–103: An dieser Textstelle wird die Selbstüberschätzung des Pförtners deutlich und die übersteigerte Bedeutung, die er seiner Funktion zuschreibt. Er sieht sich als Vertreter aller „leitenden Herrn des Hauses“ und ist der Überzeugung, dass die steigenden Umsätze der Firma unter anderem der Hartnäckigkeit zu verdanken sind, mit der er seine Vorgesetzten „vor lästigen Besuchern schütze“.

b) *__Hinweis:__ „Erläutern“ heißt, dass komplizierte und manchmal nicht sofort offensichtliche Sachverhalte aus dem Text klargestellt werden sollen. Hier kommt es also auf dein Textverständnis an, weil man die Antwort auf die Frage aus dem Zusammenhang der Geschichte selbst ableiten muss. Achte darauf, dass du den Sachverhalt anhand von __zwei__ Textstellen erläutern sollst. Für jede schlüssige Erläuterung mit Bezug auf eine Textstelle (Zeilenangabe, Umschreibung oder Zitat) werden zwei Punkte vergeben. Fehlt der Textverweis, gibt es nur noch einen Punkt, das bloße Nennen oder Zitieren einer Textstelle hingegen wird mit null Punkten bewertet.*

Mögliche Lösungen:

- Z. 48–69: Der Pförtner rechtfertigt sein Handeln damit, dass der von einer Besucheranmeldung möglicherweise gestörte Vorgesetzte ihn durchs Telefon anschreien und damit aus der Fassung bringen könnte. Dann wäre er nicht mehr in der Lage, den Besucher in angemessener Form abzuweisen. Um eine solche Situation gar nicht erst entstehen zu lassen, fertigt er die Besucher an der Pforte ab und meldet sie nicht an.
- Z. 79–90: Der Pförtner ist überzeugt davon, dass er sich durch seine spezielle Fragetechnik, mit der er den Anliegen der Besucher auf den Grund geht, sehr viel Hintergrundwissen über die Belange der Firma angeeignet hat. Deshalb blockt er die nach seiner Meinung überflüssigen Besucher ohne schlechtes Gewissen ab und rechtfertigt seine Entscheidungen damit, zum Wohl der Firma zu handeln.
- Z. 97–103: Der Pförtner sieht sich als Stellvertreter der Geschäftsleitung, die er vor lästigen Besuchern schützen muss. Die rasch steigenden Umsätze der Firma führt er auf sein Handeln zurück, weil er dafür sorgt, dass die leitenden Personen der Fabrik in Ruhe arbeiten können.
- Z. 120–127: Wegen der Methode des Pförtners häufen sich die Beschwerden innerhalb der Firma. Dennoch ist der Pförtner davon überzeugt, richtig zu handeln und rechtfertigt sich damit, dass die Mitarbeiterinnen und Mitarbeiter keine Ahnung von seinem Beruf hätten.
- Z. 127–133: Seiner Ansicht nach handelt er als Pförtner ausschließlich zum Wohl der Firma. Würde er die Besucher „kurz und barsch abfertigen“, statt sie in lange Gespräche zu verwickeln, würde das dem Ruf der Firma schaden.

8. ***Hinweis:*** *Zum Operator „herausarbeiten“ siehe Hinweis zu Aufgabe 7 a. Für die volle Punktzahl müssen* ***zwei verschiedene Situationen*** *schlüssig herausgearbeitet werden, für die es jeweils drei Punkte gibt. Der Textbezug kann als Zitat, Zeilenverweis oder Umschreibung erfolgen. Das bloße Nennen oder Zitieren einer Textstelle wird nicht bewertet.*

   Mögliche Lösungen:

   - Z. 1–14: Als junger Mensch hatte sich der Pförtner vorgestellt, Sparkassenräuber oder Förster zu werden. Weil er jedoch überzeugt war, dass man für diese und fast alle anderen Berufe besonders viel Mut brauche, schreckte er davor zurück. Mit ein bisschen mehr Mut und Selbstvertrauen hätte er zumindest ausprobieren können, ob ein anderer Beruf ihm gefallen hätte.

- Z. 44–69: Der Pförtner ist der Meinung, es allen recht machen zu müssen. Er möchte Konflikte mit schlecht gelaunten Vorgesetzten vermeiden und vor den Besuchern nicht die Fassung verlieren. Ihm fehlt der Mut, sich gegen die ungerechte Behandlung seiner Vorgesetzten zu wehren. Stattdessen wimmelt er lieber die Besucher an der Pforte ab und meldet sie nicht an.
- Z. 136–140: Der Pförtner traut sich nicht, sich wegen der Beschwerden der Mitarbeiter*innen bei seinen Vorgesetzten Hilfe zu holen. Die Situation hätte sich möglicherweise entspannen können, wenn er den Mut gehabt hätte, sein Handeln vor der Geschäftsleitung in einem klärenden Gespräch zu begründen.
- Z. 153–163: Auch als die Schlange der Wartenden vor der Pförtnerloge immer länger wird, kann sich der Pförtner nicht überwinden, seine Methode zu ändern. Er wird zunehmend nervös und erledigt seine Aufgaben immer schlechter. Er könnte sich ein Herz fassen und die Besucher rasch abfertigen oder durchlassen, selbst wenn er damit Konflikte mit den Vorgesetzten provoziert.
- Z. 171–184: Obwohl der Pförtner sich jahrelang darin geübt hat, jeden Besucher hinzuhalten und wegzuschicken, schafft er das ausgerechnet dann nicht, als ein Bewerber um seinen Pförtnerposten vor ihm steht. Hätte er den Mut gehabt, seine bewährte Methode anzuwenden und den Besucher wie so viele vor ihm von der Sinnlosigkeit seines Anliegens zu überzeugen, wäre der Konkurrent gegangen.

9. a) ✎ ***Hinweis:*** *Die Bedeutung des Zitats kann an einem allgemeinen Beispiel erklärt werden, es wird kein Textbezug verlangt. Drei Punkte erhältst du für eine schlüssige Erklärung, Teilpunkte werden nicht vergeben.*

   Mögliche Lösung:
   Wer sich für einen bestimmten Beruf entscheidet, lässt sich meist von seinen Vorlieben, Fähigkeiten und Neigungen leiten. Möchte man z. B. in einer Kindertagesstätte oder einem Krankenhaus arbeiten, dann deshalb, weil man gerne mit Menschen zu tun hat. Junge Leute, die von Technik fasziniert sind, bewerben sich hingegen um eine Ausbildung in einer Autowerkstatt oder streben einen Ingenieurberuf an. Doch egal in welchem Tätigkeitsfeld man landet, man lernt Kollegen, Vorgesetzte, Kunden oder Patienten kennen. Dazu kommen viele Erfahrungen und Erkenntnisse im Verlauf der Ausbildung und des Berufslebens. Das alles führt dazu, dass man seine Persönlichkeit, d. h. seinen Charakter, weiterentwickelt und verändert.

b) *__Hinweis:__ Eine schlüssige Erläuterung mit Textbezug wird mit drei Punkten bewertet. Ist keine Textstelle angegeben (Zitat, Zeilenangabe, Umschreibung), erhältst du zwei Punkte. Nur eine Textstelle zu nennen reicht nicht für einen Punkt.*

Mögliche Lösung:
Früher hatte sich der Pförtner vorgestellt, einen aufregenden oder interessanten Beruf zu ergreifen, nämlich Sparkassenräuber oder Förster. Bei genauerer Überlegung kam er jedoch zu dem Schluss, dass man für diese Berufe Mut braucht. Weil ihn die Anforderungen der meisten Berufe ängstigten und er sich selbst für mutlos hält, ist er vor dieser Entscheidung zurückgeschreckt und wurde Pförtner. (Vgl. Z. 1–17)

c) *__Hinweis:__ Ob du der Behauptung zustimmst oder sie ablehnst, bleibt dir überlassen. In beiden Fällen soll deine Meinung nachvollziehbar, aus dem Text heraus begründet sein. Gelingt dir das, gibt es drei Punkte, Teilpunkte werden nicht vergeben. Konkrete Textverweise sind bei dieser Aufgabe aber nicht notwendig.*

Mögliche Lösungen:
Zustimmung:
Der Pförtner beschreibt, wie er als Berufsanfänger den Besuchern noch ängstlich begegnete und Fragen fürchtete, die er nicht beantworten konnte. Er wollte es allen recht machen und hatte Angst vor den Launen seiner Vorgesetzten. Das passt zu seiner Selbstcharakterisierung als mutloser Mensch. Später jedoch hat er seine Mutlosigkeit überwunden: Er benimmt sich wie ein Chef und entscheidet selbstständig, wer in die Firma darf und wer nicht. Dabei verhält er sich sehr souverän und selbstbewusst.
Ablehnung:
Ich stimme dieser Behauptung nicht zu, denn am Ende stellt der Pförtner bei sich dieselbe Mutlosigkeit fest, die schon die Verwirklichung seiner Traumberufe verhindert hat. Seine Methoden als Pförtner hat er entwickelt und verfeinert, weil ihm der Mut zu Auseinandersetzungen mit seinen Vorgesetzten fehlt. Als ihm klar wird, dass er zu weit gegangen ist, hat er nicht den Mut, um seine Stelle zu kämpfen. Er bewundert das selbstbewusste Auftreten seines Konkurrenten und stellt fest, dass er selbst noch nicht einmal für den Pförtnerberuf mutig genug ist.

Teil II: Schreiben

Teil II.A: Textproduktion (Wahlaufgabe)

a) ***Hinweis:***
Aufbau/Inhalt: *Dass der Umgang des Pförtners mit Besuchern bei Vorgesetzten und Mitarbeitern für Unruhe sorgt, wird im Verlauf der Geschichte deutlich. Deine Aufgabe ist es, die Perspektive zu wechseln und die Sicht des Personalchefs einzunehmen. Vorgegeben ist, dass er bereits Beschwerden über das Verhalten des Pförtners bekommen hat und eine Entscheidung über die Zukunft des Pförtners trifft. Was geht dem Personalchef durch den Kopf, nachdem er die Beschwerden gehört hat? Ist er wütend oder verständnisvoll? Welche Meinung hat er von dem Pförtner? Was unternimmt er, um die Situation zu verändern? In der* ***Einleitung*** *deiner Erzählung sollten die Ausgangssituation, der Ort und die beteiligten Personen genannt werden. Im* ***Hauptteil*** *schilderst du, wie der Personalchef auf die Methoden des Pförtners reagiert und was er tut, um die Situation zu verändern. Im* ***Schlussteil*** *könnte es z. B. eine überraschende Wendung geben oder der Personalchef eine abschließende Bewertung der Vorgänge vornehmen. Wichtig ist, dass man in deinem Text den Wechsel der Perspektive erkennen kann, d. h., du musst das Geschehen durchgängig aus der Sicht des Personalchefs darstellen. Du kannst in der Ich-Form schreiben oder eine personale Perspektive wählen. Dabei sollst du die Handlung nicht verändern, auch wenn der Personalchef das Geschehen anders wahrnimmt als der Pförtner. Die Handlung aus dem Originaltext muss als „roter Faden" in deinem Text erkennbar sein. Gib deinen Personen Namen und denke dir auch eine passende Überschrift für deine Geschichte aus.*
Sprachangemessenheit: *Achte bei Satzbau und Wortwahl darauf, Wiederholungen zu vermeiden, damit dein Text nicht zu eintönig wird. Mit der Verwendung passender Verben, Adjektive und anschaulicher Vergleiche kannst du den Charakter des Personalchefs lebendig werden lassen. Die Darstellung der Handlung erfolgt vorzugsweise im Präteritum und bei Vorzeitigkeit im Plusquamperfekt. In wörtlicher Rede können auch andere Zeitformen stehen, z. B. das Präsens („Was* ***bildet*** *der sich eigentlich ein?", dachte er.). Für erlebte Rede verwendest du wiederum das Präteritum oder Plusquamperfekt (z. B.: Warum hatte er sich bloß darauf eingelassen?). Sie steht ohne redebegleitende Verben des Sagens, Denkens oder Fühlens sowie ohne Anführungszeichen.*
Sprachrichtigkeit: *Fehler in der Rechtschreibung und Grammatik werden als ganze Fehler, die in der Zeichensetzung als halbe Fehler gewertet. Mit dem Fehlerindex wird berechnet, wie viele von maximal vier Punkten du für die Sprachrichtigkeit bekommst.*

König Pförtner

Überschrift

Einleitung

Hauptpersonen und ihre Situation

Als Attila Zorn, Personalchef der Spielzeugfabrik „Bauklötzchen und Schaukelpferd GmbH & Co. KG“, am Dienstagmorgen verspätet in seiner Limousine durch das Haupttor der Firma rauschte und die Menschenmenge vor der Pförtnerloge sah, wusste er, dass es so nicht weitergehen konnte und er dringend eine Lösung für das Problem „Pförtner Franz König“ finden musste.

Hauptteil

Beschwerden über den Pförtner

Bereits seit Monaten häuften sich die Beschwerden von Kunden und aus der Belegschaft, dass der Pförtner seine Kompetenzen überschreite und die Besucher nach Belieben abweisen oder durchlassen würde. Doch bislang hatte er die Klagen nicht so richtig ernst genommen. Insgeheim hatte er sogar gehofft, die Lage würde sich von allein wieder beruhigen. Ehrlich gesagt, er hatte überhaupt keine Lust darauf, der Sache auf den Grund zu gehen und sich mit so einer unwichtigen Personalie wie einem Pförtner zu beschäftigen. Schließlich hatte er Wichtigeres zu tun: Die Firma durfte bei der Modernisierung in der Spielzeugbranche den Anschluss nicht verlieren. Bauklötzchen und Schaukelpferd waren von gestern, er brauchte Spieleentwickler, Softwarespezialisten, Grafikdesigner und Werbefachleute, um die Produktpalette der Fabrik mit PC-Spielen und Konsolen auf den neuesten Stand zu bringen. Doch es war wie verhext: Obwohl er die besten Arbeitsbedingungen in die Stellenangebote schreiben ließ und eine Reihe interessanter Bewerbungen auf seinem Schreibtisch gelandet waren, war noch nicht ein einziger der jungen Computerfachleute in der Personalabteilung aufgetaucht.

aktuelle Sorgen des Personalchefs

Im Büro angekommen, orderte Zorn schlecht gelaunt die Personalakte „Franz König“ und einen großen Milchkaffee bei seiner Sekretärin. Missmutig schlug er die Akte auf und je länger er darin blätterte, umso mehr fiel seine Laune in den Keller: Ein ganzer Stapel mit Aktennotizen anderer Abteilungsleiter wegen nicht vorgelassener Kunden und Auftraggeber, Briefkopien von Stellenbewerbern, die sich über die unnachgiebige Behandlung durch den Pförtner beschwerten, ein Schreiben der Kantinenpächterin, die mit der Kündigung des Bewirtungsvertrages drohte, weil der Pförtner bereits

Der Personalchef informiert sich über die Situation und erkennt, welche Folgen das Handeln des Pförtners hat.

mehrmals dem Lieferanten von Tiefkühlkost die Einfahrt auf das Firmengelände verweigert hatte. Die Beschwerden ähnelten einander: Offenbar mussten sich die Firmenbesucher nach langem Warten intensiven Befragungen aussetzen, um dann mitgeteilt zu bekommen, dass ihr Anliegen für die Firma bedeutungslos sei.

Der Personalchef fühlte, dass in ihm die Wut hochkochte wie Wasser in einem Dampfkessel. „Was bildet sich dieser Idiot eigentlich ein?", schäumte er. Entschlossen griff er zum Telefon. „Bestellen Sie den König aus der Pförtnerloge zu einem Gesprächstermin – und zwar so schnell wie möglich!", bellte er seiner Sekretärin ins Ohr. „Und dann schreiben Sie die Stelle aus, Arbeitsbeginn vorgestern."

Der Personalchef veranlasst die Ausschreibung der Pförtnerstelle.

Dann sank er zurück in seinen Schreibtischsessel und vertiefte sich frustriert in die Akte des Pförtners. Kopfschüttelnd las er die Briefe und Notizen. „Ich fasse es nicht," murmelte er vor sich hin, „wie lange ist der Kerl eigentlich schon bei uns?" Einige Jahre bereits, stellte Attila Zorn bei der Durchsicht der Papiere fest. In der Probezeit hatte er sich ohne Beanstandungen bewährt, anfangs gab es keine Probleme, sogar ein Zwischenzeugnis, das dem Pförtner besondere Sorgfalt und Gründlichkeit bescheinigte, war in der Akte abgeheftet. Dann aber wurden immer mehr Beschwerden protokolliert.

Er vertieft sich in die Details der Personalakte.

Ein Anruf der Sekretärin unterbrach seine Lektüre: Sie habe die Stelle ausgeschrieben und auch das Arbeitsamt informiert; den Pförtner Franz König habe sie erst am kommenden Freitag in seinem Terminkalender unterbringen können, teilte sie ihm mit ängstlich zitternder Stimme mit. Dem Personalchef war die Gefühlslage seiner Sekretärin egal; er schüttete sich den inzwischen kalt gewordenen Kaffee in die Kehle, legte die Akte „König, Pförtner" zur Seite und merkte, wie sein Blutdruck sich langsam wieder normalisierte. Schon zwei Tage später informierte ihn die Sekretärin, dass sich ein Kandidat beworben und sie ihn heute zu einem Vorstellungsgespräch eingeladen habe.

Die Sekretärin schreibt die Stelle aus und informiert das Arbeitsamt.

Der Mann, den sie zu ihm hineinschickte, gefiel Attila Zorn sofort: Ein grober Kerl, der wenige Worte machte. Das Vorstellungsgespräch war kurz. „Geben Sie Ihre Papiere in der

Der Personalchef stellt den erstbesten Bewerber zum nächstmöglichen Termin ein.

Personalabteilung ab. Sie fangen am Montag an“, befahl er dem überraschten und erfreuten Bewerber.

Als Franz König am nächsten Tag mit eingezogenen Schultern vor seinem Schreibtisch stand, konnte Attila Zorn sich nur mühsam beherrschen. „Sie trauen sich was, mein Lieber“, schimpfte er auf den geduckten Kopf vor ihm ein. „So viel Frechheit, über Monate hinweg die wichtigsten Kunden und Geschäftspartner einfach wegzuschicken, muss man erst einmal haben. Aber ich brauche keinen mutigen Pförtner, sondern einen, der seine Arbeit macht. Sie können sich bei meiner Sekretärin Ihre Papiere holen. Ich will Sie hier nicht mehr sehen.“ Franz König drehte sich wortlos um und ging.

Der Pförtner wird zur Rede gestellt und fristlos entlassen.

Attila Zorn war sehr zufrieden damit, wie gut und schnell er das Problem gelöst hatte. Nur das glückliche Lächeln, das bei seinen letzten Worten über das Gesicht des ehemaligen Pförtners gehuscht war, verwirrte ihn. War er nicht gerade von ihm, dem Personalchef, nach allen Regeln der Kunst zusammengefaltet worden? Und hatte der Kerl nicht kapiert, dass er wegen Unfähigkeit gefeuert wurde? Nun ja, ihm konnte das egal sein. Hauptsache, die Firma war ihn los.

Schluss

Der Personalchef ist zufrieden mit sich und seiner Lösung.

b) ✎ ***Hinweis:*** *Bei einer* ***Beschreibung*** *soll den Leserinnen und Lesern eine genaue Vorstellung von etwas vermittelt werden. Das kann eine Person, ein Bild, ein Vorgang oder wie in dieser Aufgabe ein Arbeitsplatz mit seiner Ausstattung sein. Die Tätigkeiten an diesem Arbeitsplatz sollen hier ebenfalls Teil der Beschreibung sein.*
Aufbau/Inhalt: *In der* ***Einleitung*** *solltest du den Betrieb kurz vorstellen und die Berufsbezeichnung nennen, die mit dem Arbeitsplatz verbunden ist. In den* ***Hauptteil*** *gehören die Möblierung bzw. Ausstattung des Arbeitsplatzes mit allen Arbeitsmitteln und -geräten sowie die Tätigkeiten, die damit ausgeübt werden. Auch die Umgebungsbedingungen des Arbeitsplatzes werden beschrieben, z. B. Temperatur, Lautstärke, Gerüche, Platzangebot. Im* ***Schlussteil*** *kannst du noch einmal zusammenfassend deinen Gesamteindruck von dem Arbeitsplatz formulieren.*
Sprachangemessenheit: *Die Zeitform einer Beschreibung ist das Präsens. Nur in Ausnahmefällen (z. B. wenn du schreibst, wann du dein Praktikum gemacht hast) kannst du eine Vergangenheitsform verwenden. Grundsätzlich gilt, dass man bei Beschreibungen vom Allgemeinen zum Besonderen vorgeht, sachlich formuliert*

und keine persönlichen Bewertungen einfließen lässt. Benutze die richtigen Fachausdrücke, z. B. bei den Arbeitsgeräten und ihrer Verwendung. Bewertet werden auch ein abwechslungsreicher Satzbau und die Vermeidung von Wiederholungen.
Sprachrichtigkeit: *Insgesamt vier Punkte werden für die richtige Anwendung von Rechtschreibung, Grammatik und Zeichensetzung vergeben, die sich mithilfe des Fehlerindex errechnen lassen: Rechtschreib- und Grammatikfehler zählen als ganze Fehler, Fehler bei der Zeichensetzung als halbe Fehler.*

Mein Praktikumsplatz in der Werkstatt des Autohauses Stoof

Überschrift

Im neunten Schuljahr habe ich ein zweiwöchiges Praktikum in der Werkstatt des Autohauses Stoof an der Friedberger Straße in Nidderau im Berufsfeld „Kfz-Mechatroniker" absolviert. Das Unternehmen wurde 1927 gegründet und wird von Werner und Anita Stoof geleitet. Der Betrieb ist in verschiedene Bereiche eingeteilt, in denen insgesamt 37 Beschäftigte arbeiten. In der Abteilung Service/Verkauf arbeiten 19 Mitarbeiterinnen und Mitarbeiter. Der zweitgrößte Bereich ist die Werkstatt mit 16 Mitarbeiterinnen und Mitarbeitern einschließlich Meister und Auszubildenden. Zusätzlich gibt es noch zwei Fahrer, die z. B. Autos bei Kunden vor Ort abholen oder zurückbringen. Das Autohaus Stoof verkauft Neu- und Gebrauchtfahrzeuge hauptsächlich der Marken VW und Audi und bietet alle Dienstleistungen rund ums Auto an. Dazu gehören z. B. Reparatur und Wartung, Inspektion, TÜV und ASU sowie die Lagerhaltung von Rädern, die Kunden deponieren wollen. Mein Praktikum beschränkte sich auf den Werkstattbereich.

Einleitung
Vorstellung des Betriebs/Nennung des Praktikumsberufs

Die Mitarbeiter in der Werkstatt sind in drei Teams organisiert, die parallel arbeiten. Jedem Team ist ein Arbeitsbereich zugewiesen, der aus einer Hebebühne, einer Werkbank und einem Computer zum Auslesen der Fahrzeuge besteht. Zudem verfügt jedes Team über einen metallenen Werkzeugwagen mit der gleichen Ausstattung, für die es verantwortlich ist.

Hauptteil
Beschreibung des Arbeitsplatzes:

- Organisation und Ausstattung der Werkstatt-Teams

In den Wagen befinden sich ein Steckschlüsselsatz, ein Maul- und Ringschlüsselsatz, ein Drehmoment-Schlüssel, eine Schlauchschellen-Zange, ein pneumatischer Schlagschrauber

- Arbeitsmittel/Werkzeug

und eine Ölfilterkralle. Das sind die Arbeitsmittel, die für die häufigsten Reparatur- und Wartungsarbeiten benötigt werden. Die Bestandteile der Schlüsselsätze sind in den zugehörigen Werkzeugfächern nach Größe sortiert, damit man beim Arbeiten ohne langes Suchen gleich das richtige Werkzeug in der Hand hat.

Neben der Tür zu den Umkleideräumen steht ein abschließbarer Schrank mit hochwertigem Spezialwerkzeug, das sich alle Mitarbeiter*innen nach Bedarf teilen, weil es nicht so häufig gebraucht wird. Dazu gehören zum Beispiel die Injektionsprüfgeräte für die Einspritzanlagen oder der Kupplungswerkzeugsatz. In einem weiteren Schrank befinden sich Besen, Kehrgarnituren, Eimer, Putz- und Lösungsmittel sowie Lappen für die Reinigungsarbeiten am Ende jedes Werkstatttages. Neben dem Schrank stehen zwei Nass-Trocken-Sauger für den Industriebedarf.

- Spezialwerkzeug
- Reinigungsgeräte

Der Arbeitsplatz in der Autowerkstatt erfordert verschiedene Schutzmaßnahmen. Dafür verfügt jeder über ein namentlich gekennzeichnetes Klappfach, in dem das persönliche Arbeitsschutzzubehör untergebracht ist: Gummihandschuhe, eine Schutzbrille und ein Gehörschutz. Öl, Brems- oder Lenkflüssigkeiten können die Haut angreifen, weshalb Gummihandschuhe benutzt werden sollen. Wer sich in der Nähe von Arbeiten mit der Flex aufhält, muss sich mit einer Schutzbrille vor Funkenflug schützen. Beim Reifenwechsel ist ein Gehörschutz zu tragen, weil der Reifen mit einem lauten Knall auf die Felge springt. Zudem sind Sicherheitsschuhe vorgeschrieben, weil immer die Gefahr von herabfallenden Gegenständen besteht.

- persönliche Schutzkleidung

Eine der häufigsten Tätigkeiten im Praktikum ist der Räderwechsel. Dazu werden zuerst Sitz- und Fußmattenschoner in das Fahrzeug gelegt. Anschließend wird der Wagen auf die Hebebühne gefahren, unterbaut und angehoben. Damit man die Räder beim nächsten Wechsel nicht vertauscht, werden sie mit einer Spezialkreide markiert: VL für vorne links usw. Dann werden die Winterräder mit dem Schlagschrauber demontiert und die Sommerräder montiert, ebenfalls mit dem Schlagschrauber. Dabei ist es wichtig, die Schrauben immer

Beschreibung einer typischen Tätigkeit: Räderwechsel

über Kreuz festzuziehen, damit sich die Felge nicht verzieht. Jetzt wird der Luftdruck der neuen Räder kontrolliert und eventuell korrigiert. Zum Schluss werden die Radmuttern mit einem Drehmomentschlüssel ein zweites Mal festgezogen. Weitere Tätigkeiten im Praktikum sind hauptsächlich Serviceleistungen wie z. B. Ölwechsel, Wechsel der Bremsflüssigkeit, der Bremsbeläge oder der Zündkerzen.

Neben der klassischen Mechanik spielen in der modernen Kfz-Technik auch elektronische und mechatronische Systeme eine zunehmend wichtige Rolle. So verfügen z. B. immer mehr Autos über computergestützte Informations- und Kontrollsysteme wie das Antiblockiersystem (ABS), das Elektronische Stabilitätsprogramm (ESP) oder die Antriebsschlupfregelung (ASR). Der mit der aktuellen Klimadiskussion einhergehende Ausbau der Elektromobilität fordert ebenfalls tiefergehende Kenntnisse und Fertigkeiten in den Bereichen Kfz-Elektrik und -Elektronik, denn die verschiedenen Komponenten dieser Systeme sind mithilfe von Hard- und Software miteinander verknüpft.

Beschreibung der Anforderungen im Bereich Kfz-Elektrik / -Elektronik

Der Arbeitsplatz in der Autowerkstatt verbindet somit handwerkliche und computergestützte Tätigkeiten und bietet ein abwechslungsreiches Betätigungsfeld für technikinteressierte und zukunftsorientierte junge Menschen.

Schluss/Fazit

Abschlussprüfung Deutsch an Realschulen in Hessen 2020
Text 2

Teil I: Lesen

Hinweis: *In den Aufgaben 1 und 2 gibt es für jede richtige Lösung einen Punkt. Sind mehrere Möglichkeiten angekreuzt, wird kein Punkt vergeben.*

1. a) ☒ 12 Stunden an je 6 Tagen.
   Hinweis: *vgl. Z. 50 f.*

   b) ☒ 1 Stunde, 33 Minuten.
   Hinweis: *vgl. Z. 59 ff.*

   c) ☒ das Statistische Bundesamt.
   Hinweis: *vgl. Z. 70*

   d) ☒ vergleichbar viel Freizeit wie Menschen in Skandinavien.
   Hinweis: *vgl. Z. 76 f.*

   e) ☒ Sport.
   Hinweis: *vgl. Z. 80 f.*

2. a) ☒ abzielen.
   Hinweis: *Gleichbedeutend mit z. B. „anstreben", „bezwecken".*

   b) ☒ sich ausgeliefert fühlen.
   Hinweis: *Bedeutet „einer Situation hilflos gegenüberstehen".*

   c) ☒ über die wir frei verfügen können, statt zu arbeiten.
   Hinweis: *„Muße" oder „Müßigkeit" beschreibt freie Zeit, in der man in Ruhe seinen Interessen nachgehen kann oder die man mit Nichtstun verbringt.*

   d) ☒ hoch entwickelt und komplex.
   Hinweis: *Metapher aus dem Handwerksbereich: Mit der Feile werden abschließende Feinarbeiten an einem Werkstück vorgenommen.*

3. *__Hinweis:__ Bei den Aufgaben 3 a und 3 b gibt es für jede richtige Antwort zwei Punkte.*

a) ☒ Nur A und D stehen im Text.

__Hinweis: A:__ Vgl. Z. 18–21. __D:__ Vgl. Z. 3–8. __B:__ Antwort B stimmt nicht, da es die genannten Kommunikationsmittel zu Goethes Zeiten noch nicht gab. __C:__ Auch Antwort C ist falsch, denn wie in den Zeilen 24 f. deutlich wird, brauchte Goethes Brief mehr als eine Woche nach Berlin.

b) ☒ Nur C und D stehen im Text.

__Hinweis: C:__ Vgl. Z. 148 ff. __D:__ Vgl. Z. 152 ff. __A:__ Aus den Zeilen 148 ff. geht hervor, dass der amerikanische Neurologe George M. Beard ein Buch geschrieben hat, die in den Zeilen 154 f. genannten „europäischen Zeitschriften" stehen jedoch nicht mit seiner Person in Zusammenhang. Deshalb trifft Antwort A nicht zu. __B:__ Auch Antwort B steht so nicht im Text, denn der Neurologe warnt zwar vor den möglichen Folgen von Verspätungen, nicht jedoch davor, dass Verspätungen sich häufen würden.

4. *__Hinweis:__ Die Reportagenmerkmale werden stichwortartig genannt und mit passenden Textstellen belegt. Geeignet sind sowohl Zitate, reine Zeilenangaben, Verweise auf Textausschnitte als auch Umschreibungen, die eine Aussage mit eigenen Worten wiedergeben. Für jedes richtig genannte und belegte Textmerkmal gibt es einen Punkt; für das bloße Nennen eines Reportagenmerkmals ohne Textbeleg wird kein Punkt vergeben.*

Mögliche Lösungen:

- Vorspann, Teaser, Lead (Z. 1–8)
  *__Hinweis:__ Der Vorspann ist eine Art „Appetithäppchen", das die Leser*innen auf den Artikel neugierig machen und sie in das Thema einführen soll.*
- Szenischer oder erlebnisorientierter Einstieg (Z. 9–21)
  __Hinweis:__ Der Autor beschreibt eine scheinbar moderne Situation und löst erst am Ende des Abschnitts auf, dass es sich um ein fast 200 Jahre altes Zitat handelt. Damit macht er auf lebendige Weise deutlich, dass sein Thema die Menschen schon vor der Erfindung der modernen Kommunikationsmittel beschäftigte.
- Zahlen, Daten, Fakten, Erläuterungen als Hintergrundwissen (z. B. Z. 30 ff., Z. 58–68, Z. 124–141, Z. 161–176)
  __Hinweis:__ Durch wissenschaftlich belegte Daten und Fakten werden die anschaulich beschriebenen Rechercheergebnisse des Autors ergänzt.

- Expertenmeinung (z. B. Z. 148–154, Z. 163–170)
  ✎ ***Hinweis:*** *Der Autor sichert seine Äußerungen ab, indem er Forschungsergebnisse und Meinungen von Fachleuten zum Thema anführt.*
- Autorenkommentar (z. B. Z. 9–16, Z. 28 ff., Z. 92 f.)
  ✎ ***Hinweis:*** *Die abwertenden Begriffe „leidet", „Dauerbombardement", „entsetzliche Telefone", „aberwitzige Clips […] gucken musste" (Z. 9–16) machen deutlich, welche Haltung der Autor gegenüber den beschriebenen Kommunikationsmitteln hat. Auch durch die Verwendung der Personalpronomen „wir, uns" (Z. 29, Z. 45, Z. 93–100) gibt er seine persönliche Einstellung preis.*
- Wechsel der Zeitform (überwiegend Präsens, Formen der Vergangenheit Z. 148 ff.)
  ✎ ***Hinweis:*** *Für die Beschreibung direkter Beobachtungen und Phänomene sowie die Präsentation von Fakten wird in der Reportage das Präsens verwendet. Berichtsteile in den grammatischen Formen der Vergangenheit unterbrechen diese Darstellungsweise. Ein solcher Wechsel der Zeitformen ist ein typisches Merkmal der Textsorte „Reportage".*
- Zitate (z. B. Z. 1–8, Z. 20 f., Z. 191–194)
  ✎ ***Hinweis:*** *Die wörtlich übernommenen Zitate verleihen dem Text Lebendigkeit und machen deutlich, dass das Thema die Menschen in früheren Zeiten genauso beschäftigt hat wie heute.*
- Fazit (Z. 185–194)
  ✎ ***Hinweis:*** *Im Schlussabschnitt wird das Ergebnis zusammengefasst und zusätzlich mit einem weiteren Goethezitat abgerundet, das die unterschiedlichen Wahrnehmungen von Zeit in einer Metapher beschreibt.*

5. ✎ ***Hinweis:*** *Bei einer Erklärung wird von dir erwartet, eigenes Wissen mit einzubeziehen. Wird die Bedeutung des Zitats im Textzusammenhang plausibel erklärt, gibt es drei Punkte. Teilpunkte werden nicht vergeben. Zitate oder Zeilenangaben sind nicht notwendig.*

   Mögliche Lösung:
   Wer in einen Wasserstrudel gerät, wird davon mitgerissen. Zu seinem Zentrum hin dreht sich der Strudel immer schneller und zieht einen in den Abgrund. Die Metapher „im Zeitstrudel fortgerissen" veranschaulicht, dass die Menschen im Alltagsrhythmus wie in einer Spirale gefangen sind und sich von der Zeit zunehmend beherrschen lassen. Hat die Zeit Macht über sie gewonnen, können sie sich aus eigener Kraft nicht mehr befreien, können also nicht mehr selbst über ihr

Leben bestimmen. „Junge Leute“ können dabei besonders gefährdet sein, weil sie oft noch keine klare Vorstellung davon haben, welche Richtung sie ihrem Leben geben sollen.

6. ***Hinweis:*** *Vier Punkte gibt es für eine zutreffende Erklärung der Metapher* ***und*** *ihrer Wirkung. Wird nur die Bedeutung des Stilmittels erklärt, gibt es zwei Punkte, für die Erklärung seiner Wirkung im Textzusammenhang zwei weitere.*

   Mögliche Lösung:
   Bedeutung: Das Wort „Dauerbombardement“ ist ein Begriff aus dem Militär und bezeichnet einen andauernden Angriff mit schweren Geschossen bei einer bewaffneten Auseinandersetzung oder Belagerung. Im Textzusammenhang ist damit gemeint, dass man ständig Textnachrichten erhält und ihnen nicht ausweichen kann.

   Wirkung: Da der Begriff mit Waffen in Verbindung steht, wird den Textnachrichten eine gefährliche und bedrohliche Wirkung zugeschrieben. Wie Geschosse prasseln sie auf den Empfänger ein. Die Steigerung zu „Dauerbombardement“ macht deutlich, dass es sich um kein vorübergehendes Phänomen handelt. E-Mails, Tweets und SMS werden damit als dauerhafte Bedrohung bezeichnet.

7. ***Hinweis:*** *Drei Punkte gibt es für eine zutreffende Erklärung des genannten Stilmittels* ***und*** *seiner Wirkung. Wird nur das Stilmittel erklärt, gibt es einen Punkt. Für eine Erklärung der Wirkung im Textzusammenhang werden zwei Punkte vergeben. Als Textbezug gelten Zitate, Zeilenangaben oder Umschreibungen.*

   Mögliche Lösung:
   Erklärung des Stilmittels: Wenn Gegenständen, Tieren oder Pflanzen menschliche Fähigkeiten oder Eigenschaften zugeschrieben werden, bezeichnet man das als Personifikation. Die Personifikation im Text beschreibt Uhren als eine Art lebendig gewordenes Folterwerkzeug, das die Menschen „hetzt“, d. h. zu immer höherer Geschwindigkeit bei allen ihren Handlungen zwingt.

   Wirkung: Das Stilmittel verdeutlicht in diesem Zusammenhang, dass man nicht mehr selbst über sein Leben bestimmen kann, sondern es sich von der Uhr und damit von der Zeit diktieren lässt. Die Folgen dieses Zwangs können erhöhter Stress wie z. B. die Angst vor Verspätungen (vgl. Z. 150–154) sein oder sogar Krankheiten wie die Neurasthenie (vgl. Z. 156 f.).

8. *__Hinweis:__ Beim Erläutern sollst du mit eigenen Formulierungen einen Sachverhalt verständlich und umfassend darstellen. Wenn dir das mithilfe von zwei passenden Textstellen gelingt, gibt es jeweils zwei Punkte. Fehlt der Textbezug, gibt es pro Erläuterung einen Punkt. Eine Textstelle ohne Erläuterung wird nicht bewertet. Zitate, Zeilenangaben oder Umschreibungen werden als Textbezüge gleichermaßen akzeptiert.*

   Mögliche Lösungen:
   - Z. 34–38: Menschen fühlen sich bei der Arbeit gehetzt, weil sie unter Druck stehen. Das bedeutet, sie haben das Gefühl, übermäßig vielen Erwartungen gerecht werden zu müssen.
   - Z. 148–154: Pünktlichkeit und das Einhalten von Terminen spielen sowohl in privaten als auch in beruflichen Lebensbereichen eine wichtige Rolle. Ob man wegen Unpünktlichkeit seinen Flieger verpasst oder wichtige Dokumente nicht fristgerecht abgibt, die Folgen können in jedem Fall schwerwiegend sein. Die Angst vor diesen Folgen führt zu Stress und Hektik.
   - Z. 154–160: Immer mehr Kontakte beschränken sich auf kurze Begegnungen und oberflächliche Gespräche oder kurze Grüße, die man im Vorbeigehen einander zuruft, weil man schon auf dem Weg zum nächsten Termin ist. Ein solches Leben „auf der Überholspur" kann zum Gefühl dauerhafter Erschöpfung führen und sogar krank machen.
   - Z. 161–176: Wenn man mehrere Arbeiten fast gleichzeitig beginnt und sich parallel mit ihnen beschäftigt, kann man sich nicht mehr richtig auf die einzelnen Aufgaben konzentrieren und gerät unter zeitlichen Druck.
   - Z. 177–184: Wer das Gefühl hat, zu wenig Zeit für eine Aufgabe zu haben, gerät erst recht unter Stress. Denn die Angst, nicht rechtzeitig fertig zu werden, blockiert die Aufmerksamkeit. Das wiederum führt zu Fehlern und damit zu noch mehr Hektik.

9. a) *__Hinweis:__ Beim Zitieren sollst du die passenden Begriffe im Text auffinden, abschreiben, mit Anführungsstrichen versehen und die richtige Zeilenangabe hinzufügen. Fehlen Anführungsstriche oder Zeilenangaben, wird jeweils ein halber Punkt abgezogen.*

   Mögliche Lösungen:
   - „Zeitsinn" (Z. 41)
   - „Zeitnot" (Z. 45, Z. 177 f.)
   - „Zeitknappheit (Z. 94)
   - „erlebte Zeit" (Z. 103)

- „Zeitwahrnehmung“ (Z. 105, Z. 143)
- „Zeitempfinden“ (Z. 112)
- „Zeitgefühl“ (Z. 113)
- „Zeiterfahrungen“ (Z. 138 f.)
- „Zeitdruck“ (Z. 171)

b) ***Hinweis:** Etwas zu erklären erfordert von dir, verschiedene Textinformationen zu verknüpfen und mit eigenen Worten verständlich zu machen. Beachte, dass du auch darauf eingehen sollst, wie die „zweite Zeit“ entsteht, d. h., du musst erklären, welche Bereiche und Abläufe im menschlichen Körper das Zeitgefühl steuern. Vier Punkte gibt es für eine zutreffende Erklärung anhand eines Textbeispiels, ohne Textbezug nur noch zwei. Ebenso gibt es zwei Punkte, wenn ein Beispiel genannt, der Begriff jedoch nicht erklärt wird. Die Textbezüge können als Zitate, Zeilenverweise oder Umschreibungen erfolgen.*

Mögliche Lösung:
Erklärung: Aus den in Aufgabe 9 a zitierten Begriffen wird bereits deutlich, dass die „zweite Zeit“ abgekoppelt ist von der objektiven Zeitmessung mit Tagen, Stunden, Minuten etc. Anders als für Licht oder Geräusche haben wir für die Zeit kein Sinnesorgan (vgl. Z. 120 f.). Die „zweite Zeit“ beruht ausschließlich auf individuellen Wahrnehmungen und entsteht im Zusammenwirken fast aller Hirnfunktionen (vgl. Z. 105–110). Dabei werden Zeitabschnitte verschiedener Länge von unterschiedlichen Gehirnregionen verarbeitet.

Beispiel: Bei längeren Zeitabschnitten beispielsweise wirkt sich die Menge an zu verarbeitenden Sinneseindrücken auf die Zeitwahrnehmung aus. Erhalten wir nur wenige Informationen, z. B. während des Wartens beim Arzt, scheint sich die Zeit zu dehnen. Muss unser Gehirn viele Informationen verarbeiten, z. B. während angeregter Gespräche, scheint die Zeit sehr schnell zu verstreichen. (Vgl. Z. 130–136)

Alternative Beispiele:
- Unsere Bewegungssteuerung im Gehirn ist für die Wahrnehmung kurzer Zeitabschnitte wie Sekunden oder Minuten zuständig. Deshalb steigert z. B. eine beschleunigte Atmung das Spieltempo von Musikern, während bewegungsarme Tätigkeiten wie Tai-Chi die Zeit scheinbar zum Stillstand bringen können. (Vgl. Z. 124–130)
- Längere Zeitabschnitte wie Monate oder Jahre bemisst unser Gehirn mithilfe von Erinnerungen an Erlebnisse und Eindrücke, die unterschiedlich lange zurückliegen. (Vgl. Z. 136 ff.)

10. *__Hinweis:__ Ob du der Behauptung zustimmst oder sie ablehnst, kannst du entscheiden. Es kommt in jedem Fall auf eine schlüssige Begründung an. Dafür gibt es drei Punkte. Teilpunkte werden nicht vergeben. Textverweise sind bei dieser Aufgabe nicht notwendig.*

Mögliche Lösungen:

Zustimmung:

In den letzten Jahrzehnten ist die Lebenserwartung stark angestiegen, gleichzeitig hat sich der Anteil an Freizeit und Urlaubstagen erhöht. Zusätzlich gibt es in vielen Berufen und Beschäftigungsbereichen inzwischen Angebote zu flexiblen Arbeitszeitmodellen, sodass insgesamt mehr selbstbestimmte Zeit zur Verfügung steht. Wer also seine Zeit bewusst gestalten will, hat dazu auch die Möglichkeit. Deshalb stimme ich dem Zitat zu.

Ablehnung:

Das Zitat sagt aus, dass man über seine Zeit selbst bestimmen kann. Das trifft meiner Meinung nach jedoch nicht zu. Für nahezu alle Lebensbereiche gibt es vorgegebene Zeiten, nach denen man sich richten muss. Arbeits- und Schulzeiten, Öffnungszeiten von Läden, Ärzten und Behörden, Fahrpläne und Trainingsprogramme zwingen die meisten Menschen in ein Zeitkorsett, das ihnen nur einen kleinen Teil des Tages zur freien Verfügung übrig lässt.

Teil II: Schreiben

II.A: Textproduktion (Wahlaufgabe)

a) ***Hinweis:***
Aufbau/Inhalt: *Mit einer passenden* ***Überschrift*** *machst du die Leser*innen neugierig. Anschließend schreibst du in wenigen Sätzen die* ***Einleitung****, in der das Wichtigste zusammengefasst wird (****Was*** *ist* ***wann*** *und* ***wo*** *passiert?* ***Wer*** *ist beteiligt?). Im* ***Hauptteil*** *werden die Details des Geschehens ausgeführt (****Wie/ Warum/Womit*** *ist es passiert? Welche Folgen ergeben sich aus dem Ereignis? Welche Quellen wurden zum Schreiben des Berichts verwendet?). Der* ***Schlussteil*** *kann z. B. in Form eines Zitats ein Fazit formulieren oder einen Ausblick auf weitere geplante Projekte geben.*
Sprachangemessenheit: *Der Bericht soll in sachlicher und neutraler Form ein Geschehnis aus der Vergangenheit darstellen. Es gibt keine Kommentare, Wertungen oder Meinungsäußerungen der Verfasserin oder des Verfassers. Da das Ereignis bereits passiert ist, schreibt man in den Zeitformen der Vergangenheit. Verwende überwiegend das Präteritum und bei Vorzeitigkeit das Plusquamperfekt (Ausnahme: Zitate von Beteiligten). Achte auf logische Satzverknüpfungen sowie einen abwechslungsreichen Satzbau und vermeide Wiederholungen.*
Sprachrichtigkeit: *Für Rechtschreibung, Grammatik und Zeichensetzung werden insgesamt vier Punkte vergeben, die sich mithilfe des Fehlerindex errechnen lassen: Rechtschreib- und Grammatikfehler zählen als ganze Fehler, Fehler bei der Zeichensetzung als halbe Fehler.*

Tanzen statt abhängen

Überschrift

„Komm, wir machen was" – so hieß das Motto, unter dem einen Schultag lang fast dreihundert Schüler*innen der Jahrgangsstufen 5 bis 7 der Bertha-von-Suttner-Schule in Nidderau verschiedene Freizeitbeschäftigungen erprobten, die sie bis dahin höchstens aus dem Fernsehen oder vom Hörensagen kannten. Vorbereitet und durchgeführt hatten den Projekttag die Jugendlichen der Abschlussklassen, unterstützt wurden sie von ihren Lehrkräften, den Mitgliedern des Schülerrates und der Schulsozialarbeit. Wer von den Beteiligten bei der Veranstaltung den meisten Spaß hatte, konnte noch nicht ermittelt werden.

Einleitung
kurze Zusammenfassung der wichtigsten Informationen (Wer? Was? Wann? Wo?)

Am Anfang stand eine Umfrage. Im PoWi-Unterricht des zehnten Schuljahres sollten Interviewtechniken geübt werden. Die Schüler*innen der 10 B1 hatten die Idee, in den unteren Klassen Umfragen zum Freizeitverhalten durchzuführen und die Ergebnisse in einem Balkendiagramm darzustellen. Die Auswertung der anonymen Fragebögen ergab ein Bild, das die Zehntklässler*innen ins Grübeln brachte: Mehr als zwei Drittel der befragten 11- bis 13-Jährigen hatten bei der Frage nach der häufigsten Freizeitbeschäftigung nur zwei Antworten angekreuzt: „Zocken“ und „mit Freunden abhängen“. Weit abgeschlagen landeten Hobbys und Sport auf den hinteren Rängen. Gleichzeitig gab es aber auch viele Kreuze bei der Wunschliste. Ein Großteil der Befragten gab auf die entsprechende Frage an, sich mehr Zeit für „richtige“ Hobbys zu wünschen, bei denen man sich kreativ oder sportlich betätigen könnte. Zu viele Hausaufgaben, fehlendes Geld oder keine entsprechenden Angebote vor Ort waren die meistgenannten Gründe für die einseitige Freizeitgestaltung der Kinder. Angesichts dieses Ergebnisses stellte Marius Proth, Klassenlehrer der 10 B1, die Hausaufgabe, sich Lösungsmöglichkeiten zu überlegen. Die davon angefachte Diskussion mündete schnell in der Idee eines Projekttages zum Thema „Sinnvolle Freizeitgestaltung“.

Hauptteil
Erläuterung der Hintergründe (Warum?)

Um die Planung auf festere Füße zu stellen, wurden die anderen sechs Abschlussklassen aller drei Schulzweige ins Boot geholt, außerdem der Schülerrat sowie Astrid Hoff-Meinhardt und Dirk Fröbe von der Schulsozialarbeit. Zunächst wurden innerhalb der Klassen Ideenlisten erstellt, welche Möglichkeiten zur Freizeitgestaltung aus den Abschlussklassen direkt angeboten werden könnten. Das Ergebnis dieses ersten Brainstormings erstaunte alle und offenbarte eine Vielfalt bislang verborgener Talente und Fähigkeiten. Unter den Vorschlägen fanden sich Kurse zum Nähen, Kochen, Modellbauen, Hobbyimkern, Rettungsschwimmen, Bouldern, Jonglieren, Zaubern, Breakdancing und Formationstanzen sowie eine Fahrrad-, eine Chemie-, eine Schauspiel- und eine Musicalwerkstatt. Feuerwehrleute, Bandmitglieder und sogar ein Büttenredner boten an, Einblick in ihre Arbeit zu geben, dazu

Planung des Projekttages (Wie?)

- Erstellen von Ideenlisten

kamen zahlreiche Vorschläge zu Ball- und Kraftsportarten sowie zu den unterschiedlichsten Bereichen des Musizierens. Anhand dieser Ideenlisten erarbeitete ein Ausschuss mit Vertreterinnen und Vertretern aus allen Klassen ein erstes Projektangebot, das verschiedene Vorgaben erfüllen musste. Das Angebot sollte möglichst vielfältig sein, die Gruppenstärke sollte zehn Personen nicht überschreiten, und schließlich sollten alle dreihundert Kinder der Klassen 5 bis 7 die Möglichkeit erhalten, in einen oder zwei verschiedene Bereiche ihrer Wahl hineinzuschnuppern. Des Weiteren musste besonders bei den Sportangeboten die Aufsicht sichergestellt werden. An dieser Stelle kam die Schulleitung ins Spiel. Auf deren Vorschlag hin wurde der Projekttag in die Projektwoche integriert, um die Gesamtorganisation zu erleichtern. Unter der Federführung der Schulsozialarbeit entstand schließlich ein Angebot von rund dreißig Workshops, in das sich die Schüler*innen mit Erst- und Zweitwunsch einwählen konnten.

- Berücksichtigung der Vorgaben
- Ergebnis: Angebot von insgesamt dreißig Workshops

Jeder Workshop wurde von zwei bis vier Jugendlichen aus den Abschlussklassen geleitet. In der Küche, im Chemieclub und bei allen Sportangeboten war eine Lehrkraft zur Aufsicht dabei. Manche Projekte gingen über den ganzen Tag, bei anderen wechselte die Besetzung nach der Mittagspause. Ob nun gekocht, genäht, geklettert, experimentiert, gebastelt oder Fußball gespielt wurde, am Ende des Projekttages gab es nur glückliche Gesichter. „Ich hätte nie gedacht, dass ich das überhaupt kann", erklärte der 12-jährige Finn aus der 6 e und präsentierte stolz seine Tablet-Tasche, die er aus einer ausrangierten Jeans genäht hatte. Und Samira aus der 7 c, die den ganzen Tag mit acht anderen Mädchen eine Tanzformation einstudiert hatte, ist wild entschlossen, sich so schnell wie möglich bei den „Schlüsselrapplern", dem örtlichen Karnevalsverein, anzumelden, damit sie schon bei der nächsten Kampagne auf der Bühne stehen kann.

Durchführung

- Schüler*innen der Abgangsklassen leiten die jüngeren an
- Welche Folgen?

Auch die Zehntklässler*innen waren zufrieden mit ihrem Projekt, wobei Moussa aus der 10 B1 ein eher selbstkritisches Fazit zog: „Viele von uns machen ja auch nichts wirklich Sinnvolles in der Freizeit", so der 17-Jährige, „die Umfrage bei den Kids hat uns die Augen geöffnet."

Schluss

positives Fazit

b) *Hinweis:* *Die Vor- und Nachteile der Nutzung einer Smartwatch sollen jeweils mit Begründung und Beispiel gegeneinander abgewogen werden (Erörterung). Als hilfreich hat sich bei solchen Aufgabenstellungen erwiesen, vorab in einer Tabelle die Pro- und Kontra-Argumente zu notieren und nach Wichtigkeit zu ordnen.*

Aufbau/Inhalt: *In der* ***Einleitung*** *kannst du zunächst kurz erklären, was eine Smartwatch ist, und dann mit einer aus der Aufgabenstellung abgeleiteten Frage zum Hauptteil übergehen. Im* ***Hauptteil*** *stellst du die Argumente für und gegen den Kauf und die Nutzung einer Smartwatch einander gegenüber. In der Regel werden für jede Seite drei Argumente erwartet. Jedes deiner Argumente verdeutlichst du mit einem anschaulichen Beispiel. Überlege dir, wie du deine Argumente anordnen möchtest. Es ist sinnvoll, die Pro- und Kontra-Argumente nach dem Sanduhrprinzip abzuhandeln, d. h., du nennst zuerst die Argumente, die deine Meinung nicht stützen, und ordnest sie nach absteigender Wichtigkeit; bei den Argumenten, die deine Meinung stützen, nennst du das wichtigste am Schluss.*

Im ***Schlussteil*** *legst du deine eigene Meinung dar und wiederholst z. B. das stärkste Argument aus dem Hauptteil.*

Sprachangemessenheit: *Entscheidend ist die richtige Verwendung der Zeitform (Präsens) sowie ein sachlicher und neutraler Stil. Achte auf treffende Formulierungen, eine passende Wortwahl sowie einen abwechslungsreichen Satzbau. Vermeide Wiederholungen, insbesondere auch an Satzanfängen.*

Sprachrichtigkeit*: Rechtschreibung, Grammatik und Zeichensetzung werden mit maximal vier Punkten bewertet, die sich aus dem Fehlerindex ergeben (Rechtschreibung und Grammatik ganze Fehler, Zeichensetzung halbe Fehler).*

Ideenliste/Stoffsammlung:

Nachteile	**Vorteile**
geringer Mehrnutzen im Vergleich zum Handy	handlicher als das Mobiltelefon
Missbrauchsmöglichkeiten: in Schule/Uni; Umgehung von Fotografier- und Filmverboten	Messung von Gesundheitsdaten
lückenhafter Datenschutz	Informationen von Fitness-Apps abrufen

Kleiner Alleskönner oder Spion am Handgelenk?

Überschrift

Einleitung

Was ist eine Smartwatch?

Sie sieht aus wie eine Armbanduhr, kann aber viel mehr als nur die Zeit messen und das Datum anzeigen. „Smartwatch" heißt der kleine Minicomputer, der über die Fähigkeiten eines Mobiltelefons verfügt, sich aber unauffällig ums Handgelenk schmiegt. Weil sich immer mehr Menschen für den Kauf und die Nutzung einer Smartwatch entscheiden, stellt sich die Frage nach den Vor- und Nachteilen dieses neuartigen Alltagsbegleiters.

Überleitung zum Thema: Aufgreifen der Fragestellung

Hauptteil

Vorteile der Smartwatch:

- erstes Argument: Größe / Handlichkeit gegenüber dem Mobiltelefon

Was am meisten für die Nutzung der kleinen Alleskönner spricht, ist ihre Größe. Während die Handys mit ihren überdimensionierten Displays kaum noch Platz in einer Hosentasche finden, muss man sich bei der Smartwatch keine Sorgen mehr machen, dass man sie wie das Handy irgendwo verlegt oder in den Tiefen eines Rucksackes versenkt. Denn die Watch, wasserfest und stoßgesichert, wird ums Handgelenk geschnallt und begleitet einen den ganzen Tag. Und da die Smartwatch mit dem Handy verbunden ist, verpasst man keine eingehenden Nachrichten oder Terminerinnerungen mehr, auch wenn man das Handy wieder mal irgendwo verkramt hat.

- zweites Argument: Messung von Gesundheitsdaten

Aus der engen Verbindung mit dem Körper folgt auch das zweite Argument: Lädt man die entsprechenden Apps auf die Smartwatch, kann sie wichtige Körperfunktionen messen und bei Bedarf Alarm schlagen. Winzige Module überwachen Puls und Blutdruck, Blutzuckerspiegel und Körperfettanteil. Damit ist der Smartwatch-Träger immer auf dem Laufenden über seinen Gesundheitszustand und kann die Arztbesuche auf das Nötigste beschränken.

- drittes Argument: die Smartwatch als Fitnesstracker

Wer gesund ist und mit diesen Werten keine Probleme hat, sieht dennoch in einer weiteren Anwendungsmöglichkeit ein Argument, das für die Smartwatch spricht: Fitness-Apps informieren über Laufstrecke, Kalorienverbrauch und Schlafqualität. Weil sie auch maßgeschneiderte Workouts zusammenstellen und an versäumte Trainingseinheiten erinnern, ersetzen sie sogar den teuren Personalcoach.

Überleitung zu den Gegenargumenten

Natürlich gibt es auch Einwände gegen die Nutzung der Smartwatch.

Ein Argument, das gegen die Smartwatch spricht, ist der vergleichsweise geringe Mehrnutzen gegenüber dem herkömmlichen Mobiltelefon. Die Fitness- und Gesundheits-Apps funktionieren auch auf dem Handy, gleichzeitig ist das Telefonieren und Versenden von Nachrichten mithilfe der Smartwatch aufgrund des winzigen Displays äußerst unkomfortabel. Und da man für die meisten Funktionen das Handy als Basisgerät ohnehin braucht, ist die Smartwatch eigentlich ein teures und überflüssiges Gadget.

Nachteile der Smartwatch:

- erstes Argument: geringer Mehrnutzen gegenüber dem Handy

Was auch gegen die Nutzung einer Smartwatch spricht, sind die Missbrauchs- und Betrugsmöglichkeiten, z. B. bei Klausuren und Prüfungen. Da der kleine Computer optisch kaum von einer herkömmlichen Armbanduhr zu unterscheiden ist und sich zudem unauffällig unter dem Pulloverärmel verbergen lässt, kann man ihn leicht in die schriftliche Prüfung einschmuggeln. Zwar ist das Mitführen elektronischer Hilfsmittel verboten und man geht ein hohes Risiko ein, doch weil man immer wieder von aufgeflogenen Spick- und Schummelversuchen liest, bedeutet das im Umkehrschluss, dass Prüflinge auf die Hilfe aus dem Internet setzen. Ein weiteres Beispiel für Betrugsmöglichkeiten mit der Smartwatch ist die Umgehung des Verbots von Foto-, Film- oder Audioaufnahmen. Die Smartwatch ist so klein, dass es kaum auffällt, wenn man die entsprechenden Funktionen aktiviert und unerlaubt Fotos, Filme oder Audiomitschnitte erstellt.

- zweites Argument: Missbrauchs-/ Betrugsmöglichkeiten: in Schule und Uni

Umgehen von Fotografier- und Filmverboten

Das wichtigste Argument gegen die Verwendung einer Smartwatch ist der lückenhafte Datenschutz. Das Gerät sitzt hauteng am Körper, zeichnet Bewegungsprofile auf, sammelt körperbezogene Daten und hört Gespräche mit. Es gibt keine Garantie, dass sensible Informationen z. B. über den eigenen Gesundheitszustand nicht doch an der falschen Stelle wie z. B. Krankenkassen und Versicherungen landen. Gerade der Einsatz von Bluetooth macht die kleinen Geräte angreifbar. Verbunden mit der großzügigen Freigabe von Standort- und persönlichen Gesundheitsdaten wird der Smartwatch-Träger zum gläsernen Menschen.

- drittes Argument: mangelhafter Datenschutz

Ich bin der Auffassung, dass die Nachteile bei der Frage „Pro und Kontra Smartwatch-Nutzung" überwiegen. Wenn schon das Handy ein gieriger und zunehmend schwer zu kontrollierender Datensammler ist, gibt man mit dem Tragen einer Smartwatch noch mehr von sich preis. Wem der Gedanke unangenehm ist, dass Behörden, Institutionen oder auch Versandhäuser allzu viel über die eigene Privatsphäre wissen, der sollte auf das Tragen einer Smartwatch lieber verzichten.

Schluss

Fazit / eigene Meinung

Bekräftigung des wichtigsten Arguments

II.B: Sprachliche Richtigkeit

1. ***Hinweis:*** *Du darfst nicht mehr als zwölf Fehler markieren, denn nur die ersten zwölf werden mit jeweils einem halben Punkt gewertet. Für fehlerhafte Korrekturen gibt es keinen Punkt.*

Unter „Geocaching" versteht man eine moderne Art der ~~Schnitzeljagt~~ **Schnitzeljagd**[1]. „Geo" steht für die Erde und „Cache" für ein geheimes Lager. Bei dieser ~~elecktronischen~~ **elektronischen**[2] Schatzsuche versteckt jemand eine wasserdichte Box**,** (**fehlendes Komma**)[3] worin sich ein ~~sogenantes~~ **sogenanntes**[4] Logbuch und Dinge befinden, die als Schatz dienen. Derjenige, der die Box versteckt, notiert später im Internet, wo sie mithilfe von ~~Kordinaten~~ **Koordinaten**[5] zu finden ist. Um die Stelle ausfindig zu machen, kann man GPS-Geräte, Smartphones oder sehr genaue ~~Landtkarten~~ **Landkarten**[6] nutzen. Wer den Schatz ~~endeckt~~ **entdeckt**[7] hat, öffnet die Box, trägt sich mit einem Fantasienamen in das Logbuch ein und darf das, was sich darin befindet, austauschen. ~~Anschliesend~~ **Anschließend**[8] wird die Box an dem Ort belassen**,** (**fehlendes Komma**)[9] damit auch andere Personen weiterhin danach suchen können. Im Internet notiert man dann, dass man den Schatz gefunden hat. So weiß auch der Mensch, der den Schatz versteckt hat**,** (**fehlendes Komma**)[10] was sich am Versteck tut. Geocaching gibt es bereits über fünfzehn Jahre lang. Die Idee hatte ein Mann namens Dave Ulmer aus den USA. Er vergrub einen schwarzen Plastikeimer mit CDs, Videokassetten, Geldscheinen, einem Buch, einer Steinschleuder und einer Dose mit ~~Bonen~~ **Bohnen**[11]. Danach schrieb er im Internet, wo die Sachen zu finden sind. Eine Regel lautet, ~~das~~ **dass**[12] man für alles, was man aus der Box entnimmt, wieder etwas hineinlegen muss.

Nach: http://www.nachrichtenfuerkinder.de/wissen/technik/article/geocaching-die-moderne-schnitzeljagd (abgerufen am 14.05.2019).

Hinweis: 1) *Schnitzeljag**d** – Als Nomen wird „die Jagd" in allen ihren Verbindungen mit „d" geschrieben, das Verb „jagen" hingegen bekommt in seinen verschiedenen Zeit- und Personalformen ein „t" (z. B. Er jag**t**, sie jag**t**en).* ***2)*** *elek**t**ronisch – In Fremdwörtern schreibt man auch nach einem kurzen Vokal kein „ck".* ***3)*** *Komma zwischen Haupt- und Relativnebensatz; das Relativpronomen versteckt sich in diesem Fall in „worin", das durch „in welcher" ersetzt werden* *könnte.* ***4)*** *sogena**nn**tes – abgeleitet von „nennen"; Doppelkonsonant nach kurzem Vokal.* ***5)*** ***Koo**rdinaten – Fremdwort, zusammengesetzt aus der Vorsilbe „Ko" (= mit/miteinander) und „Ordinaten" (= Lagepunkte).* ***6)*** *Lan**d**karten – durch Wortverlängerung wird die Schreibweise deutlich: Land – Län**d**er.* ***7)*** ***ent**deckt – Zusammensetzung aus der Vorsilbe „ent-" und dem Verb „decken"; gleichbedeutend mit „finden".* ***8)*** *Anschlie**ß**end – scharfes „ß" nach lang gesprochenem Doppelvokal „ie".* ***9)*** *Komma zwischen Hauptsatz und adverbialem Nebensatz, in diesem Fall einem Finalsatz, der eine Absicht, einen Zweck oder ein Ziel angibt.* ***10)*** *Es muss am Anfang und am Schluss des eingeschobenen Relativnebensatzes ein Komma stehen.* ***11)*** *Bo**h**nen – das „h" ist ein Dehnungszeichen und macht deutlich, dass es sich bei dem „o" um einen lang gesprochenen Vokal handelt.* ***12)*** *Die Konjunktion „da**ss**" leitet hier die Nebensatzfolge ein; man erkennt sie auch daran, dass man sie weder durch „dies/dieses", „jenes" noch durch „welches" ersetzen kann.*

2. ***Hinweis:*** *Markierst du mehr als vier Wörter, wird deine Lösung nicht gewertet.*

   c) Am Morgen vor dem [starten] musste jemand das Aufpumpen der Reifen übernehmen.

   Hinweis: *Durch den Artikel „dem" wird das Verb „starten" zum Nomen, vergleichbar mit „das Aufpumpen" im selben Satz.*

   d) Letztes Jahr beschwerte sich Christian: „[ich] habe keine Lust zu pumpen!"

   Hinweis: *Alle Satzanfänge, auch wenn es sich wie hier um eine wörtliche Rede handelt, beginnen mit einem Großbuchstaben.*

   f) Daher kümmerte er sich um ein [Paar] Salate, leckere Würstchen und frisches Brot.

   Hinweis: *Das Wort „paar" wird immer dann kleingeschrieben, wenn es wie hier die Bedeutung von „mehrere" oder „einige" hat. Als „Paar" bezeichnet man zwei Menschen oder Dinge, die zusammengehören (Romeo und Julia waren ein Paar. Sie leistet sich ein Paar neue Sneaker.)*

   k) Am Abend machten wir uns als [erstes] hungrig über das Essen her.

   Hinweis: *„Erstes" ist in diesem Satz ein Nomen, weil kein weiteres Nomen folgt, auf das sich das Zahlwort direkt bezieht (vgl.: Zum ersten Mal …).*

3. *Hinweis: Für jede richtig bestimmte Wortart* ***einschließlich*** *der richtigen Schreibweise gibt es jeweils einen Punkt. Halbe Punkte werden nicht vergeben.*

Das Alpenmurmeltier, **das (R)**[1] mit den Eichhörnchen verwandt ist und im Gebirge lebt, ist eine von weltweit fünfzehn Murmeltierarten. Es ist bekannt, **dass (K)**[2] sich eine Sippe mit bis zu zwanzig Tieren einen unterirdischen Bau teilt. Für **das (A)**[3] Leben im Untergrund und den Tunnelbau sind sie perfekt ausgestattet. Sie bauen sich ihre Tunnel selbst. **Das (D)**[4] gelingt ihnen, indem sie mit ihren Nagezähnen die Erde auflockern und sich mit ihren Grabpfoten vorwärtsbewegen. Im Verlauf des Winterschlafs, **das (D)**[5] konnte man beobachten, verliert der Nager fast ein Drittel seines Gewichtes.

Nach: https://www.geo.de/geolino/tierlexikon/2097-rtkl-tierlexikon-alpenmurmeltier (abgerufen am 14. 05. 2019)

Hinweis: 1) *Das Relativpronomen leitet den Nebensatz ein und bezieht sich auf das vor dem Komma stehende Nomen „Alpenmurmeltier“.* ***2)*** *Die Konjunktion „dass“ leitet hier einen als Inhaltssatz fungierenden Nebensatz ein, ohne den der einleitende Hauptsatz wenig aussagekräftig wäre.* ***3)*** *Der bestimmte Artikel „das“ steht als Begleiter für das Nomen „Leben“.* ***4)*** *Demonstrativpronomen, ersetzbar mit „dies“. Da es weder ein unmittelbar folgendes noch ein vorausgehendes Nomen gibt, kann „das“ hier kein Artikel und auch kein Relativpronomen sein.* ***5)*** *Auch in diesem Fall handelt es sich um ein Demonstrativpronomen, da der eingeschobene Satz ein Hauptsatz ist, der sich auf die im ersten Hauptsatz beschriebene Beobachtung bezieht und nicht auf ein einzelnes Nomen.*

4. ***Hinweis:*** *Für jeden richtig umgeformten Haupt- oder Nebensatz wird ein Punkt vergeben. Achte darauf, dass die vorgegebene Zeitform bei der Umwandlung beibehalten wird. Fehlen Satzglieder oder ist die Zeitform falsch, gibt es für den jeweiligen Satz keinen Punkt. Im zweiten Satz sind zwei Verbformen mit unterschiedlichen grammatischen Zeiten umzuwandeln. Für Fehler in der Rechtschreibung und Zeichensetzung wird dir ein halber Punkt pro Satz abgezogen.*

Aktiv	**Passiv**
Zunächst stellt man die Zutaten für den Zitronenkuchen bereit.	**Die Zutaten für den Zitronenkuchen werden zunächst bereitgestellt.**

Nachdem man die Zutaten abgewogen hat, verrührt man sie zu einem Teig.	**Nachdem die Zutaten abgewogen worden sind, werden sie zu einem Teig verrührt.**
Nun füllt man den Teig in eine Kastenform.	Nun wird der Teig in eine Kastenform gefüllt.
Man backt den Kuchen bei 180 Grad für 25 Minuten.	Der Kuchen wird bei 180 Grad für 25 Minuten gebacken.

Hinweis: *Meistens wird in Back- und Kochrezepten in der Aktivform statt einer handelnden Person das allgemeine „man" als Subjekt verwendet. Bei der Umformung in die Passivform tritt das Akkusativobjekt an die Stelle des Subjektes: „Die Zutaten für den Zitronenkuchen", „die Zutaten, „sie". Infolgedessen verschwindet das „man" und es gibt überhaupt keine handelnde Person bzw. keinen „Täter" mehr. Das Verb erscheint dann im Partizip II („bereitgestellt", „abgewogen", „verrührt"), zusätzlich wird das Hilfsverb „werden" je nach benötigter Zeitform in der konjugierten Form verwendet, in diesem Fall „werden" und „worden sind".*

Bei der Umwandlung von der Passiv- in die Aktivform hingegen muss man ein Subjekt/einen „Täter" („man") hinzufügen, da das Subjekt des Passivsatzes zum Akkusativobjekt im Aktivsatz wird („den Teig", „den Kuchen").

Abschlussprüfung Deutsch an Realschulen in Hessen 2021
Text 1

Teil I: Lesen

Hinweis: *Von den vier Antwortmöglichkeiten in den Aufgaben 1 bis 3 ist immer nur eine Lösung richtig. Sind mehrere Möglichkeiten angekreuzt, wird kein Punkt vergeben.*

1. a) ☒ Lacher.

   Hinweis: *Z. 9f., 23: „Ich bin Lacher."*

   b) ☒ ausgesprochen gefragt.

   Hinweis: *Z. 13–15: „[…] ich lebe gut, denn mein Lachen ist […] gefragt."*

   c) ☒ beschwerlich.

   Hinweis: *Z. 60–62: „Ich aber schleiche dann erschöpft zur Garderobe […], glücklich darüber, dass ich endlich Feierabend habe."*

   d) ☒ niemals.

   Hinweis: *Z. 78f.: „[…] denn ich lache nach Feierabend nie."*

   e) ☒ ernster

   Hinweis: *Z. 79: „Ich bin ein todernster Mensch […]."*

2. a) ☒ sehr selbstsicher ist.

   Hinweis: *Dass das Wort „sicher" hier „selbstsicher" bedeutet, erkennt man daran, dass es im Gegensatz zu „verlegen" verwendet wird. Der Lacher wird bei der Frage nach seinem Beruf rot und stammelt, d. h., er ist in dieser Situation unsicher im Sinne von nicht selbstsicher. Dieses Verhalten scheint eher untypisch für ihn zu sein, denn er gilt eigentlich als ein (selbst)sicherer Mensch.*

   b) ☒ andere Menschen zum Mitlachen bringt.

   Hinweis: *Wie eine ansteckende Krankheit überträgt sich die Heiterkeit des Lachers auf die Menschen in seiner Umgebung. Sie können sich nicht dagegen wehren, mitzulachen.*

c) ☒ seine Situation bedauert.

Hinweis: „Geschick" ist eine veraltete Bezeichnung für „Schicksal". Der Lacher leidet unter seinem Beruf.

d) ☒ zurückhaltend zu sein scheint.

Hinweis: „Verschlossen" bezieht sich darauf, dass der Lacher in seinem Privatleben wenig redet und nie lacht, seinen Mund also meist geschlossen hält und damit insgesamt wie „unter Verschluss" erscheint.

3. a) ☒ Nur B und D stehen im Text.

*Hinweis: **Aussage A** trifft nicht zu, denn der Lacher „liebt die Wahrheit" (vgl. Z. 22). **Aussage B** trifft zu, denn in den Zeilen 25 bis 35 und 38 bis 45 beschreibt der Lacher ausführlich, welche Lachvariationen er beherrscht. **Aussage C** stimmt nicht, wie in Zeile 90 f. klar wird: Auch seine Frau hat das Lachen verlernt. Für **Aussage D** findet sich in den Zeilen 102 bis 104 ein Hinweis: Der Lacher ist immer „ein ernster Junge gewesen".*

b) ☒ Nur C und D stehen im Text.

*Hinweis: Der Lacher und seine Frau „führen eine stille, eine friedliche Ehe" (Z. 90). Aus dieser Textstelle ergibt sich, dass **Aussage A** falsch ist. Für **Aussage B** findet sich kein Hinweis im Text. Die Frau des Lachers lacht nur deshalb nicht, weil sie „das Lachen verlernt hat" (Z. 91). **Aussage C** trifft zu, denn in Zeile 91 f. heißt es: „Hin und wieder ertappe ich sie bei einem Lächeln […]." Auch **Aussage D** stimmt, denn in den Zeilen 82 bis 85 wird deutlich, dass die Frau des Lachers die Situation akzeptiert hat und sich inzwischen ebenso verhält wie ihr Mann.*

4. *Hinweis: Für jedes zutreffende und belegte Merkmal wird ein Punkt vergeben. Als Belege gelten Zitate, Zeilenangaben oder Umschreibungen. Auch Verweise auf Textausschnitte oder Teile der Erzählhandlung werden als Belege akzeptiert. Für das Nennen oder Aufzählen von Merkmalen ohne Beleg gibt es keine Punkte.*

Mögliche Lösungen:
- Z. 1–3: Offener Anfang ohne Einleitung; es fehlen z. B. Hinweise auf Ort oder Zeit der Handlung.
- Z. 105 f.: Offener Schluss: Die Handlung hört abrupt auf; der Schlusssatz erzeugt Betroffenheit bei den Leser*innen und regt dazu an, über das erzählte Geschehen und die Situation des Lachers nachzudenken.

- Es gibt keine ausführliche Handlung. Der Lacher beschreibt seinen Beruf und seine Einstellung dazu.
- Es gibt nur wenige handelnde Personen, nämlich den Lacher und seine Frau.
- Die Personen haben keine Namen, es werden nur ihr Beruf („Ich bin Lacher.", Z. 9 f.) oder ihre Beziehung zueinander genannt („meine Frau", Z. 82 f., 91).
- Keine konkreten Handlungsorte: Es werden die Spielstätten/Bühnen erwähnt, auf denen der Lacher auftritt, sowie sein Zuhause (vgl. Z. 52, 62 f.).
- Thema der Geschichte ist ein Konflikt, der viele Menschen betrifft: Der Lacher ist unglücklich mit seinem Beruf, weil er nicht zu seiner Persönlichkeit passt.
- Es gibt nur einen Handlungsstrang, der auf den Höhepunkt am Ende zuführt: Der Lacher kann viele Spielarten von Gelächter so glaubwürdig imitieren, dass seine Umgebung davon angesteckt wird. Sein eigenes Lachen kennt er jedoch nicht, vielleicht hat er gar keins.

5. ✎ ***Hinweis:*** *Einen Punkt gibt es, wenn du richtig erklärst, was eine Parenthese ist. Kannst du dazu noch die Wirkung des Stilmittels im Textzusammenhang verdeutlichen, gibt es zwei weitere Punkte. Der Textverweis kann als Zitat, Umschreibung oder auch nur als Zeilenangabe erfolgen.*

   Mögliche Lösungen:

   Erklärung des Stilmittels: Als Parenthese bezeichnet man die Unterbrechung eines Satzes durch einen Einschub, erkennbar an Gedankenstrichen, Klammern oder Kommas.

   Wirkung des Stilmittels im Text:
   Mit dem Einschub unterbricht der Erzähler seinen Gedankenfluss, weil ihm offenbar in diesem Moment einfällt, dass seine Mitmenschen mit ihrer Einschätzung möglicherweise richtig liegen: Er ist sich zwar nicht ganz sicher, aber vielleicht ist er wirklich ein Pessimist.

6. ✎ ***Hinweis:*** *Bei dieser Aufgabe sollst du etwas erläutern, d. h., du sollst bestimmte Zusammenhänge der Erzählung mit eigenständigen Formulierungen und passenden Textbelegen deutlich machen und damit zeigen, dass du den Text verstanden hast. Für jede schlüssige Erläuterung mit Bezug auf eine Textstelle (Zeilengabe, Umschreibung oder Zitat) und die dazu passende Erläuterung werden jeweils zwei Punkte vergeben. Fehlt der Textverweis, gibt es nur noch einen Punkt, das bloße Nennen oder Zitieren einer Textstelle hingegen wird mit null Punkten bewertet.*

Mögliche Lösungen:

- Der erste Widerspruch im Charakter des Erzählers zeigt sich bereits am Anfang des Textes: Der Lacher bezeichnet sich als einen „sichere[n] Mensche[n]" (Z. 3), schämt sich aber, wenn man ihn nach seinem Beruf fragt (vgl. Z. 1 f.).
- In Bezug auf seinen Beruf hat der Lacher lange Zeit gelogen und sich als Schauspieler ausgegeben (vgl. Z. 17–22), er behauptet aber, die Wahrheit zu lieben (vgl. Z. 22).
- Der Erzähler ist seit seiner Kindheit ein ernster und verschlossener Mensch (vgl. Z. 79, 102–106); dass er mit Lachen sein Geld verdient, passt nicht zu diesem Wesenszug und ist deshalb ein Widerspruch.
- Der Erzähler kennt zahllose Lachvarianten, kann sie imitieren und steckt seine Mitmenschen damit an (vgl. Z. 25–35, 38–45, 48). Nur sein eigenes Lachen ist ihm unbekannt (vgl. Z. 105 f.).

7. a) ✎ ***Hinweis:*** *Beim Erklären soll deutlich werden, was mit einer bestimmten Textaussage gemeint ist. Das Besondere an diesem Zitat ist, dass es zwei Aspekte einander gegenüberstellt, die auch beide erklärt werden müssen. Für die volle Punktzahl ist es also wichtig, dass das Gegensätzliche der beiden Aussagen in deiner Erklärung deutlich wird. Gehst du nur auf einen Teil des Zitats ein, gibt es zwei Punkte.*

   Mögliche Lösungen:

   - Während Clowns und Komiker ihre Bühnenshows mit der Absicht präsentieren, Freude und Heiterkeit beim Publikum auszulösen, ist die Reaktion des Lachers nur gespielt. Er sieht seine Aufgabe nicht darin, mit seiner Darstellung die Menschen zu belustigen, sondern lacht „auf Bestellung", um die Darsteller auf der Bühne, deren Witze bisweilen nicht überzeugen können, im richtigen Moment zu unterstützen.
   - Die vielen Arten zu lachen, die der Erzähler inzwischen beherrscht, sind das Handwerkszeug seines Berufs. Er ist stolz darauf, zu jeder Situation das passende Lachen liefern zu können. Damit will er nicht unterhalten, sondern einen Menschen spielen, der sich über etwas amüsiert.

   b) ✎ ***Hinweis:*** *Wie bei Aufgabe 7. a enthält auch dieses Zitat zwei Aussagen, deren Bedeutung in deiner Erläuterung schlüssig formuliert werden soll. Dafür gibt es insgesamt vier Punkte. Wird nur ein Aspekt erläutert, werden zwei Punkte vergeben. Fehlt der Textverweis, gibt es noch einen Punkt, das bloße Nennen oder Zitieren einer Textstelle hingegen wird mit null Punkten bewertet.*

Mögliche Lösungen:

- Der Lacher kann das typische Gelächter unterschiedlicher Altersgruppen, Gesellschaftsklassen, Nationalitäten, Berufe und Gemütszustände perfekt imitieren (vgl. Z. 25–35, 38–45). Er ist so gut in diesem Beruf, dass er sowohl für Schallplattenaufnahmen und Hörspiele gebucht wird (vgl. Z. 36–38) als auch für Bühnenshows, in denen er fast jeden Abend das Publikum zum Mitlachen animieren muss (vgl. Z. 51–54). Diese Tätigkeit ist so anstrengend, dass er im privaten Leben das Lachen vermeidet (vgl. Z. 78 f.), um seine Gesichtsmuskeln zu entspannen (vgl. Z. 85–88). Deshalb weiß er nicht, wie sein eigenes Lachen klingt.
- Der Lacher war kein fröhliches Kind (vgl. Z. 102–104), ist ein „todernster Mensch" (Z. 79) und geht mit „unbewegter Miene" (Z. 99) durch sein Leben. Er macht sich sogar häufig Gedanken darüber, ob er wohl je gelacht hat (vgl. Z. 101 f.), denn die vielfältigen Lachvarianten, die er in seinem Berufsleben einsetzt, sind nur angelernt und spiegeln nicht seine eigene Freude oder Heiterkeit wider. Deshalb kennt er sein eigenes Lachen nicht.

8. ***Hinweis:*** *Für die volle Punktzahl muss anhand von zwei verschiedenen Textstellen der Zusammenhang zwischen dem Beruf des Lachers und dem geschichtlichen Hintergrund schlüssig herausgearbeitet werden. Wird nur ein Textbeleg zur schlüssigen Herausarbeitung herangezogen, werden zwei Punkte vergeben. Fehlt der Textbezug, gibt es noch einen Punkt. Der Textbezug kann als Zitat, Zeilenverweis oder Umschreibung erfolgen. Für das bloße Nennen oder Zitieren einer Textstelle gibt es keinen Punkt.*

Mögliche Lösungen:
(Zwei der im Folgenden aufgezählten Aspekte müssen für die volle Punktzahl so oder ähnlich genannt werden.)

- Weil der Lacher neben seinen vielen verschiedenen Lachvarianten auch das ansteckende Lachen beherrscht (vgl. Z. 47 f.), sind seine Dienste besonders bei minderklassigen Komikern gefragt (vgl. Z. 49–54), denen er auf diese Weise zum Erfolg verhelfen kann. Das Publikum fühlt sich auf der Suche nach Ablenkungen jeder Art gut unterhalten und misst der Qualität der Aufführung weniger Bedeutung bei.
- Die Unterhaltungsindustrie produziert Schallplatten und Hörspiele (vgl. Z. 36–38), um die Fröhlichkeit in die privaten Haushalte zurückzubringen. Der Lacher kann dank seiner Fähigkeiten das gewünschte Lachen der jeweiligen Rolle anpassen und damit für die lange vermisste Heiterkeit sorgen.

- Die Nachfrage nach künstlerischer Unterhaltung auf Bühnen und in Varietés ist nach den Schrecken und Entbehrungen des Krieges und der Nachkriegszeit offenbar so groß, dass der Lacher von seinem Beruf sehr gut leben kann und anscheinend fast jeden Abend ausgebucht ist (vgl. Z. 51 f.).
- Die Fröhlichkeit des Lachers ist nur gespielt; sie überdeckt seinen ernsten Charakter sowie seine pessimistische Lebenseinstellung (vgl. Z. 79–81). Genauso überspielen die Menschen der Nachkriegszeit mit ihrer Suche nach leichter Unterhaltung ihre schlimmen Erlebnisse und Erinnerungen.

9. ***Hinweis:*** *Die Frage ist so formuliert, dass du der Aussage zustimmen, sie ablehnen oder eine vermittelnde Position einnehmen kannst. Wichtig ist in allen Fällen, dass du deine Haltung nachvollziehbar mithilfe geeigneter Textstellen begründest. Gelingt dir das, gibt es vier Punkte. Beziehst du dich nur auf eine Textstelle, erhältst du immerhin noch drei Punkte. Ist die Begründung schlüssig, es fehlt aber der Textbezug, gibt es noch zwei Punkte.*

Mögliche Lösungen:

Zustimmung:

Diese Aussage trifft auf den Lacher zu, denn er leidet unter dem Beruf, der nicht zu seinem Charakter passt. Schon als Kind hat er nie gelacht (vgl. Z. 102–104), nun bezeichnet er sich als „todernsten Menschen“ (vgl. Z. 79), der auf seine Umgebung pessimistisch wirkt. Dass er sich dennoch für den Beruf des Lachers entschieden hat, macht ihn zu einem unglücklichen Menschen, der „mit unbewegter Miene“ (Z. 99) durch sein Leben geht und außerhalb seiner Arbeit niemals lacht (vgl. Z. 78 f.). Sein Beruf erschöpft ihn (vgl. Z. 60 f.), und auf dem Weg zu seinen Auftritten hadert er mit seinem Schicksal (vgl. Z. 64–66). Auch auf sein Privatleben und seine nächsten Mitmenschen wirkt sich die verfehlte Berufswahl in negativer Weise aus. So hat seine Frau, die ihn zu Beginn der Ehe oft zum Lachen ermuntert hatte (vgl. Z. 82 f.), inzwischen resigniert und selbst „das Lachen verlernt“ (Z. 91). Vermutlich hat er wenige soziale Kontakte oder Freundschaften, denn das Lachen anderer macht ihn nervös (vgl. Z. 88 f.). Der Lacher kann von seinem Beruf zwar gut leben, aber eigentlich hasst er alles, was mit seiner Tätigkeit unmittelbar zusammenhängt (vgl. Z. 94 f.).

Ablehnung:

Die Dienste des Lachers sind so gefragt, dass seine Einkünfte ihm ein gutes Leben ermöglichen (vgl. Z. 13–15). Die finanzielle Sicherheit ist ein wichtiges Element bei der Berufsausübung. Seine Fähigkeit, auf vielfältige Weise zu lachen, ist offenbar konkurrenzlos, denn der Lacher ist „unentbehrlich geworden“ (Z. 36).

Diese besondere Kompetenz führt dazu, dass er von seinen Auftraggebern respektiert und gut behandelt wird (vgl. Z. 37 f.). Überdies ist er an der Produktion von Hörspielen beteiligt (vgl. Z. 37 f.) und kommt kostenlos ins Theater, worum ihn sicher viele Menschen beneiden. Auch ist der Beruf anspruchsvoll. Der Lacher muss zum richtigen Zeitpunkt mit der passenden „Lachdosis" in Aktion treten, um die gewünschte Reaktion auszulösen (Z. 54 f.: „Es muss Maßarbeit sein."). Weil die Bezahlung stimmt, er erfolgreich ist, Anerkennung genießt und seine Tätigkeit sich nicht in langweiliger Routine erschöpft, kann man meiner Meinung nach nicht davon sprechen, dass der Lacher seinen Beruf verfehlt hat.

Teil II: Schreiben

Teil II.A: Textproduktion (Wahlaufgabe)

a) Erzählung

*✎ **Hinweis: Inhalt:** Die Redensart „Humor ist, wenn man trotzdem lacht" beschreibt Humor als eine Fähigkeit, den Missgeschicken des Alltags mit Heiterkeit zu begegnen und sie damit zu entschärfen. Dazu gehört auch, über sich selbst lachen zu können. Ob du eine solche Situation selbst erlebt hast oder sie erfindest, ist bei diesem Thema nicht von Bedeutung. Insgesamt lässt dir die Erzählaufgabe einen großen Gestaltungsspielraum. Damit sie zum Thema passt, sollte sie im Kern natürlich lustig sein.*
***Aufbau:** Bezüglich des Aufbaus musst du wie bei jedem Text bestimmte formale Vorgaben berücksichtigen, da diese neben dem Inhalt Grundlage der Bewertung sind: Gib deiner Erzählung eine treffende **Überschrift**. Schreibe eine kurze **Einleitung**, die Aufschluss über Zeit, Ort und Personen der Handlung gibt. Führe die Handlung im **Hauptteil** über einen Spannungsbogen geradlinig und ohne große Umwege zum **Höhe- oder Wendepunkt** hin, sodass der „rote Faden" deiner Erzählung, d. h. die zentrale Botschaft, vom Anfang bis zum Ende erkennbar ist. Für das Ende kannst du dich für einen offenen **Schluss** wie in einer klassischen Kurzgeschichte entscheiden oder die Geschichte so enden lassen, wie die Handlung es eigentlich schon erwarten lässt.*
***Sprachangemessenheit:** Vermeide Wiederholungen bei Satzbau und Wortwahl, sonst liest sich dein Text schnell langweilig. Verwende anschauliche Sprachbilder, z. B. Vergleiche und Metaphern, außerdem abwechslungsreiche Verben und Adjektive sowie wörtliche Rede. Achte auch darauf, die zu Beginn gewählte Erzählperspektive und Zeitform durchgängig einzuhalten. Du kannst sowohl in der Ich-Form schreiben als auch, wie bei dem folgenden Lösungsbeispiel, aus der Sicht einer der beteiligten Handlungsfiguren. Für Erzähltexte ist das Präteritum (Vergangenheit) die am besten geeignete Zeitform, verbunden mit dem Plusquamperfekt bei Vorzeitigkeit (Beispiel: „Nachdem er das Training beendet hatte, fuhr er nach Hause.").*
***Sprachrichtigkeit:** Fehler in der **Rechtschreibung und Grammatik** werden als ganze Fehler, die in der **Zeichensetzung** als halbe Fehler gewertet. Mit dem Fehlerindex wird berechnet, wie viele von maximal vier Punkten du für die Rechtschreibung bekommst.*

Tattoo for you

treffende Überschrift

Einleitung

Hauptpersonen, Ausgangssituation

Seit Tagen zerbrach Ben sich den Kopf, wie er Lisa beeindrucken und ihre Aufmerksamkeit auf sich ziehen könnte. Als sie im Wahlpflichtkurs „Natur und Technik" per Losverfahren seiner Arbeitsgruppe zugeteilt worden war, hatte sie ihm zwar freundlich zugenickt, ihn aber ansonsten mit derselben Gleichgültigkeit behandelt, die er auch von anderen gewohnt war.

Hauptteil

Und das war ja auch kein Wunder: Lisa war cool und beliebt, während er zu den Stillen gehörte, den Unauffälligen im Hintergrund, zu denen, die gut in Mathe waren, immer ihre Hausaufgaben hatten und die anderen aus lauter Gutmütigkeit abschreiben ließen. Ben bewunderte Lisa schon seit der sechsten Klasse, als sie ihm den ersten Platz beim Vorlesewettbewerb weggeschnappt hatte. Aber nie hätte er sich getraut, sie anzusprechen – und jetzt hatten er und Lisa vier Wochen Zeit, gemeinsam eine Präsentation zum Thema „Der Traum vom Fliegen" vorzubereiten. Ben war fest entschlossen, diese Chance zu nutzen und ihr zu zeigen, dass er nicht der nerdige Langweiler war, für den sie ihn wahrscheinlich hielt. Aber wie sollte er das bloß anstellen?

Ben bewundert Lisa und will sie beeindrucken, ist aber zu schüchtern, um sie anzusprechen.

Der Zufall kam ihm zu Hilfe. Als er am Nachmittag vom Fußballtraining mit dem Fahrrad nach Hause fuhr, sah er sie: Gemeinsam mit einer Freundin starrte sie fasziniert in das Schaufenster des schmuddeligen kleinen Tattoo-Studios, an dem Ben dreimal in der Woche achtlos vorbeiradelte. Ben traf es wie der Blitz – das war es! Wenn Lisa auf Tattoos stand, müsste er mit einer aufsehenerregenden Tätowierung in ihrem Ansehen mindestens drei Plätze aufrücken, rechnete Ben sich aus. Er wartete hinter der nächsten Ecke, bis die Mädchen kichernd und schnatternd in die andere Richtung verschwunden waren, parkte sein Fahrrad vor dem Laden und ging hinein. Ein bärtiger Typ in einer ärmellosen Lederweste, die Haut über und über mit bunten Bildern verziert, bohrte seine Blicke in ihn. Ben kamen Zweifel. „Kann ich bei Ihnen ein Tattoo machen lassen?", brachte er trotzdem heraus und kam sich im selben Moment ziemlich dämlich vor, denn die Innenausstattung ließ keinen Zweifel daran, dass er hier

Ben glaubt, dass Lisa Tattoos mag, und hat eine Idee.

genau richtig war. Mit einer raumgreifenden Geste wies der Bärtige wortlos auf die zahllosen Motive, die dicht an dicht die Wände des Ladens zierten. Ben zeigte auf ein Muster aus verschlungenen Wellen. „An so etwas dachte ich, um den Oberarm. Geht das?“ Der Ladeninhaber nickte, blätterte in einem Notizblock und brummte: „Morgen Nachmittag, vier Uhr. Mit Unterschrift der Eltern. Oder biste schon achtzehn?“ Daran hatte Ben in seinem Eifer natürlich nicht gedacht. „Ja, alles klar, dann bis morgen also“, stotterte Ben und verließ hastig den Laden.

Es gibt möglicherweise Hindernisse bei der Umsetzung seines Plans.

„Ein Tattoo? Was ist das denn für eine Idee? Passt doch gar nicht zu dir“, war die Reaktion seiner Mutter beim Abendessen, die Ben eigentlich schon erwartet hatte. „Und wieso nicht?“, platzte er wütend heraus. „Nur weil du denkst, dass ich so ein Lappen bin, meinst du, das passt nicht zu mir? Ben, der kleine Streber, der Angepasste, der immer die Klappe hält, das denkst du doch auch, ja?“, schluchzte er auf. „Aber ich bin nicht so! Ich will nicht mehr so sein!“ Die Mutter war sichtlich erschrocken. „Du liebe Zeit, natürlich denke ich nicht so. Du bist alt genug. Wenn du unbedingt willst, ich habe nichts dagegen“, versuchte sie ihn zu beruhigen.

Ben bekommt die Erlaubnis seiner Mutter.

Das Tätowieren am nächsten Tag war eine quälende Prozedur. Ben musste die Zähne zusammenbeißen, als die Nadelmaschine die empfindliche Innenseite seines Arms erreichte. Krampfhaft dachte er an das nächste Treffen der Arbeitsgruppe am Donnerstag in der kommenden Woche, bis dahin würden die Schmerzen vergessen und die zahllosen kleinen Wunden rings um seinen Oberarm verheilt sein.

Ben lässt sich tätowieren und malt sich Lisas Reaktion aus.

Als er am Donnerstag pünktlich den Computerraum betrat, war Lisa schon da und tippte auf ihrem Handy herum. „Wo sind Tobi und Jessica?“, fragte er. „Keine Zeit, alle beide. Wir fangen trotzdem schon an“, antwortete Lisa sichtlich verärgert. Bens Herz machte einen kleinen Freudensprung. „Ok“, sagte er gespielt gleichgültig und startete den Computer. Dann nahm er allen Mut zusammen. „Darf ich dich mal was fragen, Lisa?“ Sie schaute von ihrem Handy auf, ozeangrüne Augen mit glitzernden Bernsteinsplittern darin, er drohte zu versinken. „Klar“, sagte sie freundlich und legte das Handy

Ben hat Glück und ist mit Lisa allein.

Ben fasst sich ein Herz und fragt sie nach ihrer Meinung zu Tattoos.

weg. „Was, äh, ich meine, wie findest du … also was hältst du eigentlich von … Tattoos?“, stammelte er. Das Bernsteinglitzern in Lisas Augen erlosch augenblicklich. „Hm, weiß nicht. Kann ich nichts mit anfangen. Ich meine, man trägt ja auch nicht sein ganzes Leben lang dieselbe Hose, nur weil sie einem irgendwann mal gefallen hat. Wieso fragst du?“

Ben stürzte ungebremst in einen Abgrund. „Aber wieso, du warst doch bei dem Laden, ich dachte, du magst es, wegen dir habe ich … nein, was bin ich für ein Idiot!!!“ Ben wusste nicht, ob er lachen oder weinen sollte.

Lisas Reaktion macht Ben fassungslos; er erkennt seinen Irrtum und erzählt Lisa, was er getan hat.

Lisa hatte alle Mühe, sich aus seinen gestammelten Satzfetzen die ganze Geschichte zusammenzureimen. „Das hast du wegen mir gemacht?“, fragte sie ungläubig. „Zeig mal!“ Verzweifelt schob Ben seinen Pulloverärmel hoch. Eingehend betrachtete Lisa die dunkelblauen Wellen, die sich anmutig um Bens Oberarm schlängelten. „Sieht eigentlich gar nicht mal so schlecht aus. Hat sicher wehgetan.“ Ben nickte kläglich. „Und wieso warst du bei dem Laden?“, brachte er heraus. „Ach so, das. Jessi will ihrem Bruder zum Geburtstag einen Gürtel schenken, mit einem Totenkopf als Schnalle. Die haben da solches Zeug.“ Ben nickte. „Ich bin so ein Trottel!“ Beschämt suchte er Lisas Blick, sie schaute zurück, er sah ein kleines Zucken in ihren Mundwinkeln, ein amüsiertes Blitzen in ihren Nixenaugen, fühlte, wie in seiner Magengegend etwas zu beben begann, als zunächst winziges Kichern hochstieg, sich ausbreitete in seinem Brustkorb und schließlich explodierte in einem lauten und befreienden Gelächter, in das Lisa einstimmte, bis beide sich krümmten vor Lachen, nicht mehr aufhören konnten und dabei fast von ihren Stühlen fielen.

Lisa tröstet ihn.

Beide lachen über Bens unüberlegte Entscheidung.

Als es endlich vorbei war und sie schließlich wieder zu Atem gekommen waren, sagte Lisa erschöpft, während sie sich die Lachtränen aus den Augenwinkeln wischte: „Was bin ich froh, dass du so einer bist.“ Ben war irritiert. „Was meinst du mit ‚so einer‘?“, fragte er. „Dass du über dich selbst lachen kannst. Ich glaube, wir beide werden ein richtig gutes Team!“

Schluss
Happy End

b) Argumentation

*✎ **Hinweis: Inhalt:** Welche Vor- und Nachteile der regelmäßige Besuch klassischer Kulturveranstaltungen als fester Bestandteil des Unterrichts haben könnte, soll in dieser Erörterung thematisiert werden. Es geht also inhaltlich nicht um einen einzelnen Museumsbesuch, der gerade zum Thema im Kunstunterricht einer einzelnen Klasse passt, sondern um fest im Stundenplan verankerte Veranstaltungen für alle Schüler*innen. Sinnvoll ist es, in einer Tabelle die Pro- und Kontra-Argumente zu notieren und nach Wichtigkeit zu ordnen.*
***Aufbau:** In der **Einleitung** weist du auf die aktuelle Idee der Kulturexkursionen hin und leitest dann mit der Fragestellung zum Hauptteil über.*
*Im **Hauptteil** führst du die Argumente für und gegen solche Kulturtage aus und stützt sie jeweils mit einem nachvollziehbaren Beispiel. Beginne mit den Argumenten, denen du nicht zustimmst, und ordne sie vom stärksten zum schwächsten Argument. Ergänze dann die Argumente, die du befürwortest. Hier solltest du mit dem schwächsten Argument beginnen. Erst im **Schlussteil** äußerst du deine eigene Haltung zum Thema und bekräftigst sie mit dem überzeugendsten deiner Argumente.*
*Um für die **Sprachangemessenheit** die volle Punktzahl zu erreichen, muss dein Text diese Aspekte erfüllen: richtige Verwendung der Zeitform (Präsens), sachliche und themabezogene Wortwahl, abwechslungsreicher Satzbau, Vermeidung von Wiederholungen. Im Bereich **Sprachrichtigkeit** werden Rechtschreibung, Grammatik und Zeichensetzung mit maximal vier Punkten bewertet, die sich aus dem Fehlerindex ergeben (Rechtschreibung und Grammatik ganze Fehler, Zeichensetzung halbe Fehler).*

Ideenliste / Stoffsammlung:

Nachteile	**Vorteile**
hohe Kosten	Unterstützung kultureller Einrichtungen
Ausfall von Unterricht	Abwechslung vom Unterrichtsalltag / Verbesserung des Lernklimas
fehlendes Interesse der Schüler*innen	Alle erhalten die Möglichkeit, Kunst live zu erleben.

„Bertha“ goes Ballett – sind feste Kulturtage sinnvoll?

Überschrift

In der letzten Gesamtkonferenz haben die Schülervertretung der Bertha-von-Suttner-Schule und der Vorstand des Elternbeirats beantragt, die Durchführbarkeit fester Kulturtage zu prüfen. In allen Jahrgängen sollen demnach dreimal pro Halbjahr kulturelle Veranstaltungen wie z. B. Kino, Theater, Oper oder Ballett besucht werden. Seitdem bewegt die Schüler*innen, die Lehrkräfte und auch die Elternschaft die Frage, welche Vor- und Nachteile diese Form der Unterrichtsergänzung hat.

Einleitung
aktuelle Diskussion um Einführung der Kulturtage

Überleitung zum Thema: Aufgreifen der Fragestellung

Gegen die Einführung solcher Kulturtage spricht der finanzielle Aspekt. Inzwischen kostet schon eine einzelne Kinokarte fast zehn Euro, Tickets für Theater und Oper sind häufig um ein Vielfaches teurer. Selbst wenn der Eintritt für Schulgruppen meist ermäßigt ist, käme bei sechs Veranstaltungen pro Jahr eine stattliche Summe zusammen. Besonders Familien, die zwei oder mehr Kinder an der Schule haben, würden damit hoch belastet.

Nachteile der Kulturausflüge
Erstes Argument: hohe Kosten, besonders für Familien mit mehreren Kindern

Ein weiteres Argument gegen den regelmäßigen Besuch kultureller Veranstaltungen ist der damit verbundene Ausfall von Unterricht. Der Antrag sieht sechs Exkursionen pro Schuljahr vor, das würde mehr als eine Woche Unterrichtsausfall bedeuten. Rechnet man aus, wie viele Stunden regulären Unterrichts ohnehin wegen Krankheit von Lehrkräften oder Schüler*innen, Praktika, Projektwochen oder Hitzefrei nicht stattfinden, so würden bei Einführung von sechs Kulturausflügen pro Jahrgang durchschnittlich weitere 36 Stunden regulären Unterrichts ausfallen. Da trotzdem der Lernstoff erarbeitet und weiter Tests und Leistungskontrollen geschrieben werden müssen, hätte das eine weitere Zunahme der Arbeitsbelastung für die Schüler*innen zur Folge.

Zweites Argument: Unterrichtsausfall

Was am meisten gegen die Einführung der Kulturtage spricht, ist das fehlende Interesse für derartige Veranstaltungen bei den meisten der Jugendlichen. Schüler*innen zwischen 12 und 18 Jahren haben ihre eigenen Vorstellungen und Vorlieben bezüglich Musik und Kunst. Wer gerne mit seinen Eltern oder auch Freunden ein klassisches Konzert, eine Ballettaufführung oder ein Museum besuchen möchte, kann das auch

Drittes Argument: fehlendes Interesse der Schüler*innen

außerhalb der Schule tun. Die Mehrheit der Jugendlichen käme umgekehrt ja auch nicht auf die Idee, gemeinsam mit der Klasse zu einem Rockfestival oder einem Open-Air-Konzert zu gehen oder die neueste Netflix-Serie zu streamen. Somit wären die verpflichtenden Kulturausflüge verschwendete Zeit, die man sinnvoller nutzen könnte.

Überleitung zu den Pro-Argumenten

Trotz dieser Einwände spricht auch viel für die Einführung von Kulturtagen für alle Jahrgänge.

Vorteile der Kulturausflüge

Erstes Argument: Unterstützung für Veranstaltungshäuser und Künstler*innen

Wenn Schulgruppen regelmäßig ins Konzert, Theater, Kino oder Museum gehen, bedeutet das eine große finanzielle Unterstützung für die Künstlerinnen und Künstler sowie für die Veranstaltungshäuser. Sie können sich auf feste Einnahmen und eine bessere Auslastung ihrer Angebote verlassen. Vorstellbar ist, dass infolge dieser Planbarkeit der Publikumsnachfrage auch das Veranstaltungsprogramm und die Spielpläne den jungen Besucherinnen und Besuchern angepasst werden.

Zweites Argument: Abwechslung vom Unterrichtsalltag / Verbesserung des Lernklimas

Ein weiteres Argument, das für den regelmäßigen Besuch kultureller Veranstaltungen mit der Klasse spricht, ist die Abwechslung vom Unterrichtsalltag, die solche Ausflüge bedeuten würden. Schüler*innen verbringen einen Großteil ihrer Schulzeit in der Klasse sitzend, häufig mit eintönigen und als lebensfremd empfundenen Aufgaben und Lerninhalten. Schon die Aussicht auf einen bald stattfindenden Ausflug würde die Stimmung in der Klasse heben und damit das Lernklima verbessern. Die Exkursion selbst beinhaltet mit Anreise, dem gemeinsamen Besuch der Veranstaltung, Rückkehr und Besprechung des Erlebnisses viele Eindrücke, die dem Unterrichtsalltag neue Impulse verleihen. Diesen Effekt kann man bereits jetzt nach jedem Ausflug oder außerschulischen Unterrichtsprojekt beobachten.

Drittes Argument: Zugang zu kulturellen Veranstaltungen für alle

Das wichtigste Argument für die Einführung regelmäßiger Kulturtage ist der damit verbundene Zugang zur Kunst für alle Kinder und Jugendliche. In vielen Familien ist der Besuch von klassischen Konzerten, Theater- oder Ballettaufführungen aus verschiedenen Gründen kein Thema. Kulturelle Bildung in dieser Form bleibt somit den Schülerinnen und

Schülern vorbehalten, die privat mit ihren Eltern solche Veranstaltungen besuchen. Die meisten Jugendlichen haben keine Vorstellung von musealer Kunst, klassischer Musik oder auch zeitgenössischem Ballett und erhalten keine Gelegenheit, ein Opernhaus oder einen Konzertsaal von innen zu sehen. Um sich für Kulturveranstaltungen interessieren zu können, müssten sie sie frühzeitig kennenlernen. In Form von regelmäßigen Kulturtagen könnte die Schule ihrem Bildungsauftrag also gerecht werden.

Schluss
Fazit, eigene Meinung: eingeschränkte Zustimmung

Ich bin der Auffassung, dass die Vorteile bei der Frage „Ja oder Nein zu Kulturtagen an unserer Schule" überwiegen. Den Schülerinnen und Schülern wird damit die Möglichkeit geboten, einen wichtigen Teil kultureller Bildung ungefiltert zu erleben. Allerdings sollte man aus Kostengründen das Angebot auf zwei solcher Veranstaltungen pro Halbjahr beschränken, um die Belastung für Familien mit geringem Einkommen gering zu halten.

Abschlussprüfung Deutsch an Realschulen in Hessen 2021
Text 2

Teil I: Lesen

Hinweis: *In den Aufgaben 1 und 2 gibt es für jede richtige Lösung einen Punkt. Sind mehrere Möglichkeiten angekreuzt, wird kein Punkt vergeben.*

1. a) ☒ erstellt Fotocollagen aus Abfall.

   Hinweis: *vgl. Z. 6–13*

   b) ☒ berät die Schweiz in Umweltfragen.

   Hinweis: *vgl. Z. 44–47*

   c) ☒ Plastik sei nicht so umweltschädlich wie vermutet.

   Hinweis: *vgl. Z. 58–60*

   d) ☒ kommen Chemikalien zum Einsatz.

   Hinweis: *vgl. Z. 79 f.*

   e) ☒ Asien und Afrika.

   Hinweis: *vgl. Z. 166–168*

2. a) ☒ keine Rolle mehr gespielt haben.

   Hinweis: *Die Personifikation sagt aus, dass in der emotional geführten Diskussion über Plastik die Vorteile dieses Materials nicht zur Sprache kommen.*

   b) ☒ verderben.

   Hinweis: *Wenn Lebensmittel „schlecht werden" oder „verderben", sind sie infolge von falscher oder zu langer Lagerung mit Keimen wie z. B. Bakterien oder Schimmelpilzen belastet und nicht mehr genießbar.*

   c) ☒ nicht mehr anbieten.

   Hinweis: *Die Waren, die z. B. ein Supermarkt anbietet, bezeichnet man als „Sortiment". Die Zusammenstellung dieser Auswahl wird entsprechend der Kundennachfrage ständig angepasst.*

3. *✎ **Hinweis:** Für die richtige Antwort in Aufgabe 3 gibt es zwei Punkte. Sind mehrere Möglichkeiten angekreuzt, wird kein Punkt vergeben.*

☒ Nur C und D stehen im Text.

*✎ **Hinweis: Antwort A** trifft nicht zu, da in den Zeilen 136–141 die Besonderheiten des Ladens beschrieben werden, der ganz auf Plastikverpackungen verzichtet. Auch **Antwort B** stimmt nicht, denn aus den Zeilen 141–143 geht hervor, dass die Kunden ihre Stoffbeutel selbst mitbringen. **Antwort C** trifft zu (vgl. Z. 147 f.), ebenso wie **Antwort D:** „Selbst sie glaubt heute, dass Plastik nicht immer schlecht ist." (vgl. Z. 151 f.)*

4. *✎ **Hinweis:** Die Merkmale eines journalistischen Textes (hier: Reportage) sollen nicht nur stichwortartig genannt, sondern auch mit passenden Textstellen belegt werden. Als Textbeleg gelten Zitate, reine Zeilenangaben, Verweise auf Textausschnitte oder Umschreibungen, die eine Aussage mit eigenen Worten wiedergeben. Für jedes richtig genannte und belegte Textmerkmal gibt es einen Punkt; für das bloße Nennen eines Merkmals ohne Textbeleg wird kein Punkt vergeben.*

Mögliche Lösungen:

- Interessante Überschrift
  *✎ **Hinweis:** Die Überschrift erweckt Aufmerksamkeit, da ihre Aussage dem schlechten Image von Plastik widerspricht.*
- Vorspann, Teaser, Lead (Z. 1–3)
  *✎ **Hinweis:** Im Vorspann werden die wichtigsten inhaltlichen Aspekte des Artikels in Kurzform zusammengefasst.*
- Szenischer oder erlebnisorientierter Einstieg (Z. 4–16)
  *✎ **Hinweis:** Der Autor steigt in das Thema ein, indem er der Leserschaft die Büroräume der Deutschen Bank vor Augen führt, wo die Fotos des Künstlers Gabriel Orozco ausgestellt sind. So wird auf bildhafte und drastische Weise nicht nur die Problematik des Plastikmülls im Meer deutlich, sondern gleichzeitig auch auf den Zusammenhang zwischen der Wirtschaft und dem weltweiten Müllproblem hingewiesen.*
- Zahlen, Daten, Fakten und Erläuterungen als Hintergrundwissen (z. B. Z. 13 f., 18–24, 31–39, 44–50)
  *✎ **Hinweis:** Der Autor ergänzt und stützt die Resultate seiner Recherchen durch wissenschaftlich abgesicherte Ergebnisse aus Statistiken und Forschung.*
- Expertenmeinung (z. B. Z. 50–52, 71–75, 124–129, 162–166)

Hinweis: *Erfahrungsberichte von Fachleuten, Behörden und Umweltverbänden sichern die Äußerungen des Autors ab.*

- Autorenkommentar (z. B. Z. 4–6, 17 f., 24–29, 30–35, 40–42)
  Hinweis: *Die Äußerung „Niemand kann bei diesen Bildern ungerührt bleiben" (Z. 17 f.) gibt einen Hinweis auf die Haltung des Autors gegenüber der unter dem Plastikmüll leidenden Natur. Gleichzeitig macht er aber auch seine eigene differenzierte Einstellung zum Plastik deutlich (vgl. Z. 40–42).*
- Zitate von Betroffenen (Z. 152–155)
  Hinweis: *Der Autor lässt nicht nur Fachleute zu Wort kommen, sondern zitiert auch eine Ladenbesitzerin aus Kreuzberg, die ihre eigene Haltung zu Plastikverpackungen inzwischen verändert hat. Das verleiht dem Text besondere Aktualität und Lebensnähe.*
- Wahl der Zeitform: überwiegend Präsens, nur bei Vorzeitigkeit Formen der Vergangenheit (Z. 91 f.)
  Hinweis: *Die fast durchgängig verwendete Zeitform Präsens unterstreicht die Aktualität des Themas.*
- Fazit (Z. 180–188)
  Hinweis: *Am Ende fasst der Autor das Ergebnis seiner Recherche in Form eines Appells zusammen und greift zur Abrundung noch einmal auf das Eingangsbild der Müllcollagen des Künstlers Gabriel Orozco zurück.*

5. ***Hinweis:*** *Bei dieser Aufgabe sollst du zum einen erklären, was eine Personifikation überhaupt ist, und zusätzlich mit eigenen Worten deutlich machen, was diese Textstelle bedeutet. Die Erklärung des sprachlichen Mittels ist einen Punkt wert, wird die Bedeutung im Textzusammenhang richtig erklärt, werden zwei weitere Punkte vergeben. Als Textbezug gelten Zitate, Zeilenangaben oder Umschreibungen einer bestimmten Textstelle mit eigenen Worten.*

Mögliche Lösung:

Erklärung des Stilmittels: Wenn Gegenständen, Tieren, Pflanzen oder abstrakten Begriffen menschliche Eigenschaften oder Fähigkeiten zugeschrieben werden, bezeichnet man das als Personifikation.

Bedeutung im Textzusammenhang: Die Kunststoffindustrie ist selbst daran schuld, dass Plastik inzwischen weltweit einen schlechten Ruf hat und überall „verteufelt" wird. Auf die wachsenden Probleme mit dem Plastikabfall hätte sie früher reagieren müssen und nicht abwarten sollen, dass z. B. Supermärkte und Verbraucher Ideen entwickeln, den Verpackungsmüll zu reduzieren (vgl. Z. 86–88, 138–141).

6. *Hinweis: Drei Punkte gibt es für eine zutreffende Erklärung des Stilmittels* ***und*** *seiner Wirkung. Wird nur das sprachliche Mittel erklärt, gibt es einen Punkt, für die Erklärung seiner Wirkung im Textzusammenhang zwei weitere. Der Textbezug kann als Zitat, Zeilenverweis oder Umschreibung erfolgen.*

   Mögliche Lösung:
   Erklärung des Stilmittels: Wer eine rhetorische Frage stellt, erwartet keine Antwort, weil sie z. B. schon bekannt ist oder sich so selbstverständlich aus der Fragestellung ergibt, dass es überflüssig ist zu antworten.

   Wirkung: Da der Autor in seinem Text die Vorzüge von Plastik gegenüber anderen Verpackungen dargestellt hat, wirkt die rhetorische Frage an dieser Stelle wie ein Fazit, in dem er seine eigene Meinung ausdrückt. Er empfiehlt, Plastik nicht pauschal abzulehnen und auch weiterhin zu verwenden, wo es sinnvoll ist.

7. a) ***Hinweis:*** *Beim Erläutern wird ein aus dem Text abzuleitender Sachverhalt mithilfe von Beispielen verständlich formuliert. Drei Punkte gibt es für jede schlüssige Erläuterung eines Beispiels aus dem Text. Fehlt der Textverweis, werden zwei Punkte vergeben. Eine Textstelle ohne Erläuterung wird nicht bewertet. Als Textbezug gelten Zitate, Zeilenangaben oder Umschreibungen.*

   Mögliche Lösungen:
   - Bei der Herstellung von Plastik wird vergleichsweise wenig Energie und Wasser benötigt (vgl. Z. 112–114), während die Produktion von Glas wegen der dafür benötigten Hitze sehr viel Energie kostet (vgl. Z. 60–62).
   - Das gilt auch für das Recycling: Um Glas zu recyceln (d. h. einzuschmelzen), muss man es auf über 1 000 Grad erhitzen (vgl. Z. 64–66). Plastik kann umweltschonend recycelt werden (vgl. Z. 160 f.), und bei der Verbrennung von Plastikmüll werden sogar Wärme und Strom erzeugt (vgl. Z. 175–177).
   - Für die Wiederverwendung als Pfandflasche müssen die gesammelten Glasflaschen über weite Strecken transportiert werden (vgl. Z. 69–71). Weil Glas viel schwerer ist als Plastik, kostet schon der Transport von Pfand-Glasflaschen mehr Energie als der von Plastik-Mehrwegflaschen (vgl. Z. 109–112).
   - Vor ihrer Wiederverwendung werden Glasflaschen heiß ausgespült, was natürlich auch wieder Energie kostet (vgl. Z. 68 f.).

b) *✎ **Hinweis:** Beim Herausarbeiten sollen Informationen und Sachverhalte unter einer bestimmten Fragestellung aus dem Text entnommen und mit eigenen Worten wiedergegeben werden. Die Frage in dieser Aufgabe heißt: Welche **weiteren** Vorteile von Plastik lassen sich aus dem Text entnehmen? Das bedeutet, dass die in Aufgabe 7. a genannten Aspekte nicht noch einmal angeführt werden dürfen. Es gibt jeweils zwei Punkte für das schlüssige Herausarbeiten eines positiven Aspektes von Plastik, bezogen auf jeweils eine Textstelle. Fehlt der Textbezug, gibt es noch einen Punkt.*

Mögliche Lösungen:

- Wenn man ihre Lebensdauer betrachtet, sind Plastiktüten umweltfreundlicher als Papiertüten und Tragetaschen aus Bio-Baumwolle, wie eine Studie der dänischen Umweltschutzbehörde ergab. Die Herstellung von Papiertüten ist sehr aufwendig, und die Produktion von Baumwolle hat wegen des hohen Wasser- und Landverbrauchs eine schlechte Klimabilanz (vgl. Z. 90–108).
- Plastikverpackungen können helfen, die Lebensmittelverschwendung einzudämmen. Wer nur kleine Portionen eines Produktes verbraucht, z. B. bei Joghurt, ist mit einer Plastikverpackung besser bedient. Denn in den großen Halbliter-Behältern aus Glas bleiben häufig Reste übrig, die dann weggeworfen werden (vgl. Z. 119–129).
- Bei manchen Obst- und Gemüsesorten können Plastikverpackungen dafür sorgen, dass die Früchte nicht so schnell schrumpelig werden. Zwei bis drei Wochen bleibt eine eingeschweißte Gurke frisch, ohne Folie verliert sie schon nach wenigen Tagen Wasser (vgl. Z. 130–135).

8. *✎ **Hinweis:** Beim Erklären sollen verschiedene Textinformationen verknüpft und verständlich gemacht werden. Dabei musst du möglicherweise auch auf eigenes Wissen/eigene Vorkenntnisse zurückgreifen: Was heißt in diesem Zusammenhang „Verteufelung"? Was bedeutet „allgegenwärtig"? Drei Punkte gibt es für eine zutreffende Erklärung im Textzusammenhang, Teilpunkte werden bei dieser Aufgabe nicht vergeben.*

Mögliche Lösung:

Der Ausdruck „verteufeln" bedeutet, etwas als schlecht und gefährlich hinzustellen. Mit dieser Aussage ist gemeint, dass Plastik generell und inzwischen in allen Verwendungsbereichen als umweltschädlich wahrgenommen wird und als Umweltsünde gilt. „[…] wenn Verbraucher irgendwo Gurken in Plastikfolie verpackt sehen, kann der Händler praktisch sofort einen Mitarbeiter für die Beschwerden abstellen“ (Z. 21–24). An dieser Textstelle wird deutlich, dass selbst die sinnvolle Nutzung, z. B. um die Haltbarkeit von Lebensmitteln zu verlängern (vgl. Z. 131–135), am schlechten Image von Plastik nichts ändert.

9. ***Hinweis:** Du kannst der Behauptung zustimmen, sie ablehnen oder eine abwägende Position vertreten, solange du deine Haltung nachvollziehbar begründest, gibt es dafür drei Punkte. Teilpunkte werden nicht vergeben. Auf den Text brauchst du dich bei dieser Aufgabe nicht zu beziehen.*

Mögliche Lösungen:

Zustimmung:

Es gibt kaum noch Gegenstände des täglichen Gebrauchs, die nicht wenigstens teilweise aus Plastik sind. Ob Fahrzeuge, Schreibgeräte, Küchenutensilien oder Kommunikationshardware, überall ist Plastik enthalten. Dazu kommen die zahllosen Verpackungen für Lebensmittel, Alltagsgegenstände und Hygieneartikel, die beim täglichen Einkauf in den Haushalten landen. Es ist also sehr schwer, die Nutzung von Plastik zu reduzieren. Trotzdem bin ich der Meinung, dass jeder versuchen sollte, in seinem persönlichen Umfeld weniger Plastik zu benutzen und z. B. beim Einkaufen bewusst nach Alternativen zu suchen, wo es möglich ist. Denn da Plastik nicht verrottet, sammeln sich die Überreste unseres Wohlstandsmülls in der Umwelt. Zudem werden gesundheitsschädliche Mikroplastikteilchen, zum Beispiel aus dem Abrieb von Autoreifen, ins Grundwasser gespült und gelangen auf diese Weise in die Nahrungskette.

Ablehnung:

Ich stimme dieser Behauptung nicht zu, denn Plastik ist besser als sein Ruf. Aus dem Text wird ersichtlich, dass z. B. Plastikverpackungen in der Ökobilanz besser abschneiden als die möglichen Alternativen aus Papier oder Glas. Besonders zum Transport und zur Aufbewahrung von Lebensmitteln haben sie sich bewährt, weil sie leicht und hygienisch sind. Zudem ist nicht nur die Recyclingquote bei Plastik ziemlich hoch, zusätzlich lässt sich mit der Verbrennung von Plastikmüll sogar noch Energie erzeugen. Auch wurde erwiesen, dass der Plastikmüll aus Deutschland nicht in den Weltmeeren landet, sondern dass die Abfälle in den Ozeanen überwiegend aus Afrika und Asien stammen. D. h., es muss zwar etwas gegen die Vermüllung der Meere getan werden, es spricht aber nichts grundsätzlich gegen die Nutzung von Plastik.

10. ✎ ***Hinweis:*** *Um die volle Punktzahl zu erreichen, musst du anhand von zwei eigenen Beispielen erläutern, wie man Plastik einsparen kann oder könnte.*

Mögliche Lösungen:

- Eine sinnvolle Möglichkeit, Plastik einzusparen, sind Nachfüllpacks für flüssiges Duschgel und Shampoo. Denn wenn die Flasche leer ist, ist sie ja noch lange nicht kaputt und kann wiederverwendet werden. Das Gleiche gilt auch für Flüssigseife und die meisten Putzmittel.
- Statt in Plastikschalen eingepacktes Obst und Gemüse zu kaufen, kann man entweder ganz auf eine Verpackung verzichten oder dünne Mehrwegnetze verwenden, die es inzwischen in vielen Supermärkten zu kaufen gibt. Bananen, Avocados und viele Südfrüchte benötigen mit ihrer dicken Schale keine Verpackung. Für größere Mengen kann man Behälter aus Pappe, hölzerne Obstkisten oder Stofftaschen verwenden.
- Noch nicht überall, aber an immer mehr Wurst- und Käsetheken kann man Plastik einsparen, indem man sich den Aufschnitt oder die Käsescheiben in mitgebrachte Edelstahlbehälter füllen lässt. Der Behälter wird vorher gewogen, sodass man nicht befürchten muss, zu viel zu bezahlen.
- Coffee to go wird immer beliebter. Die achtlos weggeworfenen Becher und ihre Deckel aus Plastik vermüllen die Landschaft. Hier könnte man Plastik einsparen, indem Kunden mitgebrachte Tassen befüllen lassen können oder Pfand auf die Behälter zahlen müssen. Dann müssten sich die Anbieter um die Entsorgung kümmern und es würde mehr Plastikmüll recycelt, statt in der Landschaft zu landen.
- Küchenhelfer wie Kochlöffel, Pfannenwender, Salatbesteck oder Schneebesen können statt aus Plastik auch aus Holz oder Edelstahl sein. Diese Materialien sind hygienisch einwandfrei und halten vermutlich sogar länger als die Plastikteile.

Teil II: Schreiben

II.A: Textproduktion (Wahlaufgabe)

a) Bericht

*✎ **Hinweis: Aufbau/Inhalt:** In einem **Bericht** wird in sachlicher Sprache ein Ereignis aus der Vergangenheit dargestellt. Der Bericht enthält alle wichtigen Fakten, jedoch nicht die Meinung des Verfassers oder seine persönlichen Kommentare. Da das Ereignis bereits passiert ist, schreibt man in den Zeitformen der Vergangenheit (Ausnahme: Zitate von Beteiligten).*
*Wähle eine interessante **Überschrift,** die zum Thema passt. In einer kurzen **Einleitung (Lead)** fasst du den sogenannten Berichtskern zusammen: **Was** ist **wann** und **wo** passiert, **wer** war beteiligt? Im **Hauptteil** gehst du ausführlich auf den Ablauf des Geschehens ein, indem du die weiteren W-Fragen beantwortest (**wie, warum, womit?**). Im **Schlussteil** kommt zur Sprache, **welche Folgen** das Ereignis hat. Zur Abrundung kannst du z. B. noch ein Zitat formulieren oder einen Ausblick auf ähnliche Projekte in der Zukunft geben.*
***Sprachangemessenheit**: Achte bei der sprachlichen Gestaltung deines Textes auf die richtige Verwendung der Zeitform, treffende Formulierungen, eine zum Thema passende Wortwahl, einen abwechslungsreichen Satzbau und die Vermeidung von Wiederholungen.*
***Sprachrichtigkeit:** Denke daran, dass auch Rechtschreibung, Grammatik und Zeichensetzung bewertet werden; sie zählen bis zu vier Punkte (Rechtschreibung und Grammatik: ganze Fehler; Zeichensetzung: halbe Fehler).*

Ist das Müll oder wird das Kunst?

treffende Überschrift

Seit 2018 findet an jedem dritten Samstag im September der „World Cleanup Day" statt, an dem verschmutzte Grünflächen, Parkanlagen und Uferbereiche von Abfall, Schrott und Unrat befreit werden. Die 10 B2 der Bertha-von-Suttner-Schule hat in diesem Jahr nicht nur an der Aktion teilgenommen, sondern anschließend aus dem gesammelten Müll Kunstwerke gestaltet, die seit letzter Woche auf dem unteren Flur vor dem Mensaeingang zur Besichtigung ausgestellt sind.

Einleitung / Lead mit einer kurzen Zusammenfassung der wichtigsten Informationen

Die Idee, an der Aktion teilzunehmen, hatte Frau Sanchez, unsere Klassen- und Kunstlehrerin. Anfangs gab es Widerspruch aus der Klasse, denn die Mehrzahl der Schüler*innen war nicht gerade begeistert von dem Vorschlag, an einem

Hauptteil

Warum? / Wie? / Womit?

Samstag zum Müllsammeln in die Schule zu kommen. Weil es aber um die Umwelt ging und außerdem ein spannendes Kunstprojekt lockte, ließen wir uns schließlich doch überreden. Bewaffnet mit Zangen, Handschuhen und Müllsäcken schwärmte die ganze Klasse in die scheinbar grüne Umgebung der Schule aus und staunte nicht schlecht über das, was alles in den Hecken, an den Wegrändern und entlang der Uferböschung des Family-Parks unweit der Schule zu finden war: Nicht nur ein halbmeterhohes zerborstenes Spielzeugpferd, sondern auch eine kaputte Mikrowelle, ebenso achtlos in der Natur entsorgt wie ein alter Rasenmäher, ein demolierter Staubsauger, ein Stück Treppengeländer, eine defekte Wanduhr in Form einer E-Gitarre, der Arm einer Schaufensterpuppe, ein verrosteter Einkaufswagen, Matratzenfedern, ein halbes Fahrrad und ein zerschlissener Kinderautositz. Dazu füllten sich im Lauf der rund dreistündigen Aktion unsere mitgebrachten Abfallsäcke mit jeder Menge Papier und Plastikmüll, die wir mithilfe von Greifzangen und Arbeitshandschuhen aus dem Gestrüpp und entlang der Wege aufklaubten. Unterstützung gab es vom Bauhof der Stadt Nidderau, den Frau Sanchez für unsere Aktion um Hilfe gebeten hatte und dessen Mitarbeiter*innen den gesammelten Müll mithilfe eines Kleintransporters zur Schule brachten. Noch am gleichen Tag haben wir unsere „Beute“ gesichtet. Schmutz und Scherben, durchweichte Kartons, Elektroschrott, Sperrmüll und mehrere Plastikbeutel mit undefinierbarem Inhalt nahmen die Bauhofmitarbeiter*innen gleich wieder mit zur endgültigen Entsorgung. Brauchbares wie die zahllosen Kunststoffflaschen in verschiedenen Größen und Farben, kaputtes Spielzeug, bunte Folien und Kunststoffreste, Verpackungen, rostige Metallteile, die Uhr und natürlich den Puppenarm sortierten wir in saubere Kartons und Säcke und deponierten sie in der Fahrradgarage, die uns der Hausmeister dafür zur Verfügung gestellt hatte.

Ergebnis der Müllsammelaktion

Abtransport und Sortieren des gesammelten Mülls

In den darauffolgenden Wochen haben wir aus dem Müll verschiedene Objekte gestaltet, die auf die zunehmende Verschmutzung unserer Umwelt aufmerksam machen sollen. Die Gruppe von Joyce, Lara, Lia und Lennart hat z. B. einen gro-

Beispiele für die entstandenen Kunstwerke

ßen Wal aus Drahtgeflecht gebaut und ihn mit Plastikflaschen vollgestopft. Auf einer Tafel daneben findet man einen QR-Code mit einem direkten Link zu einer Reportage über Meerestiere, die an Plastikabfall erstickt sind. Julia, Nathalie, Cheyenne und Oliver haben zahllose Kunststoffteilchen nach Größe und Farben sortiert und zu einem prachtvollen Mosaik zusammengefügt. Erst beim genauen Hinsehen erkennt man, dass es aus Resten von Wäscheklammern, Plastikbesteck, zerbrochenen Spielzeugresten, Knöpfen, Flaschenverschlüssen und anderem Abfall besteht. Aus dem kaputten Einkaufswagen, dem Rest des Spielzeugpferdes und rostigen Fahrradteilen ist ein traurig schauendes Einhorn auf Rädern entstanden, gebaut von Muhammet, Dennis, Lorenzo und Emilia.

Schluss
Welche Folgen?
positives Fazit
Sensibilisierung

Diese und alle anderen Objekte des Kunstprojektes zeigen auf eindrückliche Weise, wie unser Alltag von Wegwerf-Material geprägt ist und was wir unserer Umwelt damit antun. „Die ganze Aktion hat viel Spaß gemacht. Aber beim Einkaufen passe ich jetzt besser auf, wie die Sachen verpackt sind und ob es nicht auch anders geht“, so das Fazit von Linus.

b) Erzählung

Hinweis: Aufbau/Inhalt: *Inhaltlich soll deine Geschichte zwei Erzählelemente beinhalten: Das Sammeln verschiedener Gegenstände am Strand sowie die besondere Begegnung bzw. das besondere Erlebnis. Dennoch lassen dir die Vorgaben einen großen Gestaltungsspielraum. Auch ob deine Geschichte lustig oder traurig, spannend oder nachdenklich ist, bleibt dir überlassen. Du kannst deine Geschichte ganz klassisch in Einleitung, Hauptteil und Schluss gliedern oder sie als Kurzgeschichte mit einem offenen Anfang beginnen und auch offen enden lassen. Überlege dir eine passende Überschrift und baue die Handlung schlüssig auf.*

Sprachangemessenheit: *Gestalte deinen Text abwechslungsreich, indem du Wiederholungen bei Satzbau und Wortwahl vermeidest. Anschaulich und interessant wird die Geschichte, wenn du sie mit Sprachbildern ausstattest und treffende Verben und Adjektive sowie wörtliche Rede verwendest. Halte die zu Beginn gewählte Erzählperspektive und auch die Zeitform durchgängig ein. Geeignet für Erzähltexte ist sowohl die Ich-Form als auch die personale Perspektive aus Sicht einer der Figuren deines Textes (Er-/Sie-Perspektive), wie sie für das Lösungsbeispiel*

gewählt wurde. Schreibe deinen Text im Präteritum (Vergangenheit), bei Vorzeitigkeit verwendest du das Plusquamperfekt (Beispiel: „Nachdem er den Eimer mit Zauberwasser gefüllt hatte, machte er sich auf den Rückweg.").
Sprachrichtigkeit: *Fehler in der Rechtschreibung und Grammatik werden als ganze Fehler, die in der Zeichensetzung als halbe Fehler gewertet. Mit dem Fehlerindex wird berechnet, wie viele von maximal vier Punkten du für die Rechtschreibung bekommst.*

Besuch beim Muschelmonster

Überschrift

„Und lauf nicht so weit weg, sonst holt dich das Muschelmonster!" Mattis verdrehte die Augen, tippte sich an die Stirn und lief los, den Henkel des roten Eimers fest im Griff seiner kleinen Faust. Muschelmonster! Er war fast neun Jahre alt und ließ sich nichts mehr vom Weihnachtsmann erzählen. Schon gar nicht von seinem großen Bruder Tom, der soeben mal kurz ein Muschelmonster erfunden hatte, nur weil er keine Lust hatte, auf ihn aufzupassen.

Einleitung
Hauptpersonen, Ausgangssituation

Mattis stapfte los, entschlossen, heute am Strand den großen, den einzigartigen Fund zu machen. Jeden Tag dieses Urlaubs war er bereits mit seinem roten Eimer unterwegs gewesen, immer entlang des Spülsaums gelaufen und hatte dort die schönsten Muscheln und Schneckenhäuser gefunden, außerdem glatte weiße Kiesel, rundgeschliffene farbige Glasscherben, wollige Kugeln aus Seegras und ausgeblichene Krebsbeinchen. Sein Bruder reagierte zunehmend genervt auf Mattis' Sammlung, die täglich wuchs und sich wie ein fantastisch gemusterter Stoffbezug auf jeder freien Fläche in ihrem gemeinsamen Zimmer im Ferienhaus ausbreitete. „Es reicht langsam, du kannst das ganze Zeug sowieso nicht mit nach Hause nehmen, wir haben doch keinen Lkw", hatte er gestern noch geschimpft. Aber Mattis ließ sich nicht beirren. Jedes einzelne seiner Fundstücke war wertvoll, und heute, am letzten Tag vor der Rückreise, würde er seine Sammlung krönen. Womit, wusste er noch nicht, aber er war sicher, dass es passieren würde. Der Tag war perfekt dafür, die meisten Strandbesucher hatten sich vor der Hitze des frühen Nachmittags unter ihre Sonnenschirme verkrochen und vor Mattis lag die weite weiße Sandfläche, die jetzt ihm allein gehörte.

Hauptteil
Mattis hat einen Plan.

In dunstiger Ferne ahnte man die Felsen mit ihren vielen Buchten und Höhlen. Dorthin war er noch nie gelaufen, aber heute war es endlich so weit. Zunächst ignorierte er tapfer die glänzenden Kiesel auf seinem Weg, die rosa schimmernden Muscheln, die gewundenen Schneckenhäuser mit ihren Bändermustern – der Eimer sollte doch leer bleiben für das, was ihm später ganz sicher begegnen würde. Doch je weiter er ging, desto verlockender erschienen ihm die Schätze des Strandes. Die Schneckenhäuser größer, die Kiesel glänzender, die Glasscherben funkelnder. Schon bald war der rote Eimer wieder voll. Wie von einer unsichtbaren Kraft gezogen, marschierte Mattis weiter, er spürte weder Durst noch Hitze.

Mattis macht sich auf den Weg.

Schon bald nahmen die Felsen schärfere Konturen an, der Sand unter seinen Füßen wurde gröber, algenbewachsene Steine machten das Vorwärtskommen schwieriger. Schließlich stand Mattis vor einem schmalen Spalt zwischen zwei hohen Felsen, der Weg hinein verlor sich in der Dunkelheit. Mattis zögerte. Sollte er umkehren? Kurz dachte er an das Muschelmonster und wo es wohl wohnen mochte. Er schluckte, seine Kehle war wie ausgetrocknet. Dann nahm er allen Mut zusammen und trat in den Schatten der hohen Felsen. Augenblicklich wurde es kühl. Fröstelnd und mit klopfendem Herzen folgte Mattis im Dämmerlicht dem schmaler werdenden Pfad, immer tiefer hinein in die Felsspalte. Schon glaubte er, dass es nicht weiterging und er umkehren müsse, da schienen die Felsen plötzlich zurückzuweichen. Auch die Luft wurde wieder wärmer. Noch ein Schritt weiter, und Mattis war in einer anderen Welt. Er befand sich in einer weiten Höhle mit schimmernden Wänden. Durch einen schmalen Spalt in der Decke fiel ein Streifen gleißenden Sonnenlichts und vergoldete das Wasser in dem Becken zu seinen Füßen. Mattis hörte ein leises Plätschern. Es kam von der hinteren Wand der Höhle. Als sich seine Augen an das Dämmerlicht gewöhnt hatten, erkannte er einen kleinen Wasserfall, der sich in das Becken ergoss: Er hatte eine Quelle entdeckt! Kurzentschlossen leerte er den Eimer aus, kniete sich an den Rand des Beckens und schöpfte von dem golde-

Der Weg wird schwieriger.

Mattis braucht Mut.

Mattis macht eine Entdeckung.

nen Wasser. Noch nie hatte er etwas so Köstliches getrunken! Er füllte den Eimer erneut und machte sich auf den Rückweg, wobei er darauf achtete, möglichst wenig zu verschütten. Immer wieder trank er von dem goldenen Zauberwasser, und als er bei seinem Bruder ankam, war der Eimer leer. „Na Kurzer, wars schön? Hast du wieder den Strand leergesammelt? Zeig mal her!" Verdutzt schaute Tom in den Eimer. „Dafür warst du ganz schön lange weg. Hat das Muschelmonster dein Strandgut gefressen?", feixte er.
„So ähnlich, aber dafür hat es mir einen Schatz geschenkt", antwortete Mattis geheimnisvoll, stellte seinen Eimer ab und ging schwimmen.

Schluss
Mattis behält sein Geheimnis für sich.

II.B: Sprachliche Richtigkeit

1. ***Hinweis:*** *Für jeden richtig korrigierten Fehler gibt es einen halben Punkt. Markierst und verbesserst du mehr als zwölf Fehler im Text, gehen nur die ersten zwölf in die Wertung ein. Für fehlerhafte Korrekturen gibt es keinen Punkt.*

Applaus scheint ein ~~Uhrbedürfnis~~ **Urbedürfnis**[1] des Menschen zu sein. Moderne Europäer sorgen auf Rock- und Popkonzerten damit für Stimmung und ~~erwaisen~~ **erweisen**[2] Sportlern im Wettkampf und Schauspielern auf der Bühne so Respekt. Im antiken Griechenland war Beifall ein ~~Geeignetes~~ **geeignetes**[3] Mittel, die Dramenwettbewerbe zu ~~beeinflußen~~ **beeinflussen**[4], ähnlich einem Applausmessgerät bei einer TV-Show oder einem Poetry Slam. Applaus ist immer auch Ausdruck gesellschaftlicher ~~Konvenzionen~~ **Konventionen**[5], zum Beispiel der Standardapplaus. In Deutschland kann jeder Künstler vor einem Publikum damit rechnen. Anders in Italien: Nach einem Konzert des Pianisten Alfred Brendel habe dort einmal niemand geklatscht**, (fehlendes Komma**)[6] erinnert sich eine Musikwissenschaftlerin. Selbst bei Nichtgefallen sei so etwas hierzulande undenkbar. Dass Klatschen gelernt sein will, veranschaulicht die Reihe von Gesten**, (fehlendes Komma**)[7] mit denen Römer ihrem Gefallen einst Ausdruck verliehen. Man konnte den Zipfel der Toga ~~schwencken~~ **schwenken**[8] mit einem ~~spetziellen~~ **speziellen**[9] Taschentuch wehen, nicken oder mit den Fingern schnipsen. Wer in die Hände klatschte, (**fehlendes Komma**)[10] zeigte sich hellauf begeistert. Auf die Spitze soll es Kaiser Nero getrieben haben, der ~~durchchnittliches~~ **durchschnittliches**[11] Talent besaß, sich aber für einen großen Künstler hielt. Er stellte ein Heer von Männern zusammen und ließ sie in der Kunst des Beifalls ~~unterichten~~ **unterrichten**[12], um sich mit ihrer Hilfe zum Publikumsliebling von musischen Wettbewerben erklären zu lassen.

Nach: Ludwig Hruza: Und jetzt alle!, FAZ vom 01.01.2020,
https://www.faz.net/aktuell/stil/trends-nischen/klatschen-und-jetzt-alle-16556146.html

Hinweis: 1) Ur*bedürfnis – Die Vorsilbe „Ur“ steht für etwas sehr Altes, lange Vergangenes oder auch* ***Ur****sprüngliches (vgl. „uralt“). Nur im Zusammenhang mit Zeitmessung wird die Schreibweise „Uhr“ verwendet.* ***2)*** *erw****ei****sen – im Sinne von „sich herausstellen“ – wird ebenso wie nachweisen, unterweisen, anweisen und beweisen mit „ei“ geschrieben. Im Deutschen gibt es fast keine Verben, die* *mit „ai" geschrieben werden (Ausnahmen sind Lehn- oder Fremdwörter wie trainieren oder emaillieren).* ***3)*** *ge**e**ignet – Adjektivattribut zu „Mittel".* ***4)*** *beein-flu**ss**en – Doppelkonsonant nach kurzem Vokal „u".* ***5)*** *Konven**t**ionen – Fremdwort aus dem Lateinischen (conven**t**io), Bezeichnung für gesellschaftliche Bräuche, Regeln und Gewohnheiten.* ***6)*** *Komma bei indirekter Rede: Die indirekt, d. h. nicht in wörtlicher Rede wiedergegebene Aussage wird mit Komma vom Hauptsatz abgetrennt. Du erkennst die indirekte Rede an der Verwendung des Konjunktivs („habe").* ***7)*** *Komma zwischen Haupt- und Relativnebensatz, erkennbar am Relativpronomen „denen", das durch „welchen" ersetzt werden könnte.* ***8)*** *schwen**k**en – einfaches „k" nach einem Konsonanten; das „ck" wird nur nach kurzem Vokal verwendet („meckern", „Lack").* ***9)*** *spe**z**iell – Fremdwort für „besonders"; die Schreibung mit „tz" kommt in Fremdwörtern nicht vor.* ***10)*** *Komma zwischen vorangestelltem Relativnebensatz (Relativpronomen „wer", gleichbedeutend mit „derjenige, welcher …") und Hauptsatz.* ***11)*** *durch**sch**nittlich – aus der Wortfamilie „schneiden", deshalb mit „sch".* ***12)*** *unte**rr**ichten – zusammengesetztes Verb aus der Vorsilbe „unter" und „richten", deshalb zweimal der Buchstabe „r".*

2. ***Hinweis:*** *Markiere nur vier Wörter, sonst wird deine Lösung nicht gewertet.*

b) Wir haben uns bereit erklärt, ihn [Morgen] Abend beim Vorbereiten zu unterstützen.

Hinweis: *In diesem Satz wird die Zeitangabe als Adverb gebraucht und muss deshalb kleingeschrieben werden. Es fehlen Nomensignale wie bei „**Der** Morgen ist sonnig."/„An **einem** sonnigen Morgen …".*

c) Für das leibliche Wohl ist gesorgt, die eine Hälfte bringt Essen, die andere zu [Trinken] mit.

Hinweis: *Das vorangestellte „zu" kennzeichnet das Verb „trinken" als Form im Infinitiv, deshalb ist die Großschreibung falsch.*

e) Sevda bringt drei [dutzend] rote Laternen mit, denn Rot ist ihre Lieblingsfarbe.

Hinweis: *Das Wort „Dutzend" ist ein feststehender Begriff für die Zahl Zwölf. Nur wenn man eine unbestimmte Menge damit bezeichnen will, kann man es auch kleinschreiben, z. B.: „Er hat schon dutzende Male versucht, sie zu erreichen."*

k) Denn es gibt eine Million Gründe, ihm etwas gutes zu tun!

*Hinweis: Die Mengenangabe „etwas" führt genauso wie „viel", „alles", „wenig" oder „nichts" zur Nominalisierung des dazugehörigen Adjektivs. (Vgl. z. B.: Ich wünsche dir **alles Gute** zum Geburtstag". In der Zeitung steht wieder mal **nichts Neues**.)*

3. ***Hinweis:** Einen Punkt gibt es nur, wenn jeweils die Schreibweise **und** die Bezeichnung der Wortart richtig sind. Halbe Punkte werden nicht vergeben.*

In der Antike war **das (A)**[1] Blau, **das (R)**[2] wir heute als selbstverständlich hinnehmen, eine seltene und teure Farbe. Es ist verblüffend, **dass (K)**[3] selbst im frühen Mittelalter Dichter den Himmel noch als weiß, rot oder golden, aber nie als blau bezeichneten, weil es noch kein einheitliches Wort dafür gab. **Das (D)**[4] änderte sich allmählich ab etwa dem 12. Jahrhundert, als z. B. die Kirche und Könige diese wertvolle Farbe für sich entdeckten. Blau gibt es heute in allen Schattierungen, und **das (A)**[5] meistverkaufte Kleidungsstück ist die „Blue Jeans".

Nach: Nicole Röndigs: FARBENLEHRE - Wieso die Farbe Blau erst spät entdeckt wurde, GEOlino, https://www.geo.de/geolino/forschung-und-technik/15962-rtkl-farbenlehre-wieso-die-farbe-blau-erst-spaet-entdeckt-wurde

***Hinweis:** **1)** Bestimmter Artikel zum Nomen „Blau". **2)** Relativpronomen, bezieht sich auf das vorangestellte Nomen „Blau" und kann mit „welches" ersetzt werden. **3)** Die Konjunktion „dass" leitet den Nebensatz ein, der dem einleitenden Hauptsatz Aussagekraft verleiht (sog. Aussagesatz). **4)** Das Demonstrativpronomen bezieht sich auf den im vorangegangenen Satz beschriebenen Zustand und nicht auf ein spezielles Nomen; ersetzbar mit „dies". **5)** Bestimmter Artikel zu dem Nomen „Kleidungsstück".*

4. ***Hinweis:** Für jeden richtig umgeformten Haupt- oder Nebensatz wird ein Punkt vergeben. Achte bei der Umwandlung darauf, die vorgegebene Zeitform beizubehalten. Bei fehlenden Satzgliedern oder falschem Tempus gibt es für den jeweiligen Satz keinen Punkt. Für Fehler in der Rechtschreibung und Zeichensetzung wird pro Satz ein halber Punkt abgezogen.*

Aktiv	Passiv
Mit Hocksprüngen trainiert man viele Muskeln.	**Mit Hocksprüngen werden viele Muskeln trainiert.**
Aus der gehockten Position springt man schnell vom Boden ab.	Aus der gehockten Position wird schnell vom Boden abgesprungen.
Während des Sprungs zieht man die Knie zur Brust.	**Während des Sprungs werden die Knie zur Brust gezogen.**
Nachdem man einen Sprung absolviert hat, leitet man sofort den nächsten ein.	Nachdem ein Sprung absolviert worden ist, wird sofort der nächste eingeleitet.

***Hinweis:** Wie bei Kochrezepten findet sich in Übungsanleitungen in der Aktivform kein Subjekt in Gestalt eines Nomens oder Personalpronomens, stattdessen wird das allgemeine „man" verwendet. Bei der Umformung zum Passiv wird aus dem Akkusativobjekt des Aktivsatzes das Subjekt (Satz 1: „viele Muskeln"). Das „man" aus dem Aktivsatz verschwindet, sodass es keine handelnde Person mehr gibt. Das Verb benötigt dafür, je nach Zeitform, beim Passiv eine konjugierte Form des Hilfsverbs „werden" („werden trainiert"). Umgekehrt muss man bei der Umwandlung von der Passiv- in die Aktivform ein Subjekt („man") ergänzen, da das Subjekt des Passivsatzes zum Akkusativobjekt im Aktivsatz wird (Satz 4: „einen Sprung"; „den nächsten [Sprung]"). Satz 2 enthält statt des Akkusativobjekts zwei Präpositionalergänzungen („Aus der gehockten Position", „vom Boden"), die bei der Umformung in den Aktivsatz unverändert übernommen werden. Aber auch hier muss, wie bei Satz 4, das Subjekt „man" ergänzt werden.*

Abschlussprüfung Deutsch an Realschulen in Hessen 2022

Um dir die **Lösungen zur Prüfung 2022** schnellstmöglich zur Verfügung stellen zu können, bringen wir sie in digitaler Form heraus.

Sobald die Original-Prüfungsaufgaben 2022 freigegeben sind, können die dazugehörigen Lösungen als PDF auf der Plattform **MyStark** heruntergeladen werden (Zugangscode vgl. Umschlaginnenseite).

Prüfung 2022

www.stark-verlag.de/mystark

Englisch

A Listening Comprehension

Hinweis: *Der Hörverstehenstest der Abschlussprüfung 2018 besteht aus drei Teilen. Alle Texte werden zweimal vorgespielt. Du kannst während des Abspielens jederzeit mit deinen Eintragungen beginnen. Im ersten Teil hörst du zwei Nachrichten. Der zweite Teil ist eine Umfrage und Teil 3 ist ein Interview.*

Part One

Hinweis: *Lies dir zunächst die Aufgaben zu „News Item 1" durch. Hierfür hast du 20 Sekunden Zeit. Während des ersten Hördurchgangs kannst du bereits mit Bleistift mögliche Antworten ankreuzen. Denke aber daran, deine endgültigen Antworten mit Füller oder Kugelschreiber festzuhalten. Jede richtige Antwort ergibt einen Punkt. Wenn du mehrere Antworten in einer Teilaufgabe ankreuzt, bekommst du keinen Punkt.*
Im ersten „News Item" geht es um ein Gerät namens The Pilot. *Dies ist ein Kopfhörer, der Gespräche übersetzt. Deine Aufgabe ist es, zu erkennen, was* The Pilot *übersetzen kann (a), wie das Gerät aktuell funktioniert (b), welche Art von Gesprächen es übersetzt (c) und welche Sprachen kostenlos dabei sind, wenn du die* The Pilot *Kopfhörer kaufst (d).*
Bevor du „News Item 2" hörst, hast du erneut 20 Sekunden Zeit, dir die vier Sätze durchzulesen. Es geht hier um LiLou, das neueste tierische Mitglied der „Wag Brigade" des Flughafens in San Francisco. LiLou hilft Reisenden, sich wohler zu fühlen. Du musst erkennen, welcher Rasse LiLou angehört (a), was für ein Tier sie ist (b), welches spezielle Merkmal sie hat (c) und wo man sie außerhalb des Flughafens antreffen kann (d).

News Item 1

a) *The Pilot* can translate what you
- ☐ write.
- ☑ say.
- ☐ read.

Hinweis: "The Pilot *[…] instantly translates* <u>spoken</u> *language." (Z. 8/9)*

b) At the moment, the device works
- [x] only online.
- [ ] only offline.
- [ ] online and offline.

Hinweis: *"the device is dependent on having a data connection, but developers hope that future generations of* The Pilot *will function offline too." (Z. 16–18)*

c) *The Pilot* translates
- [ ] background conversation.
- [ ] group conversations.
- [x] conversation between two people.

Hinweis: "The Pilot *can only translate one-on-one conversations." (Z. 19/20)*

d) These languages are free with *The Pilot Translating Earpieces:*
- [x] French, Italian, Spanish and English
- [ ] Arabic, Japanese, German and English
- [ ] Russian, German, English and Arabic

Hinweis: *"come with free access to French, Italian, Spanish, along with English." (Z. 25/26)*

News Item 2

a) LiLou is a
- [ ] Labrador.
- [x] Juliana.
- [ ] Chihuahua.

Hinweis: *"LiLou is […] a Juliana." (Z. 5–7)*

b) She is a
- [ ] dog.
- [ ] traveller.
- [x] pig.

Hinweis: *"LiLou is a small and colourful pig." (Z. 9)*

c) LiLou has
- [x] painted nails.
- [ ] a toy guitar.
- [ ] a bow on her tail.

Hinweis: *"LiLou wears scarlet nail polish on her perfectly manicured nails." (Z. 16/17)*

d) When not at the airport, LiLou can often be found
   - ☐ at training facilities.
   - ☐ flying.
   - ☑ in hospitals.

   Hinweis: "When not helping calm nerves at the airport, LiLou can often be found entertaining the sick at local hospitals" (Z. 21–23)

Part Two

Hinweis: *In Teil 2 hat ein Reporter sieben Personen zum Thema „Moderne Kommunikation" befragt. Die Aussagen der Befragten sind vorgegeben und du musst die Aussagen den entsprechenden Personen zuordnen. Für jede richtige Zuordnung erhältst du einen Punkt. Beachte, dass eine Aussage zu viel ist und keinem der Sprecher zugeordnet werden kann.*
Du hast zum Lesen der Aussagen 40 Sekunden Zeit. Unterstreiche Schlüsselwörter in den Aussagen, auf die du dich während des Zuhörens konzentrieren kannst.

Jane	Graham	Mary	David	Rebecca	Mia	Sim
F	C	A	G	B	E	H

Hinweise:
zu Jane: *"thanks to social media, I was able to keep in touch with friends […] This made my situation easier." (Z. 12–15)*
zu Graham: *"I really do get fed up when I get messages which I can hardly understand because the spelling is so bad." (Z. 18–20)*
zu Mary: *"people find it increasingly difficult to communicate face to face." (Z. 26/27)/"They are unable to hold eye contact and they lack the social skills they need." (Z. 28/29)*
zu David: *"it does get on my nerves if I am out on a first date, for example, and the girl […] spends more time on her phone than talking to me." (Z. 34–37)*
zu Rebecca: *"I think a mobile phone, which is designed to keep people connected, can actually drive us further apart." (Z. 38–41)*
zu Mia: *"You can quickly make a date, be spontaneous, change your mind or chat to several people at the same time." (Z. 47–49)*
zu Sim: *"when I start my homework, I have to put my phone in another room. It's so tempting to pick it up." (Z. 50–52)*

Part Three

Hinweis: *Der dritte Teil ist ein Interview. Ein Reporter spricht mit einer Mutter, die sich dazu entschied, ihren Kindern eine außerordentliche Lektion zu erteilen, indem sie sechs Tage lang im Haushalt streikte.*

Lies die Anweisungen genau durch und ergänze die gewünschten Informationen in der Tabelle. Du sollst jeweils nur eine Information pro Zeile angeben. Machst du mehrere Angaben und ist eine davon falsch, gibt es keinen Punkt. Stichpunkte sind ausreichend, Zahlen musst du nicht ausschreiben. Pro Tabellenfeld wird maximal ein Punkt vergeben. Sprachliche Fehler führen nicht zum Punktabzug, solange der Inhalt verständlich und korrekt ist.

(1) what Jessica means by 'going on strike'	**(She) stop(ped) cleaning up/tidying up.**
(2) why this was necessary	**The house was always a mess./ Her children did not tidy up (after themselves).**
(3) what was wrong in the house (2 aspects)	• **(The) breakfast/dinner dishes were on the table.** • **(The) dishwasher was full/overflowing.** • **Dirty socks (were) on the floor.** • **(Used) tissues (were) on the sofa.** • **(The) children's shoes/backpacks were in the hall.**
(4) what the dog did	**(It) lick(ed) the dirty plates clean.**
(5) what happened on Day Four	**(The youngest) daughter/One of her daughters/Quinn cried/broke down/ picked her stuff up around the house/ asked her mom for help.**
(6) why Jessica ended the strike	**(Her/The) children were beginning to blame each other/fight.**
(7) what she did while the children were tidying up	**(She) sat on the couch/(she) drank coffee.**
(8) what the children now do to help	**(They) (now) rinse the breakfast dishes/put the breakfast dishes in the dishwasher/empty their lunchboxes.**
(9) why Jessica can feel proud of herself	**(Her) children are now more independent/will be able to look after themselves.**

Hinweise:

zu 1: *"I decided to go on strike and stop tidying up and cleaning up after the children." (Z. 17/18)*

zu 2: *"The house was in a real mess and none of it was from me." (Z. 14/15)*

<u>Beachte</u>: *Die Antworten „the kids should take responsibility" und „to teach the kids*

a lesson" sind ebenfalls richtig. Diese Formulierungen sind zwar nicht wörtlich im Text enthalten, inhaltlich aber korrekt.
zu 3: *"the breakfast dishes and the dinner dishes were still on the table, all crusty. The dishwasher was overflowing and the children's shoes and backpacks were in the middle of the hall." (Z. 26–30)/"there were dirty socks on the floor and used tissues on the sofa." (Z. 39/40)*
Beachte: für die alleinige Antwort „dirty socks" gibt es keinen Punkt.
Beachte zu Fragen 2 und 3: Für die Antwort „in a real mess" kann nur ein Punkt vergeben werden.
zu 4: *"the dog had licked clean the dirty plates in the dishwasher." (Z. 42/43)*
Beachte: Die Antwort „the dog cleaned the plates" ist sinngemäß falsch, hierfür gibt es keinen Punkt.
zu 5: *"Quinn broke down crying and said [...] 'Can you please help me to clean up?' And she went around picking up her things." (Z. 53–57)*
Beachte: Die Antwort „the (youngest) daughter/Quinn didn't want to eat off paper plates" ist auch richtig und ergibt einen Punkt.
zu 6: *"I stopped the strike because the children were beginning to fight and blame each other." (Z. 64–66)*
zu 7: *"I just sat on the couch and drank coffee which my daughters had made for me" (Z. 72/73)*
Beachte: Auch für die Antwort „not a thing"/„nothing" gibt es einen Punkt.
zu 8: *"They do now rinse their breakfast dishes and put them in the dishwasher and they empty their lunchboxes from the day before." (Z. 79–82)*
zu 9: *"You have made them more independent" (Z. 83/84)/"one day, they will be able to look after themselves." (Z. 85/86)*

B Reading Comprehension

1. Tennis star Andy Murray and the science of success

Hinweis: *Im ersten Teil des Leseverstehens geht es darum, Überschriften (A–G) den Abschnitten eines Textes (1–5) zuzuordnen. Es gibt sieben Überschriften, aber nur fünf Textabschnitte. Für jede richtige Zuordnung bekommst du einen Punkt. Lies zunächst die Textabschnitte durch und suche nach Schlüsselwörtern, die du so oder in ähnlicher Weise in den Überschriften wiederfindest. Achte bei der Zuordnung darauf, dass die Überschrift alle Aspekte des Textabschnittes berücksichtigt.*

part of the text	❶	❷	❸	❹	❺
heading	G	D	E	A	B

Hinweise:
zu 1: *Dieser Textabschnitt verweist auf den „osmolarity check“, einen Test, mit dem der Urin von Andy Murray untersucht wird.*
zu 2: *Der gesamte Textabschnitt beschreibt, welche Ernährungsvorschriften von Murray eingehalten werden und was er zu welcher Tageszeit zu sich nimmt.*
zu 3: *Hier wird erklärt, dass er eine zitronengelbe Mischung aus speziellen Inhaltsstoffen trinkt.*
zu 4: *In Textabschnitt 4 geht es um Murrays „Background-Team“, das aus sechs Personen besteht: “Six people spend their lives assessing and checking his body.”*
zu 5: *Dieser Textabschnitt beschreibt, dass sich Murrays mentale Vorbereitung geändert hat, seit ihn Ivan Lendl trainiert: “the difference [Ivan Lendl] has made to Murray’s mental preparation has been significant”*

2. Toxic e-waste dumped in poor nations

Hinweis: *Hier wird im Multiple-Choice-Verfahren überprüft, ob du den Text verstanden hast. Es ist immer nur eine Antwort richtig, die den vorgegebenen Satzanfang ergänzt. Die Aufgaben sind in der Regel chronologisch angeordnet, d. h. die Antwort zur ersten Aufgabe findest du zu Beginn des Textes, die zur nächsten etwas weiter unten im Text usw. Lies dir zunächst den Text einmal komplett durch. Lass dich nicht verunsichern, wenn du beim ersten Lesen nicht alles verstehst. Wenn du dich intensiver mit den einzelnen Abschnitten beschäftigst, lässt sich vieles aus dem Kontext erschließen. Beginne mit dem ersten Satz, den du ergänzen musst, und unterstreiche darin Schlüsselwörter. Lies dann den ersten Textabschnitt und markiere wichtige Stellen im Text. Auf diese Weise findest du die entsprechenden Textstellen schnell wieder, wenn du deine Lösungen am Ende noch einmal überprüfst.*

a) The UN reports that electronic rubbish
- [x] is taken to less developed countries.
- [ ] is dumped in developed countries.
- [ ] was bought this Christmas.
- [ ] has caused a flood.

Hinweis: *“electronic waste (e-waste) […] is being dumped illegally in developing countries” (Z. 2/3)*

b) The amount of e-waste will
- [ ] weigh as much as an Egyptian pyramid.
- [ ] be stored near the Egyptian pyramids.
- [x] increase in the near future.
- [ ] be tackled by the UN programme.

*✎ **Hinweis:** "The global volume of electronic waste is expected to grow by 33 percent in the next four years" (Z. 4/5). Dieser Satz beschreibt, um wie viel Prozent der Elektronikmüll in den nächsten vier Jahren, d. h. in naher Zukunft, zunehmen wird.*

c) Last year, _____ of e-waste were made.
- [ ] more than 50 million tonnes
- [ ] about seven million kilograms
- [x] about 50 million tonnes
- [ ] less than seven million kilograms

*✎ **Hinweis:** "Last year, nearly 50 million tonnes of e-waste were generated worldwide" (Z. 6)*

d) One problem is that
- [ ] workers in Europe suffer from illness.
- [x] poisonous substances escape into the environment.
- [ ] electronic goods contain toxic substances like copper.
- [ ] mobile phones in use pollute land, water and air.

*✎ **Hinweis:** "these toxic materials seep out into the environment" (Z. 11)*

e) Nowadays,
- [x] electronic goods do not last long.
- [ ] technical innovation is slowing down.
- [ ] TVs and mobile phones pollute the environment.
- [ ] TVs and mobile phones explode.

*✎ **Hinweis:** "TVs, mobile phones and computers are all being replaced more and more quickly. The lifetime of products is also shortening." (Z. 15/16)*

f) In 2015, _____ produced the most electronic rubbish.
- [ ] the United States
- [ ] Europe
- [x] China
- [ ] Germany

*✎ **Hinweis:** "China produced 11.1 million tonnes in 2015, followed by the US with 10 million tonnes" (Z. 18/19)*

g) Another problem is that

- ☑ a lot of e-waste is not recycled properly.
- ☐ only 33 % of e-waste is recycled.
- ☐ millions of phones were collected and recycled.
- ☐ millions of phones were collected in Latin America.

Hinweis: *Im Text findest du die Information, dass jährlich hundert Millionen Handys weggeworfen oder in Schubladen gelegt werden, statt sie an Sammelstellen abzugeben und entsorgen zu lassen: "many hundreds of millions [of mobile phones] are thrown away each year or are left in drawers." (Z. 29/30)*

Außerdem wird ausgeführt, dass in den USA nur wenig recycelt wird: "the US threw away 258.2 million computers, monitors, TVs and mobile phones in 2015, of which only 66 percent were recycled." (Z. 25–27)

h) In 2016,

- ☐ 12 million new mobile phones were sold.
- ☐ 12 million new mobile phones were bought in the US.
- ☐ 120 million mobile phones were recycled in the US.
- ☑ 120 million mobile phones were sold in the US.

Hinweis: *"In the US, only 12 million mobile phones were collected for recycling in 2016, even though <u>120 million were bought</u>." (Z. 30/31)*

i) Phones and other electronic devices

- ☐ are becoming less complicated.
- ☑ contain precious metals such as gold.
- ☐ have circuit boards made of lithium.
- ☐ have silver coatings.

Hinweis: *"Most phones contain precious metals. The circuit board can contain copper, gold, zinc and others." (Z. 34/35)*

k) If we do not change our habits,

- ☐ some materials needed for electronic devices will boom.
- ☐ there will be a shortage of electronic inventions.
- ☑ there will be a shortage of rare-earth elements.
- ☐ there will be no rare-earth elements left.

Hinweis: *"The failure to recycle is also leading to shortages of rare-earth elements" (Z. 39)*

3. The lifeboat clique

Hinweis: *Lies den Romanauszug zunächst vollständig durch, damit du weißt, wovon der Text handelt. Anschließend liest du die Fragen, damit du beim zweiten Lesen des Textes die relevanten Stellen markieren kannst. Du musst nicht in*

vollständigen Sätzen antworten. Für sprachliche Fehler gibt es keine Punktabzüge, sofern man versteht, was gemeint ist, und sofern die Aussage dem Text sachlich entspricht.
Beachte: Schau genau, aus welcher Perspektive die Fragen gestellt sind und beantworte sie entsprechend. Beispielsweise wird Frage a) aus der Perspektive Denvers gestellt („What does Denver think?") und du musst folglich mit „she" antworten, auch wenn im Text natürlich „I" steht. Ist die Perspektive in deinen Antworten durchgehend falsch gewählt, wird dir ein Punkt von der Gesamtpunktzahl abgezogen. Wechselst du die Perspektive jedoch mehrfach, wird dir bei jeder einzelnen Aufgabe ein Punkt abgezogen.

a) She hated it from the start./LA can turn on you if you're not on your guard.
***Hinweis:** "and I hated it from the start." (Z. 2)/"LA can turn on you if you're not on your guard." (Z. 5)*

b) (The worst is) if they don't think anything/if they think nothing.
***Hinweis:** "worst of all – if they don't think anything about you." (Z. 10/11)*

c) The tables are set out in a grid./Students are designated by tables.
***Hinweis:** "Our high school lunchroom was set out in an orderly grid. […] the students were carefully designated by tables" (Z. 20–22)*

d)
- geeks
- losers
- student council
- (deeply committed) Christians
- drama students
- young felons
- the most popular kids

***Hinweis:** Hier musst du zwei der genannten Personengruppen angeben. Du findest sie alle in den Zeilen 22–28.*

e) (She sits) at one of the uncategorized tables/with other students who don't really fit into a group/with students who eat their lunch fast.
***Hinweis:** "and several uncategorized tables, where I sat with various other students who didn't really fit into a group and who ate their lunch fast" (Z. 24–26).*

f)
- They are in the eleventh grade/the most popular kids/a group of sixteen
- They have got the shiniest teeth/the best hair/the fastest cars/the sleekest abs.

***Hinweis:** Hier musst du nur zwei charakteristische Eigenschaften nennen, die du in den Zeilen 27–30 findest.*

g) She cannot be herself./Nobody is really interested in her./She has to play a designated role./She is ruled by others./She feels helpless./She wants school to be as painless as possible.
Hinweis: In den Zeilen 6–14 beschreibt Denver, was für sie „sleepwalking" bedeutet. Denke nach, was sie damit meinen könnte, und beschreibe dann einen der Aspekte.

h) She feels jealous of Abigail./She dislikes/hates Abigail./She admires Abigail secretly because Abigail is the "star" at the table./She thinks Abigail is stupid or silly./She can't understand why a girl like Abigail is so popular.
Hinweis: Die Antwort auf diese Frage ist ebenfalls nicht direkt im Text enthalten. Suche im letzten Abschnitt (Z. 29–34) nach Aussagen, in denen Denver Abigail beschreibt. Davon ausgehend musst du dir überlegen, was diese Beschreibung bedeuten könnte. Wenn Denver z. B. von „stupid parties" (Z. 33) spricht, kann das bedeuten, dass sie diese Partys tatsächlich blöd findet, aber auch, dass sie neidisch ist und eigentlich auch gerne eingeladen wäre. Wie bei g) musst du also auch hier den Text selbst interpretieren.

C Use of Language

1. Mediation – Traditional festivities

*Hinweis: In der Mediation sollst du zwischen dem schottischen Austauschschüler Jake und einem Passanten dolmetschen. Achte immer genau auf die geforderte Zielsprache (Deutsch oder Englisch?), die in den eckigen Klammern vor der Antwortzeile angegeben ist. Es muss dabei nicht alles Wort für Wort übersetzt werden. Manchmal gibt es mehr als eine Möglichkeit, etwas auszudrücken.
Beachte, dass hier zwischen Hauptaussagen und weiteren Aspekten unterschieden wird. Die Hauptaussage musst du immer in die andere Sprache übertragen. Nennst du keine der Hauptaussagen, so wird der jeweilige Gesprächsbeitrag mit null Punkten bewertet, selbst wenn die Nebenaspekte sachlich richtig sind.
Damit du dich schnell zurechtfindest, ist bei den Lösungen, die neben der Hauptaussage auch zusätzliche Aspekte enthalten, die Hauptaussage mit einem Sternchen (*) gekennzeichnet. Außerdem ist in Klammern angegeben, für welche Aussagen du Punkte erhältst.
Gibst du Antworten in der falschen Zielsprache, bekommst du ebenfalls keinen Punkt. Achte auch auf die Perspektive des Sprechers. Verwendest du eine falsche Perspektive (egal ob einmalig oder mehrfach), wird dir von der Gesamtpunktzahl der Mediation einmalig ein Punkt abgezogen.*

Jake: I keep seeing this poster for a "Hutzelfeuer". What is that?

Du [Deutsch]: **Was ist ein „Hutzelfeuer" (1)?**

Passant: Ach, das Plakat. Das sieht sehr schön aus, nicht wahr? Beim „Hutzelfeuer" werden die alten Weihnachtsbäume verbrannt. Das Feuer soll den Winter vertreiben. „Hutzelfeuer" ist echt ein komisches Wort. Ich weiß nicht, wo es herkommt.

Du [Englisch]: **Old Christmas trees are burned (on a fire). / They/We burn old Christmas trees. (1) The fire is meant to drive out the winter./We celebrate it to end the season. (1)**

Jake: Oh, I see. That sounds fun. What a nice way to end a season! What other customs do you have here?

Du [Deutsch]: **Welche anderen Bräuche gibt es hier (bei uns)/haben wir hier (bei uns)? (1)**

Hinweis: *Die Begriffe „Traditionen" und „Feste" anstelle von „Bräuche" für „customs" sind auch richtig.*

Passant: Lass mich mal überlegen. Das größte Ereignis hier bei uns ist die „Kirmes". Da bauen wir ein Zelt auf und abends spielen Bands. Das ganze Dorf kommt zusammen und wir freuen uns schon das ganze Jahr darauf! Letztes Jahr war ich mit meiner gesamten Familie dort, obwohl es ganz schön kalt war.

Du [Englisch]: **The biggest event (here) is "Kirmes". / The biggest thing (here) is "Kirmes". (1*) We/They put up a tent/and there are bands in the evening(s). The whole village comes together and everybody looks forward to it all year. (1)**

Jake: That sounds like great fun.

Passant: Falls er dann noch hier sein sollte, muss er unbedingt hingehen. Das wird ihm gefallen. Gibt es etwas Ähnliches da, wo er herkommt?

Du [Englisch]: **Is there anything like that where you are from? (1)**

Jake: I don't think so, but "Burns Night" is very important where I come from. This is a celebration in honour of the Scottish poet Robert Burns. He's probably the most well-known poet of Scotland. "Burns Night" is celebrated at the end of January every year.

Du [Deutsch]: **Nein, es gibt nichts dergleichen, aber „Burns Night" ist sehr wichtig, (1*) wo er herkommt. Es ist eine Feier zu Ehren des schottischen Dichters Robert Burns. Burns Night wird immer Ende Januar gefeiert. (1)**

Passant: Das finde ich sehr ungewöhnlich. Was passiert denn an „Burns Night"? Komisch, dass ich noch nie davon gehört habe, wenn das in Schottland so eine große Sache ist.

Du [Englisch]:	**What happens on "Burns Night"? (1)**
Jake:	We always eat "haggis", mashed potato and turnips. Then there are speeches and whisky and people recite poems by Burns. I was sorry to miss it this year. My brother told me all about it.
Du [Deutsch]:	**Sie essen immer „Haggis", Kartoffelbrei und Rüben. (1) Und außerdem werden Reden gehalten und es gibt Whisky. (1) Die Leute tragen Gedichte von Burns vor/sagen Gedichte von Burns auf. (1)** ***Hinweis:*** *Schreibst du nur „Sie essen immer Haggis" ohne den Zusatz „Kartoffelbrei und Rüben", gibt es keinen Punkt.*
Passant:	Das hört sich richtig interessant an. Danke für das Gespräch!

2. Words and structures – Coral reefs in danger

Hinweis: *Diese Aufgabe überprüft deine Kenntnisse in Wortschatz und Grammatik in Form eines Lückentextes. Lies den Text zuerst einmal komplett, bevor du mit der Bearbeitung der Aufgaben beginnst. Für jede Lücke sind vier Antwortmöglichkeiten vorgegeben. Lies die möglichen Lösungen genau durch. Wenn du dich für eine Antwort entschieden hast, überprüfe deine Wahl noch einmal anhand des Ausschlussverfahrens. Für jede richtige Antwort bekommst du einen Punkt.*

1. ☐ for ☑ of ☐ from ☐ off	2. ☑ people ☐ peoples ☐ people's ☐ peoples'	3. ☐ is ☐ was ☑ has been ☐ had been	4. ☐ takes ☑ paints ☐ brushes ☐ pictures
5. ☑ which ☐ who ☐ what ☐ where	6. ☐ upset ☑ urgent ☐ unless ☐ urban	7. ☐ later ☐ further ☑ sooner ☐ afterwards	8. ☐ adding ☑ including ☐ incorporating ☐ excluding
9. ☐ protected ☐ protection ☐ protecting ☑ protect	10. ☑ effects ☐ conclusions ☐ meanings ☐ impressions	11. ☐ situations ☐ positions ☐ country ☑ places	12. ☐ won't act ☐ didn't act ☑ don't act ☐ hadn't acted

Hinweise:

zu 1: *Nur* of *ist richtig, denn die übrigen Präpositionen ergeben mit dem Verb* to be in danger *keinen Sinn, da* to be in danger of *eine feststehende Wendung ist, die immer mit der -ing-Form steht.*

zu 2: *Das Nomen* people *ist ein Pluralwort und wird mit „Leute", „Menschen" übersetzt. Das Wort* peoples *ist hier falsch, da es mit „Völker" übersetzt wird. Die Wörter* people's *und* peoples' *haben jeweils ein Genitiv-s und ergeben hier keinen Sinn.*

zu 3: *Hier passt nur* has been, *also das „present perfect", da am Satzanfang das Signalwort* For *(„seit") steht.*

zu 4: *Hier passt nur das Verb* paints, *da* to paint a grim picture *(„ein düsteres Bild zeichnen") eine feste Wendung ist.*

zu 5: *Zu* many of *passen nur* which *und* who. *Das Relativpronomen* who *wird ausschließlich bei Personen verwendet,* which *aber bei Sachen. Somit ist* which *richtig, da sich das gesuchte Relativpronomen auf das Nomen* places *bezieht.*

zu 6: *Das Wort* urgent *(dringend) ist das einzige, das in diesem Zusammenhang einen Sinn ergibt.* upset *bedeutet „verärgert",* unless *„außer" und* urban *„städtisch".*

zu 7: *Nur* sooner *ist richtig, da die anderen Lösungsmöglichkeiten inhaltlich nicht passen.*

zu 8: *Wenn du den Kontext genau beachtest, wirst du feststellen, dass nur die Präposition* including *infrage kommt. Die Ozeane sind der Lebensraum für 1 Million Arten, zu denen auch ein Viertel aller Fische weltweit gehört.*

zu 9: *Mit diesem Satz wird eine Tatsache ausgedrückt, die dauerhaft gültig ist. Deswegen musst du das „simple present" einsetzen.*

zu 10: *Inhaltlich passt in diese Lücke nur* effects, *weil es um die Auswirkungen des Schwundes von Riffen geht.*

zu 11: *Das Wort* places *ist das richtige Nomen, um auszudrücken, dass Menschen von einigen Orten wegziehen müssen, denn hier sind keine Situationen, Positionen oder Länder gemeint.*

zu 12: *Hier liegt ein If-Satz Typ I vor, den du am „will future" im Hauptsatz erkennst. Beim Typ I musst du das „simple present" im Nebensatz einsetzen.*

D Text Production

Hinweis: Im letzten Teil der Prüfung, der Textproduktion, hast du eine Wahlmöglichkeit zwischen zwei Aufgaben. Dieser Teil wird mit 25 Punkten, also einem Viertel der Gesamtpunktzahl, gewertet. Du kannst entscheiden, ob du eine Geschichte zu einem vorgegebenen Bild oder einen Artikel für deine Schülerzeitung (hier: Thema „Schlafgewohnheiten") schreiben möchtest. Du sollst ungefähr 150 Wörter schreiben und in deinem Text auf mindestens vier der fünf vorgegebenen Aspekte bzw. Fragen eingehen. Neben den Punkten für Inhalt (10 Punkte), Grammatik (5 Punkte) und Wortschatz (5 Punkte) gibt es weitere 5 Punkte für den Aufbau deines Textes. Achte deshalb beim Schreiben darauf, dass dein Text klar strukturiert ist, d. h., es muss ein „roter Faden" durch Einleitung, Hauptteil und Schluss zu erkennen sein. Dein Text sollte darüber hinaus über Absätze eine äußerliche Struktur erhalten. Zähle abschließend die Wörter. Du darfst die Wortzahl überschreiten, wenn dein Text durchgehend sinnvoll ist und es zu keinen Wiederholungen kommt.

What is the story behind the picture?

Hinweis: Da es hier um kreatives Schreiben geht, kannst du deiner Fantasie freien Lauf lassen und deine Lösung kann auch dann gut sein, wenn sie inhaltlich von dem hier abgedruckten Lösungsvorschlag abweicht. Achte aber in jedem Fall darauf, vier der vorgegebenen Aspekte abzudecken und das Bild genau anzuschauen, damit dein Text plaubsibel ist.

These two people you can spot in the picture are my friend Julie and me. The photo was taken by another friend, Cathy. Last summer holidays the three of us visited Julie's Aunt Mary in Boston and this is where this snapshot was taken.
We were on our way back home from the shopping mall and we were late for dinner. That is why we thought we should take a shortcut. However, this wasn't one of our best ideas … We lost our way and ended up in a blind alley with that high fence. However, behind the fence the way moved on and the map showed us that it was just one block away from Aunt Mary's. So we decided to climb the fence when suddenly the police stopped us and asked what we were doing there. We explained our problem and because we were tourists, they gave us a ride back home. Aunt Mary wasn't so happy about it, but for Julie, Cathy and me, it was an unforgettable memory of these holidays.

175 words

A good night's sleep

*Hinweis: Beachte, dass du von deiner eigenen Erfahrung, dass einige Schüler*innen zu wenig schlafen, ausgehen kannst. Du kannst und sollst also auch persönliche (ggf. erfundene) Informationen, z. B. zu deinem Schlafverhalten und zu deiner Meinung, warum viele Teenager spät schlafen gehen, anbringen.*

A good night's sleep

One of my classmates fell asleep during Maths last week. This led me to write this article about students' sleeping habits.

Didn't my classmate get enough sleep at night? I cannot imagine sleeping at school, because I do not have any sleeping problems at all. Normally I go to bed early. So I have some more time to read a book, if I like, or I fall asleep immediately. Therefore, I get more than enough sleep and I am well-rested in the morning. We teenagers need to sleep, it is no waste of time. The advantages of sleeping well are obvious: you are not that tired in the morning, you are more concentrated at school and you still have time during the day to enjoy your hobbies. However, some students go to bed late in the evening because they forget the time while playing computer games or watching TV.

Dear fellow students, to avoid embarassing situations like falling asleep during lessons, be responsible and do not go to bed too late. *171 words*

A Listening Comprehension

Hinweis: Der Hörverstehenstest der Abschlussprüfung 2019 besteht aus drei Teilen. Alle Texte werden zweimal vorgespielt. Du kannst während des Abspielens jederzeit mit deinen Eintragungen beginnen. Im ersten Teil hörst Du zwei Nachrichten. Der zweite Teil ist eine Umfrage und Teil 3 der „Listening Comprehension" ist ein Interview.

Part One

Hinweis: Lies dir zuerst die Aussagen zu „News Item 1" durch. Dafür hast du 20 Sekunden Zeit. Während des ersten Hörens kannst du bereits mit Bleistift mögliche Antworten ankreuzen. Denke aber daran, dass du deine endgültigen Antworten mit Füller oder Kugelschreiber festhältst. Jede richtige Antwort ergibt einen Punkt. Wenn du mehrere Antworten in einer Teilaufgabe ankreuzt, bekommst du keinen Punkt.
Im ersten „News Item" geht es um die „10,000 Year Clock", eine Uhr, die 10 000 Jahre lang in Betrieb sein soll. Deine Aufgabe ist es, zu erkennen, in welchen Abständen sich der Uhrzeiger bewegt (a), wann die Arbeiten an der Uhr begonnen haben (b), woher die Uhr ihre Energie bekommt (c) und was die Hoffnungen des Geldgebers Jeff Bezos sind (d).
Bevor du „News Item 2" hörst, hast du nochmals 20 Sekunden Zeit, dir die vier verschiedenen Aussagen durchzulesen. Es geht hier um den „π-Tag". Du musst erkennen, wer oder was an diesem Tag genau gefeiert wird (a), zu welcher Tageszeit der Wettbewerb startet (b), was man an diesem Tag in Princeton machen kann (c) und von wem die Zahl π zuerst genau berechnet wurde (d).

News Item 1

a) The clock hand moves once every
- ☐ year.
- ☑ one hundred years.
- ☐ one thousand years.

Hinweis: "It also has a clock hand that moves once every one hundred years" (Z. 3/4)

b) Work on the clock started in

- ☐ 1995.
- ☐ 2000.
- ☑ 2011.

Hinweis: *"it was not until 2011 […] that work on a full-scale version of the 10,000 Year Clock began properly." (Z. 8–11)*

c) The clock gets its power from

- ☑ changes in temperature.
- ☐ giant gears and dials.
- ☐ solar energy.

Hinweis: *"Its power comes from thermal energy captured by changes in day and nighttime temperatures on the mountain top." (Z. 17–19)*

d) Jeff Bezos hopes the clock will

- ☐ connect with future generations of clocks.
- ☑ change how we think about time.
- ☐ never be repeated.

Hinweis: *"Bezos says he hopes the clock will 'change the way humanity thinks about time'" (Z. 22–24)*

News Item 2

a) Pi Day celebrates

- ☐ the scientist Albert Einstein.
- ☐ delicious American pies.
- ☑ a famous number.

Hinweis: *"Everybody knows that pi is the number 3.14" (Z. 1)*

b) In Los Angeles, the pie-eating competition begins

- ☐ in the afternoon.
- ☐ in the evening.
- ☑ at night.

Hinweis: *"a pie-eating contest, which begins at 1:59 am" (Z. 9/10)*

c) On Pi Day in Princeton, you can

- ☐ practice your math.
- ☑ dress up as Albert Einstein.
- ☐ make pies.

Hinweis: *"take part in an Einstein lookalike contest." (Z. 20/21)*

d) Pi was first calculated accurately by the
- [x] Greeks.
- [ ] Egyptians.
- [ ] Babylonians.

Hinweis: *"It was the Greeks, however, who first worked out pi accurately" (Z. 26/27)*

Part Two

Hinweis: *Teil 2 ist eine Umfrage, bei der sich sieben Personen zum Thema „Sommerferien" äußern. Die Aussagen der Befragten sind in Sprechblasen vorgegeben. Du musst die Aussagen den richtigen Personen zuordnen. Für jede richtige Zuordnung erhältst du einen Punkt. Beachte, dass eine Aussage zu viel ist und nicht zugeordnet werden kann.*
Du hast zum Lesen der Aussagen 40 Sekunden Zeit. Unterstreiche Schlüsselwörter in den Blasen, auf die du dich während des Zuhörens konzentrieren kannst.

Rosie	David	Jessica	Dean	Kendra	Mark	Emily
D	B	H	A	E	C	G

Hinweise:
zu Rosie: *"I enjoyed learning Spanish and I made lots of new friends." (Z. 11/12)*
zu David: *"But my parents …! In the evenings, I had to be back in my room by 10 pm. I was so angry about that" (Z. 18–20)*
zu Jessica: *"I went to the island of Corfu with some friends […] There are discos and great bars full of young people." (Z. 23–27)*
zu Dean: *"I prefer holidays with my friends too. If you don't feel like surfing, however, there is […] kayaking and stand-up paddling or simply just chilling out at a beach café." (Z. 30–36)*
zu Kendra: *"my mum kept borrowing my clothes and my dad acted as if he was 19." (Z. 39–41)*
zu Mark: *"I love family holidays. We often go hiking and cycling in Snowdon National Park in Wales." (Z. 45–47)*
zu Emily: *"Working abroad also gives you the feeling of being on holiday" (Z. 56–58)*

Part Three

Hinweis: Der dritte Teil ist ein Interview mit einer Parkour-Athletin, die von ihrer Karriere als Freerunnerin erzählt.
Lies die Anweisungen genau durch und ergänze die gewünschten Informationen. Du sollst in der vorgegebenen Tabelle jeweils nur eine Information angeben. Machst du mehrere Angaben und ist eine davon falsch, gibt es keinen Punkt, auch wenn die richtige Angabe dabei ist. Stichpunkte reichen aus, Zahlen musst du nicht ausschreiben. Pro Tabellenfeld wird maximal ein Punkt vergeben. Sprachliche Fehler führen nicht zu Punktabzug, solange der Inhalt verständlich und korrekt ist.

(1) where she found out about freerunning	**(at) university / gym sessions**
(2) what sport she did before freerunning	**cheerleading / gym sessions / gymnastics**
(3) types of work (2 details)	**• advertising (campaigns) • films • TV (shows) • live performances • stunts (for actresses) • doubling actresses**
(4) most exciting thing about her job	**travel(ling)**
(5) training (2 details)	**• a lot (of training) / hard (training) • in the gym • on the streets • an hour or two most evenings • pull-ups • (10 kg) weights • running**
(6) number of Internet followers	**(over) 160,000**
(7) how you can get involved in freerunning	**(look for) classes online / (find out if there is a) parkour community (near you) / online tutorials**
(8) what she loves about the sport	**(There are) no limitations / no rules. / You can train anywhere. / (You can be) creative.**

Hinweise:

zu 1: *"It all started while I was at university." (Z. 15)/"I went along to gym sessions and that's where I met a group of guys who did freerunning." (Z. 18–20)*

zu 2: *"I started cheerleading … I went along to gym sessions" (Z. 17/18)*

zu 3: *"You have taken part in* ***advertising campaigns*** *and in* ***films****. You have also been on* ***TV*** *and* ***performed live****." (Z. 33–35)/"I have done* ***stunts*** *for various actresses […] I* ***doubled*** *Milla Jovovich" (Z. 37–39)*

zu 4: *"The most exciting thing about my job […] is that it allows me to travel so much." (Z. 41–43)*

zu 5: *"A lot! I work hard in the gym as well as on the streets […] I do an hour or two most evenings, doing pull-ups and 10 kg weights, as well as running" (Z. 48–52)*

zu 6: *"you have 160,000 followers online" (Z. 56/57)*

zu 7: *"I would look for classes online." (Z. 60)/"find out whether there is a parkour community near where you live." (Z. 62–63)/"There are loads of tutorials online" (Z. 66)*

zu 8: *"there are no limitations, no rules. You can train anywhere […] It's all down to your own creativity." (Z. 70–73)*

B Reading Comprehension

1. Somalia's team on ice

Hinweis: *Im ersten Teil des Leseverstehens musst du die Überschriften (A–G) den Textabschnitten (1–5) zuordnen. Es gibt sieben Überschriften, aber nur fünf Textabschnitte. Für jede richtige Zuordnung bekommst du einen Punkt. Lies zunächst die Textabschnitte durch und suche nach Schlüsselwörtern, die du so oder in ähnlicher Weise in den Überschriften wiederfindest. Achte bei der Zuordnung darauf, dass die Überschrift alle Aspekte des Textabschnittes berücksichtigt.*

part of the text	❶	❷	❸	❹	❺
heading	E	D	A	G	B

Hinweise:

zu 1: *Dieser Textabschnitt verweist auf die wachsenden Anfeindungen, denen Geflüchtete ausgesetzt sind. Manche nach Schweden geflohene Somalier*innen haben zum Beispiel Morddrohungen erhalten oder wurden Opfer von Brandstiftungen.*

zu 2: *Der gesamte Textabschnitt beschreibt, wie Hans Grandin nach Ideen zur Integration in seinem Heimatort suchte und diese im Sport fand. Es gab zuvor schon ein Fußballteam Geflüchteter und nun wollte Grandin ein Team aus Geflüchteten zusammenstellen, das die Sportart Bandy betreibt.*
zu 3: *Abschnitt 3 erklärt das Spiel Bandy, das Fußball recht ähnlich ist, und beschreibt, dass die größte Schwierigkeit darin liegt, sich schnell auf dem Eis zu bewegen und mit dem Schläger zurechtzukommen.*
zu 4: *Im Textabschnitt 4 geht es darum, dass das somalische Bandy-Team Mitglied in der Internationalen Bandy-Föderation wurde und 2014 an der Weltmeisterschaft teilnahm. Obwohl das Team sehr schlecht war ("We hold the record for the world's worst team ever to play in the championship"), wurde es zur Mediensensation.*
zu 5: *Mursal Ismail beschreibt in diesem Texabschnitt, dass es, obwohl sein Team hart trainiert, nicht nur um den Sport geht, sondern auch darum, etwas für Schweden zu tun, Feindseligkeiten abzubauen und somalische Geflüchtete in die Gesellschaft zu integrieren.*

2. The story of circus

Hinweis: *Hier wird im Multiple-Choice-Verfahren überprüft, ob du den Text verstanden hast. Es ist immer nur eine Antwort richtig, die den vorgegebenen Satzanfang ergänzt. Die Aufgaben sind in der Regel chronologisch angeordnet, d. h. die Antwort zur ersten Aufgabe findest du zu Beginn des Textes, die zur nächsten etwas weiter unten im Text usw. Lies dir zunächst den Text einmal komplett durch. Wenn du beim ersten Lesen nicht alles verstehst, lass dich nicht verunsichern. Wenn du dich intensiver mit den einzelnen Abschnitten beschäftigst, lässt sich vieles aus dem Kontext erschließen. Beginne mit dem ersten Satz, den du ergänzen musst, und unterstreiche Schlüsselwörter. Lies dann den ersten Textabschnitt und markiere wichtige Stellen im Text. Auf diese Weise findest du die entsprechenden Textstellen schnell wieder, wenn du die Lösungen am Ende noch einmal überprüfst.*

a) Philip Astley's performances included
- ☐ trapeze acts, acrobats and riding stunts.
- ☑ horse-riding, acrobats and clowns.
- ☐ tightrope walking, clowns and tumbling.
- ☐ horse-riding, human cannon balls and trampolines.

Hinweis: *"performing trick riding stunts" (Z. 4) und "acrobats and clowning were part of the mix." (Z. 5/6)*

b) The name "circus" was first used in

- [ ] 1768.
- [x] 1782.
- [ ] 1793.
- [ ] 1825.

Hinweis: *"The first structure to be called a circus, however, was the Royal Circus, built in 1782" (Z. 7)*

c) The first circus tent was built by

- [ ] Charles Hughes.
- [ ] John Bill Rickets.
- [x] Joshua Purdy Brown.
- [ ] Philip Astley.

Hinweis: *"Joshua Purdy Brown erected the first circus tent" (Z. 12)*

d) The use of tents enabled circuses to

- [ ] develop trapeze acts.
- [ ] associate with European circuses.
- [ ] perform in a sawdust ring.
- [x] perform in all weathers.

Hinweis: *"The tent was one of the most important features in allowing circus to […] do shows regardless of rain or storm." (Z. 14–16)*

e) Jules Léotard trained using

- [ ] thick mattresses.
- [ ] no protection at all.
- [ ] the safety net.
- [x] his father's pool.

Hinweis: *Jules Léotard nutzte zum Training den Pool seines Vaters, um bei Abstürzen den Aufprall mithilfe des Wassers abzufangen: "by hanging swings above his father's swimming pool […] The water broke his frequent falls during training." (Z. 18/19)*

f) Zazel, the first human cannonball, performed her act until

- [ ] she was shot in Mexico.
- [ ] she missed the safety net.
- [ ] the cannon failed.
- [x] she had an accident.

Hinweis: *"She continued to perform her act […] until her career was ended when she was shot from a cannon in New Mexico, the net failed and she got hurt." (Z. 24–26)*

g) Clowns have been part of the circus since

- [x] its beginning.
- [ ] 1830.
- [ ] 1900.
- [ ] 1984.

Hinweis: "Right from its start, clowns began entertaining audiences" (Z. 28/29)

h) Circuses gained in popularity after the introduction of

- [ ] the safety net.
- [x] train tracks.
- [ ] elephants.
- [ ] the big top.

***Hinweis:** In den Zeilen 31–34 wird aufgezeigt, dass mit dem Bau der Eisenbahn Zirkusse an Popularität gewannen, da sie nun sehr weit reisen konnten: "Without the railways, circus would never have become such a popular entertainment in the US." (Z. 33/34)*

i) Since 1984, elements of modern circus have often included

- [ ] wild animals.
- [ ] a sawdust ring.
- [x] theatre.
- [ ] clowns.

***Hinweis:** "Its modern, dazzling, high-quality acts with theatrical elements" (Z. 35/36)*

k) Many people stopped going to the circus because

- [ ] the ticket prices went up.
- [ ] of a new wild animal act.
- [x] they couldn't see elephants anymore.
- [ ] the Ringling Brothers gave their last performance.

***Hinweis:** Seitdem der „Ringling Brothers Circus" in seiner Show keine Elefanten mehr zeigt, verkauft er weniger Eintrittskarten: "there had been a sharp drop in ticket sales after the company stopped using elephants." (Z. 39/40)*

3. Winter classroom

***Hinweis:** Lies den Romanauszug zunächst vollständig durch, damit du weißt, wovon der Text handelt. Lies anschließend die Fragen, damit du beim zweiten Lesen des Textes die relevanten Stellen markieren kannst. Du musst nicht in vollständigen Sätzen antworten. Für sprachliche Fehler gibt es keine Punktabzüge, sofern man versteht, was gemeint ist, und sofern die Aussage dem Text sachlich entspricht.*

a) – the gifted/talented kids
   – the hockey players

Hinweis: *"The gifted and talented kids" (Z. 2/3)/"The hockey players" (Z. 5)*

b) – They sleep (in class)/take naps (during lessons).
   – They eat chips (in class).
   – They don't pay attention/dream of Empire.
   – They don't fill in worksheets/hand in blank worksheets.

Hinweis: *"The hockey players had to be prodded awake" (Z. 5)/"They woke from her naps" (Z. 7)/"to dump open bags of chips into their mouths" (Z. 8)/"and return to their dreams of Empire." (Z. 9)/"They got teachers to forgive their blank worksheets" (Z. 11)*

c) She thinks that it would make the students listen better/pay attention to the lesson/try harder to understand./She has a tic.

Hinweis: *"Ms. Lundgren had a tic. Whenever she got irritated or inspired, she switched instantly to whispering. She thought that would make us listen better; she thought it would make us pay attention [...]; she thought we would try harder to understand" (Z. 19–22)*

Beachte: Für eine Antwort in der falschen Perspektive, z. B. "make us listen", wird kein Punkt vergeben.

d) It no longer holds any relevance for her./It's boring/unimportant for her.

Hinweis: *"and it was like hearing some obscure rumor that [...] no longer held any relevance we could make out." (Z. 23–25).*

e) – There is a lot of snow/four feet of snow./The snow blows away in gusts./The snow drifts are as high as houses.
   – There are strong winds/storms.
   – It's very cold./There is strong frost/windchill.
   – It's beautiful when the sun shines.

Hinweis: *Hier musst du zwei Details für den Winter in Minnesota angeben "Outside: four feet of snow sealed in a shiny crust." (Z. 15)/"you could see snow blow away in gusts, then drift back the next day in piles as high as houses." (Z. 26/27)/"a late-season storm" (Z. 28)/"windchill" (Z. 36)/"the sun came out: brilliant, stunning us all." (Z. 35)*

f) The school needs them to win the District Championship./The school doesn't want to lose the District Championship again./They are very important to the school.

Hinweis: *"The hockey players had to be prodded awake when the stack came down their aisle, had to be treated with great deference – or else we would lose the District Championship. Again." (Z. 5–7). Diese Textstelle zeigt, wie wichtig es für die Schulgemeinschaft ist, die Meisterschaft zu gewinnen.*

Daraus kannst du schließen, dass die Lehrkräfte den Mitgliedern des Hockeyteams schlechte Schulleistungen nachsehen, damit sie sich auf ihre sportlichen Leistungen konzentrieren können.

g) The lesson is boring and any distraction more than welcome./She hasn't seen the blue car/the person before and is wondering what she or he is doing there./It's a small town and strangers arouse curiosity.
*✐ **Hinweis:** Die Antwort auf diese Frage steht nicht direkt im Text. Lies dir besonders die letzten beiden Abschnitte nochmals durch und überlege, was der Grund dafür sein könnte, dass Madeline den Vorgang draußen so gespannt beobachtet. Mögliche Antworten sind, dass sie den Biologieunterricht langweilig findet und sich ablenken möchte oder dass sie neugierig auf die ihr unbekannte Person draußen ist.*

C Use of Language

1. Mediation – Volunteer work

*✐ **Hinweis:** In der Mediation sollst du zwischen Tiffany und Claudia dolmetschen. Achte immer genau auf die jeweils geforderte Zielsprache, die in eckigen Klammern angegeben ist. Du musst dabei nicht alles Wort für Wort übersetzen. Manchmal gibt es mehr als eine Möglichkeit, etwas auszudrücken.*
Beachte, dass hier zwischen Hauptaussagen und weiteren Auspekten unterschieden wird. Die Hauptaussage musst du immer in die andere Sprache übertragen. Nennst du die Hauptaussage nicht, so wird der jeweilige Gesprächsbeitrag mit null Punkten bewertet, selbst wenn die Nebenaspekte richtig sind.
Damit du dich gut zurechtfindest, ist bei den Lösungen, die Haupt- und Nebenaspekte enthalten, die Hauptaussage mit einem Sternchen (*) gekennzeichnet. Außerdem ist in Klammern angegeben, für welche Aussagen du Punkte erhältst.
Gibst du Antworten in der falschen Sprache, bekommst du ebenfalls keinen Punkt.
Achte bei deinen Übersetzungen auf die Perspektive der Erzählerin. Verwendest du eine falsche Perspektive (egal ob einmalig oder mehrfach), wird dir von der Gesamtpunktzahl der Mediation einmalig ein Punkt abgezogen.

Tiffany: I understand that Claudia is doing some volunteer work here on the island. Could you ask her what kind of volunteer work that is?

Du [Deutsch]: **Welche Art freiwillige Arbeit machst du gerade hier? (1)**
*✐ **Hinweis:** Die Antwort „Ehrenamt“ anstelle von „freiwilliger Arbeit“ ergibt ebenfalls einen Punkt.*

Claudia:	Ich mache ein sogenanntes Freiwilliges Ökologisches Jahr. Nach der Schule wusste ich nicht genau, was ich weiter machen sollte – da habe ich schon erst mal in der Luft gehangen. Aber da ich mich schon immer für Naturschutz interessiert hatte, dachte ich, das Freiwillige Ökologische Jahr wäre die perfekte Sache für mich.
Du [Englisch]:	**She is doing a voluntary ecological year. (1*).** **She didn't know what to do when she finished school. <u>or</u>: As she had always been interested in the protection of nature, this appeared to be perfect to her. (1)**
Tiffany:	Oh, that sounds interesting. Especially in such a beautiful place! What are her tasks here on the island?
Du [Deutsch]:	**Was sind (denn) deine Aufgaben (hier auf der Insel)? (1)**
Claudia:	Hauptsächlich mache ich Führungen. Besonders mag ich die Besuche von Schulklassen, denn die Kinder sind immer so begeistert! Manchmal muss ich auch noch Büro- und Gartenarbeiten machen. Das macht mir nicht immer so viel Spaß, muss aber auch sein … man kann ja nicht alles haben.
Du [Englisch]:	**She mainly gives guided tours. (1) Sometimes she has to do office work and gardening too. (1)** ***Hinweis:** Welche Aufgaben Claudia Spaß machen und welche weniger, ist hier nicht wichtig.*
Tiffany:	Wow, that's truly impressive. What has been the most exciting thing that has happened to her so far?
Du [Deutsch]:	**Und was war die aufregendste Sache, die dir bisher passiert ist? (1)**
Claudia:	Das war vor zwei Wochen, als Touristen ein verlassenes Seehundbaby am Strand meldeten. Ich schnappte mir sofort das Fernglas und rannte los, um das zu überprüfen. Zum Glück war es ein falscher Alarm und die Mutter holte das Kleine ab.
Du [Englisch]:	**Tourists found an abandoned baby seal on the beach. (1*) Fortunately, it was a false alarm and the mother came and got the baby seal. (1)** ***Hinweis:** "fake alarm" statt "false alarm" ist auch richtig.*
Tiffany:	Wow, that sounds really exciting. We saw some of them today. They are so cute.
Claudia:	Tiffany wirkt so überrascht. Gibt es so etwas Ähnliches nicht auch in Amerika?
Du [Englisch]:	**Isn't there something like this in America/the USA? (1)**

Tiffany:	Not exactly. But we do have the "Peace Corps", where you can volunteer for projects around the world. Last year, a friend of mine went to Tanzania, a country in Africa, to build water tanks. What she told me about that experience really impressed me.
Du [Deutsch]:	**Nicht genau so, aber es gibt das „Peace Corps", bei dem man als Freiwillige oder Freiwilliger in Projekten auf der ganzen Welt arbeiten kann. (1*) Letztes Jahr war eine Freundin von ihr in Tansania/Afrika und hat dort Wassertanks gebaut. /Eine Freundin von ihr hat sie mit ihrem Einsatz in Afrika beeindruckt. (1)**
Claudia:	Das hört sich aber auch spannend an! Ich bin froh, dass ich euch getroffen habe. Lasst uns doch unsere Nummern austauschen und in Kontakt bleiben.
Du [Englisch]:	**She wants to stay in touch and exchange/swap (phone) numbers. (1)**
Tiffany:	Great idea! Here is my number! I'll give her my e-mail address too!

2. Words and structures – Getting kids interested in chemistry

Hinweis: *Diese Aufgabe überprüft deine Kenntnisse in Wortschatz und Grammatik in Form eines Lückentextes. Für jede Lücke sind vier Antwortmöglichkeiten vorgegeben, die du dir genau durchlesen solltest. Wenn du dich für eine Antwort entschieden hast, überprüfe deine Wahl auch noch einmal anhand des Ausschlussverfahrens. Für jede richtige Antwort bekommst du einen Punkt.*

1. ☑ herself ☐ her ☐ she ☐ hers	2. ☐ easily ☐ easy ☑ simply ☐ simple	3. ☑ teaching ☐ taught ☐ going to teach ☐ will teach	4. ☐ somebody ☑ anyone ☐ anything ☐ someone
5. ☑ might be ☐ have to be ☐ are able to ☐ might	6. ☐ Where ☐ How ☐ What ☑ Why	7. ☐ becomes ☐ mixes ☑ turns ☐ stays	8. ☐ healthiest ☑ healthily ☐ health ☐ healthy
9. ☐ has been ☐ will be ☐ had been ☑ would be	10. ☑ having fun ☐ being funny ☐ have fun ☐ be funny	11. ☐ by ☐ on ☑ at ☐ of	12. ☑ already ☐ still ☐ ever ☐ never

Hinweise:

zu 1: *Nur das Reflexivpronomen* herself *ist richtig, da die Lehrerin sich selbst beschreibt.*

zu 2: *Dass ein Adverb verlangt wird, kannst du an der Wortstellung erkennen (das Adjektiv würde vor dem Nomen stehen:* a simple job). Easily *bedeutet, dass etwas einfach, leicht zu tun ist,* simply *bedeutet „einfach (nur)" und ist daher hier passend.*

zu 3: *Das Verb* involve *zieht entweder ein Nomen oder eine -ing-Form nach sich, daher kann hier nur* teaching *stehen.*

zu 4: *Es geht um Personen, also fällt* anything *weg. Da hier gemeint ist, dass alle Schülerinnen und Schüler chemische Berufe ergreifen können, musst du* anyone *wählen –* somebody/someone *bedeutet „(irgend-)jemand".*

zu 5: *Hier ist gemeint: Die Schülerinnen und Schüler könnten verunsichert sein.* Have to be initimidated *würde bedeuten „müssen verunsichert sein" und* are able to be intimidated *„können verunsichert sein". Da* might *immer mit Infinitiv steht, ist* might be *die gesuchte Lösung.*

zu 6: *Das Fragewort „Why" ist inhaltlich das einizge Fragewort, das Sinn ergibt; denn man kann am Satzanfang des Antwortsatzes* (Because) *erkennen, dass hier „Why" stehen muss.*

zu 7: turn to *bedeutet „werden zu, sich verwandeln in". Die anderen drei Verben werden nicht mit* to *kombiniert und ergeben auch inhaltlich keinen Sinn.*

zu 8: *Hier steht ein Adverb, das das Verb* eat *näher beschreibt und beantwortet, wie sich die Schülerinnen und Schüler ernähren (gesund). Vielleicht hast du auch schon die Wendung* eat healthy *gehört, die immer häufiger vorkommt. Grammatikalisch richtig ist aber nur* healthily.

zu 9: *Hier liegt ein If-Satz Typ II vor, den du am* if *und am „simple past" im Nebensatz erkennst. Bei Typ II steht im Hauptsatz* would + *Infinitiv.*

zu 10: *Nach* interested in *steht die -ing-Form. In diesem Satz geht es darum, Spaß zu haben und nicht darum, lustig zu sein, deshalb passt hier nur* having fun.

zu 11: *Das Wort* school *wird normalerweise mit den Präpositionen* at *oder* in *verwendet, wenn „in der Schule" gemeint ist. Da* in *nicht zur Auswahl steht, kann nur* at *stimmen.*

zu 12: *In diese Lücke passt inhaltlich nur* already *(„schon").*

D Text Production

Hinweis: *Im letzten Teil der Prüfung, der Textproduktion, kannst du zwischen zwei Aufgaben wählen. Dieser Teil wird mit 25 Punkten, also einem Viertel der Gesamtpunktzahl, gewertet. Du kannst entscheiden, ob du eine Geschichte zu einem vorgegebenen Bild oder einen Artikel für deine Schülerzeitung (hier: Thema „Klassenzimmer-Wettbewerb") schreiben möchtest. Du sollst in deinem Text auf mindestens vier der fünf vorgegebenen Aspekte bzw. Fragen eingehen und ungefähr 150 Wörter schreiben. Die hier abgedruckten Lösungsvorschläge sind etwas länger, um dir verschiedene Ideen zu geben. Neben den Punkten für Inhalt (10 Punkte), Grammatik (5 Punkte) und Wortschatz (5 Punkte) gibt es weitere 5 Punkte für die Organisation deines Textes. Achte deshalb beim Schreiben darauf, dass dein Text klar strukturiert ist, d. h., es muss ein „roter Faden" durch Einleitung, Hauptteil und Schluss zu erkennen sein. Dein Text sollte darüber hinaus über Absätze eine äußerliche Struktur erhalten. Zähle abschließend die Wörter. Du darfst die Wortzahl überschreiten, wenn dein Text durchgehend sinnvoll ist und es zu keinen Wiederholungen kommt.*

What is the story behind the picture?

Hinweis: *Du kannst deiner Fantasie freien Lauf lassen und deine Lösung kann auch dann gut sein, wenn sie andere inhaltliche Schwerpunkte setzt als der Lösungsvorschlag. Achte aber in jedem Fall darauf, mindestens vier der vorgegebenen Aspekte abzudecken und dir das Bild genau anzuschauen, damit dein Text plausibel ist.*

The boy in this picture is my big brother Jimmy. He is my hero, and this is his heroic story.

Yesterday evening, as usual, I was preparing food for my little cat Lily. However, I could not find her! I called her and looked for her in every single corner she loves hiding but she was not there. I panicked and was scared something could have happened to her. As my parents had gone out to the theatre, I called Jimmy in a panic.

You see, he does everything for his little sister: he was at a party with his classmates, but he left to help me find Lily.

Together, we continued to look for Lily everywhere. When it was late and we had almost given up, Jimmy suddenly heard a noise coming from the top of a tree. He pointed his torchlight at the branches and there she was! On the highest of all the trees. Jimmy, who knows no fear, climbed up the tree and rescued her. I was so happy to have her back!

After that Jimmy was so exhausted that he fell asleep right on the sofa and little Lily comforted him. *196 words*

Glamour and Glory

Hinweis: *Du sollst beschreiben, wie deine Klasse den Schulwettbewerb zum coolsten Klassenzimmer gewann. Überlege dir plausible Antworten auf mindestens vier der Fragen und schreibe dann deinen Artikel für die Schülerzeitung.*

Our head teacher's idea to hold a competition on the coolest classroom was great – you all know how boring most of our classrooms looked before the competition … That's why we students from 10 B wanted to take part right away. We collected ideas and chose the best one: A jungle classroom. Some of our classmates are real artists and talented in painting. So we decided to colour the walls and paint a scene out of the jungle on it, with palm trees, tigers, monkeys and parrots.

In addition, the other pupils planned and organized the rest of the decoration. They collected money, built huge paper palm trees and even bought some plants that are easy to handle and look like plants you find in the jungle.

The result is worth seeing! We have the coolest classroom ever because it looks so real. Everytime I go in I feel like I might meet Mowgli around the corner … It is much more fun to learn here now and we will spend the prize money on a trip to a fun park which has got a jungle theme.

187 words

Hessen Realschule – Englisch
Lösungen – Jahrgang 2020

A Listening Comprehension

Hinweis: *Der Hörverstehensteil der Abschlussprüfung 2020 besteht aus drei Teilen. Alle Texte werden zweimal vorgespielt. Du kannst während des Abspielens jederzeit mit deinen Eintragungen beginnen. Im ersten Teil hörst du zwei Nachrichten, der zweite Teil ist eine Umfrage und der dritte Teil ist ein Interview.*

Part One

Hinweis: *Du hast am Anfang 20 Sekunden Zeit, dir die Aussagen zu „News Item 1" durchzulesen. Während des ersten Hörens kannst du mit Bleistift mögliche Antworten ankreuzen, deine endgültigen Antworten musst du dann aber mit Füller oder Kugelschreiber festhalten. Für jede richtige Antwort erhältst du einen Punkt. Wenn du bei einer Teilaufgabe mehrere Antworten ankreuzt, erhältst du keinen Punkt.*
Im ersten „News Item" geht es um eine Zwölfjährige mit dem Spitznamen „Rapunzel", den sie wegen ihrer sehr langen Haare hat. Du musst beantworten, wie lang ihr Haar ist (a), wie sie im Alltag mit ihren Haaren umgeht (b), wie ihre Familie auf die Situation reagiert (c) und warum „Rapunzel" nicht schwimmen gehen kann (d).
Vor „News Item 2" hast du noch einmal 20 Sekunden Zeit, die Aufgaben zu lesen. Es geht um einen als Big Ben verkleideten Läufer. Du musst herausfinden, was die Rekordzeit eines als Wahrzeichen verkleideten Läufers ist (a), warum Lukas Bates den Marathon nicht beenden konnte (b), was am Ende geschah (c) und wo der Weltrekord des schnellsten als Wahrzeichen verkleideten Marathonläufers aufgestellt wurde (d).

News Item 1

a) Natasha's hair is
- ☐ longer than she is.
- ☑ shorter than she is.
- ☐ the same length as she is.

Hinweis: *"she is just two centimetres taller than the length of her beautiful, thick brown hair." (Z. 6–8)*

b) Natasha
- ☐ washes her hair every day.
- ☐ brushes her hair for one and a half hours every week.
- ☑ has to hold her hair when walking.

Hinweis: *"She has to carry it when she walks" (Z. 10/11)*

c) Her family
- ☐ call her Rapunzel.
- ☐ love her hair.
- ☑ suffer because of her hair.

Hinweis: *"Natasha's family cannot switch on the fan because her hair gets caught in it. The heat in the house is a real problem for them all." (Z. 12–15)*

d) Natasha can't go swimming because
- ☐ her hair gets in the way.
- ☑ the saltwater ruins her hair.
- ☐ it takes hours to dry her hair.

Hinweis: *"because the seawater damages her hair" (Z. 20/21)*

News Item 2

a) The fastest time for a runner dressed as a landmark is
- ☐ 3 hours 54 minutes.
- ☑ 3 hours 34 minutes.
- ☐ 2 hours 59 minutes.

Hinweis: *"The current record stands at three hours and 34 minutes." (Z. 6/7)*

b) Marathon runner Lukas Bates could not finish the race because
- ☑ of his costume.
- ☐ of Big Ben.
- ☐ of a volunteer.

Hinweis: *"the 30-year-old was unable to fit under the race clock at the finishing line because the top of his Big Ben costume was too tall." (Z. 9–12)*

c) In the end, Lukas
- ☐ ran across the finishing line.
- ☐ was helped by a race volunteer.
- ☑ crawled over the line.

Hinweis: *"Lukas finally crossed over the line on his hands and knees." (Z. 14/15)*

d) The world record for the fastest marathon time dressed as a landmark was set in
- ☑ Berlin.
- ☐ Lübeck.
- ☐ London.

Hinweis: *"The record for the fastest marathon time dressed as a landmark, […] was set by Richard Mietz at the Berlin Marathon" (Z. 18–21)*

Part Two

Hinweis: ***Hinweis:*** *Teil 2 ist eine Umfrage, in der ein Reporter sieben Personen zum Thema „Insekten essen“ befragt. Die Aussagen sind in Sprechblasen vorgegeben und du musst sie den richtigen Personen zuordnen. Für jede richtige Zuordnung bekommst du einen Punkt. Beachte, dass es sieben Personen, aber acht Aussagen gibt, eine Aussage bleibt also übrig.*
Zum Lesen der Aussagen hast du 40 Sekunden Zeit. Unterstreiche Schlüsselwörter in den Sprechblasen, auf die du dich während des Zuhörens konzentrieren kannst.

Julie	David	Mia	Archie	Katy	Dora	Jenna
C	H	F	E	B	A	D

Hinweise:
zu Julie: *"Insects are a regular part of the diet in many countries in Central and South America, Africa and Asia." (Z. 11–14)*
zu David: *"insects are really good for you. For example, a 100-gramme portion of red ants contains about 14 grammes of protein as well as a lot of iron. Many other insects are a great source of nutrients as well." (Z. 20–24)*
zu Mia: *"Farming insects […] produces between 10 and 80 times less methane gas than farming other animals." (Z. 29–31)*
zu Archie: *"Many insects feed on rotting food, dead animals and human waste, which is full of bacteria, and unfortunately, many insect farms in Asia don't follow high hygienic standards and this results in illness." (Z. 37–41)*
zu Katy: *"Did you know that insect farms are not as difficult to operate as cattle farms?" (Z. 42–44)*
zu Dora: *"A kilogramme of feed given to a cricket will produce twelve times more protein than the same amount given to cattle" (Z. 54–57)*
zu Jenna: *"we actually already eat more insects than you think." (Z. 62/63)*

Part Three

Hinweis: *Hier hörst du ein Interview mit dem Schwimmer Ross Edgley, der als erste Person rund um Großbritannien geschwommen ist.*
Lies die Aufgabenstellung genau durch und ergänze die gesuchten Informationen in der Tabelle. Du sollst jeweils nur eine Information angeben; machst du mehrere Angaben und ist eine davon falsch, erhältst du keinen Punkt. Pro Tabellenfeld kannst du einen Punkt erreichen. Bei sprachlichen Fehlern werden dir keine Punkte abgezogen, solange der Inhalt verständlich und korrekt ist. Stichpunkte reichen aus, Zahlen musst du nicht ausschreiben.

(1) how far Ross swam	**2,885 km/2,885 kilometres/around the coast of Great Britain**
(2) one of Ross' other world records	• **longest rope climb** • **climbing 8,800 metres up a rope** • **running a marathon pulling a (small) car**
(3) when Ross started his swim	**1st June**
(4) one reason why the swim took longer	• **(The) weather was unpredictable.** • **(There were) high waves/strong currents.** • **(The) cold slowed him down.**
(5) swimming routine	**(He) swam for six hours and slept six hours.**
(6) where Ross slept	**on the (support) boat**
(7) one difficulty Ross experienced	• **jellyfish stings** • **(open) wounds** • **(He) damaged (the muscles in) his shoulder.**
(8) what food he ate to get energy (one detail)	• **pizza** • **pasta** • **rice pudding** • **bananas**
(9) how he felt when he arrived back in Margate	**(He was really) emotional./(He) started to cry./(He felt) relieved.**
(10) current plans (one detail)	**(He wants to)** • **stay warm and dry.** • **learn to use his feet again for walking.** • **adapt to normal life (again).** • **wait for the next adventure.**

Hinweise:

zu 1: *"Ross, you swam 2,885 kilometres around the coast of Great Britain." (Z. 6/7)*

zu 2: *"You have two other world records. You hold the record for the longest rope climb. You climbed 8,800 metres in 19 hours. You have run a marathon pulling a small car." (Z. 12–15)*

zu 3: *"I left Margate […] on the 1st of June" (Z. 23/24)*

zu 4: *"the weather was unpredictable." (Z. 28)/"There were days when the waves were really high." (Z. 28/29)/"There were strong currents" (Z. 30)/"the cold slowed me down" (Z. 31)*
Beachte: Für die Antworten "weather" oder "cold" oder "water" wird kein Punkt vergeben. Deine Antwort muss immer ein Nomen und ein dazugehöriges Merkmal enthalten, z. B. "bad weather" oder "cold water".
zu 5: *"I swam for six hours and then slept for six hours." (Z. 33/34)*
zu 6: *"I slept on the support boat." (Z. 40/41)*
zu 7: *"I was stung 37 times by jellyfish." (Z. 47/48)/"I also had open wounds on my body" (Z. 48)/"I damaged the muscles in my shoulder." (Z. 49/50)*
zu 8: *"Pizza, pasta, rice pudding […] bananas" (Z. 55)*
Beachte: Für die Antworten "proteins" oder "energy drinks" werden keine Punkte vergeben, da nach konkreten Nahrungsmitteln gefragt ist.
zu 9: *"I was really emotional." (Z. 60); "I had to put my goggles back on because I was starting to cry." (Z. 63–65)*
zu 10: *"I just want to stay warm and dry" (Z. 68)/"I have to learn to use my feet again for walking." (Z. 69/70)/"I […] just need to adapt to normal life again." (Z. 70/71)*
Beachte: Für die alleinigen Antworten "learn walking" oder "enjoy the moment" werden keine Punkte vergeben.

B Reading Comprehension

1. Influence of social media on teens

Hinweis: *Hier musst du die Überschriften (A–G) den Abschnitten eines Textes (1–5) zuordnen. Es gibt sieben Überschriften, aber nur fünf Textabschnitte, zwei Überschriften bleiben also übrig. Für jede richtige Zuordnung bekommst du einen Punkt. Lies die Textabschnitte durch und suche nach Schlüsselwörtern, die du in den Überschriften wiederfindest. Vielleicht findest du auch Synonyme oder Umschreibungen wieder. Achte bei der Zuordnung darauf, dass die Überschrift alle Aspekte des Textabschnittes berücksichtigt.*

part of the text	❶	❷	❸	❹	❺
heading	F	A	G	D	E

Hinweise:
zu 1: *Im ersten Textabschnitt wird die wachsende Sorge vieler Eltern beschrieben, dass Social-Media-Seiten wie Instagram und Facebook schlecht für ihre Kinder sein könnten.*

zu 2: *Hier geht es um Studien zu den Auswirkungen sozialer Medien auf junge Menschen. Die Studienergebnisse zeigen, dass die Nutzung sozialer Medien sowohl negative Folgen haben kann als auch positive, sie sind also „mixed“ und stehen im Widerspruch zueinander.*
zu 3: *Textabschnitt 3 verweist auf die negativen Folgen des Social-Media-Gebrauchs: Jugendliche, die sehr häufig soziale Netzwerke nutzen, neigen zu Depressionen und Stimmungsschwankungen.*
zu 4: *Textabschnitt 4 zeigt auf, dass vor allem junge Frauen sich mit digital bearbeiteten Bildern in sozialen Netzwerken vergleichen und sich dadurch oft hässlich oder dick fühlen. Dies kann zu Essstörungen führen.*
zu 5: *Hier wird erklärt, dass von den Jugendlichen, die sehr viele Videospiele machen, diejeinigen seltener psychische Probleme bekommen, die über soziale Netzwerke Freundschaften pflegen.*

2. Why Scotland loves haggis

Hinweis: *Bei dieser Multiple-Choice-Aufgabe musst du die vorgegebenen Satzanfänge vervollständigen. Es ist immer nur eine Antwort richtig. Die Aufgaben sind in der Regel chronologisch angeordnet, d. h. die Antwort zur ersten Aufgabe findest du zu Beginn des Textes, die zur nächsten etwas weiter unten im Text usw. Lies dir den Text einmal komplett durch, bevor du mit dem Beantworten der Fragen beginnst. Wenn du beim ersten Lesen nicht alles verstehst, lass dich nicht verunsichern. Wenn du dich intensiver mit den einzelnen Abschnitten beschäftigst, kannst du vieles aus dem Zusammenhang erschließen. Markiere zuerst Schlüsselwörter in dem Satz, den du vervollständigen musst, und dann in dazugehörigen Stellen im Text, die dir die Antwort verraten. So findest du die entsprechenden Textstellen schnell wieder, wenn du deine Lösungen am Ende noch einmal überprüfst.*

a) In the past, especially poorer people needed to
- ☐ preserve their internal organs.
- ☐ salt and dry their haggis.
- ☐ eat their haggis at once.
- ☑ use almost all parts of an animal.

Hinweis: *"In those days it was essential for poorer people to use as much of an animal as possible." (Z. 1/2)*

b) Haggis is cooked
- ☐ with whisky.
- ☐ in a balloon.
- ☑ gently.
- ☐ in a dish.

Hinweis: *"cooked slowly for two or three hours at a low temperature." (Z. 8/9)*

c) Originally, haggis was eaten
- [x] by travellers.
- [ ] by Robert Burns.
- [ ] out of tins.
- [ ] in restaurants.

Hinweis: *"In its early days, haggis served as a hearty meal for those on the move across Scotland" (Z. 12)*

d) Today, you can buy this traditional dish
- [ ] only on Burns Night.
- [ ] only in tins.
- [x] at any time.
- [ ] only in fast-food shops.

Hinweis: *"haggis is still eaten year-round – you can even buy it in tins or from fast food shops." (Z. 16/17)*

e) Robert Burns was a Scottish
- [ ] whisky-maker.
- [ ] trader.
- [x] writer.
- [ ] cook.

Hinweis: *"Scotland's national poet, Robert Burns" (Z. 19)*

f) Burns night was first celebrated
- [x] five years after Burns had died.
- [ ] in 1759.
- [ ] on January 25th.
- [ ] on Robert Burns' birthday.

Hinweis: *"The first Burns Night was celebrated in 1801 […] when a group of his friends came together […] to celebrate his life and achievements on the fifth anniversary of the poet's death" (Z. 20–22)*

g) On Burns Night, haggis is normally served with
- [ ] soup.
- [x] vegetables.
- [ ] meat.
- [ ] oats.

Hinweis: *"It is traditionally served with 'neeps and tatties' – turnip and potato" (Z. 26)*

h) Cooks sometimes pour whisky
- ☐ into the soup.
- ☑ into the sauce.
- ☐ over the haggis.
- ☐ onto the plates.

***Hinweis:** "Cooks can make a whisky-based sauce to serve with the haggis" (Z. 29/30)*

i) Burns Night traditionally starts with
- ☑ Scottish music.
- ☐ Scottish history.
- ☐ a glass of whisky.
- ☐ a reading of the recipe.

***Hinweis:** "The feast tradtionally begins with a bagpiper playing while haggis is carried to the table." (Z. 34/35)*

k) "Auld Lang Syne" is usually sung
- ☐ at the beginning of the evening.
- ☑ at the end of the evening.
- ☐ when the haggis arrives.
- ☐ before reading a poem.

***Hinweis:** "The host closes the evening by inviting guests to stand and sing 'Auld Lang Syne'". (Z. 36)*

3. Take your seats, everyone

***Hinweis:** Ganz am Anfang solltest du den Romanauszug einmal komplett durchlesen, damit du weißt, wovon er handelt. Danach liest du am besten die Fragen, damit du beim zweiten Lesen des Textes die Stellen, die die Antworten verraten, markieren kannst. Du musst nicht in vollständigen Sätzen antworten. Für sprachliche Fehler werden dir keine Punkte angezogen, sofern deine Antwort verständlich und inhaltlich richtig ist.*

a)
- huge
- sparkly chandeliers
- red velvet walls
- rows of cushioned seats
- giant stage
- wide aisle

***Hinweis:** "The auditorium was huge inside. Big sparkly chandeliers. Red velvet walls. Rows and rows and rows of cushioned seats leading up to the giant stage. We walked down the wide aisle" (Z. 3–5)*

b) (They are in) fifth grade.
Hinweis: "We walked down the wide aisle and followed the signs to the fifth-grade staging area" (Z. 5/6)

c) (They should sit) alphabetically.
***Hinweis:** "'you're sitting alphabetically.'" (Z. 8)*

d) He tells her that she looks awesome.
***Hinweis:** "'Wow, Summer, you look awesome'" (Z. 13).*
Beachte: Für eine Antwort in falscher Perspektive, z. B. "I tell her", wird kein Punkt vergeben.

e) Because of the program./Summer's mom dozed off last year./Mr. Jansen's speeches always go on forever/Because of Mr. Jansen's speech.
***Hinweis:** "'Oh man, look at this program' […] 'We're going to be here all freakin' day.'" (Z. 17/18)/"'Because Mr. Jansen's speeches go on forever'" (Z. 19)./"'My mom said she actually dozed off when he spoke last year'" (Z. 21)*

f) She is annoyed that nobody is listening./The students don't sit down./The students forget that they are sitting in alphabetical order./They have a lot to get through.
***Hinweis:** "Ms. Rubin started yelling louder now, like she was getting annoyed that nobody was listening. 'We have a lot to get through, so take your seats. Don't forget that you're sitting in alphabetical order!'" (Z. 25–27)*

g) He looks at Ms. Rubin blankly./He says, "I am?"/He looks confused./He looks like he has just played a joke on someone.
***Hinweis:** "Jack looked at her blankly." (Z. 35)/"'I am?'" (Z. 36)/"a mixture of looking completly confused and looking like he's just played a joke on someone" (Z. 36/37)*

h) He finds Summer very attractive and doesn't want to show it.
***Hinweis:** Die Antwort auf diese Frage steht nicht direkt im Text. August ist, wie man in der Einleitung erfährt, ein einger Freund von Jack. Er bemerkt aber erst, dass Jack in Summer verliebt ist, als Jack zu Summer sagt, dass sie „okay" aussieht (vgl. Z. 14), obwohl sie richtig gut aussieht, wie August kurz zuvor sagt (vgl. Z. 13). Später gibt Jack das August gegenüber auch zu (vgl. Z. 31). Dass Jack sich nicht traut, offen zu sagen, wie hübsch er Summer findet, deutet darauf hin, dass er in sie verliebt ist, es ihr aber nicht zeigen möchte.*
Beachte: Für die alleinige Antwort "He has a crush on her" wird kein Punkt vergeben. Aus deiner Antwort muss auch hervorgehen, dass Jack diesen „crush" für sich behalten möchte.

i) (He means/is referring to) the very clever students/students who are very intelligent/the best students/students who get good marks.

Hinweis: brainiac *heißt übersetzt etwa „Intelligenzbestie" oder „Superhirn". Du kannst dir die Bedeutung des Wortes erschließen, da das Wort* brain, *also „Gehirn", darin enthalten ist. Es handelt sich also um Schülerinnen und Schüler, die besonders intelligent sind und dafür ausgezeichnet werden.*
Beachte: Für die Antwort "students who get medals" wird kein Punkt vergeben, da sie zu allgemein ist. Aus deiner Antwort muss hervorgehen, dass es sich um besonders intelligente/begabte/clevere/hervorragende Schülerinnen und Schüler handelt.

C Use of Language

1. Mediation – The switched RV

Hinweis: *Die Mediation ist in zwei Teile gegliedert. Im ersten Teil sollst du die wichtigsten Fakten aus der englischen E-Mail eines Wohnmobilvermieters an deinen Onkel wiedergeben. Du kannst Textstellen in der E-Mail markieren und bei Bedarf wichtige Ausdrücke in deinem Wörterbuch nachschlagen.*
Im zweiten Teil der Mediation bittet dich dein Onkel, den Wohnmobilvermieter anzurufen. Auf dieses Gespräch bereitest du dich vor, indem du das Hauptanliegen auf Englisch formulierst und anschließend vier weitere wichtige Informationen bzw. Fragen, die du weitergeben sollst, aufschreibst.
Achte darauf, die richtige Perspektive einzunehmen, also z. B. im zweiten Teil in der 3. Person Singular („My uncle"/„He") zu sprechen und nicht in der Ich-Perspektive. Wenn du eine falsche Perspektive einnimmst (egal ob einmal oder mehrfach), wird dir von der Gesamtpunktzahl der Mediation einmalig ein Punkt abgezogen. Gibst du Antworten in der falschen Sprache, bekommst du keinen Punkt. Wenn du statt „Wohnmobil" den englischen Begriff „RV" verwendest, ist das auch in Ordnung und gibt einen Punkt.

Zwei Hauptanliegen:
- Der Vermieter teilt mit, dass das (gebuchte) (Standard-)Wohnmobil nicht zur Verfügung steht.
- Der Vermieter bietet als Ersatz ein kleineres/Compact Wohnmobil an./Der Vermieter bietet einen Ersatz/ein anderes Wohnmobil an.

Hinweis: *Für die Aussage „Der Vermieter ist ausgebucht" wird kein Punkt vergeben, da dabei die für deinen Onkel wichtige Information fehlt, dass er das eigentlich gebuchte Wohnmobil nicht nutzen kann.*

Fünf weitere wichtige Informationen:
- Drei Personen können darin/im kleineren Wohnmobil schlafen./Es passen drei Passagiere in das (kleinere) Wohnmobil.
- (Der) Tisch lässt sich in (ein) Bett verwandeln.

- (Der) Raum über der Fahrerkabine lässt sich in (ein) Doppelbett verwandeln/zu einem Doppelbett ausziehen/umbauen.
- (Das kleinere) Wohnmobil (ist) nur 2,3 Meter breit.
- (Das kleinere) Wohnmobil (ist) besser für Wohnmobil-Anfänger geeignet.
- (Das) Fahren auf engen Straßen ist einfacher/sicherer.
- einfacheres Parken/Das Parken ist (mit dem kleineren Wohnmobil) einfacher.
- 300 Freimeilen
- Küchenutensilien (normalerweise $ 110) kostenlos./Man spart 110 Dollar.
- Du sollst schnell antworten, da die Wohnmobilvermietung viele Anfragen für diesen Zeitraum hat.
- Man kann bei der Vermietung anrufen oder eine E-Mail schreiben.

✎ ***Hinweis:*** *Die Antwort „300 freie Kilometer" statt „300 Freimeilen" ergibt keinen Punkt. Für „Küchen-Kit" statt „Küchenutensilien" wird kein Punkt vergeben.*

Hauptanliegen:
My uncle will accept the offer/book the Compact RV.

Vier weitere wichtige Informationen oder Fragen:
- My uncle is not happy about the smaller RV.
- How much work is it to prepare/make up the beds?
- My uncle is 1.95 metres tall – is the RV high enough for him to stand comfortably?
- Is the bathroom big enough for a tall person to shower comfortably?
- Does this RV use less gas?/Will the gas cost less?/What are the fuel costs?

✎ ***Hinweis:*** *Die Hauptaussage "My uncle has many questions about the RV" ergibt keinen Punkt.*

2. Words and structures – Police museum[1]

✎ ***Hinweis:*** *Diese Aufgabe überprüft deine Kenntnisse in Wortschatz und Grammatik in Form eines Lückentextes. Lies den Text gut durch und wähle aus der Box das passende Wort für die jeweilige Lücke aus. Beachte, dass jedes Wort nur einmal verwendet werden darf und dass in der Box mehr Wörter stehen, als es im Text Lücken gibt. Du erhältst keinen Punkt, wenn du ein Wort falsch abschreibst oder es fälschlicherweise mit einem Großbuchstaben am Anfang schreibst.*

Police shows on TV are filled with high-speed car chases and crimes solved quickly – within a few (1) **minutes**. But that is not a typical day for a real-life police officer. At the new National Law Enforcement Museum in Washington, interactive (2) **displays** invite visitors to use their (3) **senses** of sight, hearing, touch and smell.

In that way, they can learn about the way police officers, detectives and forensic scientists do (4) **their** work.
Visitors can discover how footprints and DNA help solve crimes. They can also sit in a real police car that officers (5) **used** on the streets. There, the visitors can learn (6) **about** the meaning of different emergency light patterns and sirens.
Visitors will (7) **quickly** learn that crime-solving is a team effort, not only within one police department, but among many law enforcement agencies across the country. For example, six agencies worked together on a national park graffiti case. There is also a video of how dogs (8) **are trained** before they join the so-called K-9 units, where dogs are partners of police officers. Visitors learn which dogs are good for tracking the bad guys and which dogs are better (9) **at** sniffing out drugs.
Visitors (10) **who** are at least twelve years old can try the same training scenarios and equipment used in professional law enforcement classes. Short videos test the (11) **participants'** abilities to observe accurately and think quickly before reacting. The exercises give an understanding of what officers face on a daily basis.
Because every community is different, the museum shows (12) **how** the needs and challenges of different communities are being addressed. There are programs to minimize problems and reduce (13) **crime**, while increasing trust between residents and police.

Ann Cameron Siegal: New museum lets visitors walk in the shoes of a police officer, *Washington Post* vom 28. 11. 2018, https://www.washingtonpost.com/lifestyle/kidspost/a-look-into-the-new-national-law-enforcement-museum/2018/11/27/f4928072-f1ae-11e8-aeea-b85fd44449f5_story.html (adaptiert), From The Washington Post.

1 Der Originaltext des Artikels aus der *Washington Post* lautet:
Police shows on TV are filled with high-speed car chases and crimes solved in a matter of minutes. But that's not a typical day for a real-life police officer. To get a more accurate picture, head to the new National Law Enforcement Museum in Washington. Interactive exhibits there invite visitors to use their senses of sight, hearing, touch and smell in gathering information the way police, detectives and forensic scientists do.
Explore how footprints and DNA, or genetic material, help solve crimes. Sit in an actual police cruiser as you learn the meaning of different emergency light patterns and sirens.
"It's a walk-in-their-shoes experience," said Julie Bell, the museum's manager of school programs. Let's look at a few exhibits.
The Web of Law Enforcement: You'll quickly learn that crime- solving is a team effort, not only within one department, but among agencies across the country. The FBI, Secret Service, Coast Guard and Postal […] Inspection Service are just some of the law enforcement groups helping local police when needed. For example, six agencies worked together on a national park graffiti case.
K-9 units: See a video of how dogs are trained to join K-9 units. Test your ability to smell and identify various scents. Learn which breeds are better at tracking the bad guys while others are better at sniffing out drugs. Why are Chihuahuas better at some tasks than German shepherds?
The Training Simulator: Those age 12 and older can try the same training scenarios and equipment used in professional law enforcement classes in which police try to resolve difficult situations. Short videos, based on real police encounters, test participants' abilities to observe accurately and think quickly before reacting.
The exercises give an understanding of what officers face on a daily basis.

"Many kids first think it's like a video game," said Alan Davis, an educator and retired New York police officer. "They soon realize that real-life split-second decision-making isn't easy, and they freeze. For real police, there are no second chances." […]

Five Communities (current programs): Every community is different. Learn how the needs and challenges of five communities are being addressed. These communities' goals are to develop programs to minimize problems and reduce crime, while increasing trust between residents and police. What might work in your neighborhood? There's a place for visitors to share their thoughts.

As Luther Reynolds, police chief in Charleston, South Carolina, told the museum, "There is no department in this country that doesn't have the room to get better."

Hinweise:

zu 1: *Hier fehlt ein Nomen im Plural. Die Formulierung* within a few *(„innerhalb weniger") zeigt, dass hier nur* minutes *passt.*

zu 2: *Auch in diese Lücke muss ein Nomen gesetzt werden, und weil kein Artikel dabei steht, muss es wieder im Plural stehen. Inhaltlich kann die Lücke nur mit dem Wort* displays *(→ „interaktive Darstellungen") gefüllt werden.*

zu 3: *Daraus, dass nach dem gesuchten Wort* sight, hearing, touch and smell *(Sehen, Hören, Fühlen und Riechen) steht, kannst du schließen, dass es sich um die Sinne* (senses) *handelt.*

zu 4: *In dieser Lücke fehlt ein passender Begleiter zum Nomen* work. *Der einzige Begleiter im grauen Kasten – und damit die richtige Lösung – ist der Possessivbegleiter* their *(→ „ihre Arbeit").*

zu 5: *Das Wort* real *verrät dir, dass es sich um ein echtes (aber ausrangiertes) Polizeiauto handelt, das früher wirklich verwendet wurde. Daher kommt nur die Verbform* used *infrage.*

zu 6: *Hier fehlt eine Präposition, und das Verb* learn *wird normalerweise mit der Präposition* about *verwendet, wenn „etwas lernen" gemeint ist.*

zu 7: *Dass ein Adverb verlangt wird, kannst du an der Wortstellung erkennen (ein Adjektiv würde vor dem Nomen stehen, z. B.* quick visitors). *Das fehlende Adverb beschreibt das Verb* learn *näher. Da* quickly *„schnell, rasch" bedeutet, ist es hier passend.*

zu 8: *Hier passt nur die Passivform* are trained, *denn es wird ein Verb im Präsens benötigt, wie du an der folgenden Verbform* join *(ebenfalls Präsens) erkennen kannst.*

zu 9: *Der Ausdruck* to be good/bad/better *(„in etwas gut/schlecht/besser sein") wird im Englischen immer mit der Präposition* at *benutzt.*

zu 10: *Die Besucher* (visitors) *werden hier durch einen Relativsatz näher beschrieben. Außer* whose, *das besitzanzeigend ist und daher hier nicht passt, ist* who *das einzige Relativpronomen im grauen Kasten; da* who *bei Personen verwendet wird, ist es die richtige Lösung.*

zu 11: *Es wird ein Nomen im Genitiv benötigt (wessen Fähigkeiten? → die Fähigkeiten der Teilnehmenden). Da das Wort* participants' *die einzige Genitivform in der Box ist, ist es die richtige Lösung.*

Beachte: Die Lösungen participant's *und* participant *ergeben keinen Punkt.*

zu 12: *Das Adverb* how *ist inhaltlich das einzige Wort, das Sinn ergibt. Der Ausdruck* to show how *bedeutet „zeigen, wie“.*
zu 13: *Hier kannst du mit dem Ausschlussverfahren viel erreichen: Da es sich um etwas handelt, das reduziert werden soll, muss es etwas Negatives sein. Außerdem brauchst du ein Nomen. Da* criminal *(„Verbrecher*in“) nicht passt, kann hier nur* crime *stehen.*

D Text Production

Hinweis: *Im letzten Teil der Abschlussprüfung, der Textproduktion, hast du die Wahl zwischen zwei Aufgaben. Bei der Textproduktion kannst du 25 Punkte, also ein Viertel der Gesamtpunktzahl, erreichen. Du kannst entscheiden, ob du einen Text zu dem vorgegebenen Bild oder einen Text für einen Schreibwettbewerb zum Thema „Die Bedeutung des Reisens“ schreiben möchtest.*
Bei beiden Themen solltest du ungefähr 150 Wörter schreiben und in deinem Text mindestens vier der fünf vorgegebenen Fragen bearbeiten.
Neben den Punkten für Inhalt (10 Punkte), Grammatik (5 Punkte) und Wortschatz (5 Punkte) gibt es weitere 5 Punkte für die Organisation deines Textes. Achte deshalb darauf, dass dein Text klar strukturiert ist, d. h., es muss ein „roter Faden“ durch Einleitung, Hauptteil und Schluss zu erkennen sein. Dein Text sollte darüber hinaus durch Absätze strukturiert sein. Im Lösungsvorschlag stehen als Hilfe bei jedem Absatz am Rand kurze Stichpunkte zur Orientierung. Auch wenn du andere Formulierungen oder Argumente verwendet hast, kannst du so vergleichen, ob du die wichtigen Aspekte bedacht und deinen Text gut strukturiert hast.
Zähle die Wörter, wenn du mit dem Schreiben fertig bist. Wenn dein Text durchgehend sinnvoll ist und es zu keinen Wiederholungen kommt, darfst du auch mehr als 150 Wörter schreiben. Die Lösungsvorschläge sind bewusst etwas länger, damit du Anregungen für die inhaltliche Ausgestaltung und für gute Formulierungen erhältst.

What is the story behind the picture?

Hinweis: *Schau dir das Bild genau an und überlege, was die beiden Jungen wohl machen und wo sie sich befinden könnten. Deiner Kreativität sind keine Grenzen gesetzt, solange deine Gedanken nachvollziehbar sind und du vier der fünf vorgegebenen Punkte berücksichtigst.*

So many people say that teenagers are just living for their mobiles nowadays. As a teen, I am annoyed by that and do not think it is true. But my experience yesterday showed me that sometimes it can be true and now I understand better why many parents do not like it if their children use their smartphones so much. Einleitung

In the afternoon I went shopping and while I was walking along the street, I saw two of my friends, Tim and Leo, sitting on the pavement. However, I felt sad because they did not see me, even though I was standing right next to them. They were lost on their mobiles and did not realize what was happening around them at all. They did not even speak to each other because they were only thinking about the games they were playing. Normally, at school, we are best friends and have lots of fun together.

Wer?
Wo?
Was machen die beiden?
Was denken die beiden?

After waiting for a moment, I called them and they recognized my voice and looked up at me. They were surprised, but then smiled at me and told me they were sorry for not seeing me. They got up and we went to the next ice-cream corner and enjoyed the sunny afternoon together.

Was passiert als Nächstes?

In the end, it was a great afternoon, but the three of us will try to pay more attention to the world around us and less to our mobile phones in the future. *240 words*

Schluss

The importance of travelling

Hinweis: *Bei dem Schreibwettbewerb geht es um das Thema „Die Bedeutung des Reisens". Überlege dir, warum das Reisen für dich wichtig ist, und vergiss nicht, in deinem Text vier der fünf Fragen zu beantworten.*

Travelling is a very important part of my life. Like many families, my sister, my parents and I always spend two weeks in a foreign country during the summer holidays.

Einleitung

Normally we start planning in winter because we think it is important to have a good plan. That way, we can relax during the journey and forget all stress at home. Besides, I love having so much time to look forward to the journey.

Wichtige Aspekte beim Reisen

Last summer we visited Austria. You may think that sounds boring, but we had lots of fun. While travelling, all of us need lots of action. And there was a lot of action in Austria: we went hiking, cycling and swimming in clear lakes and rivers. But our biggest adventure was a guided mountain bike trail tour with a great view over the mountains. I had never imagined how beautiful the Alps really are.

Welche Länder?
Spannendstes Erlebnis

For me, travelling means having fun, relaxing and enjoying time with the family. Moreover, by travelling you can learn a lot about other countries, for example about the culture or the language.

Vorteile des Reisens

We have already been to Spain, Croatia and Denmark, for example. Next year, we would like to fly to New York. This has always been

Welche Länder/Orte?

my parents' biggest dream. I am excited about it, too, and maybe I can even practise my English there.

Negative effects of travelling that I can think of are that you must spend lots of money and that it also pollutes the environment. Nachteile des Reisens

However, I am convinced that travelling has more advantages than disadvantages and I would not want to miss it for the world. Schluss

270 words

A Listening Comprehension

Hinweis: *Der Hörverstehensteil der Abschlussprüfung 2021 besteht aus drei Teilen. Alle Texte werden zweimal vorgespielt. Du kannst während des Abspielens jederzeit mit deinen Eintragungen beginnen. Im ersten Teil hörst du zwei Nachrichten, der zweite Teil ist eine Umfrage und der dritte Teil ein Interview.*

Part One

Hinweis: *Lies dir zunächst die Aussagen zu „News Item 1" durch. Dafür hast du 20 Sekunden Zeit. Während des ersten Hörens kannst du bereits mit Bleistift mögliche Antworten ankreuzen. Denke aber daran, dass du deine endgültigen Antworten mit Füller oder Kugelschreiber festhältst. Für jede richtige Antwort bekommst du einen Punkt. Wenn du bei einer Teilaufgabe mehrere Antworten ankreuzt, bekommst du keinen Punkt.*
Im ersten „News Item" geht es um das sogenannte „Pancake race" in Olney, Buckinghamshire, eine fast 600 Jahre alte Tradition, bei der Frauen mit einer Bratpfanne in der Hand um die Wette laufen. Deine Aufgabe ist es, zu erkennen, wann das Rennen stattfindet (a), warum das Rennen nach einer Pause während des Zweiten Weltkriegs wieder aufleben konnte (b), welche Voraussetzungen man erfüllen muss, um an dem Rennen teilnehmen zu können (c) und was die Strecke charakterisiert (d). Bevor du „News Item 2" hörst, hast du erneut 20 Sekunden Zeit, dir die Aufgaben durchzulesen. Es geht hier um den Kater Clyde, der sechs Jahre lang vermisst und nach so langer Zeit zu seiner Familie zurückgebracht wurde. Du musst erkennen, nach welchem Ereignis Clyde entlaufen ist (a), wann die Familie Clyde bekommen hat (b), wie der Kater sechs Jahre lang lebte (c) und woran die Besitzerin ihn nach all der Zeit sofort erkannte (d).

News Item 1

a) The pancake race takes place _____ Lent.
- ☑ before
- ☐ during
- ☐ after

Hinweis: *"The race, which takes place on the day before the beginning of Lent" (Z. 3–5)*

b) In 1948, the race was held again after the vicar
- [ ] had cleaned all the cupboards.
- [x] had discovered some old photographs.
- [ ] came running with a frying pan.

Hinweis: *"When he was cleaning out a cupboard, he came across some old photos […] of women running with frying pans." (Z. 10–13)*

c) To take part in the race, you must
- [ ] carry a skirt.
- [ ] be male and over 18.
- [x] wear something on your head.

Hinweis: *"Participants must wear a skirt, a headscarf and carry a frying pan." (Z. 19/20)*
Lass dich von der Antwortmöglichkeit „carry a skirt" nicht veunsichern: das bedeutet nicht „einen Rock anhaben", sondern „einen Rock tragen" im Sinne von „mit sich führen, dabei haben". „Einen Rock anhaben" heißt auf Englisch „to wear a skirt".

d) The race
- [x] finishes at the church.
- [ ] is about 400 metres long.
- [ ] is about 365 yards long.

Hinweis: *"The race is about 400 yards, or about 365 metres, from the marketplace to the church door." (Z. 20–22)*

News Item 2

a) Clyde went missing after his owners had moved
- [ ] away from Bradford-on-Avon.
- [ ] at Halloween.
- [x] to a new house.

Hinweis: *"Clyde escaped and disappeared days after his owners moved to a new home" (Z. 3/4)*

b) Clyde originally came from a rescue centre
- [ ] 6 years ago.
- [x] 15 years ago.
- [ ] in 2013.

Hinweis: *"they had got Clyde […] from a rescue centre 15 years ago." (Z. 12–14)*

c) The black cat had been
   - ☐ found inside an old people's home.
   - ☐ fed by someone called George.
   - ☑ looked after at an old people's home.

   Hinweis: "after having been seen hanging around outside an old people's home […] He was fed by staff and people called him George." (Z. 21–24)

d) The owner Mrs Sargeant said she saw it was Clyde because
   - ☑ he has shiny eyes.
   - ☐ he looks like his sister.
   - ☐ he has a microchip.

   Hinweis: "Mrs Sargeant recognised him straight away by his bright eyes." (Z. 24–26)

Part Two

***Hinweis:** In Teil 2 hat eine Reporterin sieben Personen zum Thema Videospiele befragt. Die Aussagen der Befragten sind in Sprechblasen vorgegeben. Du musst die Aussagen den entsprechenden Personen zuordnen. Für jede richtige Zuordnung erhältst du einen Punkt. Beachte, dass am Ende eine Aussage übrig bleibt, weil acht Aussagen vorgegeben sind, aber nur sieben Personen befragt wurden.*
Du hast zum Lesen der Aussagen 40 Sekunden Zeit. Unterstreiche Schlüsselwörter in den Sprechblasen, auf die du dich während des Zuhörens konzentrieren kannst.

Kieran	Helena	Nina	Jordan	Mrs Townsend	Annie	Macaulay
C	G	A	D	B	F	H

Hinweise:
***zu Kieran:** "I can forget about school stress or any other problems I might have" (Z. 11/12)*
***zu Helena:** "I can analyse problems faster and make decisions more quickly." (Z. 20/21)*
***zu Nina:** "they are the ones whose grades suffer" (Z. 24/25)/"they forget their homework or are half-dead in the lessons." (Z. 27–29)*
***zu Jordan:** "It really has improved my knowledge of history." (Z. 34/35)*
***zu Mrs Townsend:** "he's losing touch with his children." (Z. 42/43)/"His relationship to my sister has got worse too." (Z. 45/46)*
***zu Annie:** "I think that this is the same skill that young people need to build career networks" (Z. 52–54)*
***zu Macaulay:** "first person shooter games can increase aggressive behaviour." (Z. 58/59)*

Part Three

***Hinweis:** Der dritte Teil ist ein Interview mit Sunny, einem Einwanderer aus Nigeria, der fast 21 Jahre lang nachts in Londoner Bussen geschlafen hat.*
Lies dir die Anweisungen genau durch und ergänze die gesuchten Informationen. Wo nicht anders verlangt, sollst du jeweils nur eine Information pro Tabellenzeile angeben und kannst pro Tabellenzeile einen Punkt erreichen. Machst du mehrere Angaben und ist eine davon falsch, gibt es keinen Punkt. Sprachliche Fehler führen nicht zum Punktabzug, solange der Inhalt verständlich und korrekt ist. Stichpunkte reichen aus, Zahlen musst du nicht ausschreiben.

(1) Sunny's age	**55**
(2) year he came to Britain	**1998**
(3) why he had to leave Nigeria	• **(he had been a) (political) prisoner** • **(he had) campaigned for democracy** • **(he had been given the) death sentence** • **persecution / (he was) persecuted**
(4) why he spent the night on buses	• **buses (were) safer / warmer** • **centres (were often) overcrowded** • **he was homeless**
(5) best place to sleep on a double-decker bus	**downstairs / at the back**
(6) why it was difficult to sleep on a bus (two details)	• **constant movement / movement of the bus** • **(neon) lights** • **noisy travellers** • **humming / sound of (the) engine**
(7) why Sunny did not have the right to stay in the UK	**(he had) no proof that he had lived in the UK / there (for twenty years). / (there was) no record of him living there / anywhere (in the UK)**
(8) what a bus driver did to help	**(he) wrote a letter (of support)**
(9) how he feels today	**(he has been very) lucky**

Hinweise:
***zu 1:** "Sunny, a fifty-five-year-old" (Z. 1/2)*
***zu 2:** "I came to Britain in 1998." (Z. 8)*
***zu 3:** "I was a political prisoner because I had campaigned for democracy. I had been given the death sentence" (Z. 9–11)*

zu 4: *"the London night buses were safer and warmer than the streets and the centres were often overcrowded." (Z. 22–24)*
zu 5: *"the best place to sleep was downstairs at the back of the bus." (Z. 34–36)*
zu 6: *"It is still not easy to sleep, though – the constant movement of the bus, the neon lights, the noisy travellers and the humming sound of the engine all make sleeping quite difficult." (Z. 38–42)*
zu 7: *"I didn't have any proof that I had lived in the UK for over twenty years. There was no record of me living anywhere." (Z. 48–51)*
zu 8: *"I asked one of the friendliest bus drivers to write a letter of support for me" (Z. 53/54)*
zu 9: *"I have been very lucky." (Z. 62/63)*

B Reading Comprehension

1. Banksy

Hinweis: *Du musst die Überschriften (A–G) den Abschnitten eines Textes (1–5) zuordnen. Es gibt sieben Überschriften, aber nur fünf Textabschnitte, deshalb bleiben zwei Überschriften übrig. Für jede richtige Zuordnung bekommst du einen Punkt.*
Lies zunächst die Textabschnitte durch und suche nach Schlüsselwörtern, die du so oder in ähnlicher Weise (z. B. in Form von Synonymen) in den Überschriften wiederfindest. Achte bei der Zuordnung darauf, dass die Überschrift alle Aspekte des Textabschnittes berücksichtigt.

part of the text	❶	❷	❸	❹	❺
heading	E	F	G	A	C

Hinweise:
zu 1: *An den Formulierungen „political artist", „provocative work" und „criticism of society and its conditions" erkennst du, dass es hier um politische Botschaften geht. Dass Banksy ein anonymer Künstler ist und sich seine Werke in einer legalen Grauzone bewegen, wird zwar jeweils kurz erwähnt, es sind aber nicht die Hauptthemen dieses Abschnitts, daher passen die Überschriften A und B nicht.*
zu 2: *Der zweite Textabschnitt befasst sich mit Banksys Motiven, u. a. Affen und Ratten – letztere sind sein Lieblingsmotiv und der gesamte zweite Teil des Abschnitts beschäftigt sich damit.*
zu 3: *Der dritte Abschnitt handelt von Fälschungen (auf Englisch „forgeries") von 10 Pfund-Scheinen, die Banksy erstellt und in Umlauf gebracht hat.*

***zu 4:** Hier geht es um Banksys wachsenden Erfolg („success") und Reichtum. Banksy bereut nicht seine Werke, sondern nur die Tatsache, dass diese finanziell so wertvoll und kommerziell so erfolgreich sind, daher ist Überschrift D falsch.*
***zu 5:** Hier wird erklärt, dass Banksy nach wie vor seine wahre Identität geheim hält und dass schon mehrfach versucht wurde, herauszufinden, wer er ist, allerdings ohne eindeutiges Ergebnis.*

2. Young people and working attitudes

***Hinweis:** Hier musst du jeweils aus vier Antwortmöglichkeiten diejenige ankreuzen, die den Satz richtig vervollständigt. Die Sätze sind chronologisch angeordnet, d. h., die Antwort zu a) findest du zu Beginn des Textes, die zu b) etwas weiter unten im Text usw.*
Lies dir zunächst den Text einmal komplett durch. Wenn du beim ersten Lesen nicht alles verstehst, ist das nicht schlimm. Sobald du dich genauer mit den einzelnen Abschnitten beschäftigst, lässt sich vieles aus dem Zusammenhang erschließen.
Markiere Schlüsselwörter in den Sätzen, den du vervollständigen musst, und dann auch in den Textstellen, die die dazugehörigen Antworten enthalten. So findest du die entsprechenden Stellen schnell wieder, wenn du deine Lösungen am Ende noch einmal überprüfst.

a) The number of teenagers working on Saturdays has _____ in the last 20 years.
- ☐ grown
- ☐ doubled
- ☐ increased
- ☑ decreased

***Hinweis:** "The number of teenagers working in Saturday jobs has almost halved in the past 20 years." (Z. 1)*

b) One in four 16- and 17-year-olds
- ☐ works online.
- ☐ has never worked.
- ☑ has a traditional job.
- ☐ stacks shelves.

***Hinweis:** "Only one in four 16- and 17-year-olds takes up paid traditional work" (Z. 4)*

c) A typical Saturday job will bring in about _____ a month.
- ☐ £20
- ☐ £48
- ☑ £250
- ☐ £2,000

Hinweis: "the £250 a typical teenager would earn monthly working Saturdays." (Z. 9)

d) Many teenagers do not want to start working too soon because they
- [ ] want to postpone their studies.
- [x] want to concentrate on their education.
- [ ] will not be prepared for working life.
- [ ] will not work for long enough.

***Hinweis:** "many young people […] want to focus more strongly on studies." (Z. 10/11)*

e) Not having a Saturday job can create problems because teenagers
- [x] have no work experience.
- [ ] have no money.
- [ ] are not prepared for online work.
- [ ] struggle with long-term milestones.

***Hinweis:** "This lack of work experience can create longer-term problems" (Z. 14)*

f) As a teenager, the London mayor worked
- [ ] in a food shop.
- [ ] in a restaurant.
- [x] at a construction site.
- [ ] at a hairdresser's.

***Hinweis:** "the London mayor Sadiq Khan worked on a building site" (Z. 17/18)*

g) According to Amy Leonard, young people starting work
- [ ] know how to behave in a working environment.
- [ ] can work in a team at the workplace.
- [ ] can explain the world of work.
- [x] need help to adjust to the workplace.

***Hinweis:** "It's also about explaining the world of work and helping young adults to develop the confidence to take that next step from education into work." (Z. 26/27)*

h) Many _____ think school leavers are not prepared properly for work.
- [ ] executives
- [x] employers
- [ ] researchers
- [ ] entrepreneurs

***Hinweis:** "almost half of the employers believe that young people leaving school, college or university are not ready for work." (Z. 28/29)*

i) Online work allows young people to
- ☑ be more flexible.
- ☐ try a traditional job.
- ☐ work locally.
- ☐ develop key skills.

Hinweis: *"they found this line of work more flexible" (Z. 31)*

k) A third of all unemployed people
- ☐ are socially disadvantaged.
- ☐ have always worked.
- ☐ have bought and sold clothes online.
- ☑ have never had a job.

Hinweis: *"a third of people who are currently out of work have never been employed" (Z. 33/34)*

3. Molly's first day at work

Hinweis: *Lies den Romanauszug zunächst vollständig durch, damit du weißt, worum es geht. Lies anschließend die Fragen, damit du beim zweiten Lesen die Textstellen markieren kannst, die die Antworten beinhalten.*
Du musst nicht in vollständigen Sätzen antworten. Für sprachliche Fehler gibt es keinen Punktabzug, sofern man versteht, was gemeint ist und deine Aussage inhaltlich richtig ist.

a) Her hands shake/start shaking.
Hinweis: *"Especially because my hands are shaking" (Z. 4)*

b) (You can buy) tablecloths/(painted) plates/(letterpress) notecards/(handcrafted artisan) jewelry.
Hinweis: *"it looks like Zooey Deschanel exploded into five thousand tablecloths and painted plates and letterpress notecards." (Z. 5/6), "a bissel of handcrafted artisan jewelry." (Z. 9)*

c) Her voice comes out comically high./She sounds squeaky (when she talks).
Hinweis: *"my voice comes out comically high. Squeaky Molly." (Z. 12)*

d) – They are (both) very nice.
They are (both) tall.
They are (both) big-boned.
– They (both) wear/have thick-framed glasses.
– They (both) have (brightly coloured/brightly colored/amazingly intricate) tattoos on their arms.
– Ari is bald and Deborah has wild black hair.

Hinweis: *"She's intensely nice. They both are." (Z. 14/15), "they're a perfect matched set: tall and big-boned, with thick-framed glasses. Ari's bald, and Deborah has this kind of wild black hair" (Z. 17–19), "they both have these brightly colored, amazingly intricate tattoos" (Z. 20/21)*

e) Because they are (about) the same age.
Hinweis: *"You guys are the same age. I bet you have a lot in common." (Z. 33)*

f) – Reid wears a Lord of the Rings shirt and electric white sneakers./Reid is tall/big/husky.
– Deborah and Ari are/seem punk rock/badass/are not into Lord of the Rings/have tattoos.

Hinweis: *Du musst ein Merkmal von Reid und ein Merkmal von Deborah und Ari nennen und den Unterschied zwischen Reid und seinen Eltern deutlich machen. Nur dann bekommst du zwei Punkte. An folgenden Textstellen findest du die gesuchten Informationen: "He's tall and kind of big, in that way people describe as* husky.*" (Z. 28), "His shirt has a map of Middle Earth on it. And his sneakers are so electric white" (Z. 28/29), "Punkrock and badass and not into Lord of the Rings" (Z. 41/42), "They have tattoos" (Z. 42).*

g) They make you feel comfortable and relaxed, so you are willing to talk about personal things – even though they are strangers./They give you the feeling that they'd listen to you and be interested in everything you say.
Hinweis: *Auch wenn die Antwort nicht direkt im Text enthalten ist, erklärt Molly, warum sie Deborah und Ari so wahrnimmt: "They're nice in the way therapists are – like, you get the impression they'd be up for hearing your thoughts about life and humanity." (Z. 16/17). Daraus geht hervor, dass die beiden sehr offen, interessiert und warmherzig sind und dass man sich in ihrer Gegenwart schnell wohlfühlt und öffnet.*

h) She wants to appear competent/professional on her first day at work./She does not want to lose her job./She wants to make a good impression on her first day of work./She does not want to admit that she has forgotten how to use it.
Hinweis: *Der gesamte Text beschreibt, wie sehr sich Molly über ihre Anstellung bei Deborah und Ari freut, wie sehr sie die beiden bewundert und wie aufgeregt sie ist. Deborah erwartet, dass Molly sich aus dem Vorstellungsgespräch daran erinnert, wie man die Kasse bedient (vgl. Z. 22/23: "Hmm, so I guess we probably went over most of this stuff at the interview. You remember how to use the register?"), daher möchte Molly sie nicht enttäuschen, zumal es die allererste Aufgabe ist, die sie in ihrem Job erhält.*

C Use of Language

1. Mediation – Interview with a YouTuber

Hinweis: *In der Mediation sollst du zwischen Sabine und der US-amerikanischen YouTuberin vermitteln.*
Achte immer genau auf die jeweils geforderte Zielsprache, die in eckigen Klammern angegeben ist. Du musst dabei nicht alles Wort für Wort übersetzen, sondern nur die wichtigsten Informationen. Oft gibt es mehr als eine Möglichkeit, etwas auszudrücken.
Beachte, dass zwischen Hauptaussagen und weiteren Aspekten unterschieden wird. Die Hauptaussage musst du immer in die andere Sprache übertragen. Nennst du die Hauptaussage nicht, wird der jeweilige Gesprächsbeitrag mit null Punkten bewertet, selbst wenn die Nebenaspekte richtig sind.
Damit du dich gut zurechtfindest, sind in den Lösungen die Hauptaussagen mit Sternchen (*) gekennzeichnet. Außerdem ist in Klammern angegeben, für welche Aussagen du Punkte erhältst.
Gibst du Antworten in der falschen Sprache bekommst du ebenfalls keinen Punkt. Verwendest du eine falsche Perspektive (egal ob einmalig oder mehrfach) wird dir von der Gesamtpunktzahl der Mediation einmalig ein Punkt abgezogen.
Kommentare wie „Das hätte ich jetzt nicht erwartet", „Das wundert mich" oder „Das klingt sehr überzeugend" sind keine zentralen Informationen, daher brauchst du sie nicht zu übertragen.

Sabine: Nochmals danke, dass du mir hilfst! Ich bin ganz aufgeregt. OK, frag doch bitte als Erstes, wie lange sie schon Videos macht und warum sie damit überhaupt angefangen hat.

Du [Englisch]: **How long have you been making (YouTube) videos (1*) and why did you start in the first place? (1*)**

YouTuberin: Ah, for quite a while now. I started my YouTube channel about four years ago. And I didn't think of money or fame, as people sometimes think. I did it because I've always loved to entertain. I guess it is just the right thing for me to do.

Du [Deutsch]: **Sie macht das seit ungefähr vier Jahren. (1*) Sie hat es schon immer geliebt, zu unterhalten, deshalb hat sie (damit) angefangen. (1*) Als sie anfing, ging es ihr aber nicht um Geld oder Ruhm./Das passt einfach zu ihr. (1)**

Sabine: Ah, so lange schon! Das hätte ich jetzt nicht erwartet. Kann sie denn davon leben?

Du [Englisch]: **Can you make a living doing this/from it? (1*)**

YouTuberin: Haha, I can only dream of that. I do it in addition to my regular job.

Du [Deutsch]: **Nein, sie macht es zusätzlich zu ihrem normalen Beruf. (1*)**

Sabine: Oh, das wundert mich, dass sie das zeitlich hinbekommt. Ich habe gelesen, dass die Produktion von Videos sehr zeitaufwendig ist. Was motiviert sie denn dann, immer neue Inhalte zu produzieren?

Du [Englisch]: **What motivates/drives you to produce new content all the time? (1*)**

YouTuberin: What drives me? That's really easy to explain! I do it because it is great fun. For example, I really enjoy the process of coming up with ideas, filming, and editing. Seeing the responses from my viewers is what really keeps me going.

Du [Deutsch]: **Sie macht es, weil es ihr Spaß macht. (1*) Der Prozess, Ideen zu entwickeln, zu filmen und zu schneiden macht ihr (wirklich/große) Freude. (1) Die Reaktionen ihres Publikums zu sehen motiviert sie, weiterzumachen. (1*)**

Sabine: Toll! Das klingt sehr überzeugend! Ich kann ihre Begeisterung spüren. Frage sie doch mal nach typischen Reaktionen ihrer Fans. Ich finde das sehr interessant.

Du [Englisch]: **How do your fans typically react? (1*)**

YouTuberin: I love communicating with my viewers. Some people have sent me pictures of drawings they've made for me. Many send me fanmail telling me how much my videos have inspired them to try something new. It's times like those that make my efforts worthwhile.

Du [Deutsch]: **Ihre Fans schicken ihr Bilder von Zeichnungen, die sie für sie angefertigt haben. (1) Sie schicken ihr Fanpost und berichten davon, wie ihre Videos sie dazu inspiriert haben, etwas Neues auszuprobieren. (1*)**

Sabine: Faszinierend. Das zeigt, wie wichtig ihre Videos für sie sind. Das war ein sehr informatives Gespräch. Danke ihr bitte dafür und sage ihr, dass sie heute einen neuen Fan gewonnen hat.

Du [Englisch]: **Thank you for your time and Sabine says that you gained a new fan today. (1*)**

YouTuberin: No problem, that was fun! Great to hear – see you on YouTube then. Bye and take care.

2. Words and structures – How Garfield telephones ended up on French beaches

Hinweis: *Diese Aufgabe überprüft deine Kenntnisse in Wortschatz und Grammatik in Form eines Lückentextes. Lies den Text zuerst einmal komplett, bevor du mit der Bearbeitung der Aufgaben beginnst. Für jede Lücke sind vier Antwortmög-*

lichkeiten vorgegeben, die du genau anschauen solltest – oft sind nämlich zwischen den einzelnen Optionen nur kleine Unterschiede. Wenn du dich für eine Antwort entschieden hast, überprüfe deine Wahl noch einmal anhand des Ausschlussverfahrens. Für jede richtige Antwort gibt es einen Punkt.

1. ☐ When ☐ For ☑ Since ☐ Because	2. ☑ People ☐ Peoples ☐ People's ☐ Peoples'	3. ☐ was coming ☑ were coming ☐ are coming ☐ will be coming	4. ☐ Of ☐ At ☐ In ☑ On
5. ☐ as ☐ unlike ☑ like ☐ similar	6. ☐ They ☐ Anybody ☐ Everybody ☑ Nobody	7. ☐ out ☐ of ☑ off ☐ over	8. ☐ polluted ☐ pollutant ☑ pollution ☐ polluting
9. ☑ where ☐ were ☐ while ☐ who	10. ☑ doesn't ☐ don't ☐ hadn't ☐ haven't		

Hinweise:

zu 1: *In diese Lücke passt nur* since, *da es sich um einen Zeitpunkt in der Vergangenheit handelt.* For *steht bei Zeitspannen und passt daher nicht; die anderen beiden Möglichkeiten ergeben keinen grammatikalisch richtigen Satz.*

zu 2: *Das Nomen* people *ist ein Pluralwort und wird mit „Leute", „Menschen" übersetzt. Das Wort* peoples *ist hier falsch, da es „Völker" bedeutet. Die Wörter* People's *und* Peoples' *haben jeweils ein Genitiv-s, aber an diese Stelle passt kein Genitiv.*

zu 3: *Wegen der Zeitangabe* for three decades *und der Vergangenheitsform* no one knew *muss in diese Lücke eine „past tense"-Form. Da das Wort* phones *im Plural steht, ist* were coming *die richtige Lösung.*

zu 4: *Bei Datumsangaben wird immer die Präposition* on *verwendet.*

zu 5: *Das Wort* like *bedeutet „wie (z. B.)" und ist das einzige, das in diesen Satz passt, denn* as *bedeutet „als, wie",* unlike *„unähnlich, anders als" und* similar *„ähnlich".*

zu 6: *In diese Lücke passt inhaltlich nur* Nobody *(„niemand"), da es in dem Text darum geht, dass seit Jahrzehnten niemand genau weiß, wo die Garfield-Telefone herkamen.*

zu 7: *Hier kann nur* off *stehen, da* to fall off *die englische Entsprechung für „herunterfallen" ist.*

zu 8: *Hier passt nur das Nomen* pollution *(„Verschmutzung"). Das Partizip Perfekt* polluted *bedeutet „verschmutzt", das Partizip Präsens* polluting *„verschmutzend" und das Nomen* pollutant *„Schadstoff".*

zu 9: Da hier ein Ort näher beschrieben wird, kann nur where *richtig sein. Achtung: Verwechsle nicht* where *(„wo“) und* who *(„wer“)!*
zu 10: Die richtige Form ist doesn't, *da es sich um die dritte Person Singular handelt und da eine „simple present“-Form benötigt wird, weil es um eine allgemeingültige Tatsache geht.*

D Text Production

Hinweis: *Im letzten Teil der Prüfung, der Textproduktion, kannst du 25 Punkte, also ein Viertel der Gesamtpunktzahl, erreichen. Du darfst aus zwei Aufgaben eine auswählen: Du kannst entweder einen Text zu dem vorgegebenen Bild oder einen zum Thema „Digital Detox“ schreiben.*
Für beide Themen gilt die Vorgabe, dass du ungefähr 150 Wörter verwenden und auf mindestens vier der fünf vorgegebenen Fragen eingehen musst.
Neben den Punkten für Inhalt (10 Punkte), Grammatik (5 Punkte) und Wortschatz (5 Punkte) kannst du 5 Punkte für die Organisation deines Textes bekommen. Achte daher darauf, dass dein Text gut strukturiert ist. Es muss ein „roter Faden“ durch Einleitung, Hauptteil und Schluss zu erkennen sein und dein Text sollte durch Absätze eine Struktur erhalten.
Im Lösungsvorschlag stehen als Hilfe bei jedem Absatz am Rand kurze Stichpunkte zur Orientierung. Auch wenn du andere Formulierungen oder Argumente verwendet hast, kannst du so vergleichen, ob du deinen Text sinnvoll strukturiert und die wichtigen Aspekte bedacht hast.
Zähle die Wörter, wenn du mit dem Schreiben fertig bist. Wenn dein ganzer Text sinnvoll ist und keine Wiederholungen enthält, darfst du auch mehr als 150 Wörter schreiben. Die Lösungsvorschläge sind ein wenig länger; so erhältst du Anregungen für die inhaltliche Ausgestaltung und für gute Formulierungen, die man immer wieder verwenden kann.

What is the story behind the picture?

Hinweis: *Lasse deiner Fantasie freien Lauf! Du musst nur darauf achten, dass du mindestens vier der fünf Fragen beantwortest und das Bild genau anschaust, damit dein Text plausibel ist. Der abgedruckte Text ist nur ein Vorschlag; deine Lösung kann auch dann sehr gut sein, wenn sie inhaltlich davon abweicht.*

The couple in this picture are my grandparents, the cutest and happiest couple I have ever known. — **Einleitung:** Wer?

Here you can see one of their first selfies. It was taken on our last family holiday to the Alps. Before we got there we had some chaotic weeks because my parents and I had moved to a bigger apartment — Was ist vorher passiert?

and my grandparents helped us pack our stuff into boxes. While packing I found my old smartphone and it still worked. So I gave it to my grandparents. I showed them how to use it especially for videocalls because our new apartment is further away from theirs and I'll probably see them less now. But what they loved most was taking selfies, so after our move the fun started!

This picture was taken at their favourite place – on top of the mountain where my grandfather asked my grandmother to marry him 40 years ago. You can see in their faces how happy they are and I hope they will have many more happy years together. *172 words*

Wo?

Schluss: Wie fühlen sie sich?

Digital detox

Hinweis: *Stell dir vor, du wettest mit deinem besten Freund oder deiner besten Freundin, dass du es schaffst, zwei Wochen ohne Internet und Handy zu leben. Überlege dir Antworten auf mindestens vier der Fragen und schreibe dann einen Text über deine Zeit ohne Internet und Handy.*

Einleitung

Here I am, day five of 14 and I am still going strong!

I made a bet with my best friend Susie that I can live without the Internet and my phone for two weeks. I have always wanted to make this kind of digital detox and this is my chance.

Was vermisse ich am meisten?

I really miss chatting with my friends and reading their posts about their feelings and experiences. I am getting used to it but at the beginning it was my personal nightmare: I felt bored and had no idea what to do.

Wie verbringe ich die Zeit?

However, now I have restructured my days and started some new free time activities: I go to the gym and I often meet friends in person. I also read more and play games with my little sister. And it is fun – I feel positive and happy. I am really confident about finishing this challenge. If I lose I will have to invite Susie for dinner, but believe me, I am going to win and it is she who will invite me to dinner! *175 words*

Wie fühle ich mich?

Schluss: Wetteinsatz

Um dir die **Lösungen zur Prüfung 2022** schnellstmöglich zur Verfügung stellen zu können, bringen wir sie in digitaler Form heraus.

Sobald die Original-Prüfungsaufgaben 2022 freigegeben sind, können die dazugehörigen Lösungen als PDF auf der Plattform **MyStark** heruntergeladen werden (Zugangscode vgl. Umschlaginnenseite).

Prüfung 2022

www.stark-verlag.de/mystark